Eva Völler

Scharfe Schüsse

Roman

BASTEI LÜBBE TASCHENBUCH
Band 25 689

Vollständige Taschenbuchausgabe

Bastei Lübbe Taschenbücher ist
ein Imprint der Verlagsgruppe Lübbe

Originalausgabe
© 1998 by Autorin und
Verlagsgruppe Lübbe GmbH & Co. KG, Bergisch Gladbach
Einbandgestaltung: Martinez ProduktionsAgentur, Köln
Satz: hanseatenSatz-bremen, Bremen
Druck und Verarbeitung: Cox & Wyman, Ltd.
Printed in Great Britain
ISBN 3-404-25689-1

Sie finden uns im Internet unter
http://www.luebbe.de

Der Preis dieses Bandes versteht sich einschließlich
der gesetzlichen Mehrwertsteuer.

*Für Albert und Luzia, zwei Menschen,
denen ich viel verdanke.*

Namen von Personen, Bars, Kneipen und Zeitungshäusern in Hamburg sind frei erfunden. Eventuelle Ähnlichkeiten mit tatsächlich lebenden Personen und Lokalitäten wären rein zufällig.

K OMM SCHON, FASS sie an!« murmelte ich. »Laß dir das nicht entgehen! Nicht diese prächtigen neuen Titten!«

Ich lag auf dem Bauch im Dünengras, den Finger am Auslöser meiner Canon, das unterarmlange Teleobjektiv aufgestützt auf einer Wodkaflasche, die jemand nach einem nächtlichen Gelage hier vergessen haben mußte. Es konnte nicht allzu lange her sein, der Alkoholgeruch, der aus dem Flaschenhals strömte, war noch frisch.

Am Strand, unterhalb der Düne, hinter der ich mich verbarg, hüpfte die Gräfin ein paar Schritte vorwärts, fürsorglich umschlungen von ihrem taufrischen Galan, der ihr mit seinen starken Armen zusätzliches Gewicht verlieh, damit der große Lenkdrachen, der über den beiden am blaßgrauen Sylter Himmel torkelte, die Gräfin nicht von den Füßen riß. Der Wind trieb mir das Lachen der Gräfin zu, glockenhell und fröhlich wie das eines jungen Mädchens.

Es war ein offenes Geheimnis, daß die Gräfin niemals älter wurde. Die Regenbogenpresse war im Laufe der letzten Jahre lediglich von der Bezeichnung *jung* zu *jugendlich* übergegangen. Natürlich zweifelte kein Mensch daran, daß die Gräfin ihr hübsches, immerwährend glattes Gesicht den geschickten Händen eines Schönheitschirurgen verdankte.

Zufällig kannte ich ihn sehr gut, jenen Mann, der mit Operationsklemmen die Haut hinter den Ohren der Gräfin lang- und damit ihre Wangen glattzog, mit dem Skalpell alle überflüssigen Zentimeter wegschnitt und alles wieder ordentlich zusammennähte. Ich lebte mit diesem Mann zusammen. Deshalb war mir nicht nur das wahre Alter der Gräfin K. bekannt (neunundvierzig), sondern ich verfügte an diesem Morgen auch als einzige Fotografin der weltweiten Promijournaille über die Insiderinformation, daß die Gräfin das Ergebnis ihrer Rundumerneuerung (großes Facelifting, Hüftspeckabsaugen, Busenvergrößerung) zusammen mit einem Lover namens Antonio an den Gestaden von Kampen auf Sylt genießen wollte. Besonders praktisch und überdies pikant war dabei die Tatsache, daß dieser Antonio gleichzeitig ihr Bodyguard war. Die Gräfin wollte Antonio an ihrer frisch gewonnenen Jugend teilhaben lassen und sich dabei vom stürmischen Wind auf Sylt das Haar zausen lassen. Dieses süße Geheimnis hatte sie, schon halb in Narkose, Siegfried anvertraut, während er mit künstlerischem Schwung die neue Linie ihrer Hüfte mit einem besonderen Stift auf ihre Haut gestrichelt hatte, bevor er die Saugkanüle ansetzte.

Siegfried hatte wirklich gute Arbeit geleistet. Durch mein Sigma APO Ultra-Tele erkannte ich nicht die kleinste Falte im fröhlichen Gesicht der Gräfin. Außerdem sah ich unter dem signalroten Anorak deutlich die beiden enormen Ausbuchtungen, ebenfalls geschaffen von Siegfrieds sanften Künstlerhänden. Irgendeine neue Aufpolsterungsmethode, hatte er mir erklärt. Nicht so verrufen wie Silikon, aber mindestens genauso verträglich. Am Hals der Gräfin war nicht mehr viel zu machen, hatte er bedauernd zugegeben. Halsfalten waren laut Siegfried ein Kapitel für sich, verräterisch wie die Jahresringe an einem Baum und fast genauso schlecht zu kaschieren, jedenfalls nicht unbegrenzt. In solchen ausgereizten Fällen empfahl Siegfried dann in aller Regel den neuen Busen, sozusagen als optischen Aufheller, als Blickfang, der vom Hals ablenkte.

Bei der Gräfin hatte es offenbar hervorragend geklappt. Ihre frischen Implantate reckten sich zusammen mit ihren erhobenen Armen keck himmelwärts.

Mit Antonios Hilfe zog die Gräfin an einer der beiden Leinen des knallbunten Lenkdrachens, der dreißig Meter über ihr knatterte, gleichzeitig ließ sie von der zweiten Spule Schnur abrollen. Der Drachen schlug mehrere verrückte Salti, ich drückte instinktiv auf den Auslöser und bannte das verwischt leuchtende Motiv. Der Motor in der Canon surrte, ich betrachtete fasziniert den dahinjagenden Drachen durch die Linse, und einen Moment lang vergaß ich, weshalb ich hier bäuchlings in den Dünen lag, durchgefroren von der steifen Oktoberbrise, die mir außer frischer Seeluft jede Menge Sand zwischen Haut und Hose die Beine heraufwehte.

Fröstelnd zog ich die Schultern zusammen. »Jetzt faß sie endlich an, Kleiner«, feuerte ich Antonio flüsternd an. Ich *wußte* einfach, daß er es tun würde! Keine Frau vom Format der Gräfin würde einen Anorak anziehen, der mindestens zwei Nummern zu klein war, wenn sie nicht genau *darauf* aus gewesen wäre!

Der Wind drehte, der Drachen zischte in eine andere Richtung. Die Gräfin und der große dunkelhaarige Adonis hinter ihr wandten sich plötzlich zum Meer um, und der prächtige, rotumhüllte Busen entschwand meiner Sicht.

Fluchend stemmte ich mich hoch, verließ meinen Aussichtsposten und lief geduckt zwei Hügel weiter, Berge von Sand lostretend. Eine Möwe flatterte mit protestierendem Kreischen auf, und rasch warf ich mich in Deckung, die Canon in Anschlag bringend, im selben Moment, als die Gräfin und Antonio sich wieder in meine Richtung wandten. Während ich zur Seite rutschte, um in bessere Schußposition zu kommen, bemerkte ich, daß Antonio endlich seine Hände wandern ließ. Frohlockend zoomte ich, bis ich das Zifferblatt seiner Rolex sah. Gleich! Einen Augenblick noch, und ich würde den Schuß des Monats im Kasten haben! Clarissa würde keine Ausrede mehr einfallen, mit der sie mir die Norwegentour vermiesen könnte! Ich erinnerte mich genau an jedes ihrer Worte und würde sie ihr bei der nächsten sich bietenden Gelegenheit genüßlich vorhalten. In ihrer typisch manierierten Ausdrucksweise, zwischendurch immer einzelne Silben hervorhebend, hatte sie gesagt: »Bring mir eine *schar*fe Sache, Angie, eine *wirk*lich scharfe Sache, und du kannst von mir aus auf meine Kosten eine ganze Woche in Norwegen diese blöden Gletscher fotografieren.«

Es war Clarissas Art, jedesmal, wenn sie auf diese merkwürdig unmotivierte Art einzelne Silben betonte, einen winzigen Sekundenbruchteil vorher mit ihrem Fingernagel über die Platte ihres Designerschreibtisches zu schaben. Das klang dann so: »Ich (schab) ver*sprech's*, Angie. Eine (schab) *gan*ze Woche Norwegen, wenn du was (schab) *wirk*lich Scharfes bringst.«

»Was meinst du mit: eine wirklich scharfe Sache, Clarissa?« hatte ich gefragt.

Clarissa hatte nicht lange überlegt. Grinsend, einen Zeigefinger an ihre Nase gelegt, mit dem anderen schabend, hatte sie geantwortet: »Na, wirklich (schab) *scharf* wäre doch zum Beispiel die Gräfin.«

Clarissa war seit Jahren hinter einer Enthüllungsstory über die Gräfin her, und offenbar traute sie mir nicht zu, daß ich es schaffen würde. Jeder wußte, daß das Schärfste, wobei die Gräfin je geknipst worden war, ein Sturz vom Pferd mit aufgeplatzter Reithose gewesen war. Kaum eine Zeile wert bei einer Jet-Set-Witwe, die als achtzehnjährige Schauspielerin einen libanesischen Ölmilliardär geheiratet hatte, mit zwanzig einen texanischen Rinderbaron und mit fünfundzwanzig einen englischen Earl, der in der Reihenfolge der Thronfolger einen Platz unter den Top Twenty bekleidet hatte. Alle waren nach kürzester Ehe verblichen, nachdem sie der Gräfin nicht nur ihre Herzen, sondern auch ihre weltliche Habe zu Füßen gelegt hatten. Im

Gegensatz zu manchen Möchtegern-Promis und -Stars, die eifersüchtig die Anzahl ihrer Titelfotos, Schlagzeilen und Affären überwachten und ständig mit denen von anderen verglichen, hatte die Gräfin keinen Presserummel nötig und legte auch keinen Wert darauf. Schlimmer noch: Sie haßte es, ihr Gesicht oder ihren Namen in der Zeitung zu sehen. Ihre Anwälte galten als die schärfsten Gegner der bunten Blätter, ihre Bodyguards waren legendäre Schläger und Fotografenjäger. Von der Gräfin selbst wurde sogar kolportiert, sie hätte vor zwei Jahren einen Paparazzo mit seinem eigenen Teleobjektiv krankenhausreif geschlagen, nachdem er versucht hatte, sie aus einem Medikamentenschrank heraus im Zahnarztstuhl zu knipsen, genau in dem Moment, als sie, angeblich wie Dracula, mit spitz zugeschliffenen Frontzähnen auf das Anpassen ihrer neuen Jacketkronen wartete.

Ich selbst empfand solche Tricks als unter meiner Würde und griff nur in äußersten Notfällen darauf zurück. Ich war eine Jägerin. Ich ging auf die Pirsch, legte mich auf die Lauer, stellte das Wild und erlegte es. Eigenhändig und, weil ich eine besonders gute Sprinterin war, am liebsten aus größtmöglicher Nähe. So wie heute bei der fotoscheuen Gräfin. Seit gestern, als sie mit Schlapphut und riesiger Sonnenbrille auf dem Sylter Flughafen von ihrem Learjet aus in ihren Ferrari umgestiegen war, hatte ich sie im Visier.

Gebannt beobachtete ich jetzt den Jungen, der hinter der Gräfin stand, dicht an ihren Körper geschmiegt, die Hände auf ihren unteren Rippenbögen.

Komm schon, Antonio! Verschaff mir ein Ticket nach Norwegen! Bloß ein Stückchen höher! Er tat mir den Gefallen. Zwei Männerhände auf dem prall gefüllten Anorak der Gräfin, und darüber das glücklichste Frauenlächeln, das man sich vorstellen konnte. Ich sah die Bildunterschrift schon vor mir: *Busengrabscher am Strand von Sylt!*

Klick. Klick. Klick. Die Kamera surrte. Und die Gräfin lächelte nicht nur, sie strahlte förmlich, so breit, wie es ihre frisch gestraffte Gesichtshaut eben noch zuließ, Wange an Wange mit dem feurigen Draufgänger. Ein Schauer, ein weiterer seliger Augenblick, klick, klick, dann fing der Drachen an zu trudeln und verlangte nach starken Männerhänden. Antonio ließ den Busen los und widmete sich wieder den Leinen.

Das war's. Ich schob die Schutzkappe aufs Objektiv, schulterte die Kamera, setzte mich auf und schüttelte den Sand aus den Hosenbeinen. Unter meinen Turnschuhen löste sich dabei eine kleine Lawine aus dem Hang und rutschte hinab zu einem großen, ungefügen Stück Treibgut, das mir vorhin bei meiner Schleichaktion nicht aufgefallen war und das sich erst jetzt, auf den zweiten Blick, als Mensch entpuppte. Genauer: als schnarchender, volltrunkener, ausgestreckt auf dem Rücken liegender Mann. Wodkadunst stieg von ihm auf, als er plötzlich aufhörte zu schnarchen, mir den Kopf zuwandte, die Augen aufschlug und laut stöhnte.

»Morgen«, sagte ich vergnügt. »Muß ja 'ne dolle Feier gewesen sein.«

Der Mann sah gut aus, er war um die Vierzig und

trug einen dichten dunklen Vollbart, außerdem hatte er große weiße Zähne, wie ich im nächsten Moment erkennen konnte, als er unvermittelt den Mund zu einem weiteren Stöhnen aufriß, wie ein Löwe, der einem Gnu den Kopf abbeißen will. Diese Kraftanstrengung schien seine schwachen Energiereserven vollends aufgezehrt zu haben. Er bettete seinen zerzausten Kopf wieder in den Sand, schloß die Augen und brummelte irgend etwas, das ich nicht verstehen konnte.

»Bitte?« fragte ich.

»Pomogite«, nuschelte der Mann.

»Gleichfalls«, erwiderte ich höflich, und dann, nur so zum Spaß, sagte ich: »Bitte recht freundlich!« Ich machte einen Schnappschuß von seinem kantigen Gesicht, doch er war schon wieder in betrunkenen Tiefschlaf gefallen. Wahrscheinlich war er letzte Nacht irgendwo in einem der noblen Reetdachhäuser hinter den Dünen auf einer Fete gewesen, hatte zusammen mit seiner Wodkaflasche ein bißchen frische Luft schnappen wollen und sich anschließend verlaufen. Wenigstens trug er eine dick wattierte Jacke über seinen mit Farbklecksern bespritzten Jeans, so daß er nicht Gefahr lief, zu erfrieren. Um sieben Uhr früh konnte es im Oktober auf Sylt lausig kalt sein, viel zu kalt, um allzu lange im Sand herumzuliegen. Leider auch viel zu kalt, um von der Gräfin und ihrem Begleiter mehr zu erwarten als das Busengrabschmotiv, das ich vorhin in Kodakcolor verewigt hatte. Trotzdem reckte ich den Kopf und riskierte einen hoffnungsvollen Blick zum Strand hinunter, doch der Reißverschluß des roten Anoraks blieb geschlossen. Die Gräfin und Antonio hatten den Drachen eingeholt und wanderten Hand in Hand den Strand entlang. Zum Ausziehen des Anoraks würden die beiden sich in das deichgeschützte Anwesen der Gräfin zurückziehen, das hoch über den Dünen in der mondlandschaftartigen Gegend nördlich von Kampen thronte, an der schmalen Stelle der Insel, wo zwischen Ost- und Westküste nur ein paar Fußminuten lagen.

Meine Chance, die Gräfin und ihren Liebhaber bei intimeren Spielen als dem Drachensteigenlassen zu erwischen, war gleich Null. Stand man vor dem Wall, der das Feriendomizil der Gräfin umgab, sah man nur die Spitze des Reetdachs hervorlugen. Kletterte man hinauf, schlugen unweigerlich sofort die beiden scharfen Dobermänner an, die nur einen einzigen Daseinszweck kannten, nämlich Diebe und Paparazzi in Stücke zu reißen.

Ich stand auf und klopfte den feuchten Sand von meiner Jacke, geistesabwesend die vertrauten Umrisse von Reservefilmen und Ersatzobjektiven in den eingenähten Taschen des Futters ertastend.

Der nächste Autozug von Westerland ging in einer halben Stunde, ich konnte ihn problemlos erreichen, ohne mich beeilen zu müssen, aber ich dachte gar nicht daran, schon zurückzufahren Ich hatte alle Zeit der Welt. Vor heute abend erwartete mich niemand in Hamburg. Der Gedanke an Hummer bei *Gosch* und Kuchen bei *Leysieffer* – alles auf Clarissas Rechnung, versteht sich – war so verlockend, daß selbst die Aussicht mich nicht schreckte, dort vielleicht auf einen oder zwei prominente Typen zu stoßen, die mich kannten und haßten. Ich würde mir mindestens bis zum Spätnachmittag den Sylter Wind um die Nase wehen lassen, ein angemessener Ausgleich für diese Frühgymnastik.

»Sie sollten sich hier nicht beim Pennen erwischen lassen«, sagte ich im Vorübergehen fröhlich zu dem röchelnden Russen. »Die Dünen stehen unter Naturschutz.«

Der Mann nahm es mit einem undefinierbaren Stöhnlaut zur Kenntnis, ohne seinen Schlaf zu unterbrechen. Pfeifend wollte ich an ihm vorbeistapfen, als mich ein unerwarteter Anblick schlagartig innehalten ließ. Ich unterdrückte einen Ausruf ungläubiger Überraschung, ging neben den farbbekleckten Jeansbeinen in die Hocke und spähte vorsichtig um den Ausläufer des Sandhügels herum, vorbei an Büscheln von Strandhafer, hinüber zu der Bank, auf der zwei Frauen nebeneinander saßen, offensichtlich in ein angeregtes Gespräch vertieft. Der Wind wehte ihre Stimmen zu mir herüber, doch die Bank war zu weit weg, als daß ich etwas von dem, was sie redeten, hätte verstehen können. Die beiden Frauen waren wie ich selbst dick vermummt mit Schal, Mütze und Anorak, und sie saßen mit dem Rücken zu mir, doch da sie einander die Gesichter zuwandten, konnte ich ihre Profile erkennen. Eine der beiden Frauen mochte Ende Dreißig sein. Sie wirkte ungemein kompakt, beinahe ebenso breit wie groß; krauses rötliches Haar quoll unter ihrer Mütze hervor und fiel bis zum Kinn. Die andere Frau war schlanker und etwas älter, Ende Vierzig. Das Haar unter ihrer Mütze war nicht zu sehen, doch ich wußte, daß es platinblond war, ebenso wie ich wußte, daß die Augen, die ich von hier aus nicht erkennen konnte, eisblau waren und so kalt wie Norwegens Gletscher. Ich kannte diese Frau. Sie war niemand anderer als meine Chefin, Clarissa Hennessy.

*

Das Platinblond war die einzige kosmetische Extravaganz, die sie sich je gönnte. Sie schminkte und parfümierte sich niemals. Und sie fuhr niemals nach Sylt. Irgendwann – es konnte noch nicht lange her sein, sonst hätte ich es nicht mehr so genau gewußt – hatte sie in höhnischem Ton zu mir gesagt, daß Sylt der letzte Ort auf der Welt wäre, wohin sie zum Ausspannen fahren würde. Sie habe es nicht nötig, Hummer oder gegrillten Lachs im Stehen zu essen und dazu Premier Grand Cru zu schwenken oder zwischen geliftteten Fabrikantengattinen aus dem Rheinland ziellos von einer Kampener Boutique zur anderen zu driften. Und was könnte schon eine Insel taugen, wo die Bäume nicht größer werden als die Menschen? Wörtlich hatte sie gesagt: »Zeig mir (schab) einen vernünftigen Baum dort, und ich fahr hin.«

»Sehen Sie vielleicht irgendwo hier einen Baum?« fragte ich den Mann, der neben mir im Sand lag. Er öffnete ein trübes Auge und stöhnte verständnislos.

»Eben«, sagte ich. »Kein Baum weit und breit. Bloß Dünengras. Aber Clarissa sitzt da drüben auf der Bank. Clarissa ist meine Chefin bei der Zeitung, weißt du.« In Anbetracht der zwanglosen Art unseres

Zusammenseins hielt ich es für zulässig, ohne große Umstandskrämerei zum *Du* überzugehen.

»Sie heißt nach der Zeitung, für die ich fotografiere. Nein, umgekehrt, die Zeitung heißt nach ihr.« Ich schüttelte den Kopf, immer noch fassungslos. »Da sitzt sie. Wahrhaftig, leibhaftig. Ich seh sogar, wie sie schabt. Mit dem Finger auf der Bank.«

Der Russe stöhnte und murmelte irgendwas Slawisches. Es klang, als bahnte sich ein grausiger Kater bei ihm an.

»Wodka, hm? Das wird sicher ein netter Hangover.« Ich sagte es eher geistesabwesend, während ich die Canon zückte und durchs Tele äugte. Kein Zweifel, es war Clarissa, die bleichen Wangen von der frischen Morgenluft ungewohnt gerötet, die Lippen in ständiger Bewegung. Ich spitzte die Ohren, aber das Rauschen der Brandung hinter den Dünen und das verkaterte Stöhnen des Russen neben mir übertönten die weit entfernten Stimmen der beiden Frauen. Trotzdem war deutlich zu sehen, daß sie unentwegt plapperten. Die rothaarige Frau gestikulierte beim Reden mit zielstrebigen, kräftigen Bewegungen. Sie schien mit ihren großen Händen die Luft zerhacken zu wollen.

»Sieht aus, als hätten die beiden eine Menge Gesprächsstoff«, teilte ich meinem alkoholisierten Zuhörer mit, während ich mehrmals den Auslöser drückte. Ich gab mir alle Mühe, ein vernünftiges Foto von Clarissa und der Frau an ihrer Seite zu bekommen. Einmal drehten die beiden sich gleichzeitig zu mir um, und ich erwischte sie mit dem nächsten Schuß *en face*, als sie mit ihren Blicken einer Möwe folgten, die über ihren Köpfen zum Sturzflug angesetzt hatte und dicht über die Bank hinwegschoß.

Dann betrachtete ich die Frau an Clarissas Seite genauer. »Ob das eine Neue ist? Na, da wird Irene sich ja freuen.«

Der Russe grunzte. Seine Finger wühlten ziellos im Sand.

Ich dachte nach. Vielleicht würde Irene sich wirklich freuen. In letzter Zeit hatte sie auf mich nicht den Eindruck gemacht, mit Clarissa allzu glücklich zu sein. Dann ließ ich die Kamera sinken und dachte gründlicher nach. Clarissa, kinderlos und zweimal geschieden, machte keinen Hehl aus ihrer Bisexualität. Mehr als einmal hatte sie mir im Vorbeigehen spaßhaft in den Hintern gekniffen, »Angie, Süße, wie wär's?« gefragt und grinsend mein stereotypes, verärgertes ›Nein, danke‹ abgewartet. Clarissa war überhaupt nicht der Typ Frau, der solche Regungen unterdrückte oder verbarg.

Warum um alles in der Welt sollte sie also wegen einer neuen Flamme heimlich wegfahren, und das auch noch auf eine Insel, die sie haßte?

»Außerdem ist diese Frau gar nicht Clarissas Typ«, erklärte ich dem Russen, der wieder angefangen hatte, zu schnarchen. »Sie ist ...« Ich wedelte mit der Hand und suchte nach der passenden Bezeichnung. Dick? Nein, vielleicht eher gewaltig. Auf jeden Fall eine Nummer zu groß für Clarissas Geschmack.

»Tja, was mach ich jetzt?« fragte ich. Ob ich einfach zu ihr hinüberging und dabei überrascht tat, sie hier zu treffen? Offiziell war Clarissa nämlich gestern zu einem internationalen Kongreß von Herausgeberinnen nach London abgereist. Sie hatte im übrigen wie alle anderen in der Redaktion keine Ahnung davon, daß ich hier zu tun hatte. Ich hatte selbst erst gestern abend den heißen Sylt-Tip von Siegfried bekommen und war sofort aufgebrochen.

Ich schaute hinüber zu Clarissa, dann blickte ich ratlos auf den Russen hinab, dessen Brust sich unter dem wattierten grünen Stoff seiner Jacke in abgehackten Schnaufern hob und senkte. Die Farbkleckser auf seiner Jeans waren ein buntes Gesprenkel aus Ocker, Blau, Grün, Weiß und einer Menge Rot, von dem auch ein paar unregelmäßige Flecken auf seinem Anorak und in seinen Haaren zu sehen waren. Vorhin war mir flüchtig durch den Kopf gegangen, daß er vielleicht seine Wohnung frisch gestrichen hatte, doch jetzt, beim Anblick der Farbenvielfalt und bei dem schwachen, aber unverwechselbaren Terpentingeruch, der mir außer dem scharfen Wodkadunst in die Nase stieg, wurde mir klar, daß er Maler sein mußte.

»Soll ich hingehn?« fragte ich ihn unschlüssig. »Oder lieber nicht?«

»Rchrch«, machte der Russe.

Der Anblick des großen, dunkelhaarigen Mannes, der etwa hundert Meter von mir entfernt oben auf dem Dünenkamm auftauchte und bedrohlich schnell näherkam, nahm mir die Entscheidung ab.

»Tschüs, war nett, dich kennenzulernen, Wassili«, stieß ich hervor, klemmte das schwere Tele unter den Arm, machte aus der Hocke einen Tiefstart und sprintete los. Meinen Wagen hatte ich in der Nähe in einer Haltebucht geparkt, ungefähr eine halbe Minute zu Fuß, halb soviel, wenn ich rannte. Der nachgiebige Sand zerrte an meinen Füßen, und schon nach ein paar Sekunden hatte ich das Gefühl, von drei Schritten vorwärts immer zwei zurückzurutschen.

Als ich nach den ersten hundert Metern einen Blick zurück über die Schulter wagte, sah ich, wie Antonio über den Russen hinwegsetzte und mit langen Schritten aufholte. Seine Arme fuhren wie Keulen durch die Luft, seine Füße wirbelten ganze Wolken von Sand hoch.

Ich war schnell, in der Schule war ich immer eine ausgezeichnete Läuferin gewesen, und zu meinen besten Zeiten hatte ich die hundert Meter in etwas über zwölf Sekunden geschafft. Ein, zwei Zehntel weniger, und ich hätte mir sogar berechtigte Hoffnungen auf Olympia machen können.

Aber Antonio schien schneller zu sein. Er stieß irgend etwas hervor, was verdächtig nach *Halsumdrehen* klang. Ich redete mir ein, daß es nicht das war, sondern *Handumdrehen*. Etwa: Ich schnappe dich im Handumdrehen oder so ähnlich.

Vorsichtshalber mobilisierte ich alle Kräfte und legte noch einen Zahn zu. Bis vor drei Monaten, als ich angefangen hatte, meine fruchtbaren Tage zu messen, hatte ich mindestens zwanzig Zigaretten täglich geraucht und eine Menge Wodka getrunken, ein Handicap, das ich in Augenblicken wie diesen immer noch deutlich spürte.

»Du Aas!« fluchte Antonio. »Ich dreh dir den Hals um!«

Also doch. Jetzt war er viel besser zu verstehen. Das konnte nur daran liegen, daß er weiter aufgeholt hatte. Entsetzt drehte ich mich um. Er war kaum dreißig Meter hinter mir! Ob Clarissa und ihre Begleiterin von der wilden Jagd überhaupt etwas mitbekamen, war von hier aus nicht festzustellen. Der Wind trug die Geräusche landeinwärts, von ihnen weg, vielleicht saßen sie immer noch hinter den Dünen auf ihrer Bank und schnatterten. Außerdem war es mittlerweile zu spät, dorthin zu rennen und sie um Hilfe zu bitten. Antonio war jetzt so nah, daß ich das Weiße in seinen Augen sehen konnte.

»Oh, nein«, keuchte ich wütend. »Dieses Foto kriegst du nur über meine Leiche!« Ich schnaufte und umklammerte meine Canon, und nach einer Zeit, die mir wie eine Ewigkeit vorkam, war ich endlich beim Wagen. Eine meiner Vorahnungen hatte mich veranlaßt, die Tür nicht abzuschließen und den Schlüssel stecken zu lassen. Ein großes Risiko war ich damit nicht eingegangen, für gewöhnlich klauten Urlauber auf Sylt keinen französischen Kleinwagen, schon gar keinen, der acht Jahre alt war. Erst recht nicht, wenn dieser Kleinwagen zwischen einem gepflegten, PS-starken Range-Rover und einem erstklassigen, nagelneuen Ferrari F 50 parkte. Den Eigentümer des Range-Rover kannte ich nicht; falls derjenige, dem er gehörte, ebenfalls zu Fuß hier am Strand unterwegs war, mußte er in die andere Richtung gewandert sein.

Dafür wußte ich, daß der Ferrari, den ich gleich nach meiner Ankunft von allen Seiten fotografiert hatte, der Gräfin gehörte. Und außerdem wußte ich, daß Antonio keinen Zündschlüssel hatte, weil er ihn, ebenso wie ich, steckengelassen hatte.

Obwohl meine Lungen wie Feuer brannten und ich kaum Luft bekam, konnte ich es mir nicht verkneifen, mich zu Antonio umzudrehen und mit der rechten Hand in die Ellbogenbeuge meines angewinkelten linken Arms zu schlagen, bevor ich wie ein geölter Blitz in meinen Renault sprang.

»Pech gehabt«, schrie ich triumphierend, dann knallte ich die Tür zu und verriegelte sie, einen Sekundenbruchteil, bevor Antonios Faust gegen die Scheibe auf der Fahrerseite donnerte, fünf Zentimeter neben meinem Ohr. Ich rieb mir die Ohrmuschel und fuhr ungerührt an, geflissentlich übersehend, daß Antonio inzwischen auf der Kühlerhaube hockte und dicht vor der Windschutzscheibe mordlüstern die Zähne bleckte.

»Das solltest du lieber lassen, Kleiner«, sagte ich und stellte die Wischanlage an.

Sofort riß Antonio die Scheibenwischer ab und schlug mit der geballten Faust mehrmals gegen die Scheibe. Ich gab Gas und drehte gleichzeitig scharf das Lenkrad, wobei ich rücksichtslos ausnutzte, daß Antonio ohne die Scheibenwischer nichts mehr zum Festhalten hatte. Er rutschte endlich von meinem Wagen, und im Innenspiegel konnte ich sehen, wie er in den Sand plumpste. In derselben Sekunde rappelte er sich hoch, klopfte seinen Anorak ab und starrte mir nach. Ich fuhr noch etwa dreißig Meter, dann bremste ich, kurbelte die Scheibe herab und streckte den Kopf aus dem Seitenfenster. Sofort trabte Antonio los. Als er schneller wurde und bis auf zehn Meter herangekommen war, fuhr ich langsam wieder an.

»Ich bin am Flughafen, ehe du *Knips mich* sagen kannst«, schrie ich durch das offene Fenster, gleichzeitig warf ich den angeberisch großen Schlüssel des Ferrari in weitem Bogen nach draußen. Er beschrieb eine perfekte Parabel und landete in undurchdringlichem Gestrüpp. Dann kurbelte ich das Fenster wieder hoch und gab Gas, um in aller Ruhe davonzufahren. Jemand wie Antonio, der die Welt nur mit Luxustransportmitteln bereiste, würde nicht im Traum auf die Idee kommen, daß ich gar nicht vorhatte, zu fliegen. Während er im Auftrag der Gräfin zum Flughafen raste (vorausgesetzt, er fand vorher den Autoschlüssel) und dort eigenhändig jede Maschine filzte, wäre ich längst mit dem Autozug unterwegs zum Festland, würde den Schafen beim Grasen zusehen und mir dabei als Entschädigung für entgangene Genüsse ausmalen, welche internationalen Preise ich mit meiner Gletscherfotoserie einheimsen würde. Oder ich würde mir in allen Einzelheiten das verblüffte Gesicht von Clarissa vorstellen, wenn ich ihr zusammen mit dem *Hot shot* von der Gräfin auch ein Foto von ihr selbst und der rothaarigen Walküre auf den Schreibtisch warf.

Vielleicht könnte ich auf der Rückfahrt auch ein bißchen davon träumen, mit Siegfried endlich ein Kind zu machen.

Am Ende stellte ich mir ein wenig von allem vor. Die Zugreise verbrachte ich in dösender Beschaulichkeit, die übrige Fahrt nach Hamburg verlief zügig und ohne Zwischenfälle. Im Lauf des Vormittags wechselte die Farbe des Himmels von Sturmgrau zu einem hellen, herbstlichen Blau. Die Sonne glitzerte auf dem Meer. Nichts konnte mich aus der Ruhe bringen. Im Radio sang Ace of Base ›It's a beautiful day‹, und ich sang lauthals mit. Ich war Angela Lorenzi, schnell, unbesiegbar und cool, meine Waffen waren das Teleobjektiv und weibliche List.

Hätte ich damals gewußt, unter welchen Umständen meine und Antonios Wege sich beim nächsten Mal kreuzen würden, oder hätte ich auch nur den Hauch einer Ahnung gehabt, welches Ungemach mir die folgende Zeit bescheren würde – mein gigantisches Selbstwertgefühl wäre zusammengefallen wie ein Omelette, das von einer Panzerflotte überrollt wird.

*

Eine Woche später warteten wir immer noch darauf, daß Clarissa nach Hamburg zurückkehrte. Niemand hatte von ihr gehört, dennoch gingen alle davon aus, daß sie in London an dem Kongreß teilgenommen hatte und daß sie hinterher dort versackt war oder einfach ein bißchen ausspannen wollte.

Ich wußte es besser, behielt es aber für mich. In der Redaktion hatte ich nichts davon verlauten lassen, daß ich sie auf Sylt gesehen hatte, eine Entscheidung, die sich später als fataler Fehler erweisen sollte. Eine ziemlich kindische und deshalb aus späterer Sicht um so unverzeihlichere Geltungssucht hielt mich davon ab, gleich nach meiner Rückkehr irgend jemandem in der Redaktion von Clarissas konspirativem Sylt-Date zu erzählen. Ich wollte sie höchstpersönlich damit konfrontieren, sobald sie wieder aufkreuzte. Um keinen Preis wollte ich mir ihr entgeistertes Gesicht beim Anblick meiner neuen Fotos entgehen lassen.

Schau, Clarissa, ich habe etwas über dich herausgefunden, was du anscheinend selbst um jeden Preis geheimhalten wolltest! Was sagst du jetzt?

Sie hatte mich oft genug geärgert, ich stellte es mir als ausgleichende Gerechtigkeit vor, sie wenigstens ein einziges Mal in die Enge treiben zu können.

Und dann, von einem Tag auf den anderen, war es auf einmal zu spät, mein kleines Geheimnis loszuwerden, denn die Kripo tauchte in der Redaktion auf und forschte nach Clarissa Hennessys Verbleib. Ihr zweiter geschiedener Mann hatte sie als vermißt gemeldet. Attila Hennessy, dem früher die Zeitung gehört hatte, war im Laufe der fünfeinhalb Jahre, während der ich hier arbeitete, in unregelmäßigen Abständen hereingeschneit, um die Redaktionsmitglieder mit Sekt und Pralinen zu beglücken. Anscheinend hing er immer noch an *Clarisse*, die zu seinen Chefzeiten noch *Frauen von heute* geheißen hatte. Er war ein dicker, großer Glatzkopf, der enge, verschwitzte Hawaiihemden trug und zu den unpassendsten Gelegenheiten dröhnend lachte, wobei er nicht nur seinen hemdsärmeligen Sugardaddy-Charme versprühte, sondern auch Fontänen von Spucke. Seine Standardsätze bei diesen Gelegenheiten waren: »Entzückende Bluse, die Sie da tragen!«, oder »Was für eine süße kleine Frau Sie sind!«

Zu Clarissa sagte er das nicht mehr, schließlich waren sie seit fast sechs Jahren geschieden. Um so mehr staunten wir bei *Clarisse*, daß ausgerechnet Attila Hennessy Clarissa als erster vermißt zu haben schien.

Ein Beamter namens Klett erschien unangemeldet in der Redaktion, ein Bär in abgewetzten Jeans und Turnschuhen, mit Igelfrisur und irritierend scharfen Augen. Er schnüffelte in den Büros herum und fragte alle Mitarbeiter aus, wann sie Clarissa zuletzt gesehen und mit ihr gesprochen hatten. Als er zu mir kam, schaute ich ihm fest in die Augen und erklärte, daß ich das letzte Mal mit ihr gesprochen hatte, bevor sie verschwunden war. Das war zwar nicht direkt geschwindelt, doch die volle Wahrheit war es genausowenig, denn von Sylt sagte ich kein Wort. Der Grund dafür war ebenso einleuchtend wie naheliegend, denn beim derzeitigen Stand der Dinge fiel es mir nicht schwer, mir in allen Einzelheiten folgende Unterhaltung auszumalen:

Ich, beiläufig: »Ach übrigens, Leute, ich hab Clarissa rein zufällig vor ein paar Tagen auf Sylt gesehen, sie hockte da konspirativ auf einer Bank am Strand und unterhielt sich mit einer rothaarigen Frau.«

Irene, ungläubig-entsetzt: »Du hast sie noch einmal gesehen? Mit einer fremden Frau? Auf Sylt?«

Ich, cool: »Ja, und?«

Irene, fassungslos: »Aber sie haßt Sylt! Das weißt du doch! Und wieso hast du die ganze Zeit kein Sterbenswörtchen davon gesagt, daß sie dort war?«

Kommissar Klett, mißtrauisch: »Ja, warum haben Sie davon nichts gesagt? Warum haben Sie diese Information verschwiegen?«

Ich, gespielt arglos: »Weiß nicht. Muß ich vergessen haben.«

Kommissar Klett, kalt: »Wie war Ihr Verhältnis zu der Vermißten?«

Alle Mitarbeiter, im Chor: »Miserabel.«

Kommissar Klett, Handschellen hervorziehend: »Sie sind verhaftet.«

Nein, danke. Ich schadete niemandem, wenn ich weiterhin den Mund hielt. Ich hatte sie nicht gesehen. Ich *durfte* sie gar nicht gesehen haben, wenn ich mich nicht in endlose Schwierigkeiten bringen wollte. Denn eines war mir inzwischen sonnenklar: Sie war mit Sicherheit nicht versackt, sondern tot. Vermutlich umgebracht. Und man würde versuchen, mir eine Beteiligung daran zuzuschustern, bloß weil ich wegen meiner dämlichen Absicht, einen Überraschungscoup bei Clarissa zu landen, nicht gleich von Sylt erzählt hatte. Also reichte ich meine Spesenabrechnung nicht bei der Buchhaltung ein und hielt mich weiterhin bedeckt.

Mein *Hot shot* war damit leider gestorben, zumindest für *Clarisse*. Wenn wir uns nicht bei den Agenturen bedienen wollten, würde ein Foto aus meinem Privatarchiv als *Hot shot* für die kommende Ausgabe herhalten müssen, ich konnte beispielsweise auf der nächsten Redaktionssitzung jenes Foto vorschlagen, auf dem die beiden Fußballstars händchenhaltend aus dem Männerklo kamen. Clarissa hatte es letzten Monat als nicht aktuell genug verworfen, angeblich boten die Agenturen längst schärfere Fotos der beiden an.

Das Foto von der Gräfin würde ich problemlos

anonym in Italien oder England verscherbeln können, die Gräfin war nicht nur so medienscheu wie einst die Garbo, sondern fast genauso bekannt. Den Film hatte ich längst entwickelt, zu Hause in meiner Dunkelkammer, und die Abzüge waren gut versteckt an einer Stelle, wo Siegfried sie nicht finden konnte.

Ich überstand also Kletts kurzes Verhör mit Bravour, und schon hatte der Alltag mich wieder. Irene als Chefin war in jeder Beziehung viel erträglicher als Clarissa, und ich begann die Idee zu mögen, daß es so blieb. Und ich war nicht die Einzige bei *Clarisse*, die so dachte.

Doch drei Tage nach seiner ersten Fragerunde tauchte Klett erneut in der Redaktion auf, und plötzlich wurde alles kompliziert. Ich saß gerade mit Jack Rizzi in der Grafik über einer Fotoserie, als er hereinplatzte.

»Kann ich Sie sprechen?«

Ich deutete auf den freien Stuhl am Tisch. »Setzen Sie sich.«

Er zog sich den Stuhl heran und streckte seine langen Beine unter dem Tisch aus. Interessiert beugte er sich vor und deutete auf die Fotos. »Was ist das?«

»Sellerie«, sagte Jack.

»Sellerie?«

»Das Foto, auf das Sie gerade gezeigt haben. Das ist Sellerie. Auf dem hier sehen Sie Porree, das da drüben ist geriebener Käse. Hier auf diesen Bildern haben wir Kartoffeln, Rindfleischwürfel, Salz und Pfeffer.«

»Und was soll das werden?«

»Was zu essen«, sagte ich.

Klett musterte mich leicht amüsiert, dann blickte er fragend zu Jack.

»Das sind die Bilder für den Fotokochkurs in der übernächsten Ausgabe«, erklärte Jack. »Alles Zutaten für einen Auflauf.«

»Ah, ja. Interessant. Was machen Sie eigentlich hier so?«

»Ich bin stellvertretender Art Director und Atelierleiter.«

Das klang vergleichsweise bescheiden. Er hatte beispielsweise unerwähnt gelassen, daß er sich für einen Künstler hielt, auf einer Stufe mit Anton Corbijn, Richard Avedon und Sebastiao Salgado, mindestens so gut, nur noch nicht so bekannt. Jack war nämlich nicht nur Grafiker, sondern wie ich gelernter Fotograf. Allerdings würde er sich niemals herablassen, den Paparazzo zu machen. Fürs Grobe war *ich* zuständig, vor allem für die häßlichen, aufregenden, schlüpfrigen kleinen Geheimnisse aus der Welt des Glamours.

Jack hatte zwei Fotobände im Eigenverlag herausgegeben, und er sorgte mit nimmermüder Emsigkeit dafür, daß überall im Verlag, wo freie Tischfläche verfügbar war, Dutzende dieser Prachtexemplare auslagen. Sie waren stets in dezent-stummer Aufforderung aufgeblättert, damit sich auch dem letzten und stupidesten der zufällig dort herumsitzenden Menschen die exorbitante Begabung des Künstlers offenbarte. Liebliche Ästhetik. Verklärte Natur. Regenbögen über betauten Wiesen. Mattes Abendrot hinter verschneiten Hängen. Rustikale Stilleben mit rotbackigen Landäpfeln und locker gebündelten Weizengarben in malerisch angelaufenen Terracottaschalen. Oder glückliche Kindergesichter hinter Eisblumenfenstern.

Jack war ein hoch aufgeschossener, schmaler Typ mit langen, sensiblen Fingern. Seine empfindsamen Künstleraugen waren ständig feucht, als würde er gleich in Tränen ausbrechen. Sein fusseliges Haar war im Nacken zu einem schwindsüchtigen Künstlerzopf geflochten, was ihn noch dünner und trübseliger aussehen ließ. In Wahrheit hieß er überhaupt nicht Jack, sondern Ottokar Sprenkelburg oder Sprinklerheim oder so ähnlich, außerhalb der Personalabteilung wußte das bei *Clarisse* kein Mensch mehr so genau, denn Jack geriet in ganz ungewohnte Rage, wenn man ihn anders als mit seinem Künstlernamen anredete.

Klett löste seinen Kennerblick von den Kochfotos, strich sich über seine blonden Igelborsten und wurde amtlich.

»Wir haben ermittelt, daß Clarissa Hennessy am Tage ihres Verschwindens nicht nach London, sondern nach Sylt gereist ist.«

In meinem Kopf tönte eine Alarmsirene los. Als nächstes würde er ermitteln, daß ich auch auf Sylt gewesen war. Oder wußte er es am Ende schon?

»Na, so was«, heuchelte ich Überraschung, »wie haben Sie das denn rausgekriegt?«

»Routine. Da sie nicht auf diesem Londoner Kongreß auftauchte, zu dem sie angeblich abgereist war, haben wir ihre Kreditkartenverbindungen gecheckt.

Sie hat mit American Express einen Flug nach Sylt bezahlt. Sie ist auch hingeflogen, aber nicht zurück. Möglicherweise hat sie sich irgendwo auf Sylt ein Zimmer genommen, aber wir glauben es nicht. Wir haben alle in Frage kommenden Hotels und Pensionen abgefragt, doch sie hat nirgends gebucht. Anscheinend hat sie gar nicht vorgehabt, auf der Insel zu bleiben.«

»Sie könnte privat untergekommen sein«, gab ich zu bedenken, während ich die glückliche Fügung pries, die mich die Überfahrt und die Übernachtung in der kleinen Pension auf Sylt hatte bar bezahlen lassen. So würde niemand auch nur die klitzekleinste Verbindung zu mir herstellen können, sollte Clarissa tatsächlich irgendwo ermordet zwischen den Dünen liegen oder als Wasserleiche am Strand von Kampen angeschwemmt werden, eine Befürchtung, die sich in den letzten Tagen bei mir zur Gewißheit verdichtet hatte.

Ich blickte Klett fest an. »Sie könnte aber auch bar bezahlt haben.«

»Darüber haben wir schon nachgedacht. Möglich ist es durchaus. Ebenso ist es denkbar, daß sie die Fähre oder den Zug genommen hat.«

Mich stach der Hafer. »Oder den Autozug.« Dabei blickte ich ihm wieder fest in die Augen. Schau deiner Angst ins Gesicht. Pack den Stier bei den Hörnern. Nur so und nicht anders ging es, wenn man etwas zu verbergen hatte.

»Bitte?«

»Ich meine, vielleicht hat sie in Westerland den Autozug über den Hindenburgdamm genommen.«

»Dazu hätte sie einen Wagen haben müssen.«

»Vielleicht hat sie jemanden getroffen, der einen hatte.«

»Wen?« fragte Klett sofort.

»Woher soll ich das wissen? Sehe ich etwa so aus, als wäre ich dabeigewesen, oder was? Und überhaupt – wieso war Clarissa auf Sylt statt in London? Sie konnte Sylt nicht ausstehen!«

»Ich weiß.«

Er wußte! Was wußte er noch, um Himmels willen?

»Woher?« fragte ich, um Zeit zu gewinnen.

»Ich bin Clarissa Hennessys Neffe.«

Vermutlich blickte ich ebenso töricht drein wie Jack.

»Sie sagen ja gar nichts«, meinte Klett nach einer Weile.

»Das liegt bestimmt daran, daß diese Information neu für uns ist. Und, äh, ziemlich überraschend«, sagte Jack.

Klett nickte. »Es ist auch nichts weiter als ein Zufall. Völlig ohne Belang. Die polizeilichen Ermittlungen werden dadurch in keiner Weise tangiert.«

Außer, daß du dich als treusorgender Verwandter wahrscheinlich Tag und Nacht mit nichts anderem beschäftigen wirst als mit Clarissas Verschwinden, dachte ich.

»Meine Frage in diesem Zusammenhang an Sie beide lautet: Was könnte sie auf Sylt vorgehabt haben?«

»Keine Ahnung«, sagte ich.

»Vielleicht wollte sie ausspannen«, ergänzte Jack.

»Wir werden es herausfinden«, versprach Klett.

Ich fragte mich, ob Klett als Clarissas Neffe im Bilde war, was ihre Affäre mit Irene betraf. Vermutlich nicht. Er hätte uns jede Menge Fragen in dieser Richtung gestellt, wenn er es gewußt hätte.

»Wissen Sie, ob Clarissa eine Affäre hatte? Vielleicht mit jemandem hier im Hause?«

»Keine Ahnung«, sagten Jack und ich wie aus der Pistole geschossen.

Klett musterte uns stirnrunzelnd. Ich wich seinen Blicken keinen Millimeter aus.

»Wissen Sie, ob Clarissa bei der Zeitung Feinde hatte?«

»Natürlich nicht«, antworteten Jack und ich, wieder in prompter Übereinstimmung.

Klett schaute uns nachdenklich an. Seine Augen waren von einem kühlen, klaren Blau.

»Erzählen Sie mir was über die Zeitung«, forderte er uns unvermittelt auf.

»Was wollen Sie hören?« fragte Jack. »Mitarbeiter? Auflagen? Akzeptanz? Konzepte?«

»Alles. Ich interessiere mich für alles.«

Also erzählten wir, immer abwechselnd. Jack und ich warfen uns Stichwörter zu und spulten eine Menge völlig uninteressanter Details ab, zu den einzelnen Ressorts, zur Produktion, zu den Inhalten und der Mentalität der Zeitschrift.

Mentalität war etwas, was Clarissa an *Clarisse* besonders wichtig war. »Entscheidend ist die (schab) *Mentalität* dieses Blattes«, hatte sie bei jeder Gelegenheit während der Redaktionssitzungen hervorgehoben, womit sie selbstverständlich eher die Auflage als die Blattlinie gemeint hatte. Die Frage aller Fragen war immer wieder: Wie viele Leserinnen haben *Clarisse* gekauft, wie viele haben sie angelesen, wie viele vollständig gelesen? *Clarisse* war ein Mittelding zwischen *Gala*, *Frau im Spiegel* und *Brigitte*, und mit mehr als nur einem Hauch Bild. Eine stinknormale, alle zwei Wochen erscheinende Frauenzeitschrift mit ausgeprägtem Boulevardtouch, sprich üppigem Klatschteil. Politik war keineswegs tabu, erschöpfte sich aber regelmäßig in solchen Essentials wie: Welches Menü läßt die Gattin des Außenministers zum Staatsbankett auftragen, wenn sie gleichzeitig Juden, Moslems und vegetabile Hindus bewirten muß, oder: Wie wohnt und kleidet sich Frau Minister Sowieso.

Bei *Clarisse* gab es den üblichen Mode-, Kosmetik-, Frisuren-, Koch- und Reiseteil, ein informatives Berufsjournal, die Tipreihe aus so unterschiedlichen Bereichen wie Kultur, Recht, Medizin, Tiere, Wohnen. Dann das Ressort, für das ich arbeitete, Gesellschaft und Modernes Leben, mit den sehr beliebten bunten Sex-, Klatsch- und Sensationsspalten. Höhepunkt des Klatschteils war jedesmal der *Hot shot*, eine aktuelle und möglichst skandalöse Bildinformation aus der Prominentenszene, die ich selbst betextete. Und schließlich hatten wir, nicht zu vergessen, bei *Clarisse* den »Wahre-Schicksale«-Teil. Die wahren Schicksale entstammten der Feder einer phantasiebegabten Autorin namens Melanie, eines ätherischen, überirdisch bleichen Geschöpfs mit riesigen Augen, vollen Brüsten und langen Silberlocken.

»Sie meinen, diese wahren Schicksale sind überhaupt nicht wahr?« fragte Klett, unterdrückt grinsend. »Zum Beispiel die eine Story letzte Woche, über diese Frau, die blind wurde und sich in den Chefarzt der Augenklinik verliebte – alles erfunden?«

Er ist also keineswegs uninformiert hergekommen, dachte ich. Dann schaute ich ihn mir genauer an. Wenn er lachte, so wie jetzt, sah er noch mehr wie eine Kreuzung aus Igel und gutmütiger Bär aus. Nur die scharfen Augen paßten nicht dazu.

»Diese Geschichten *könnten* aber wahr sein«, hob ich hervor. »Zum Beispiel die über die Frau, die von ihrem Mann verlassen wurde und dann vier Millionen im Lotto gewann.«

Als hätte sie in der Nase gehabt, daß wir gerade über ihre wahren Schicksale sprachen, kam Melanie in diesem Moment herein. Das silberne Lockengeriesel wallte dekorativ um ihr zartes Gesicht, und ihre großen Brüste wölbten sich kleidsam unter der dezenten weißen Bluse. Klett und Jack sprangen auf und starrten Melanies Oberkörper an. Ich fragte mich, ob Klett hinter diesem engelsgleichen Äußeren den messerscharfen Verstand vermutete, der Melanie befähigte, sich alle zwei Wochen mindestens drei zu Herzen gehende Frauenschicksale auszudenken, die bis ins kleinste Detail stimmig waren. Außerdem schrieb sie die raffiniertesten Kurzkrimis, nicht nur für *Clarisse*, sondern mit Erlaubnis der Chefredaktion auch für eine Reihe anderer Illustrierter und Tageszeitungen, womit sie sich ein nettes Zubrot verdiente.

Melanie kam oft in mein Büro oder in die Grafik, um ihre Krimis oder das eine oder andere Schicksal zusammen mit mir auf Löcher abzuklopfen. In ihrer lockeren Art erzählte sie mir ihre Geschichten und fragte mich dann, ob ich dies oder jenes zu dick aufgetragen fand oder für unglaubhaft hielt. Aber ihre Herzensstories waren immer tadellos, so perfekt wie ihre Krimis.

»Oh, du bist beschäftigt«, sagte Melanie, ob zu mir oder zu Jack war nicht zu erkennen.

»Der Herr Kommissar wollte sowieso gerade gehen«, sagte ich aufmunternd.

»Nein, eigentlich nicht.« Klett lächelte entwaffnend. »Ich habe noch eine ganze Menge Fragen.«

Blödmann, dachte ich.

»Aber ich will Sie nicht von der Arbeit abhalten, deshalb komme ich lieber morgen wieder. Sicher gibt es noch unzählige Informationen aus der Zeitungswelt, die für mich von Interesse sind.«

Raffiniert von ihm. Jetzt hatte er einen Grund, uns noch einmal den Nerv zu töten.

Er drückte uns der Reihe nach die Hand und ging.

Jack blickte ihm nach und wartete, bis die Tür ins Schloß gefallen war.

»Ich weiß nicht, ob das klug von uns war.«

»Was denn?« fragte ich.

»Ihm die Sache mit Irene zu verheimlichen. Und das andere.«

»Was hätten wir denn sagen sollen? Daß sie mit Irene schläft? Ich finde, niemand hat das Recht, das herumzutratschen, außer vielleicht Irene selbst. Und was die Frage nach den Feinden angeht, habe ich keine Lust, den Vorreiter zu spielen.«

Melanie nickte zustimmend. »Was glaubst du, was

dieser Schnüffler macht, wenn wir ihm erklären, daß jeder einzelne Mensch hier bei *Clarisse* die Alte am liebsten zwei Meter unter der Erde sähe? Er würde uns ausquetschen wie die Zitronen, einen nach dem anderen! Und Clarissa gondelt vielleicht die ganze Zeit gemütlich irgendwo in der Weltgeschichte rum. Kann sein, daß sie morgen quietschvergnügt wieder hier auftaucht, was dann?«

»Glaubst du das wirklich?« fragte ich zweifelnd. »Es ist doch gar nicht ihre Art, länger als einen Tag wegzubleiben. Schon gar nicht mitten in der Produktionsphase.«

»Jedenfalls nicht, ohne Bescheid zu sagen«, bekräftigte Jack.

Melanie zuckte die Achseln. »Haltet mich für ein Schwein, aber ich sag euch ehrlich, was ich denke.«

Ich sah sie neugierig an. »Und was denkst du?«

»Ich kann bestens ohne sie auskommen, soviel steht fest. Von mir aus kann sie ruhig tot sein, wenn ich sie das nächste Mal wiedersehe.«

Ich sollte mich noch an diese Worte erinnern.

*

Ein paar Tage später hatte ich eine Auseinandersetzung mit Siegfried, nicht die erste in jüngster Zeit.

Der Morgen fing an wie jeder Sonntagmorgen der letzten Monate. Ich duschte, schlüpfte in meinen Bademantel und machte Frühstück für zwei, für mich Möhrensaft und Müsli, für Siegfried Grapefruit, ein weiches Ei und Toast, und für uns beide eine Kanne chinesischen Tee. Ich lud alles auf ein Tablett und deckte den Tisch im Erker des Eßzimmers, von dem aus wir die beste Aussicht hatten.

Doch Siegfried schaute nicht aus dem Fenster, sondern in die Zeitung. Er las den Teil, den er am Vortag nicht geschafft hatte, löffelte dabei einhändig sein Ei, schlürfte den Tee und verschwand anschließend mit einer gemurmelten Entschuldigung in sein Arbeitszimmer. Ich blieb am Frühstückstisch sitzen und blickte aus dem Fenster auf die Außenalster. Am Ufer leuchteten die Bäume in herbstlichem Feuer, ein glühendes Spektakel verschiedener Orange-, Gelb- und Brauntöne. Vereinzelt kreuzten Segler über das Wasser. Ein typischer Harvestehuder Sonntagmorgen.

Ich trank einen Schluck Möhrensaft und versuchte mich an einem Löffel Müsli, eine kerngesunde Mischung aus verschiedenen Getreidesorten und gedörrtem Obst, angemacht mit Magerjoghurt und echtem Bienenhonig aus dem Reformhaus. Ich kaute sorgfältig, ungefähr zwanzigmal, und spuckte dann alles in meine Serviette. Ein Teil davon fiel auf den Fußboden, direkt vor die Schnauze unseres alten Bernhardiners.

Bernie rutschte angewidert ein paar Zentimeter zurück. Das lächerliche Miniaturfäßchen, das er seit zwei Jahren als Halsschmuck trug, scharrte laut über den Boden.

»Da siehst du es«, sagte ich zu Bernie, »diesen Fraß kann man nicht mal seinem Hund anbieten. Und langsam frag ich mich wirklich, wieso ich das Zeugs überhaupt essen soll.«

Aus Siegfrieds Arbeitszimmer drang erbarmungswürdiges Ächzen und Keuchen herüber. Das brachte das Faß zum Überlaufen. Ich warf die vollgespuckte Serviette in mein Müslischälchen, tätschelte Bernies warmen Nacken und ging nach nebenan, wo ich mich im Türrahmen aufbaute.

»Sag mal, findest du nicht, daß du übertreibst, Sigi?«

Siegfried wandte mir sein krebsrotes Gesicht zu, ohne mit seinem Training innezuhalten. Mit den Händen umklammerte er die Haltegriffe seines Stairmasters de Luxe, während seine Füße stiegen und stiegen und stiegen.

»Tut – mir – gut!« keuchte er.

»Sicher. Aber manchmal ist weniger mehr. Zum Beispiel dann, wenn man noch was anderes vorhat.«

Nach dem Intensitätsgrad der Röte auf seiner Stirn hatte Siegfried mindestens schon zweimal das World Trade Center erstiegen. Auf Wunsch zeigte ein Computer an, wie viele Stufen man geschafft hatte, wahlweise teilte er auch mit, welches Gebäude der Benutzer gerade erklomm, zum Beispiel Empire State, Freiheitsstatue, Eiffelturm und so weiter, oder man erfuhr, wie viele Meter man sich über Normalnull befand.

»Ich bin heute fruchtbar«, verkündete ich.

Siegfried kam aus dem Takt, fing sich aber sofort wieder und legte an Tempo zu.

Ich wurde wütend. »Man könnte meinen, du würdest dir absichtlich einen abstrampeln, damit du nachher eine Ausrede hast. Letzten Monat war es der Bereitschaftsdienst, im Monat davor waren es deine entzündeten Mandeln. Was hast du diesmal in petto?«

Siegfried stellte den Stairmaster aus. »Ich weiß gar nicht, was du meinst, Angie.« Er legte sich ein Handtuch um den verschwitzten Nacken.

»Was ich damit meine? Laß es mich verdeutlichen. Hörst du es ticken?« Ich hob den Zeigefinger und legte den Kopf schräg.

Siegfried lauschte angestrengt.

»Hörst du es?« fragte ich.

»Ich weiß nicht. Wo?«

»Überall.«

»Deine Belichtungsuhr?« fragte er zweifelnd.

Meine Belichtungsschaltuhr war dort, wo sie immer war, nämlich in meiner Dunkelkammer im Obergeschoß unserer Maisonettewohnung.

Ich schnaubte: »Dieses Ticken, Siegfried, kommt von mir. Aus meinem Bauch. Es ist meine biologische Uhr, verstehst du? Sie tickt und tickt. Ein-Kind-ein-Kind-ein-Kind, Sigi. Ich bin dreiunddreißig, und in vier Monaten werde ich vierunddreißig.«

»Ich bin schon siebenunddreißig, Angie, und ich finde, damit ist man durchaus nicht alt.«

»Man vielleicht nicht, aber frau. Ich rauche nicht mehr, ich habe sogar das Trinken aufgegeben. Ich esse bloß noch widerliches Körnerfutter. Alles unserem Kind zuliebe. Dem Kind, das du dir genauso wünschst wie ich. Kommst du jetzt mit ins Bett oder nicht?«

Er kam mit, aber es war ein einziges Desaster. Nichts klappte. Unsere Umarmungen waren ungeschickt, ständig waren Arme und Beine im Weg, und irgendwie schienen die Teile unserer Körper, die sich sonst immer wie selbstverständlich ineinandergefügt hatten, nicht mehr zusammenpassen zu wollen. Siegfrieds Männlichkeit war alles andere als auf der Höhe, was ich auch mit ihm anstellte, es war buchstäblich vergebliche Liebesmühe.

»Hat keinen Zweck, hm?« sagte ich.

Er gab keine Antwort.

Wir lagen nebeneinander in unserem Wasserbett und starrten auf die in zartem Ocker abgesetzten Stuckrosetten und -girlanden an der elfenbeinweißen Decke.

»Was ist los mit uns, Sigi?«

Er antwortete nicht.

»Ich verstehe das nicht«, versuchte ich es nach einer Weile erneut. »Das mit dem Kind war doch deine Idee. Eine Familie gründen, Babys und so weiter.«

»Ursprünglich schon.«

»Aber?«

»Aber ich konnte ja nicht wissen, daß du dich so da reinsteigern würdest.«

»Was heißt hier reinsteigern? Ich fand zufällig die Idee ausgezeichnet und habe durch eine vernünftige Lebensweise lediglich die richtigen Voraussetzungen für eine Schwangerschaft geschaffen. Kein Nikotin, kein Alkohol. Was ist daran auszusetzen?«

»Du hast Temperatur gemessen«, sagte Siegfried. Es klang anklagend.

»Natürlich hab ich gemessen«, erwiderte ich geduldig. »Wie soll ich sonst wissen, wann ich fruchtbar bin?«

»Ich finde, in solchen Dingen muß ein Paar spontan sein können.«

»So spontan wie du?« warf ich ihm vor.

Ich hatte zuviel gesagt. Siegfried wurde blaß, stand auf und ging zum Fenster, wo er stehenblieb, ein jungenhafter, sommersprossiger Mann, dessen feines hellblondes Haar an den Schläfen grau wurde. Eine kühle Brise kam durch den schmalen Fensterspalt und erfaßte das hauchdünne Gewebe der bodenlangen Gardine, wehte es sekundenlang wie einen Schleier vor Siegfrieds Gesicht.

Er war kein Adonis, aber lieb. Lieb und höflich und großzügig. Und er war der Mann, mit dem ich seit zwei Jahren zusammenlebte und mit dem ich endlich ein Kind haben wollte. Das Problem war Sex. Oder besser, kein Sex. Es ließ sich auch anders ausdrücken. Ohne Sex kein Kind, und mit Siegfried kein Sex. Jedenfalls nicht öfter als ungefähr einmal im Monat, und dieses eine Mal fand zu allem Überfluß immer zu ungünstigen Zeiten statt, nämlich dann, wenn ich unfruchtbar war. Und in letzter Zeit schien es überhaupt nicht mehr stattzufinden.

Ich konnte mich kaum an das letzte Mal erinnern. Plötzlich kam mir ein häßlicher Gedanke. Fand Siegfried mich womöglich nicht mehr attraktiv? Ich sprang aus dem Bett und baute mich vor dem großen antiken Drehspiegel in der Zimmerecke auf. »Liegt es an mir? Bin ich dir zu groß?« Ich war drei Zentimeter größer als Siegfried.

»Oder zu mager?« Seit ich aufgehört hatte zu rauchen, hatte ich etwas zugenommen, aber nicht allzu viel. Ich glaubte förmlich, die Stimme meiner Mutter zu hören. Kind, du siehst halb verhungert aus. Kind, hast du schon wieder abgenommen? So oder in ähnlicher Form hörte ich seit meiner Kindheit ständig, daß ich zu dünn sei. Kind, iß nur richtig. Auftakt- und Begleitspruch regelmäßiger Zwangsernährungsprogramme mit Rotbäckchen zum Aufwachen und Lebertran zum Einschlafen und für dazwischen, zum Durchhalten, die Butter zwei Finger dick auf dem Schulbrot.

Siegfried fand mich anziehend, jedenfalls hatte er das mehr als einmal behauptet. Keine Anspielung, daß er meinen Busen aufpolstern oder meine Nase kürzen könnte, wenn ich Wert darauf legte.

Er hatte gesagt: Du siehst aus wie Audrey Hepburn, nur mit Locken. Das gefiel mir so sehr, daß ich diese Idee sogar eine Zeitlang kultivierte, indem ich mich wie Audrey frisierte, nachts Schlafmasken trug und *Moon River* summte.

Ich beugte mich vor und betrachtete mich genauer. Gute Haut, nicht allzu viele Fältchen, ganz ordentliche Zähne.

»Jetzt sag schon, Sigi. Hast du was an mir auszusetzen?«

»Du siehst nett aus, Angie. Genauso wie immer.«

Siegfried holte seinen flauschigen weißen Versace-Bademantel aus dem Einbauschrank und zog ihn an, dann ging er zurück ins Eßzimmer, setzte sich auf einen der hochlehnigen georgianischen Stühle und trank von meinem Möhrensaft.

Ich setzte mich zu ihm, unbekleidet wie ich war. Geistesabwesend streckte ich die Hand aus und kraulte Bernie hinter den Ohren, während ich intensiv nachdachte. Siegfried war betucht, vor knapp zwei Jahren, kurz nachdem wir uns kennengelernt hatten, hatte er von seinem Vater Anteile an einer Reederei geerbt, die erfreuliche Dividenden brachten. Außerdem war er ein ausgezeichnet verdienender Oberarzt in einer exklusiven, in eingeweihten Kreisen berühmten Privatklinik in Pöseldorf, die rechte Hand des Chefs, mit dem Ruf, längst ein besserer Chirurg zu sein als dieser.

Ich selbst hatte einen halbwegs interessanten, wenn auch chronisch unterbezahlten Job bei einer Zeitschrift und plante vage, irgendwann selbständig zu arbeiten, spätestens, wenn ich mit meiner Gletscherserie berühmt geworden war.

Wir bewohnten eine großzügig geschnittene Wohnung, die wir von Siegfrieds vielem Geld ebenso teuer wie effektvoll eingerichtet hatten, ein hübsch durchgestyltes Ambiente, eine Mischung aus Antiquitäten, hypermodernem Design, original alten spanischen Fliesen und primitiver aztekischer Kunst, alles verteilt auf den beiden oberen Etagen einer restaurierten Prachtvilla in Hamburgs nobelstem Viertel. Wir fuhren zum Skilaufen nach St. Moritz und zum Surfen nach Waikiki Beach. Wir trafen regelmäßig eine Reihe von intelligenten, kultivierten Leuten in einer lockeren Clique zum Reden und Feiern und Essen. Mein Auto war zwar alt und meine Klamotten waren bis auf wenige ausgeflippte Ausnahmen eher praktisch als edel, doch das war mein persönlicher Stil, kein Mangel an Luxus, sondern einfach nur Bequemlichkeit. Ich hing an meinem Wagen und haßte den Gedanken, mir einen neuen zulegen zu müssen, und ich brachte selten den Enthusiasmus auf, in Nobelboutiquen herumzustöbern. Außerdem konnte ich schlecht im Escadakleidchen mit meiner Canon auf Mauern oder Bäume klettern.

Was war also los mit mir und Siegfried? Was war die Ursache unseres Versagens? Es ging uns gut. Wir waren beide gesund und einigermaßen fit. Siegfried war ein Medikamentenfreak, aber das war eher ein beruflich bedingter Tick. Arzt, heile dich selbst. Er hätte all die Pillen und Kapseln ebenso gut in der Toilette wegspülen können. Ihm fehlte im Grunde genauso wenig wie mir. Oder sah ich das völlig falsch, war er in Wirklichkeit alles andere als gut drauf?

»Bist du überarbeitet? Macht dein Magen dir zu schaffen? Hast du Ärger in der Klinik?«

Er nickte bekümmert, und sofort atmete ich erleichtert auf. Das war es!

»Möchtest du drüber sprechen?« fragte ich mitfühlend.

»Ich weiß nicht ... Doch, vielleicht.«

»Tu nur. Du wirst dich besser fühlen. Ist dir ein Kunstfehler unterlaufen?«

Siegfried nickte schwermütig.

»Hast du bei der Gräfin gepfuscht?«

Vermutlich hörte es sich allzu sensationslüstern an, ich kann mir in solchen Dingen nicht helfen, meine berufliche Neugier ist stärker als meine Diplomatie. Jedenfalls musterte Siegfried mich mit einem Hauch von Mißtrauen. »Angie, du würdest doch niemals die vertraulichen Dinge, die du aus meinem beruflichen Umfeld erfährst, in irgendeiner Form mißbrauchen, oder?«

»Sigi!« sagte ich entrüstet.

»Schon gut, entschuldige«, seufzte er. »Nein, es ist nicht die Gräfin. Es betrifft eine andere Frau.«

»Wen?«

»Das kann ich dir nicht sagen. Es ist ... geheim. Streng geheim.«

»Noch geheimer als die Gräfin?« Es fiel mir schwer, das zu glauben. »Mir kannst du es doch sagen, Sigi!«

»Nein, eben nicht. Meine Anwältin hat mir dringend davon abgeraten, darüber zu sprechen.«

»Du hast eine Anwältin?« rief ich. »Sag bloß, da ist schon was gegen dich im Gange?«

Siegfried faltete meine Serviette auseinander, die ausgespuckten Körner fielen auf seinen Bademantel, und hastig klappte er die Serviette wieder zusammen. »Eine Schadensersatzforderung. Eine Million Mark.«

Ich beugte mich vor, bis meine Brustwarzen mit dem kalten Tisch in Berührung kamen. »Wer?«

»Bitte, Angie.«

»Na gut, dann sag mir wenigstens, was du gemacht hast.«

Siegfried zögerte, sichtlich unangenehm berührt. »Eine Liposuktion«, sagte er endlich widerstrebend.

Liposuktion hieß soviel wie Fettabsaugen an Bauch, Hüften oder Oberschenkeln, das Entfernen des sogenannten Reithosenspecks. Wenn der Operateur mit der Kanüle zuviel oder zu unregelmäßig absaugte, blieb schlabberige, lose herumhängende Haut zurück, mit Dellen und Löchern wie Mondkrater. Nur schlecht und mit hohem Aufwand wieder herzurichten.

»War das Gerät kaputt?«

»Nein, ich hatte ganz einfach einen schlechten Tag.«

Ich pfiff durch die Zähne, dann beugte ich mich noch weiter vor und legte meine Hand auf seine. »Du bist doch versichert, Sigi.«

»Darum geht es nicht«, stieß er hervor. »Ich habe einen Ruf zu verlieren. Einen exzellenten Ruf.«

»Du meinst, diese Patientin hat Beziehungen, oder?«

»Die allerbesten. Sie kann es überall verbreiten.« Er starrte auf meine Brustwarzen. »Willst du dir nicht was anziehen, Angie?«

»Stört dich der Anblick meiner edleren Körperteile?«

»Angie«, sagte er in einer komischen Mischung aus Ärger und Beschämung.

»Sofort. Was hast du gesagt, wie die Frau heißt?«

»Ich hab dir gar nicht gesagt, wie sie heißt.«

Pech. Nichts zu machen. Aber einen Versuch war es wert gewesen.

»Willst du jetzt nicht auch über dein Problem reden, Angie?«

»Wie bitte?«

»Ich habe mir meine Sorgen vom Herzen geredet. Du solltest es auch tun.«

Dieses Interesse an meinem Seelenleben war neu. »Wie kommst du darauf, daß ich Sorgen habe?«

»Angie, du stehst mir als Mensch sehr nahe. Da spürt man so etwas.«

»Ach so. Na ja, wieso soll ich's dir nicht sagen. Clarissa Hennessy ...«

»Clarissa?«

»Ja, Clarissa Hennessy, meine Chefin. Ein eiskaltes platinblondes Weib mit Killerblick. Sie ist die Chefredakteurin und Inhaberin von *Clarisse*.«

»*Clarisse?*«

»Sigi, das ist die Zeitung, für die ich arbeite«, sagte ich ungeduldig. »Um es kurz zu machen: Sie ist weg. Clarissa, nicht die Zeitung. Verschwunden.«

»Verschwunden?« echote Siegfried.

»Ja, seit mehr als einer Woche. Ein Typ von der Kripo war schon ein paarmal da und hat alle ausgefragt, nächste Woche will er wiederkommen. Sieht so aus, als wäre sie umgebracht worden.«

»Umgebracht?« wiederholte Siegfried.

»Hörst du schlecht oder was? Wieso wiederholst du ständig meine Fragen?«

Siegfried gab keine Antwort. Er war plötzlich sehr blaß, Schweißperlen standen auf seiner Stirn. Wie in Zeitlupe kroch seine rechte Hand über den Tisch, fuhr über den Frotteestoff des Bademantels nach oben, zwischen die Aufschläge, an die Brust.

»Sigi!« rief ich entsetzt. Bernie scharrte mit allen vieren über den Boden, aufgeschreckt durch meine schrille Stimme.

Sofort sprang ich auf und stieß dabei krachend den Stuhl um. Ich riß das Handy von der Ladestation neben der französischen Vitrine aus dem siebzehnten Jahrhundert und drückte S.O.S.

»Was machst du da, Angie?«

Ich fuhr mit einem Aufschrei herum. »Gott, mußt du mich so erschrecken? Blöde Frage. Ich rufe eine Ambulanz. Du hast einen Infarkt. Du *hast* doch einen Infarkt, oder?«

Ich starrte Siegfried an. Er war immer noch blaß, wirkte aber nicht unbedingt wie kurz vorm Exitus.

»Mach dich nicht lächerlich«, schnaubte er. »Ich habe Magenschmerzen, das ist alles.« Wie zum Beweis stand er auf und holte eine riesige Klinikpackung Nervogastrol aus dem Bad. Er nahm eine Tablette und spülte sie mit meinem restlichen Möhrensaft herunter, bevor er aus dem Zimmer ging, zweifellos zu einem neuen masochistischen Stelldichein mit seinem Stairmaster.

Achzelzuckend nahm ich es zur Kenntnis. Immer noch nackt und merkwürdig deprimiert machte ich mich daran, den Tisch abzuräumen.

Doch plötzlich, beim Anblick der gequollenen Körner in meinem Müslischälchen, gab ich alle guten Vorsätze auf. Ich ließ alles stehen und liegen und durchwühlte so lange Kommoden, Vitrinen, Einbauschränke und Schubladen, bis ich endlich zwischen den Beruhigungsmitteln in unserem Medikamentenschrank meine Zigaretten fand. Ich riß die Packung auf, zündete mir eine Gauloise an, inhalierte gierig und stieß den Rauch mit befreitem »Ppphhh!« von mir. Immer noch nackt und rauchend stolzierte ich durch die Wohnung, bis ich im Arbeitszimmer auf Siegfried traf, der gerade den Münchner Fernsehturm bestieg. Paffend lehnte ich mich an den Türrahmen und wartete, bis Siegfried anfing zu husten, dann zog ich mich an und pfiff Bernie zum Gassigehen.

*

Ein paar Tage danach bestellte Irene mich zu sich in ihr Büro und bat mich mit dienstlicher Miene, auf dem Besucherstuhl Platz zu nehmen.

Sie stellte ihr Diktiergerät auf den Schreibtisch und drückte die Abspieltaste. Ich hörte die hysterische Stimme eines Anrufers, den ich sofort als eines meiner *Hot shot*-Opfer identifizierte – ein bekannter Fernsehdoktor, den ich dabei erwischt hatte, wie er in aller Herrgottsfrühe nach dem Joggen im Park die Stiefmütterchen neben einem Kinderspielplatz gegossen hatte. An sich wäre daran nichts auszusetzen gewesen, wenn er zum Gießen eine Kanne benutzt hätte anstelle seines Schniedels. Anscheinend hatte er sich nicht zum erstenmal auf diese Weise der Landschaftspflege hingegeben; ein wütender Anwohner hatte mir den heißen Tip zukommen lassen. Der gute Doktor hatte messerscharf die richtigen Schlüsse gezogen, als ich mit meiner Canon um den Hals an ihm und dem *fait accompli* vorbeigejoggt war.

Mit wutverzerrter Stimme erklärte er am Telefon, daß er unsere Postille gerichtlich schließen lassen werde, falls wir das Foto brachten. In jedem Fall aber würde die Auflage eingestampft, das habe ihm sein Anwalt versichert. Irenes Antworten klangen nichtssagend, sie liefen darauf hinaus, daß sie die ganze Angelegenheit sorgfältig prüfen werde.

Innerlich schüttelte ich den Kopf. Alles in allem war sie gegenüber dem Fernsehdoktor nicht halb so tough aufgetreten, wie es angebracht gewesen wäre. Immerhin war sie nicht so dumm, ihm zu versprechen, daß sein Foto nicht gebracht würde.

Irene spielte den Anruf zweimal ab, doch ich hatte auch so jedes Wort im Gedächtnis behalten.

»Wieso hast du's aufgenommen?« fragte ich.

»Das mach ich oft, man kann ja nie wissen, was einem später die Leute anhängen wollen. Erinnerst du dich an den Mann?«

»Klar, ich hab ihn doch beim Pinkeln fotografiert.«

»Hat er eine Chance?« fragte Irene besorgt. Ich hätte ihr sagen können, daß Clarissa mindestens zweimal im Monat solche Anrufe erhielt, denn nicht immer gelang es mir, nach meinen Sensationsaufnahmen unbemerkt zu verschwinden. Viele der Promis kannten mich entweder, oder ich machte mir wie bei dem Doktor einen Spaß daraus, sie wissen zu lassen, daß ich sie soeben abgeschossen hatte. Clarissa war es immer ein besonderes Vergnügen, solche Drohanrufe abzuwimmeln. Die Rechtsprechung war nach einer Entscheidung des Bundesverfassungsgerichts schärfer geworden, eine der unnachgiebigsten Gegnerinnen der Yellowpress war zum Beispiel Caroline von Monaco, die mit ihrem gewieften Hamburger Anwalt etliche Blätter der Konkurrenz bereits zu peinlichen Gegendarstellungen gezwungen hatte. Doch immer noch galt die juristische Grundregel: Wo kein Kläger, da kein Richter; die Hundertachtzigtausend, die Caroline von einem Oberlandesgericht zugesprochen worden waren, bildeten die goldene Ausnahme. Wenn überhaupt in Deutschland ein Promi wegen eines peinlichen Fotos jemals Schmerzensgeld erhielt, war dieses lächerlich gering. Die Schallgrenze lag normalerweise bei fünfzigtausend, meist weit darunter, Summen, die von den Skandalblättern sozusagen aus der Portokasse gezahlt wurden, vor allem für Bilder, mit denen eine Menge bei den Agenturen herauszuholen war.

»Er kann nichts ausrichten«, beruhigte ich sie.
»Ganz sicher?«
»Ganz sicher. Es ist wasserdicht. Nichts getürkt, nichts dazu- oder wegretuschiert. Ich habe die eidesstattliche Versicherung des Typs, von dem ich die Info habe, daß dieses Gestruller nicht zum ersten Mal vorkam. Dann die amtliche Auskunft des städtischen Gartenbauamtes, welche besagt, daß das Defäkieren und Urinieren bei Kinderspielplätzen eindeutig untersagt ist. Damit haben wir Exhibitionismus und Verstoß gegen Bußgeldvorschriften. Eine Person des öffentlichen Lebens als Wiederholungstäter. Hieb- und stichfest. Du kannst aber auch den Justitiar fragen, wenn du deswegen Bammel hast.«

Was sie garantiert nicht tun würde, weil sie befürchten mußte, sich damit unmöglich zu machen. Der Verlagsanwalt klopfte ohnehin die Texte und Fotos vor dem Erscheinen ab. Als Chefin eines auflagenstarken Klatschblattes mußte Irene mit Lappalien wie dieser selbst fertig werden, doch ich wußte, daß es für sie nicht so einfach war, wie viele glaubten. Irene litt häufig unter der Angst, beruflich zu versagen, jedenfalls hatte sie einmal so etwas erwähnt. Zur Zeitung war sie erst nach einer abgebrochenen Lehre als Krankenschwester gekommen, ein Wechsel, der vor über zwanzig Jahren zu einem Zerwürfnis mit ihren Eltern geführt hatte.

Angeblich hatten sie ihr noch jahrelang vorgehalten, daß sie nichts zu Ende bringen könne, was sie anfing. Noch heute kompensierte sie diese Niederlage durch nimmermüden Eifer und auffällige Perfektionssucht.

»Na gut. Jetzt was anderes.« Irene drückte mir das aufgeklappte Exemplar eines wöchentlich erscheinenden Konkurrenzblättchens in die Hand.

»Was soll ich damit?« fragte ich.

»Da steht unter der Rubrik *Leute* etwas über Clarissa«, sagte sie. »Setz dich doch.« Sie zeigte auf den Besucherstuhl, doch ich war so verdutzt, daß ich den Artikel im Stehen las.

Zeitungschefin vermißt
Seit zwei Wochen wird Clarissa Hennessy vermißt, die bekannte Herausgeberin und Chefredakteurin der Frauenzeitschrift ›Clarisse‹ und Mitinhaberin diverser anderer Tageszeitungen, Nachrichtenmagazine und Fernsehsender.

»Ich wußte gar nicht, daß ihr auch Fernsehsender gehören«, murmelte ich.

»Bloß Anteile«, verbesserte Irene mich. »Lies weiter.«

»Wie kommt es, daß die es eher bringen als wir?«

»Weil sie die besseren Infos hatten. Lies schon weiter, dann siehst du's.«

Ich las weiter:

Die Kriminalpolizei schließt nicht aus, daß Clarissa Hennessy Opfer eines Verbrechens geworden ist. Ursprünglich war die neunundvierzigjährige Frau nach London gereist, wo sie an einem Kongreß teilnehmen sollte. Gutinfomierten Quellen zufolge soll sie jedoch am Tage ihres Verschwindens noch einmal auf Sylt gesehen worden sein.

Jetzt mußte ich mich setzen.

»Gesehen? Von wem gesehen?« fragte ich schwächlich.

»Von niemandem natürlich. Sie haben einen Informanten bei der Kripo, der hat Susie gesteckt, daß Clarissa am Tag ihres Verschwindens auf Sylt war.«

Susie war die Chefklatschredakteurin bei der Konkurrenz, sie hatte irgendwo auf dem Land zusammen mit Irene bei einem Dorfblättchen volontiert.

»Ach. Hat Susie dir das gesagt?«

»Wer sonst. Willst du gar nicht wissen, warum ich ausgerechnet dir das erzähle?«

»Ähm, doch, sicher«, sagte ich vorsichtig.

Irene ging zum Fenster, schaute hinaus, wippte auf den Zehenballen und strich die Seitenpartien ihres taubengrauen Jil-Sander-Kostüms glatt. Dann drehte sie sich triumphierend zu mir um. Ihre Augen blitzten, und plötzlich sah sie Jahre jünger aus. Irene war vierzig, eine große, üppige Brünette mit vollen Lippen, die sie gern und häufig wie zum Kuß schürzte. Jetzt teilten sie sich zu einem strahlenden Lächeln und entblößten perfekt überkronte Zähne. Wenn sie so lachte, ähnelte sie frappierend einer vollschlanken Jacqueline Kennedy-Onassis in ihren besten Jahren.

»Angie, kapierst du es nicht? Das wird eine Bombenstory!«

»Wie meinst du das?«

»Clarissa ist verschwunden, aber nicht, wie wir alle dachten, in London, sondern auf Sylt! Und jetzt sind wir an der Reihe.«

»Was meinst du damit?«

»Recherche, Angie, Recherche. Wir finden raus, was sie da zu suchen hatte.«

»Wäre das nicht Aufgabe der Kripo? Immerhin haben die auch schon rausgekriegt, daß sie überhaupt da war.«

»Angie, du stehst auf der Leitung. Glaubst du, ich will eine heiße Story an die Bullen vergeuden?«

»Und warum glaubst du, daß ich mehr erfahre als die Polizei?«

»Weil du eine Nase hast. Du weißt viel und hörst viel. Irgendwas ist faul an dieser Syltsache, das sagt mir mein sechster Sinn. Da steckt mehr dahinter. Und du wirst das rausfinden, klar?«

»Klar. Äh, nein, überhaupt nicht klar. Ich bin eigentlich Fotografin, keine Reporterin.«

»Du bist als Fotoreporterin eingestellt.«

Damit hatte sie allerdings recht. Trotzdem war die Berufsbezeichnung, unter der ich in *Clarisse's* Gehaltslisten geführt wurde, Schönfärberei reinsten Wassers. Ich schrieb zwar die Stories zu meinen *Hot shots* selbst, doch als Reportage konnte man diese kruden Ergüsse wohl kaum bezeichnen.

»Irene, ich bitte dich. Ich betexte ein paar Bilder. Das ist Kleinkindjournalismus. Nichts Vernünftiges, bloß Schreibe auf niedrigstem Niveau. *Dürfen Babs und Boris sich auf ihr nächstes Baby freuen? Ist unter diesem hübschen weiten T-Shirt mehr als glatte braune Haut? Boris' glückliches Lachen sagt mehr als tausend Worte!* Und so weiter. Gerüchteküche mit Fragezeichen, Irene. Nichts Ordentliches.«

»Nichts Ordentliches? Wir wissen doch alle, daß *Clarisse* hauptsächlich mit deinen *Hot shots* Auflage macht!«

»Wenn das so ist ... Wie wär's mit einer Gehaltserhöhung?« meinte ich frech.

»Darüber läßt sich durchaus reden«, erwiderte Irene ernst. »Zeig mir, was du drauf hast. Fahr nach Sylt und krieg raus, was Clarissa da wollte, weshalb sie heimlich dorthin gefahren ist, welche Leute sie kontaktiert hat und so.« Sie wedelte unbestimmt mit der Hand, so als hätte sie mir gerade den Auftrag erteilt, Kaffee zu holen.

»Vielleicht könnten wir eine Reisereportage draus machen«, überlegte ich. »Sylt hatten wir ewig nicht mehr, oder? Wenn Fischberger mitfährt ...«

Fischberger gehörte dem Reise- und Freizeitressort an, er war unser »Urlaubsreporter«, der am glühendsten beneidete Mann bei Clarisse. Seine farbenfrohen Reportagen führten ihn zu den schönsten Orten der Erde, und er hatte nichts weiter zu tun, als dort Urlaub vom Feinsten zu machen und darüber zu schreiben.

»Außerdem fliegt er morgen nach Rom, für die Drei-Städte-Reise.«

»Ach, das hatte ich vergessen. Na ja, aber nächste Woche ...«

»Zu spät. Ich finde, du solltest so schnell wie möglich fahren.«

»Irene, ich weiß nicht, ob das eine gute Idee ist«,

widersprach ich. »Stell dir vor, Clarissa hat da irgendwas Illegales vorgehabt!«

»Das wäre der Knüller.«

»Und wenn sie ...« Ich brachte es nicht fertig, den Satz zu beenden. Irene tat es dann für mich. »Wenn sie tot ist? Das wäre erst recht ein Knüller. Am besten illegal und tot.« Ihre Augen glänzten unnatürlich.

»Irene, das hört sich fast so an, als wärst du froh, wenn ihr irgendwas zugestoßen wäre!«

Sie nahm mir die Zeitung aus der Hand und fächelte sich mit trotziger Geste Luft zu. »Vielleicht bin ich das sogar.«

Hatten Irene und Clarissa sich verkracht, entzweit, verfeindet? Wußte Irene womöglich von der rothaarigen Walküre, mit der Clarissa sich getroffen hatte?

»Du hast alle Freiheiten«, sagte Irene. »Mach Spesen. Kauf dir Filme und so.« Sie legte die Zeitung auf den Schreibtisch und wechselte das Thema. »Wie geht es übrigens Siegfried?«

Irene kannte Siegfried, ich hatte ihn ihr vor drei Monaten auf der Verlobungsfeier einer Kollegin aus dem Moderessort vorgestellt.

»Meist tritt er auf der Stelle.«

»Bitte?«

»Er besteigt alle hohen Gebäude der Erde«, erläuterte ich. »Auf dem Stairmaster.«

Irene kicherte. Dann wurde sie unvermittelt ernst. »Sag mal, Angie ... Mit dir und Siegfried – läuft da was quer?«

»Wieso?«

»Neulich hab ich ihn abends in der *Filmhauskneipe* gesehen.«

Das war ein gerade angesagter Alt-Achtundsechziger-Laden in der Friedensallee. Siegfried und ich waren ein-, zweimal zusammen dort gewesen.

»Ja, und?« fragte ich.

»Er war mit einer Frau da.«

»Einer Frau?« wiederholte ich verblüfft. »Wie sah sie aus?«

»Ungefähr dein Alter. Dezent. Auf die englische Art nett. Bleicher Teint, aschblonde Löckchen. Edeltwinset und Plisseeröckchen. Perlenohrringe, Perlenkette, Perlenarmband. Sah ganz so aus wie die Sorte Mädels, die sonntags in Falkenstein Golf spielen oder zum Derby nach Klein-Flottbek fahren.«

»Hat Sigi dich gesehen?«

»Sicher, ich bin ja zu ihm hingegangen. Irgendwie hatte ich den Eindruck, daß er leicht nervös wurde deswegen. Wir redeten ein paar Takte. Er hat sie mir als Manuela vorgestellt, seine Rechtsanwältin. Kennst du sie?«

Ich blickte Irene fest in die Augen. »Aber ja. Manuela. Klar kenne ich die. Die beiden stehen in ständigem Kontakt. Notgedrungen, weißt du. Er hat da eine ganz ärgerliche Sache am Hals.«

Zum Glück kam in diesem Moment jemand von der Grafik herein, ein junger Typ mit Ziegenbart und Pferdeschwanz, er brachte die aktuellen Layouts. Irene beugte sich darüber und gab mir gleichzeitig pantomimisch zu verstehen, daß unsere Unterhaltung beendet sei. Während ich zur Tür ging, lächelte Irene verschwörerisch über die Schulter des Layouters und machte zum Abschied eifrige Knipsbewegungen. Ich fand es nicht im mindesten komisch.

*

Im *Étienne*, einem Bistro in der Nähe von *Clarisse*, dachte ich über mein Leben im allgemeinen nach und im besonderen darüber, wie es aus den Fugen zu geraten schien.

Im *Étienne* gab es zierliche schwarze Marmortische mit schmiedeeisernen Füßen, Art-déco-Bilder an den Wänden und versierte Kellner mit Gel in den Haaren und weißen Tüchern um die Mitte. Aus kleinen Lautsprechern hinter Kübeln mit Palmen tönte Jazzmusik, es roch nach Rotwein und französischer Küche.

Eine Menge Pressevolk traf sich hier um die Mittagszeit, die Leute saßen zu viert oder gar zu fünft an den winzigen Tischen, hörten der Musik zu, aßen wahlweise Muscheln, Schnecken, Omelette, Salat mit Croutons oder Suppe mit frischem Knoblauchbrot und tranken dazu Pinot Grigio oder Perrier.

Mein Mittagessen an diesem Tag bestand aus einem Espresso und einem Sambuca. Ich saß allein und vertrieb alle Aspiranten auf einen Sitzplatz, denn ich hatte kein Bedürfnis nach Gesellschaft. Mein Espresso war längst kalt und ungenießbar.

»Hugo«, rief ich – ich sprach es französisch aus, Ügoh, denn Hugo war ein waschechter Franzose aus dem Languedoc – »Hugo, bring mir noch einen Sambuca, ja?« Ich starrte in die Neige meines Glases und war in Gedanken bei Siegfried. Damals, als ich ihn vor zwei Jahren in einer Künstlerkneipe auf dem Kiez kennengelernt hatte, war mir als erstes sein schüchternes, jungenhaftes Lächeln aufgefallen, in dieses Lächeln hatte ich mich auf Anhieb verliebt. Es versprach Sanftmut, einfühlsame Zärtlichkeit und Beständigkeit.

Später fand ich mehr über ihn heraus. Dr. Siegfried Schnellberger, geerbtes Geld und verdientes. Schmalgliedrig, ruhig, höflich, nachgiebig.

Und penibel bis zur Schmerzgrenze. Er ordnete seine Sachen nicht nur systematisch, sondern auch symmetrisch. In seinen Schubladen stapelten sich die Unterhosen kantengenau und nach Farben, für jeden Wochentag eine andere Farbe. Montags blau, Dienstags grün und so weiter. Seine Bücher waren alphabetisch geordnet, nach Autorennamen.

Unsere Einstellung zum Aufräumen hätte nicht gegensätzlicher sein können. Meine Unterwäsche war nicht nur unsortiert, manchmal fand ich darunter sogar alte Filme oder angebissene Brote. Ständig vermißte ich Sachen, die dann an völlig unerwarteter Stelle wieder auftauchten. Geld im Gefrierfach, Schuhe im Putzschrank, Zigaretten zwischen Beruhigungsmitteln.

Hugo brachte meinen Sambuca und eilte weiter, ein zarter, flinker Bursche, der eine Menge Ohrstecker trug und Damenparfüm benutzte. Hugo kannte in Hamburg alle und jeden, er hatte mir schon manche heiße Information zukommen lassen. Vor zwei Jahren hatte er mir zum Beispiel verraten, daß ein bekannter Bundesligatrainer vorhatte, sich Vorhaut und Brustwarzen piercen zu lassen, bei demselben Typ, der Hugo die Ohrlöcher gestochen hatte. Das Shooting fand unter widrigsten Umständen statt. Das Fenster im »Behandlungzimmer« des Tatoo- und Piercingladens war winzig, ich mußte stundenlang draußen in strömendem Regen auf der Mauer im Hof hocken, bis ich den Trainer endlich im Sucher und den *Hot shot* im Kasten hatte. Das Foto hatte damals wochenlang für Furore gesorgt, der Schadensersatzprozeß lief immer noch.

Hugo brachte mir einen dritten und einen vierten Sambuca, und irgendwann stand die Flasche neben meinem Glas. Hugo und ich verstanden uns auch ohne Worte. Es gibt Menschen, die müssen keinen Ton sagen, um miteinander klarzukommen, sie verstehen sich blind, oder vielmehr stumm. Warum war Siegfried nicht so ein Typ? Wieso konnte er nicht wie Hugo sein? Wenn er wie Hugo wäre, überlegte ich, müßte ich mich nicht seinetwegen betrinken. Allerdings wäre er dann schwul und würde wahrscheinlich erst recht kein Kind mit mir wollen.

»Hugo, könntest du dir vorstellen, mit mir ein Kind zu haben?« fragte ich mit schwerer Zunge.

»Mais oui«, sagte er strahlend. Was für ein netter, höflicher Bursche!

Warum nannte Siegfried seine Anwältin Manuela, vorausgesetzt, sie war überhaupt seine Anwältin?

»Hugo, erzähl mir einen Witz.«

Hugo wußte keinen Witz, dafür setzte er sich zu mir und erzählte von seinem neuen Lover, einem coolen Machotypen namens Alfie. Unter anderem erfuhr ich, daß Alfie auf Fesselspielchen stand, sich das Schamhaar rasierte und ihn, Hugo, bei jeder sich bietenden Gelegenheit herumkommandierte. Danach wußte Hugo von Heinz Herzig zu berichten, dem bekannten und allseits beliebten Talkshowmoderator, der seit kurzem in seiner Stammkneipe auftauchte, streng inkognito, in Leder und mit Sonnenbrille und Schirmmütze, aber er, Hugo, hätte ihn trotzdem erkannt, weil Heinz Herzig, dieses Schwein, probiert hatte, sich an Alfie heranzumachen, doch der hatte Heinz Herzig sofort eins auf die Nase gegeben, weil er solche Lederschwuchteln nicht ausstehen konnte, und überhaupt. Ich fand das hochinteressant und ließ mir von Hugo versprechen, daß er mich anrief, sobald Heinz Herzig das nächste Mal in dieser Schwulenbar aufkreuzte, um wieder jemanden aufzureißen.

Anschließend hatte Hugo zu tun und überließ mich meiner Sambucaflasche.

Ich rauchte meine sechste Gauloise an diesem Mittag und überlegte, wie es mit mir und Siegfried weitergehen sollte. Da mir auf diese Frage keine Antwort einfiel, dachte ich darüber nach, wie ich den neuen Auftrag angehen sollte, den ich von Irene erhalten hatte. Hier war die Antwort leicht. Ich würde genau das tun, was sie von mir erwartete: ein paar Filme kaufen, nach Sylt fahren und eine Menge Spesen machen. Lange Spaziergänge am Strand, jeden Tag frischen Lachs, Nachmittagsschläfchen, abends im Hotelschwimmbad ein paar Runden drehen und danach, falls ich Lust hatte, noch einen Wodka im *Bogart's*. Und alles ohne Kamera.

Wieder zurück in Hamburg, würde ich Irene fest anblicken und sagen: »Tut mir leid, ich hab alles versucht, aber es war nichts über Clarissa rauszukriegen.«

Ich mußte es laut ausgesprochen haben, denn eine männliche Stimme hinter mir fragte: »Was genau haben Sie alles versucht?« Und dann: »Ist hier noch frei?«

Gerade wollte ich meine obligatorische Antwort loswerden, doch bevor ich ›nein, verzieh dich‹ sagen konnte, merkte ich, daß ich diesen Typen nicht auf dieselbe Art wegscheuchen konnte wie die vier, fünf Burschen, die vor ihm versucht hatten, an meinem Tisch zu landen. Es war Kommissar Klett. Ohne meine Antwort abzuwarten, schob er sich einen Stuhl zurecht, setzte sich und beobachtete mich scharf. Ich stellte fest, daß sein Bartschatten genauso blond war wie die Igelstoppeln auf seinem Kopf. Ich schätzte ihn auf Mitte Dreißig.

»Haben Sie gerade mit sich selbst geredet?«

»Sehen Sie hier noch andere Leute am Tisch?« gab ich zurück.

Ohne darauf einzugehen, fragte er: »Was genau meinten Sie vorhin, als Sie sagten, Sie hätten alles versucht, aber nichts über Clarissa rausgekriegt?«

»Hab ich das gesagt?«

»Ja, das haben Sie.«

»Na ja. Also ... Wie soll ich es ausdrücken ... Eigentlich meinte ich damit, daß ich nichts herausfinden *würde*. Selbst dann nicht, wenn ich *probieren* würde, was rauszufinden. Können Sie mir noch folgen?«

»Nicht direkt«, sagte er freundlich. »Versuchen Sie, deutlicher zu werden.«

Ich goß mir Sambuca nach. Die Flasche war bis auf ein knappes Drittel leer. Eher bis auf ein Viertel. »Möchten Sie auch einen? Hugo, bring dem netten Kommissar hier doch ein Glas, ja? Dann wird das Verhör nicht so langweilig.« Diese letzte Bemerkung trompetete ich so laut durch das Lokal, daß die Unterhaltung der Pressemenschen an den umliegenden Tischen schlagartig verstummte und gierige Stille sich breitmachte. Alle Hälse verdrehten sich in unsere Richtung, fast konnte man hören, wie die integrierten Aufnahmeschalter in den Journalistenköpfen auf »on« sprangen.

Man kannte sich hier bestens, jeder war im Bilde, wer wo was zu tun hatte in all den Verlagshäusern der Umgebung. Die Zeitungsleute, die regelmäßig im *Étienne* aßen, kannten mich und wußten genau, daß ich bei *Clarisse* für Klatschfotos zuständig war. In den eingeweihten Kreisen hieß ich nur ›Lady Paparazza‹. Außerdem war inzwischen allgemein bekannt, daß Clarissa Hennessy vermißt wurde.

Ich wandte mich wieder Klett zu und registrierte befremdet sein breites Grinsen. Es schien ihm nichts auszumachen, daß alle ihn anstarrten. Mit großzügigem Schwung goß er Sambuca in das Glas, das Hugo ihm gebracht hatte, und hielt es aufmunternd hoch.

»Prost«, sagte er gutgelaunt.

Ich war so verblüfft, daß ich ihm tatsächlich zuprostete.

»An wen erinnern Sie mich?« fragte Klett.

»Keine Ahnung. Ist das eine Preisfrage?«

»Nicht doch. Ich sag's Ihnen. Audrey Hepburn.«

Ich war beeindruckt. Fast bewunderte ich ihn, doch dann keimte der Verdacht in mir auf, daß er sich das vielleicht vorher zurechtgelegt hatte, um mich einzuwickeln.

»Mich wickeln Sie nicht ein«, beschied ich ihn, doch ein plötzlicher Schluckauf beeinträchtigte die vernichtende Wirkung meiner Worte.

»Genau genommen eine beschwipste Audrey. Haben Sie diese Flasche allein getrunken?«

»Sie trinken doch auch davon, oder nicht?« entgegnete ich frech.

»Wo haben Sie Clarissa Hennessy zuletzt gesehen?« fragte Klett plötzlich.

»Auf ... äh ...« Ich hickste, zum Glück. Um ein Haar hätte ich es verraten.

»Auf der Chefetage«, sagte ich und blickte ihm scharf in die Augen. »Aber ich glaube, ich hatte das schon ein paarmal erwähnt.«

»Stimmt«, gab er zu und trank einen Schluck Sambuca. »Wie kommt es eigentlich, daß Sie auch auf der Chefetage sitzen?«

Gute Frage. Unter allen Mitarbeitern von *Clarisse* rangierte ich eher im Mittelfeld. Genaugenommen gab es bei uns keine Chefetage im eigentlichen Sinne. Clarissa hatte vor fünf Jahren, als die gesamte Belegschaft der Zeitung in ein größeres Verlagsgebäude umgezogen war, mit einem simplen Trick dafür gesorgt, daß unliebsame Ressortchefs aus ihrem Dunstkreis verschwanden, was ausnahmslos alle diejenigen betraf, die noch aus den Zeiten ihres geschiedenen Mannes stammten. Sie hatte die erste

Etage zur Chefetage erklärt und dann, kaum, daß ihre Stellvertreter und die übrigen Ressortleiter dort ihre Büros bezogen hatten, kurzerhand ihre eigenen Siebensachen in die fünfte Etage verfrachten lassen, wo die anderen Redakteure und Reporter saßen. Anschließend hatte sie mit dem ihr eigenen maliziösen Lächeln erklärt, daß die Luft da oben viel besser sei. Die meisten hatten den Wink verstanden und im Laufe der Zeit bei Konkurrenzblättern angeheuert. Die Sitzordnung war seitdem jedoch bestehen geblieben.

Ich erzählte Kurt Klett davon. Er hörte aufmerksam zu und nippte dabei an seinem Sambuca.

»Dürfen Sie überhaupt im Dienst trinken?« fragte ich.

»Ich hab gerade Feierabend gemacht.«

»Wieso sitzen Sie dann hier und quetschen mich aus?«

»Private Neugier. Immerhin bin ich auch Clarissas Neffe.«

»Ach so. Hatte ich vergessen.« Ich schenkte mir Sambuca nach, schlürfte langsam und merkte, daß ich definitiv blau war. Nachher würde ich mir ein Taxi rufen müssen. In der Redaktion konnte ich mich in diesem Zustand nicht mehr blicken lassen.

»Stehen Sie auf gutem Fuß mit Ihrer Tante?«

»Es geht«, sagte Klett nichtssagend.

Trübselig überlegte ich, daß irgendwo in Italien auch noch eine Tante von mir leben mußte, eine Schwester von Papa. Für meine italienische Verwandtschaft waren Mama und ich nicht existent. In deren Augen waren wir schuld an Papas tragischem frühen Tod. Ich fummelte mit unsicheren Bewegungen eine Gauloise aus der Packung, Klett gab mir Feuer.

»Sind Sie Italienerin?« fragte er dabei, anscheinend konnte er Gedanken lesen.

»Seh ich so aus?« Ich zog an meiner Zigarette. »Sie haben doch gesagt, ich seh nach Hollywood aus.« Ich blies Klett einen Schwall Rauch ins Gesicht und wartete auf seinen Hustenanfall, doch er wedelte nur ein bißchen mit der Hand vor seinem Gesicht herum.

»Ich meine bloß, weil Sie Lorenzi heißen. Angela Lorenzi. Hört sich irgendwie italienisch an.«

»Mögen Sie Italiener?« fragte ich, trank einen großen Schluck und summte dann albern vor mich hin.

»He, das kenn ich, was Sie da summen«, sagte er. »Meine Mutter hat das immer gesungen, als ich klein war.« Er fing an zu singen: »Zwei kleine Italiener, die kamen aus Napoli, dadadididadada ...«

Ich war gerührt. Seine Mutter hatte es auch gesungen! Das löste meine Zunge. In einem Anfall von Geschwätzigkeit erzählte ich, wie meine Mutter Anfang der Sechziger als reifer Teenager mit ihren Eltern auf Capri Urlaub gemacht hatte und dabei Angelo Lorenzi über den Weg gelaufen war. Angelo ratterte auf seiner knallroten Vespa durch die Gegend, knipste die Touristen und verkaufte ihnen hinterher die Fotos. Meine Mutter fotografierte er nicht nur im Rüschenbikini am Strand, sondern entjungferte sie auch, eines Nachts, als alle anderen schliefen, genau an derselben Stelle am Strand, wo er sie tagsüber geknipst hatte.

»Natürlich mußte er sie hinterher heiraten«, nuschelte ich. »Sie war ja ein gefallenes Mädchen, und ich war schon unehelich unterwegs. Ich heiße Angela nach ihm, weil er mein Papa war und Angelo hieß.«

»Und was geschah dann?«

Ich erzählte ihm den langweiligen, unromantischen Rest. Mama und Papa machten in Deutschland ein Fotostudio auf, am Bodensee, weil die Gegend dort Capri landschaftsmäßig am ähnlichsten war.

Als ich zwei war, raste Papa auf seiner Vespa gegen einen Baum und war auf der Stelle tot. Mama brachte mir im Laufe der Jahre das Knipsen bei, ich machte es eine Zeitlang brav mit, bis ich flügge wurde und Anfang der Achtziger nach Hamburg zog.

»Mama macht immer noch Hochzeitsfotos und Paßbilder und solche Sachen. Jedes Jahr an Weihnachten besuch ich sie. Zwischendurch ruft sie alle paar Tage an und fragt nach dem Hochzeitstermin.«

»Wollen Sie heiraten?«

Ich mußte hicksen. »Ist das ein Antrag?«

»Äh ... nein.«

»Gott sei Dank.«

»Seit wann arbeiten Sie für *Clarisse*?«

Ich dachte angestrengt nach. Die Silhouetten der übrigen Gäste im *Étienne* veränderten sich, sie verschwammen und waren dabei gleichzeitig merkwürdig beweglich, als würden sie auf- und ab- und hin- und herschwanken.

»Was ha'm Sie gesagt?«

Klett wiederholte geduldig seine Frage.

»Ja, wie lange arbeite ich da? Seit fünfeinhalb Jahren oder so.«

»Wo haben Sie Clarissa Hennessy zuletzt gesehen?«

»Auf ... Capri?« erwiderte ich und kicherte listig, stolz auf meine Geistesgegenwart. Vertraulich setzte ich hinzu: »Ich kann sie nicht ausstehen.«

»Was haben Sie gegen mich?«

»Nicht doch, Sie mein' ich n-nicht. Sie sind irgendwie süß. Wenn Sie nicht soviel fragen würden, fände ich Sie noch besser.«

»Wen können Sie nicht ausstehen?«

»Clarissa«, hickste ich.

»Warum nicht?«

Ich riß den Mund auf, weil ich plötzlich gähnen mußte, und beim Zuklappen nuschelte ich: »... faßt dir an den Hintern.«

»Wer? Meine Tante?«

Dieses Verhör wurde mir langsam zuviel. »Ich will nach Hause«, murmelte ich, und dann, zusammenhanglos: »Witzig. Wirklich witzig.«

»Was ist witzig?«

»Dieser Typ.«

»Welcher Typ?« fragte Klett.

»Der das Schamhaar abrasiert. Muß höllisch piksen, oder? Vielleicht probier ich's mal aus.«

»Warum nicht«, sagte Klett freundlich. »Was hat Clarissa gemacht, als Sie sie das letzte Mal sahen?«

»Weiß nicht«, sagte ich undeutlich. »Sie quatschte so rum, und dann guckte sie der Möwe nach.«

Er nickte, als hätte er es gewußt.

»Kann ich jetzt nach Hause?« quengelte ich.

»Langweile ich Sie? Was hatte Clarissa an?«

Woher kam bloß dieses blöde Gefühl, daß er im Begriff war, mir auf die Schliche zu kommen?

Ich versuchte ein Ablenkungsmanöver. »An wen erinnern Sie mich?«

»Keine Ahnung. Ist das eine Preisfrage?«

»Ja«, gab ich großspurig zurück.

»Und was ist der Preis?«

»Wie wär's mit einer neuen Flasche Sambuca?«

»Wie wär's statt dessen mit einem Abendessen?« schlug Klett vor.

»Auch gut.«

»Also, hier die Antwort auf Ihre Preisfrage: Ich erinnere Sie an einen Bären. Und ein bißchen an einen Igel.«

Ich war völlig platt. Woher konnte er das wissen? Und so schnell? Es mußte ein Trick dabei sein! War er am Ende doch Gedankenleser?

»Jetzt überlegen Sie, ob ich Gedanken lesen kann.«

Ich konnte ihn bloß anstarren. »Ich bin b-betrunken«, brachte ich mühsam hervor.

»Das stimmt«, lächelte er.

»Ich muß nach H-hause.«

»Ich fahr Sie. Wenn die Flasche leer ist, ja? Ich helf Ihnen beim Rest.«

Obwohl ich den Eindruck hatte, daß ich das meiste selbst trinken mußte, erfüllte mich warme Dankbarkeit, und als Klett mir anbot, Kurt und du zu ihm zu sagen, stimmte ich sofort begeistert zu. Wir tranken Brüderschaft, ich nannte ihn Kurti, er nannte mich Angela, und dann küßten wir uns. Ich glaube, er wollte mir einen Zungenkuß geben, doch es blieb bei einem verunglückten feuchten Schmatzer, weil ich ununterbrochen aufstoßen mußte.

Geld wechselte von Kurts in Hugos Hände – ob es meins oder Kurts war, bekam ich nicht richtig mit –, dann gelangte ich irgendwie in einen fremden Wagen, in dem es intensiv nach Kaffeebohnen roch.

»Ich war einkaufen«, erklärte Kurt Klett aus weiter Ferne.

»Kaffee, wetten?« murmelte ich. Es roch angenehm. Kaffee war wahrscheinlich das einzige, was lecker roch, wenn man besoffen war, dachte ich. Vielleicht lag es aber auch daran, daß Kaffeebohnen prima zum Sambuca paßten.

Ich überlegte, wie gut es war, daß Kurt Kaffee und keine Bücklinge gekauft hatte. Allein der Gedanke an Nahrung brachte mich zum Würgen.

Kurt fragte mich irgend etwas. Ich verstand es nicht.

»Auf Capri«, antwortete ich aufs Geratewohl.

Kurt lachte herzlich. »Ich hab Sie gefragt, was wir zu Abend essen wollen? Fisch? Oder Hühnchen? Vielleicht ein schönes, saftiges Steak?«

Er hätte keine Nahrungsmittel erwähnen dürfen. Sekunden später roch es im Wagen nicht mehr lekker, sondern widerlich nach meinem Mageninhalt.

Alles weitere versank in gnädigem Vergessen.

*

Als ich wieder zu mir kam, befand ich mich an Bord eines schlingernden Bootes auf hoher See, den Geschmack eines alten Putzlumpens auf der Zunge. Ich blickte mich um und merkte, daß ich in unserem Wasserbett lag, voll bekleidet, total verkatert und zum Glück allein. Es war sechs Uhr morgens. Siegfried hatte seit dem letzten Mittag Bereitschaft in der Klinik, er wußte also glücklicherweise nicht, in welchem Zustand ich nach Hause gekommen war. Ich leider auch nicht, ich hatte nicht die blasseste Ahnung, was nach meinem Filmriß passiert war.

Von Frau Hubertus, der fünfundachtzigjährigen Senatorenwitwe, die das Erdgeschoß in unserer Prachtvilla bewohnte, erfuhr ich später, daß mich ein großer, brutal aussehender Sittenstrolch draußen vor dem Haus aus einem Wagen gezerrt und über seine Schulter geworfen hatte, anschließend hatte er mit dem Schlüssel aus meiner Handtasche die Haustür aufgesperrt und mich die Treppe hochgeschleppt, sogar gesungen hatte er dabei, irgend etwas von Italienern, woraufhin sie unverzüglich die Polizei gerufen hatte. Die kam dann auch überraschend schnell, doch als die Polizisten den Sittlichkeitsverbrecher festnehmen wollten, schaffte der es irgendwie, sich herauszureden, anscheinend war er nicht bloß Sexualtäter, sondern auch Trickbetrüger.

Tricks hatte Kurt Klett wahrhaftig auf Lager, unter anderem denjenigen, beschwipste Frauen restlos betrunken zu machen, um sie besser verhören zu können. Ich überlegte angestrengt, ob ich etwas verraten hatte, doch so sehr ich auch nachdachte, mir fiel nichts ein. Große Teile unserer Unterhaltung entzogen sich allerdings hartnäckig meiner Erinnerung.

An einem der folgenden Nachmittage schenkte ich

Frau Hubertus für ihr mutiges Einschreiten einen Strauß weißer Rosen, die sie, wie ich wußte, über alles liebte. Wir saßen bei Kerzenlicht im Biedermeierzimmer in ihrer weitläufigen, von Schatten der Vergangenheit erfüllten Wohnung und tranken Tee aus altem Meißen. Mit der silbernen Kuchenzange legte Frau Hubertus mir feinen Sandkuchen auf und erzählte mir zum hundertsten Mal, wie Herr Senator Hubertus, Gott hab ihn selig, ihr zum ersten Mal begegnet war. Damals, vor fast siebzig Jahren, als Frau Hubertus noch ein Fräulein gewesen war, hatte er sie in einem Park vor lüsternen Sittenstrolchen gerettet und, ganz hanseatischer Ehrenmann, der er war, sofort vom Fleck weg geheiratet.

»Wie er das erste Mal vor mir stand, so groß, stolz und kühn, und seine Augen ... ach Gott, ja, seine Augen!«

Die Geschichte war so faszinierend wie immer. Frau Hubertus liebte es, sich in Details zu verlieren und ihre Erzählung immer auf andere Weise auszuschmücken oder umzugestalten. Sie sprach mit sanfter, brüchiger Altfrauenstimme, unterbrochen von vielen erinnerungsseligen Seufzern, und ein ums andere Mal sagte sie: »Ach Gott, ja!«

Ich trank aromatischen Ceylontee, aß Sandkuchen und entspannte mich. Frau Hubertus hatte längst aufgehört zu erzählen, zurückgelehnt schaute ich in das flackernde Kerzenlicht und genoß die einschläfernde Stille. Irgendwann muß ich wohl eingenickt sein, denn ich träumte von einem gesichtslosen Ehrenmann, der mich den Klauen mordgieriger Halunken entriß. Ich versuchte mir vorzustellen, daß mein

Held Siegfrieds Züge trug, doch es wollte nicht recht klappen. Und immer dann, wenn mein Retter endlich doch wie Siegfried aussah, war er außerstande, mir zu Hilfe zu eilen, weil er gerade nicht vom Stairmaster wegkonnte.

»Ich kann gerade nicht weg«, schnaufte Siegfried. Er trampelte stetig, sein T-Shirt triefte vor Schweiß. »Ich bin fast oben. Sag ihr, daß ich einen Operationsbericht überprüfe.«

Ich ging mit dem Telefon zum Stairmaster und warf einen Blick auf die Computeranzeige. »Er steigt gerade auf den Frankfurter Messeturm«, sagte ich dann in die Sprechmuschel. »Er ist fast oben.«

»Aber ich hab doch seine Stimme gehört!« empörte sich Siegfrieds Mutter. Ich hörte das bissige Schnappen ihrer Zähne. »Sie lügen mir offen ins Gesicht!«

Ich hielt die Muschel zu. »Sie sagt, ich lüge.«

»Sag ihr, ich ruf zurück.«

»Ich soll Ihnen sagen, er ruft zurück, Frau Schnellberger.«

Doch sie hatte schon aufgelegt. Ich stellte mir vor, wie sie, bebend vor Wut, in ihrem Boudoir saß und mit geschlitzten Augen das Telefon anstarrte. Als Schwiegermutter in spe war sie nicht unbedingt der Traum einer Braut, sondern eher das, was man einen Drachen nannte.

Die schmalen Glieder und hellen Haare hatte Siegfried ebenso wie das Geld von seinem verstorbenen Vater geerbt, dem Reeder Gottfried Schnellberger. Die Ähnlichkeit mit seiner Mutter erschöpfte sich im gemeinsamen Namen. Sieglinde Schnellberger war groß und knochig und mit hartnäckigem Damenbart geschlagen. Sie hatte Prankenhände und Pferdezähne, die jederzeit mit metallischem Klacken gegeneinanderschlagen konnten, wenn sie beleidigt war, was andauernd vorkam. Doch allem Anschein nach war sie nicht immer so gewesen. Auf alten Fotos von Sieglinde im Dirndl war zu erkennen, daß sie in ihrer Jugend einen bäuerlich-barocken Charme besessen hatte, ein landfrisches, zupackendes Mädel, dem Gottfried, der verzärtelte Reedersproß aus alter Hamburger Familie, hilflos erlegen war. Sieglinde erdrückte Siegfried mit kritikloser mütterlicher Zuneigung, die in der nimmermüden Anstrengung gipfelte, ihrem Sohn ein schwaches Herz anzudichten. Regen Sie ihn bloß nicht auf, pflegte sie zu sagen, um sofort zwei bedeutungsschwangere Worte hinzuzufügen: Sein Herz! Nur das: Sein Herz! Sie hatte es bei jeder unserer Begegnungen mindestens einmal gesagt, bis ich irgendwann tatsächlich glaubte, Siegfried könne ein schwaches Herz haben. Er schnaubte nur verächtlich, wenn ich ihn darauf ansprach, aber Sieglindes beschwörende Art und die Tatsache, daß Gottfried im besten Mannesalter einen tödlichen Infarkt erlitten hatte, hinterließen bei mir einen Rest an Unsicherheit.

Kaum hatte ich die Austaste des tragbaren Telefons gedrückt, als es erneut klingelte. So schnell gab Sieglinde nicht auf, ich hätte es wissen müssen.

»Sigi ist gleich zu sprechen, Frau Schnellberger, ehrlich«, meldete ich mich.

»Guten Tag, hier ist Doktor von Oldesloe, Rechtsanwältin. Könnte ich bitte meinen Mandanten, Herrn Doktor Schnellberger, sprechen?«

Die Frauenstimme klang angenehm kultiviert. Tadellose, gepflegte, adlige Aussprache. Twinset und Perlenkette.

»Manuela?« fragte ich beiläufig.

»Ähm, ja«, kam es verschämt.

War es das, was Siegfried brauchte? Eine Frau, die studiert und promoviert hatte, die vermutlich aus ähnlich großbürgerlichen Verhältnissen stammte wie er selbst?

Alles sah danach aus.

»Sigi, Manuela ist dran.«

Siegfried sprang sofort vom Stairmaster und griff nach dem Telefon.

Ich hielt es mit ausgestrecktem Arm hoch, gerade außerhalb seiner Reichweite. Von Zeit zu Zeit hat es unbestreitbar Vorteile, wenn frau ein Stückchen größer ist.

»Du bist doch noch gar nicht ganz oben gewesen«, bemerkte ich spöttisch.

Siegfrieds Gesicht nahm die Farbe von gekochtem Hummer an. »Angie, bitte ...«

»Kriegen Sie bei ihm einen Orgasmus?« fragte ich Manuela.

Luftschnappen, dann Schweigen am anderen Ende. Ich hielt das Telefon wieder in die Luft, als Siegfried erneut Anstalten machte, es mir wegzunehmen. Er zappelte, sprang hoch und grabschte danach. Ich trat einen Schritt zurück und ließ ihn ins Leere hüpfen.

»Sigi, ich war doch noch nicht fertig. Sie hat meine

Frage nicht beantwortet. Große Preisfrage: Was, glaubst du, wird sie sagen? Ja oder nein? Orgasmus oder nicht?«

»Angela!« schrie er.

»Keine Antwort ist auch eine Antwort«, sagte ich laut ins Telefon. »Nun denn. Ein paar Pflegetips von Frau zu Frau. Werfen Sie seine Unterhosen nicht durcheinander. Lassen Sie ihn in Ruhe hinter seiner Zeitung frühstücken und regelmäßig auf den Eiffelturm steigen. Und führen Sie zweimal täglich seinen Hund aus.« Ich hielt die Muschel zu und fragte Siegfried: »Hab ich was vergessen?«

Siegfried stand mit gesenktem Kopf am Fenster und schaute hinaus auf die herbstlichen Bäume. Die Hände hatte er in den Taschen seiner Trainingshose vergraben.

»Das war alles«, sagte ich zu Manuela. Ich hörte sie atmen, also war sie noch dran. »Sie können ihn geschenkt haben. Und tschüs.«

Ich schleuderte Siegfried das Telefon zu und rannte aus dem Zimmer.

*

Als ich wieder klar denken konnte, fand ich mich im Hafen in der Nähe der Landungsbrücken wieder. Ich irrte ziellos auf den Docks umher und hielt dabei die Hundeleine umklammert. Bernie rannte vor mir her und zerrte unternehmungslustig. Er war mir freudig kläffend die Treppe hinab und zum Wagen gefolgt, er hatte wohl geglaubt, ich wollte wie üblich mit ihm Gassi gehen. In seiner vertrauensvollen Art hatte er sich auf die Rückbank gezwängt und war mitgefahren.

Tränen verschleierten meinen Blick, als ich mir klarmachte, daß Bernie und ich uns trennen mußten. Siegfried weinte ich nicht nach, o nein, das könnte ihm so passen. Bloß wegen Bernie tat es mir leid. Bernie war Siegfrieds Hund, schon seit zehn Jahren. Ich war aus Bernies Sicht bloß die letzte einer Reihe wechselnder Frauengeschichten, noch dazu nicht mal eine, die besonders lange gehalten hatte. Vor mir hatte es eine Inge gegeben (dreieinhalb Jahre) und davor eine Brigitte (vier Jahre), und, nicht zu vergessen, Siegfrieds ganz große Studentenliebe, Margret (sechs Jahre). Und jetzt verlor Bernie auch noch mich.

»Tut mir so leid, Bernie«, bedauerte ich mit tränenerstickter Stimme. »Hoffentlich können wir Freunde bleiben!«

Armer Bernie. Sicher mußte er in nicht allzu ferner Zukunft erleben, wie auch Manuela aus seinem Leben verschwand und einer anderen Platz machte.

»Er wird nie ein Kind haben«, schluchzte ich. »Er ist viel zu unreif! Insgeheim ist er impotent, jawohl! Ein impotenter, verkappter Frauenhasser! Er schneidet Frauen die Brüste und Bäuche auf, stell dir vor! Er ist nichts weiter als ein moderner Jack the Ripper mit 'ner Lizenz zum Schlitzen!«

Bernie trabte unverdrossen den Kai entlang, das Zierfäßchen an seinem Halsband baumelte fröhlich hin und her. Hoch über uns schwenkte ein Ladekran aus und senkte sich mit seiner Last auf einen niedrigen Frachter. Männer in Ölhaut und Stiefeln hasteten über das Deck, ihre Stimmen klangen rauh herüber. Der Wind nahm an Schärfe zu und trieb mir den Geruch von Maschinenöl, Fisch und Salzwasser entgegen. Über allem lag der Lärm. Metallisches Rasseln von Ankerketten, das Hämmern von Maschinen, das Glucksen des schwarzen Wassers an den Schiffsrümpfen.

Ich weinte vor mich hin und ließ mich von Bernie weiterziehen. Über die Gangway eines Kutters kam ein einarmiger alter Mann an Land und tätschelte mir im Vorbeigehen mitleidig die Wange. »Is man juut, min Deern.«

»Ich scheiß auf ihn!« rief ich ihm über die Schulter nach. »Wenigstens krieg ich Sieglinde nicht als Schwiegermutter!«

Der Mann drehte sich nicht mehr zu mir um, aber er lachte, es war ein leichtes, frohes Lachen, als teilten wir ein aufregendes Geheimnis. Er verstand mich. Er und Bernie. Immerhin. Ich war nicht allein. Und als ich den Kopf in den Nacken legte, sah ich über den Ladekränen das kräftige Blau des Himmels.

An einem Imbißstand kaufte ich zwei Fischbrötchen, eins für mich und eins für Bernie. Er fraß es mit einem einzigen Schnappen, und die rotnasige Frau in der Imbißbude rieb ihre Hände und lachte, genauso laut und frei wie der alte Mann.

Die Welt war noch da und lachte. Es wurde Zeit, daß ich wieder mitlachte.

*

Als ich mit Bernie zurückkam, war die Wohnung leer. Das traf sich gut, ich wollte Siegfried nicht sehen, jedenfalls nicht im Augenblick. Die Zuversicht, die mich im Hafen für ein paar Augenblicke erfaßt hatte, war längst verflogen.

Ich stellte mich vor den großen venezianischen Spiegel, der mit seinem wuchtigen Goldrahmen unsere Diele dominierte, und betrachtete mich eingehend. Wann war es passiert? Wann war aus der Frau, die mich da aus verheulten Augen anblickte, jemand geworden, den man loswerden mußte? Siegfried liebte mich doch! Jedenfalls hatte er mich gestern noch geliebt. Oder vorgestern. Oder vorigen Monat, Herrgott noch mal! Oder nicht?

Ich begriff es nicht, wollte es nicht begreifen. Was um alles in der Welt hatte ich verkehrt gemacht? Womit hatte ich ihn gelangweilt, irritiert, gegen mich eingenommen? War ich nicht mehr dieselbe Frau wie die, mit der er vor zwei Jahren unter romantischen Aufmerksamkeiten ein gemeinsames Leben begonnen hatte? Ich blickte in mein Gesicht, registrierte die winzige Narbe unter meinem Kinn – ein Andenken an einen Treppensturz zu einer Zeit, an die ich mich nicht mehr erinnerte –, prüfte den feuchtbraunen Glanz meiner Augen, den Schwung der Kinnlinie, die Form von Nase, Brauen und Wangenknochen.

Auf den ersten Blick sah ich unverändert aus, aber was wollte das heutzutage bei einer Frau über dreißig schon heißen. Schließlich konnte ich mich nicht mit den Augen eines Mannes betrachten.

Wirkte ich auf Siegfried häßlicher, abgeschlaffter,

älter als zu der Zeit unseres Kennenlernens? Mit einem Anflug von Panik beugte ich mich vor, bis meine Nasenspitze gegen das kühle Glas des Spiegels stieß.

War ich etwa zu alt für Siegfried, zu alt für leidenschaftliche, zärtliche, romantische, ein Leben überdauernde Liebe?

Nein, entschied ich schließlich. Ich war nicht mehr zwanzig, aber selbst der unsolideste Lebenswandel konnte eine Frau nicht innerhalb von wenigen Monaten in solchem Maße dahinwelken lassen. Ich war alles andere als verbraucht. An meinem Äußeren konnte es nicht liegen. Es lag überhaupt nicht an meiner Person. Es lag an Siegfried. Und an der anderen. An der Frau, die neu war, fremd genug, um bei ihm dieses wunderbare Kribbeln im Bauch auszulösen. Eine neue Liebe läßt den Glanz der alten nur zu rasch verblassen.

Allem Anschein nach fragte Siegfried sich momentan ernsthaft, was er je an mir gefunden hatte.

Und ich fragte mich ernsthaft, wie es jetzt weitergehen sollte.

Der Himmel schien mir so grau wie nie zuvor.

Vielleicht würde er anderswo viel besser aussehen. An einem Ort, wo ich zur Ruhe kommen könnte, wo der Wind frische Luft über sauberen weißen Sand wehte, wo bunte Drachen hoch über den Dünen tanzten und wo der Lachs an den Imbißbuden so gut schmeckte wie in den nobelsten Feinschmeckertempeln.

Spontan rief ich Irene in der Redaktion an.

»Irene? Ich wollte mich abmelden.«

»Wohin, Angie?«
»Nach Sylt.«
»Sylt?« fragte sie. Es klang fast erstaunt.

Ich räusperte mich und legte mir passende Worte zurecht. Im Moment schien es ganz danach auszusehen, als wollte Irene von Sylt gar nichts mehr wissen.

»Irene, wir hatten doch besprochen, daß ich nach Sylt fahre und dort Untersuchungen wegen Clarissas Verschwinden anstelle. Hast du's schon wieder vergessen?«

»Ach ja«, sagte sie zerstreut, »ich kann mich erinnern, daß du diese Idee geäußert hattest. Stimmt, du solltest unbedingt fahren.«

Sie mußte stark überarbeitet sein, sie schien vollkommen vergessen zu haben, daß es nicht meine, sondern ihre eigene Idee gewesen war.

»Ich denke, ich finde zuerst raus, wo sie gegessen hat«, erklärte ich mit einem Anflug von schlechtem Gewissen. »Du weißt ja, sie ißt immer first class.«

»Immer«, bestätigte Irene.

»Ich könnte mich als Gast ausgeben und dann ganz unauffällig nach ihr fragen.«

»Ja doch«, sagte Irene ungeduldig. »Mach so viel Spesen, wie du glaubst, machen zu müssen.«

Jetzt spürte ich mein Gewissen erst richtig, um ein Haar wäre ich mit irgendeiner fadenscheinigen Ausrede herausgeplatzt, um nicht Irenes Vertrauen und, noch schlimmer, ihr Geld mißbrauchen zu müssen. Doch dann fiel mir ein, daß es Irenes Idee gewesen war, mich zu Recherchen nach Sylt zu schicken, außerdem war es nicht ihr Geld, das ich ausgeben würde, sondern das von Clarissa, und die hatte bekanntlich jede Menge davon. Von einem Vierzig-Millionen-Konto in der Schweiz war die Rede, oft hieß es sogar, es seien eher fünfzig, zusammen mit den Aktienpaketen, den Fernseh- und Pressebeteiligungen und dem Immobilienbesitz. Bei *Clarisse* wurde allgemein gemunkelt, daß sie Attila, ihren Geschiedenen, auf raffinierteste Weise ausgenommen hatte. Zwei-, dreimal hatte ich sogar gehört, daß sie gegen ihn irgendwelche Druckmittel in der Hand hatte, mit denen sie ihn gezwungen hatte, ihr alles zu überschreiben. Ich selbst hatte diesen Gerüchten nur wenig Aufmerksamkeit geschenkt, aber bestimmt war ein Körnchen Wahrheit dabei. Jemand hatte mal behauptet, er sei ein verkappter Päderast und wäre lieber gestorben, als zu erleben, daß die Öffentlichkeit von seiner Veranlagung erfuhr. Als ich diese Geschichte hörte, malte ich mir aus, wie Clarissa an ihrem drei mal zwei Meter großen Designerschreibtisch saß, mit spitzem Fingernagel die kostbaren Holzintarsien abschabte und mit ihrem Gefrierblick zu Attila aufschaute, der sie anflehte, ihm doch ein kleines bißchen von seinem Reichtum zu lassen. Womit er bei Clarissa allerdings auf Granit biß. »Wozu brauchst (schab) du denn überhaupt Geld? Für deine kleinen häßlichen (schab) Kinderspielchen? Attila, mein Guter, diese Geschichte wär doch (schab) wirklich mal was für unsere Zeitung, oder nicht? Was die Leute wohl sagen, wenn sie lesen, was du mit diesem kleinen Mädchen in Bangkok gemacht hast, hm? Wie sie das wohl (schab) finden?«

In seiner Sorge um seinen herausragenden Leumund als Verleger und Träger des Bundesverdienstkreuzes am Bande sah Attila keinen anderen Weg zur Rettung seiner Existenz, als all sein Geld sowie seine Zeitungen und sonstigen Beteiligungen Clarissa zu überlassen.

Dieses kleine Szenario existierte allerdings nur in meiner farbenprächtigen Phantasie. Manche Kollegen kolportierten auch gern die Version, nach der Attila an plötzlichen Anfällen von geistiger Demenz gelitten und deshalb alles Clarissa überlassen habe; wieder andere erzählten, er sei auf einer seiner zahlreichen Fernostreisen einem Guru begegnet, der ihn auf einer höheren Seinsebene davon überzeugt habe, sein weltliches Vermögen aufzugeben, da er nur so in der Lage sei, wirklich zu transzendieren.

Am anderen Ende der Leitung war entnervtes Seufzen zu hören. Pflichtschuldigst nahm ich das Gespräch wieder auf.

»Du hörst dich an, als hättest du eine Menge um die Ohren, Irene.«

»Mehr als eine Menge. In der Grafik haben sie Mist gebaut, die Layouts heute waren eine einzige Katastrophe. Außerdem sind die Auflagenzahlen gegenüber dem Vergleichsquartal im Vorjahr deutlich runtergegangen, wir kommen nicht darum herum, die Anzeigenpreise zu senken, und das bei rückläufiger Akquisition. Die Anzeigenredaktion scheint echte Probleme zu haben, was Neues reinzuholen. Und aus dem Interview mit Montserrat Caballé wird nichts, ihre Agentur hat wegen eines Benefizkonzerts ganz plötzlich abgesagt. Hier geht alles drunter und drüber, Angie.«

»Du kriegst das schon wieder hin.« Ich zögerte, dann sage ich: »Irene?«

»Ja?« kam es zurück, eine Spur ungeduldig.

»Ich wollte dir nur sagen, daß ich dich okay finde. Als Chefin, meine ich.«

Ich hörte ihr dunkles Lachen und stellte mir vor, wie ihre vollen Lippen sich zuerst schürzten, dann teilten und die perfekten weißen Jacketkronen zeigten.

»Wenn das ein frommer Wunsch sein soll, daß Clarissa bleiben darf, wo immer sie gerade ist – du bist nicht die einzige, Angie, die davon träumt, bei weitem nicht. Sie fehlt hier niemandem. Anscheinend bloß Attila, und warum ausgerechnet der sie als vermißt gemeldet hat, werde ich nie begreifen.«

Mir kam in den Sinn, sie zu fragen, was mit ihr selbst war, ob sie Clarissa denn überhaupt nicht vermißte. Ich hätte gern erfahren, was zwischen ihr und Clarissa vorgefallen war. Und irgend etwas war vorgefallen, soviel stand für mich fest. Irene gab sich kaum Mühe, ihre Genugtuung über Clarissas Abwesenheit zu verbergen, in einer Art, die nicht zur Beziehung der beiden zu passen schien.

Sie waren zwar nicht immer ein Herz und eine Seele gewesen, doch sie hatten einander sehr gut verstanden. Sie waren oft zusammen ausgegangen, und mehr als einmal waren sie gemeinsam in Urlaub gefahren. Platzte man unerwartet in Clarissas Büro, erwischte man die zwei mitunter bei Zärtlichkeiten.

War ihre Beziehung in die Binsen gegangen? Hing es irgendwie mit Clarissas Verschwinden zusammen?

Im Geiste suchte ich nach einer geeigneten Formulierung für meine Frage, doch Irene ließ mir keine Zeit, meine Neugier in Worte zu fassen. In geschäftsmäßigem Tonfall unterbrach sie meine Überlegungen. »Noch was, Angie?«

»Nein, das war's«, sagte ich gespielt fröhlich. »Ich werfe jetzt ein paar Sachen in meine Tasche, nehme meinen Fotokoffer und fahre los. Ich melde mich, sobald ich wieder da bin.«

»Sobald du was rausgefunden hast«, korrigierte Irene mich.

Ich rang mir ein zustimmendes Gemurmel ab, bevor ich auflegte.

*

Weniger als eine halbe Stunde später brach ich auf, deshalb fand ich am selben Tag noch heraus, wie blau der Himmel und wie weiß der Sand auf Sylt auch Ende Oktober noch sind. Dafür blies der Wind scharf und eiskalt vom Meer her, mein dicker Anorak vermochte kaum, mich warm zu halten. Mit Schal, Handschuhen und Wollmütze angetan, machte ich mich gleich nach meiner Ankunft im Hotel zu einer Strandwanderung auf.

Wenn ich gewußt hätte, welche Begegnung dieser Tag noch für mich bereithielt, hätte ich allerdings sofort mein Gepäck aus dem Hotel geholt und wäre auf der Stelle abgereist. Bei gehörigem Nachdenken wäre ich vielleicht sogar in der Lage gewesen, die Gefahr zu erkennen, der ich mich leichtfertig aussetzte, doch anscheinend hatte meine Vernunft kurzfristig Urlaub.

Das lag sicher daran, daß ich kaum an etwas anderes denken konnte als an Siegfried. An Siegfried und die unbekannte Manuela, von der ich nicht viel mehr wußte, als daß sie eine versierte, kultivierte, promovierte und zu allem Überfluß adlige Anwältin war. Wahrscheinlich war sie auch noch im Bett die heißeste Nummer aller Zeiten.

Die beiden gingen mir nicht mehr aus dem Kopf. Ich stellte sie mir in allen möglichen Situationen und Positionen miteinander vor, sogar auf dem Stairmaster, immer hatte Manuela dabei ihre Perlen an, und keine Strähne löste sich aus ihren perfekt gedrechselten blonden Löckchen.

Ich lief am Roten Kliff vorbei und dann immer weiter, den Strand entlang, bis zu jener Stelle, wo Clarissa und die Frau mit den krausen roten Haaren auf der Bank gesessen hatten. Beim Anblick der Bank überlegte ich, was mich eigentlich davon abhielt, tatsächlich Untersuchungen über Clarissas Verbleib anzustellen. Ich könnte zum Beispiel bei den Bewohnern der wenigen Reetdachhäuser in der Umgebung herumfragen, ob jemand den Russen kannte, es konnte ja sein, daß er sich trotz seines Rausches an Clarissa oder die rothaarige Frau erinnerte, dann hätte ich einen Ansatzpunkt. Oder Clarissa und die Rote hatten ihn gefunden und nach Hause gebracht. Wo sie vielleicht wiederum von Bekannten oder Verwandten des Russen gesehen worden waren und denen erzählt hatten, was sie weiter auf Sylt oder anderswo vorhatten. Ich merkte, wie meine Phantasie aufblühte. Wenn ich mich umhörte, konnte das auf keinen Fall schaden. Ich mußte ja niemandem erzählen, daß ich am Tage von Clarissas Verschwinden schon einmal hiergewesen war, daß ich vermutlich sogar einer der letzten Menschen war, die Clarissa zuletzt hier gesehen hatten.

Ich beschloß, gleich morgen nach dem Frühstück mit Nachforschungen anzufangen, das würde mich nachhaltig von meinem Beziehungsstreß ablenken. Die Aussicht, mich als Detektivin zu betätigen, munterte mich richtiggehend auf.

Die Brandung und der Wind ergänzten sich zu einem großartigen Konzert der Elemente. Das Brausen war überall, ich atmete es ein und wanderte hindurch, ich spürte es auf meiner Haut, in meinem Kopf, ab und zu übertönt vom Kreischen einer Möwe. Ich stapfte weiter den Strand entlang, über den feuchten, glatten Sand, dort, wo die Wellen schäumend und in immer gleichem Rhythmus heranströmten, wo sie mit ihrem Wasser den Sand fest und naß und das Laufen weniger mühselig machten. Nur wenige Menschen begegneten mir auf meinem Marsch, den meisten Leuten war es um diese Jahreszeit für längere Spaziergänge einfach zu kalt.

Ich schoß einige Fotos vom Meer und von den Dünen und vom Himmel, der sich in der Ferne, am Horizont über den Wellenkämmen, allmählich verdunkelte. Natürlich hatte ich meine Ausrüstung doch mitgenommen, ein dummer Zufall hätte es sonst bestimmt so gefügt, daß irgend jemand von der Redaktion mir mitten in Westerland über den Weg gelaufen wäre und sich sehr gewundert hätte, warum ich ohne Kamera unterwegs war.

Erst bei Anbruch der Dunkelheit kehrte ich müde in einem kleinen Restaurant in Westerland ein, schwach vor Hunger. Ich vertilgte eine Riesenportion Lachs mit Bandnudeln und Salat, eine Gourmetmahlzeit, die ich mit Kaffee, Cognac und mehreren Gauloises krönte.

Danach war ich völlig erschlagen. Am liebsten hätte ich meinen Kopf neben das leere Cognacglas gelegt und wäre eingeschlafen. Von meiner Umgebung nahm ich kaum noch etwas wahr. Ursprünglich hatte ich vorgehabt, abends groß auszugehen, eine Minikamera in der Handtasche, um vielleicht ein oder zwei Promis irgendwo beim Ringelpietz abzuschießen. Aber nachdem ich das Essen bezahlt hatte, schaffte ich es gerade noch, mich zum Hotel zurückzuschleppen.

*

Mir war, als hätte ich gerade erst die Augen zugemacht, als kalter Stahl an meiner Kehle mich weckte.

»Kein Laut«, zischte eine männliche Stimme neben meinem Ohr. Ich roch Champagneratem, Marke Veuve Cliquot, und Aftershave, ich tippte auf Lagerfeld.

Das kalte Ding an meinem Hals war scharf, ich spürte, wie unter dem leicht zunehmenden Druck meine Haut wie die Hülle einer Weintraube platzte und ein winziger Blutstropfen hervortrat.

Im Zimmer war es stockfinster.

Diese spärlichen Informationen verarbeitete mein

Verstand im Bruchteil einer Sekunde zu der Schlußfolgerung, daß mein letztes Stündlein geschlagen hatte. Ein durchgeknallter Freak hockte neben mir im Bett und war im Begriff, mir die Kehle aufzuschlitzen. Und ich hatte es buchstäblich im letzten Moment bemerkt. Mein Schlaf war extrem tief, schon als Kind war ich erst wachgeworden, wenn meine Mutter mir einen kalten Waschlappen ins Gesicht klatschte.

Neben dir kann man eine Bombe hochgehen lassen, hatte sie immer gesagt.

»Meine Brieftasche ist in meiner Hosentasche«, flüsterte ich. »Nehmen Sie alles, aber lassen Sie mich leben. Ich habe drei minderjährige Kinder und einen Hund.«

»Ich fang gleich an zu heulen«, sagte die Stimme, die ich sofort erkannte, obwohl ich sie erst einmal gehört hatte, und da hatte der Typ gebrüllt und nicht gesprochen. Es war Antonio.

Ich verfluchte meinen Leichtsinn, der mich auf der Insel hatte herumlaufen lassen, als wäre ich allein auf der Welt, ohne auf die Idee zu kommen, daß eines meiner *Hot shot*-Opfer aufkreuzen und mich schnappen könnte.

Ich spürte, wie er im Dunkeln zur Seite griff und die Nachttischleuchte anknipste. Ich bewegte mich keinen Millimeter, denn das Messer bewegte sich auch nicht. Ich starrte in Antonios wütend funkelnde Augen. Er war zu allem entschlossen. Offenbar hatte er seiner Entscheidungsfreude mit reichlich teurem Champagner nachgeholfen. Ich wagte kaum zu atmen.

»Antonio, tun Sie nichts, was Sie später bereuen müßten!«

Wieder ein leichter Druck des Messers, ein neuer winziger Riß in der Haut, nicht schlimm, nur ein Kratzer, so, wie Männer sich beim Rasieren schneiden.

Rasieren. Er hatte ein Rasiermesser. Ich fing an zu beten.

»Vater unser«, japste ich, »geheiligt werde dein Name ...«

»Halt die Klappe!« stieß Antonio hervor, und dann einen italienischen Fluch.

Aha. Er sprach zwar akzentfrei Deutsch, war aber tatsächlich Italiener, der schöne Latin Lover der Gräfin K.

»Mein Papa stammt von Capri«, flehte ich.

Der Druck wich ein wenig von meiner Kehle, aber nicht ganz. Antonio fragte mich irgend etwas auf italienisch.

»Ich kann's nicht«, versicherte ich eilig. »Mein Papa ist tödlich verunglückt, als ich ein Baby war.«

»Na gut, du Schlampe. Wo hast du's?«

»In meiner Hosentasche. Da drüben auf dem Stuhl.«

»Ich will nicht dein Scheißgeld. Ich will das Foto, klar?«

Klar. Was war los mit mir? Wieso konnte ich nicht mehr eins und eins zusammenzählen? Seit wann hatte ich das Denken so vollständig verlernt?

Wahrscheinlich, seit ich ein Messer an der Kehle hatte.

»Ich hab's nicht bei mir«, sagte ich vorsichtig.

»Dann sagst du mir, wo's ist. Und zwar genau.«

»Zu Hause«, sagte ich rasch.

»Ja, sicher. Die Abzüge. Die hab ich in deiner Dunkelkammer gefunden. Halte mich nicht für blöd. Ich will die Negative!«

Antonio hatte also, nachdem ich Hamburg verlassen hatte, in unserer Wohnung herumgeschnüffelt. Es wunderte mich nicht allzu sehr, daß Antonio sich die Abzüge geholt hatte. Jemand, der schlafende Frauen mit einem Streicheln seines Rasiermessers weckte, schreckte auch vor einem stinknormalen Einbruchdiebstahl nicht zurück.

»Die Negative. Los.«

Ich schwieg einige Sekunden, während ich fieberhaft überlegte, wie ich diesem Irren entrinnen konnte, ohne mein Geheimversteck mit den Negativen preiszugeben.

»Ich kann auch anders«, sagte Antonio. Sein hübsches Gesicht über mir verzog sich zu einem süffisanten Grinsen, das ich sofort richtig einordnete, schon bevor seine freie Hand an meinem Körper herabwanderte und meinen Slip mit einem Ruck abriß. »Weißt du, es hat mir nicht gefallen, wie du mich da neulich auf Sylt verarscht hast. Nein, das hat mir ganz und gar nicht gefallen!«

Ich schluckte und wagte nicht, mich zu rühren, doch dann, als das Messer urplötzlich von meinem Hals genommen wurde, atmete ich durch und holte tief Luft, um mich wegen der rüden Behandlung zu beschweren.

»Hör zu, ich finde das hier ziemlich ...«

»Wie findest du das?« fragte Antonio und legte das Messer mit der scharfen Kante auf mein Schamhaar.

Dann fing er in aller Seelenruhe an, mich dort zu rasieren.

»Das kannst du nicht machen!« rief ich, voller panischer Angst, er könnte mir wesentliche Teile aus Versehen einfach wegschneiden.

»Du siehst doch, daß ich's kann.«

»Da kannst du mich genausogut gleich umbringen! Hinterher machst du's ja wahrscheinlich sowieso! Und außerdem – wer sagt dir denn, daß ich die Negative nicht schon bei der Zeitung deponiert habe?«

»Das tust du nie.«

Er hatte sich also irgendwo erkundigt.

»Meine Chefin könnte sie aber haben«, sagte ich schlau.

»Erzähl keinen Scheiß. Du sagst mir einfach, wo die Negative sind, und ich geh wieder. Los, los! Wenn du unten kahl bist, mach ich mit deinem Kopf weiter! Wo sind sie?«

»Sie sind... Sie sind... Wozu willst du sie überhaupt? Hat die Gräfin dich losgeschickt, um mich zu killen, wenn ich sie dir nicht gebe?«

Er rasierte wortlos weiter, ohne Rücksicht auf die blutigen Kratzer, die das Messer hinterließ.

»Wenn ich's dir sage, bringst du mich ja trotzdem um!«

Entrüstet blickte er auf. »Was denkst du von mir? Ich schneide dir alles ab, aber umbringen? Das hätte ich neulich am Strand schon machen können, wenn ich gewollt hätte. Ich hatte eine Knarre dabei.« Und dann, als würde das alles erklären: »Du bist eine Frau. Ich töte Frauen nur im Notfall.«

Während ich noch überlegte, ob dies ein Notfall

war oder aber einer werden könnte, schnitt er mich wieder, diesmal heftiger.

»Gefällt dir das, meine Schöne? Was ist das für ein Gefühl, hm?«

»Antonio! Hör auf!« bettelte ich. »Ich kann's nicht mehr aushalten!«

»Tut mir leid, wenn ich störe«, kam eine Männerstimme von der Tür. »Ich kann auch später wiederkommen.«

Antonio hob das Rasiermesser und fuhr herum. Ich folgte seinen Blicken und sah Kurt Klett in der Tür stehen.

»Kurt!« rief ich in spontaner Freude. Nie war ich so glücklich über den bloßen Anblick eines Mannes in meinem Schlafzimmer gewesen!

»Brauchen Sie noch lange für die Rasur, junger Mann?« fragte er höflich. »Ich könnte sonst auch die paar Minuten draußen warten.«

»Nein«, schrie ich.

»Ich war sowieso gerade fertig«, schleimte Antonio. Er klappte das Messer zu und war eine Sekunde später aus dem Zimmer verschwunden, bevor ich noch *Haltet den Dieb* oder etwas in der Art von mir geben konnte.

Kurt warf ihm einen kurzen Blick nach, dann kam er ins Zimmer.

»Irgendwoher kenne ich diesen Burschen«, sagte er nachdenklich. »Bist du schon lange mit ihm zusammen? Wie hieß er gleich? Antonio?«

»Ich ... ähm ...« Ich rang nach Worten, mit denen ich die flüchtige Natur meiner Bekanntschaft mit Antonio beschreiben konnte, ohne wie ein Volltrottel dazustehen. Er ist der Kerl, den ich mit der Gräfin am Strand knipste, fünf Minuten, bevor ich Clarissa das letzte Mal lebend sah.

»Der Typ, mit dem du zusammenwohnst, war das gerade eben aber nicht, den hab ich in Hamburg kennengelernt.«

»Wann?« fragte ich schwächlich und zog die Bettdecke über meine lädierte Weiblichkeit.

»Heute. Ich kam vorbei, wegen des Abendessens. Du weißt schon, die Preisfrage. Ich wollte dir deinen Gewinn zukommen lassen oder meinen Gewinn einfordern, wie auch immer. Ich wollte also mit dir essen gehen. Ich hatte kaum geklingelt, als er auch schon die Tür aufriß. Er war völlig hysterisch und fragte: ›Polizei?‹«

»Er fragte: ›Polizei?‹« wiederholte ich begriffsstutzig.

»Ja. Er hatte mich anscheinend schon erwartet.«

»Ich hab ihm nichts von dir erzählt«, protestierte ich. »Du etwa?«

»Nein, ich habe mich falsch ausgedrückt.« Kurt ließ sich auf einen der beiden chintzbezogenen Sessel fallen und schlug ein Bein übers andere. »Er hatte nicht mich erwartet, sondern einfach irgend jemanden von der Polizei. Er fragte also: ›Polizei?‹ Und ich sagte: ›Ja, wieso?‹ Woraufhin wieder er sagte: ›Endlich!‹«

»Endlich?« Im selben Moment kapierte ich. Siegfried war von der Arbeit oder von Manuela oder von woher auch immer nach Hause gekommen und hatte die Bescherung entdeckt, die Antonio bei seiner Suchaktion vermutlich hinterlassen hatte. Siegfried hatte die Polizei angerufen, und Kurt war gekommen, wenn auch aus anderen Gründen, als Siegfried annahm.

»Und was sagte er dann?« fragte ich.

»Er sagte: ›Sehen Sie sich diesen Schlamassel an, ich bin noch ganz außer mir.‹« »Was für ein Schlamassel?« fragte ich, obwohl ich es mir vorstellen konnte.

»Bei euch wurde eingebrochen, Angela. Der oder die Einbrecher sind mit Hilfe eines Dietrichs oder Nachschlüssels in die Wohnung eingedrungen. Alles wurde durchwühlt, aus den Schränken gerissen, auf den Boden geworfen, aber auf den ersten Blick wurde nichts kaputtgemacht oder gestohlen.«

Bloß meine *Hot shot*-Abzüge, dachte ich. Laut sagte ich: »Vielleicht wurde der Kerl ja durch irgendwas überrascht und ist getürmt.« Dann zuckte ich heftig zusammen. »Um Gottes willen, Bernie! Was ist mit Bernie? Hat der Einbrecher ihm was getan?«

»Du nennst ihn Bernie? Mir hat er sich als Siegfried Schnellberger vorgestellt.«

»Nein, ich meine den Hund. Unseren ... nein, Siegfrieds Bernhardiner. Ist ihm was passiert?«

»Soweit ich sehen konnte, war er putzmunter. Er hat sogar mit dem Schwanz gewedelt, als er mich sah.«

»Das macht er nur bei netten Menschen.« Ich richtete mich vorsichtig auf, bemüht, das Zittern meiner Hände unter Kontrolle zu bringen. Als ich bemerkte, wohin sich Kurts Blicke verirrten, zog ich die Decke bis zum Hals hoch.

»Keine Angst, ich guck dir nichts weg.«

»Das sagen die Männer immer.«

Er lächelte. »Weißt du, vorgestern ... Ich habe wirklich überlegt, ob ich dir deine Sachen ausziehen soll, Angela. Als ich dich die Treppe zu deiner Wohnung hochtrug, warst du so anschmiegsam ... Und dann ... Du lagst auf diesem Wasserbett, und du warst so ...«

»Verführerisch?« fragte ich verschämt.

»Eigentlich wollte ich betrunken sagen.« Kurt grinste.

»Das war ich wirklich. Tut mir leid, daß ich deinen Wagen vollgekotzt habe.«

»Daran erinnerst du dich also noch?«

»Leider. War es sehr dreckig?«

»Es ging. Mein bestes Paar Schuhe mußte dran glauben.«

»Tut mir leid.«

»Keine Ursache. Und danach, erinnerst du dich, was dann war?«

»Du meinst, wie du mich die Treppe raufgetragen hast? Das war nach meinem Filmriß. Ich hab's später erfahren, von Frau Hubertus.«

»Die streitbare alte Dame im Erdgeschoß, hm?«

Ich nickte. »Und vielen Dank, daß du nicht ... äh ... nicht ...«

»Die Situation ausgenutzt habe?« Kurt kniff schelmisch ein Auge zu. »Vielleicht hätte ich's ja getan. Ich war wirklich dicht dran. Aber dann stürmte eine Art Überfallkommando das Schlafzimmer. Eine Horde wildgewordener Polizisten.«

Wir lachten beide.

Dann wurde Kurt unvermittelt ernst. »Also war das nur ein One-night-stand, oder?«

Einen Augenblick glaubte ich wirklich, er sprach von uns beiden, doch dann fiel der Groschen. »Meinst du Antonio?«

»Wen sonst? Du wolltest das mit ihm einfach mal ausprobieren, hab ich recht?«

»Ich versteh nicht ...«

Kurt kniff ein Auge zu. »Die Intimrasur. Im *Étienne* hast du gesagt, du würdest es gern mal ausprobieren. Hat's dir gefallen?«

Ich wich seinen Blicken aus. »Nein«, sagte ich leise.

»Du sagst ausnahmsweise mal die Wahrheit.«

»Was soll das?«

Kurt stand vom Sessel auf und kam ans Bett. Er setzte sich auf die Bettkante und umfaßte mein Kinn. Seine Hand war warm und fest, nicht so aufdringlich und schwitzig wie vorhin Antonios Griff.

»Ich habe was rausgefunden«, sagte er.

Irgendwoher hatte er erfahren, daß ich Clarissa am Tage ihres Verschwindens auf Sylt gesehen und es ihm verheimlicht hatte! Ich machte einfach die Augen zu, um ihn nicht ansehen zu müssen. Mein Herz hämmerte in schmerzhaftem Stakkato.

»Wie hast du es rausgekriegt?« flüsterte ich.

»Indem ich dich anschaue.«

Ich sah ihn verblüfft an. »Indem du mich ... anschautest?«

»Du lügst, wenn du mir in die Augen schaust.«

»Was tue ich?« rief ich entgeistert.

»Du lügst. Immer, wenn du mir besonders fest in die Augen schaust, lügst du.«

»Woher willst du das wissen?«

»Sag, daß ich mich irre«, befahl er, ohne mein Kinn loszulassen.

»Du irrst dich«, erklärte ich, merkte aber sofort, welchen Fehler ich dabei beging: Ich schaute ihm fest in die Augen.

»Du kannst mir nichts beweisen«, sagte ich ganz kühn.

»Wer sagt, daß ich dir was beweisen will?«

»Was machst du überhaupt hier in meinem Schlafzimmer?« Ich trat die Flucht nach vorn an. »Wie kommst du dazu, hier reinzuplatzen?«

»In dein Tête-à-tête mit Antonio meinst du? Es ließ sich nicht umgehen, fürchte ich.«

»Wieso nicht?« fragte ich aggressiv.

»Tja, der Fall ist der: Du warst vermißt.«

»Vermißt?« echote ich verständnislos.

»Allerdings. Hast du's schon vergessen? Bei euch waren Einbrecher, alles war durchwühlt. Und du warst weg, spurlos verschwunden. Ein Gewaltverbrechen war also nicht von der Hand zu weisen, das mußt du zugeben. Kein Mensch hatte eine Ahnung, wo du bist. Dein Freund war außer sich vor Sorge.«

»Vielleicht hat er sich ja eingebildet, ich würde ins Wasser gehen«, sagte ich gehässig.

»Wie bitte?« meinte Kurt.

»Schon gut.« Irritiert nahm ich wahr, wie sein Griff um mein Kinn sanft wurde, fast zärtlich. Sein Daumen kreiste über einem empfindlichen Punkt an meiner Wange.

Ich räusperte mich und wandte den Kopf zur Seite. »Warum hast du nicht in der Redaktion angerufen und dort gefragt, wo ich bin?«

»Ich fuhr sogar persönlich hin und nahm mir alle einzeln vor. Niemand wußte, wo du steckst.«

Wieder machte ich einen Fehler. Ich platzte heraus: »Aber Irene Meerbrück ...«

Kurt nickte. »Genau. Irene Meerbrück, stellvertretende Chefin.«

»War bestimmt nicht einfach, es ihr aus der Nase zu ziehen, hm?«

»Es ging. Nach einer Weile gab sie zu, du hättest die Idee gehabt, hier Nachforschungen anzustellen.«

Ich ärgerte mich über das warme Gefühl, das sich in mir ausbreiten wollte, weil er extra meinetwegen hergekommen war, um zu sehen, ob es mir gutging, doch noch mehr ärgerte ich mich über Irenes Vergeßlichkeit. »Eigentlich war es nicht meine, sondern Irenes Idee.«

»Das ist mir, offengestanden, im Moment piepegal. Allerdings ist mir nicht egal, was ihr da abzieht.«

»Was meinst damit?«

»Ich meine die Tatsache, daß ihr hinter dem Rücken der Polizei herumschnüffelt.«

»Wir wollten nur eine gute Story für die Zeitung«, verteidigte ich mich.

»Die könnt ihr haben, wenn ich den Fall aufgeklärt habe. Ich wiederhole: *Ich* werde den Fall aufklären, nicht irgendwelche selbsternannten Möchtegerndetektive mit meterlangen Teleobjektiven.«

Brüsk entwand ich mich seinem Griff, wickelte die Decke um mich und sprang aus dem Bett. »Was bildest du dir eigentlich ein, mit wem du redest?«

»Mit Lady Paparazza. Mit einer sensationslüsternen Frau, die mir etwas verschweigt. Entscheidende

Informationen, die mich vielleicht der Lösung des Falles einen Riesenschritt näherbringen würden.«

Ich war wütend über das, was er sagte, dennoch schwankte ich einen Moment, ob ich ihm alles erzählen sollte. Ihm einfach mein Herz ausschütten, ihm berichten, wie alles wirklich gewesen war. Daß ich meine Beobachtung anfangs verschwiegen hatte, um mir bei Clarissa den Überraschungseffekt nicht zu verderben. Ich hätte zum Beispiel sagen können: *Du, Kurt, ich hab Clarissa am Tag ihres Verschwindens auf Sylt gesehen, mit einer fremden Frau. Am Anfang hab ich das niemandem in der Redaktion erzählt, weil ich unbedingt als erste Clarissas langes Gesicht sehen wollte, ich wollte ihr das Foto von ihr und der Roten zeigen und sagen: ›Ha, guck mal, Clarissa, du warst mit der da auf Sylt und überhaupt nicht in London!‹ Tja, Kurt, und dann wurde sie auf einmal vermißt, deshalb hatte ich Angst, die Kripo könnte glauben, daß ich etwas mit ihrem Verschwinden zu tun hatte. Deshalb habe ich seitdem erst recht nichts erzählt. Verstehst du, Kurt, es war ein Teufelskreis! Kannst du dir vorstellen, in was für einer beschissenen Situation ich bin? Wer einmal lügt, dem glaubt man nicht ...*

»Leute, die lügen, sind zwangsläufig verdächtig«, sagte Kurt mitten in meine Gedanken hinein. »Außerdem sind mir Frauen verdächtig, die sich mit irgendwelchen dubiosen Typen den Freuden einer Intimrasur hingeben, während der Mann zu Hause sitzt und vor Sorgen fast verrückt wird!«

»Aha! Das ist es doch in Wahrheit, was dich stört!« schleuderte ich ihm entgegen, während ich, immer noch in die Decke gewickelt, an ihm vorbei ins Bad rauschte. Er versuchte, den Fuß in die Tür zu stellen, doch ich war schneller und knallte sie ihm vor der Nase zu. Rasch drehte ich den Riegel und schrie: »Hau bloß ab!«

»Ich will mich mit dir unterhalten, Angela!«

»Deine Art von Unterhaltung stinkt!« Ich blickte auf meine Armbanduhr und stellte erstaunt fest, daß es beinahe Mitternacht war. Ich hatte doch länger geschlafen, als ich zuerst geglaubt hatte, fast drei Stunden.

»Angela, hör mir zu ...«

»Hau bloß ab! Es ist zwölf Uhr, und ich will nichts als schlafen, kapiert?«

Ich lauschte dem Schweigen, das meinem letzten Ausruf folgte, bis ich schließlich überzeugt war, daß er gegangen war, doch dann sagte er leise: »Okay, ich gehe. Aber wir sprechen uns noch. Verlaß dich drauf. Ich komme wieder, Angela. Und dann wirst du mich nicht mehr belügen.«

Gleich darauf hörte ich das Zuklappen der Zimmertür. *Jetzt* war er gegangen.

*

Meine Verletzungen erwiesen sich bei näherem Hinsehen als oberflächliche Kratzer. Ich verarztete sie notdürftig mit ein paar Pflasterstreifen aus einer uralten Apothekenprobe, die ich aus den Tiefen meiner Handtasche zutage gefördert hatte.

Beim Einpacken meiner Kamera stellte ich fest, daß Kurt den Film herausgenommen hatte. Viel Spaß mit Meer und Möwen, dachte ich sarkastisch.

Wahrscheinlich glaubte er, ich hätte bei der Bearbeitung des Falles schon erste Ergebnisse vorzuweisen. Vielleicht lauerte er auch irgendwo in der Nähe und wartete nur darauf, mir heimlich zu folgen, während ich ihn zu potentiellen Zeugen führte.

Nun, darauf konnte er lange warten. Ich reiste noch in derselben Nacht ab.

Zu Hause fand ich einen friedlich schlafenden Hund und eine halbwegs aufgeräumte Wohnung vor sowie eine Notiz von Siegfried, in jenem komischen Telegrammstil, den er stets für seine Botschaften verwendete. Vielleicht lag es daran, daß er sich viele Jahre lang nur durch das Malen von Kreuzchen schriftlich mitgeteilt hatte. Man nennt das *multiple choice*, einer der Gründe, warum viele fertig ausgebildete Ärzte außer unleserlichen Rezepten kaum etwas mit der Hand schreiben können. Ich las:

Verrückt vor Sorge. Froh daß Du auf Sylt. Stundenlang aufgeräumt. Bernie Futter Kühlschrank. Melde mich morgen. S.

Ich zerknüllte den Zettel und warf ihn zur Seite. Dann schloß ich die Wohnungstür zweimal ab und ließ den Schlüssel stecken, anschließend schob ich unter Aufbietung aller Kräfte eine schwere Kommode vor die Wohnungstür und ließ überall die Rollos herab. Ich glaubte zwar nicht ernsthaft, daß Antonio in dieser Nacht noch einen seiner schmutzigen Tricks versuchen würde, nicht, nachdem Kurt ihn gesehen hatte. Aber trotzdem. Sicher ist sicher, dachte ich und schlief wie ein Stein.

*

Am folgenden Morgen meldete ich mich in der Redaktion krank und blieb zu Hause. Um zehn Uhr vormittags rief Irene an und erklärte mir wortreich, warum sie Kletts bohrenden Fragen nicht hatte standhalten können. Ich unterbrach ihren Redefluß und sagte wahrheitsgemäß, daß ich ihr nicht im geringsten böse sei. Immerhin hatte sie dazu beigetragen – was ich allerdings nicht aussprach –, daß Kurt rechtzeitig aufgetaucht war, um mich vor einer Totalrasur oder Schlimmerem zu bewahren.

Im Laufe des Mittags erwartete ich halb und halb, daß Kurt ebenfalls anrief oder persönlich auftauchte, doch er ließ nichts von sich hören. Dafür rief Siegfried aus der Klinik an. Als erstes versicherte er mir, wie froh er sei, daß ich nicht von dem Einbrecher verschleppt worden war, dann beauftragte er mich, noch einmal alle Kunstgegenstände zu sichten. Er selbst habe zwar nichts vermißt, aber vielleicht sei ihm in der Aufregung etwas entgangen. Ich versprach es ihm; schließlich lagen mir die Sachen auch am Herzen, sehr sogar, schließlich hatte ich fast alle Bilder und Skulpturen selbst ausgesucht.

Ich räusperte mich. »Wir müssen uns aussprechen, Sigi.«

Sofort stimmte er zu, atemlos vor Erleichterung. »Ja, Angie. Das müssen wir wirklich. Eine Aussprache ist überfällig. Ich bin froh, daß du es auch so siehst.«

Meine Aussprache mit Siegfried fand also noch am selben Abend in unserem frisch aufgeräumten Wohnzimmer statt, das Gespräch verlief gesittet, ohne laute Worte. Wir saßen einander gegenüber, Siegfried auf einem Sessel, ich auf dem Sofa, und versuchten in aller Freundschaft, es hinter uns zu bringen. Alles war sehr zivilisiert, keine Tränen, keine Vorwürfe. Ich hatte mir geschworen, mich auf keinen Fall wieder so gehenzulassen wie beim letzten Mal.

Siegfried wirkte bußfertig, zugleich jedoch aufreizend zufrieden. »Ich find's toll von dir, daß du unsere Trennung so gut aufnimmst, Angie.«

»Danke.«

»Und wie geht's jetzt weiter?«

Ich mißverstand ihn absichtlich. »Ich werde vielleicht ein paar Tage Urlaub nehmen.«

»Gute Idee.«

Wir schwiegen uns eine Weile an. Dann kam ich zum entscheidenden Punkt.

»Was wird aus der Wohnung?«

»Die kannst du selbstverständlich behalten«, bot Siegfried mir sofort großzügig an. »Alles, was ich für mich brauche, ist ein klitzekleines Apartment, wirklich.«

Es klang, als hätte er schon eins. Möglicherweise hatte Manuela auch in dieser Richtung bereits etwas vorzuweisen. Mit Sicherheit sogar, sonst hätte Siegfried nicht so großherzig auf unsere bildschöne Maisonettewohnung verzichtet.

»Sigi, ich glaube, du hast da was übersehen. Die Kosten.«

»Die Kosten?«

»Diese Wohnung kostet fast fünftausend im Monat. Ich will dir ja nicht zu nahe treten, aber bis jetzt hast du die Wohnung bezahlt. Weil du von uns beiden der mit dem Geld bist, falls du dich erinnerst. Tja, und ich habe irgendwie nicht das Gefühl, daß du weiterhin für mich die Miete bezahlen willst.«

»Du, Angie, es besteht überhaupt kein Anlaß, sarkastisch zu werden«, sagte er mit mildem Tadel. »Ich denke, wir regeln das ganz einvernehmlich.«

Die einvernehmliche Regelung lief darauf hinaus, daß ich so lange auf Siegfrieds Kosten in der Wohnung bleiben konnte, bis ein Nachmieter gefunden war. Das fand ich sehr fair, doch als er dann sagte, daß er schon einen super Makler an der Hand hatte, kochte Wut in mir hoch. Er hatte überhaupt nichts übersehen, schon gar nicht die Kosten, sondern an alles gedacht. Er war sogar so umsichtig gewesen, einen Makler einzuschalten. Und zwar bevor ich überhaupt gewußt hatte, daß er sich von mir trennen wollte. Ich verspürte den Drang, mit Gegenständen zu werfen, vorzugsweise nach Siegfried, doch ich ließ mir nichts anmerken.

Cool down, Angie, dachte ich, zeig ihm nicht, daß du dich ärgerst, gönne ihm diese Genugtuung nicht! Höflich machte ich Siegfried darauf aufmerksam, daß ich dank seiner raschen Initiative spätestens zum nächsten Ersten würde ausziehen müssen, und zwar Hals über Kopf, weil sämtliche gelackten Yuppies von Hamburg sich wie ausgehungerte Geier auf diese einmalige Gelegenheit stürzen würden.

Siegfried wiegte bei diesem Einwand zweifelnd den Kopf, eine höchst alberne Geste, wie ich fand. Schließlich wuchsen solche Luxuswohnungen mit Blick auf die Außenalster, und das auch noch zu einem moderaten Quadratmeterpreis, nicht auf Bäumen. Die Nachfrage überstieg bei weitem das Angebot. Sobald erst publik wurde, daß die Wohnung zu haben war, wäre sie am selben Tag auch schon weitervermietet.

»Selbstverständlich bleibt bis zu deinem Auszug alles beim alten«, versicherte Siegfried und machte dabei eine ausholende Armbewegung, die vor allem den Baselitz über dem Kamin und die anderen Stücke unserer (seiner) Kunstsammlung einzuschließen schien, zum Beispiel die beiden kleinen peruanischen Tonskulpturen, den prähistorischen Totempfahl, das uralte Fragment eines Giotto-Freskos. Und die Designermöbel von Konstantin Grcic.

Zu Siegfrieds grenzenloser Überraschung und Erleichterung hatte der Einbrecher alias Antonio nichts von alledem angerührt.

»Solange du hier wohnst, lasse ich die Sachen selbstverständlich hier, Angie.«

Dieser Satz enthielt gleich zwei wichtige Informationen: Erstens, Siegfried würde vor mir ausziehen, wahrscheinlich so schnell wie möglich, vielleicht morgen schon. Zweitens, ich würde mir neue Möbel anschaffen müssen.

Er bot mir nicht an, das eine oder andere behalten zu dürfen.

Er sagte nicht: Such dir was aus, Angie, nur zu, was soll ich mit dem ganzen Kram. Keine Widerrede, Angie, ich weiß doch, wie du an all diesen Sachen hier hängst!

Nein, kein Wort davon, daß er mir auch nur das kleinste bißchen überließ. Bloß bis zu meinem Auszug. Für Siegfried war der Fall klar, alles war von seinem Geld bezahlt worden. Außer einem funkelnagelneuen PC gehörte mir nicht viel. Ein paar alte Regale im Keller, wo das Gerümpel und mein ausrangierter Junggesellenhausrat lagerten. Meine Bücher. Mein altes Radio, ein Erbstück von Papa. Ein paar angestoßene Tassen, Teller, Töpfe, Besteck, alles in staubigen Kisten im Keller. Meine Fotoalben mit den Bildern von Mama, Papa und mir. Meine beiden Kameras, meine Objektive und die Dunkelkammerausrüstung.

Ich schluckte und lächelte hilflos. Siegfried lächelte strahlend zurück, in diesem Moment sah er so gut aus wie nie, rein äußerlich schien er auf einmal seinem germanischen Namensvetter Ehre machen zu wollen, ein blonder, siegesgewisser, wenn auch sommersprossiger Nibelungenheld.

»Ich hoffe, Manuela und du werdet glücklich miteinander. Ich glaube wirklich, daß sie dich eher verdient als ich.«

Die Spitze entging ihm. »Danke, das ist lieb von dir.«

»Keine Ursache«, sagte ich.

Siegfried lehnte sich zurück und wurde mitteilsam. »Weißt du, das hat sich irgendwie so ergeben mit Manuela. Nicht, daß du denkst, ich hätte es darauf angelegt. Da war plötzlich etwas zwischen ihr und mir ... ganz starke Schwingungen, verstehst du? Angefangen hat es rein beruflich, mit dieser Kunstfehlersache, ich hab's dir ja erzählt, und Manuela war auf einmal da und fing mich auf, gerade als ich in dieses schwarze Loch fiel.«

Ich stellte es mir sofort bildlich vor. Manuelas Perlen klirrten vornehm, während sie mit ausgestreckten Händen wie das Sterntalerkind darauf wartete, daß Siegfried in ihre Arme stürzte, von einer gesichtslosen Frau in Reithosen über den Rand seiner Wolke am Chirurgenhimmel geschubst.

»Und dabei hat es einfach gefunkt.«

»Gefunkt«, echote ich.

»Genau. Deshalb denke ich auch, irgendwo war es zwischen dir und mir vielleicht nicht mehr so okay, glaubst du nicht?«

»Was meinst du damit?«

»Na ja, wenn zwischen dir und mir alles in Ordnung gewesen wäre, hätte mir Manuela doch nicht soviel geben können. Oder?«

»Ja«, sagte ich mechanisch. Ich merkte, daß ich Magenschmerzen bekam. Hoffentlich war noch genug Nervogastrol da, für alle Fälle sollte ich rechtzeitig einen anständigen Vorrat aus Siegfrieds Beständen abzweigen.

»Und was ich dir unbedingt noch sagen muß: Es war eine schöne Zeit, Angie. Die zwei Jahre mit dir haben mir viel gegeben.«

*

Ich streichelte Bernie und nährte still meinen Frust.

Siegfried zog sein bestes Hemd an, rasierte sich – während unserer Beziehung hatte er sich nie zweimal am Tag rasiert –, besprenkelte sich mit Égoiste und schwang flott ein Sakko über die Schulter, anschließend fragte er mich allen Ernstes, ob ich ihm böse sei, wenn er jetzt ginge. Er habe irgendwie das ungeheuer intensive Bedürfnis, alles mit Manuela durchzusprechen.

»Geh nur.«

»Angie, du bist eine echte Freundin. Ich bin froh, daß es dich gibt.«

Fehlte nur noch, daß er sagte: Fühl dich wie zu Hause.

Unvermittelt fragte er: »Sonst ist doch alles okay bei dir, oder? Ich meine, beruflich und so.«

Siegfried hatte sich nie sonderlich für meinen Beruf interessiert, er wußte nicht mal, was genau ich bei *Clarisse* tat. Für ihn war ich einfach eine Fotografin. Er hatte nie auch nur einen Blick in die Zeitschrift geworfen, und ich hatte ihn aus naheliegenden Gründen nicht dazu gedrängt, denn als Informationsquelle für den Klatschteil war er unbezahlbar, vor allem, weil er völlig ahnungslos war. So hatte er beispielsweise gewußt, daß ich auf Sylt gewesen war, wäre aber im Traum nicht auf die Idee gekommen, daß ich dort die Gräfin fotografieren wollte. Nie fragte er, woran ich gerade arbeitete. Was also sollte sein plötzliches Interesse an meinem Job? Fürchtete er, ich könnte arbeitslos werden und ihn anpumpen?

Ich musterte ihn argwöhnisch. »Weshalb fragst du?«

»Ja, also ... Deine Chefin, Clarissa Hennessy, sie wird doch vermißt, und ich hatte den Eindruck, daß dich das sehr belastet. Sie ist doch immer noch verschwunden, oder?«

»Ja, und es belastet mich nicht die Spur. Es ist mir piepegal.« Um ihn zu schockieren, setzte ich noch eins drauf. »Von mir aus muß sie nicht wiederkommen, wenn du verstehst, was ich meine.«

»Ach«, staunte Siegfried. Dann, völlig unerwartet, lächelte er. »Wirklich?«

»Ja«, sagte ich wortkarg und hoffte, daß er verschwand, bevor ich doch noch die Beherrschung verlor.

»Mach's gut, Angie.« Er küßte die Luft neben meiner Wange. »Du hast unglaublich viel Verständnis für meine Situation. Das ist einfach ... toll von dir! Ich schulde dir so viel!«

»Schön, daß du das sagst, Sigi.«

Nachdem Siegfried endlich pfeifend abgezogen war, erreichte meine Wut den Siedepunkt. Ich sollte ausziehen. Aber wohin? Ich hatte nicht die blasseste Ahnung. Siegfried hatte überaus einsatzfreudig unsere Trennung organisiert, doch wo ich danach blieb, war ihm schnurzegal.

Ich schulde dir viel, hatte er gesagt. Er hatte völlig recht. Ich beschloß, den harten Klumpen aus Wut, Trauer und Schmerz in meinem Hals mit einem Schluck Hochprozentigem wegzuspülen und hinterher etwas zu unternehmen. Etwas, um Siegfrieds Schulden bei mir auszugleichen.

*

Nach nur zehnminütiger methodischer Suchaktion fand ich die halbvolle Flasche Wodka, die noch von meinem letzten Geburtstag übrig geblieben war, zwischen den Entwicklerbehältern in meiner Dunkelkammer.

Ich schraubte den Deckel ab und gönnte mir an Ort und Stelle einen ordentlichen Schluck, dann versuchte ich, Anzahl und Größe der Kisten zu schätzen, die ich für meine Ausrüstung benötigen würde. Acht Umzugskisten, extragroß, befand ich. Das war noch niedrig gegriffen. Flaschen mit Chemikalien, eine erschreckende Anzahl verschiedenfarbiger Kunststoffschalen und Entwicklerdosen, zwei moderne Entwicklungsgeräte, ein sperriger Colorvergrößerer. Kompaktanalyser, Belichtungsrahmen, Entsilberungsgerät, Entwicklungsschaltuhren, Warmlufttrockner, Kopierrahmen, Laborleuchte, Klemmen, Papier, und und und ...

»Jemand muß mir beim Umzug helfen, soviel steht fest«, sagte ich entschieden zu der Wodkaflasche und nahm noch einen Schluck.

Der Dunkelkammer würde ich wohl noch eine Weile nachtrauern. Ursprünglich war sie einfach eine große, fensterlose Abstellkammer gewesen, für meine Zwecke geradezu ideal.

Es war kaum anzunehmen, daß ich in einer anderen Wohnung dieselbe Möglichkeit vorfinden würde.

Ich konnte zwar jederzeit auf das Fotolabor bei *Clarisse* zurückgreifen, doch dort bearbeitete ich nur die Routineaufnahmen. Meine *Hot shot*-Negative gab ich niemals aus der Hand, und ich sorgte dafür, daß niemand sie in die Finger bekam, dem ich sie nicht geben wollte, immer noch die vernünftigste Methode, sich gegen Bilderklau abzusichern. Ein Foto gilt nämlich als Kunstwerk und ist daher urheberrechtlich gegen Mißbrauch oder unbefugte Verwendung durch Dritte geschützt. Zwar würde niemand auf die

Idee kommen, Lieschen Müllers Privatfotos zu klauen und Lieschen in G-String und Wonderbra auf die Titelseiten zu bringen (obwohl auch solche Bilder urheberrechtlich geschützt sind), aber bei Fotos, die Prominente in verfänglichen, peinlichen und enthüllenden Situationen zeigen, liegt der Fall anders. Die Möglichkeiten, aus solchen Fotos Geld zu schlagen, sind beeindruckend. Mit einem besonders heißen Shot von einem internationalen Filmstar etwa kann ein Paparazzo in England oder den USA bei einschlägig bekannten Agenturen ein Vermögen verdienen. Beträge bis zu hunderttausend Dollar pro Bild, manchmal auch mehr, liegen im Bereich des Möglichen. Es gilt die Regel: Trash gegen Cash. Gehandelt wird blitzschnell: Die Abzüge werden eingescannt und in Sekundenschnelle rund um den Erdball gefaxt, in jede beliebige Redaktion eines beliebigen Massenblattes.

Deshalb war ich immer streng darauf bedacht, meine Kollegen nicht in Versuchung zu führen. Jack warf mir oft Paranoia vor, weil ich nicht nur meine Abzüge zu Hause in der Dunkelkammer aufbewahrte (wo Antonio sie geklaut hatte), sondern auch meine aktuellen Negative bis zum öffentlichen Erscheinen der Fotos an einem geheimen Ort versteckte (wo sie immer noch waren). Jack hätte mich erst recht für paranoid gehalten, wenn er gewußt hätte, wo genau dieser geheime Ort sich befand. Er selbst entwickelte seine ästhetisch hochwertigen Kreationen ausschließlich bei *Clarisse*. Ich war oft genug dabei, hatte aber noch nie erlebt, daß irgend jemand sich für seine Landfruchtstilleben oder seine Nadelbäume im Mondlicht interessiert hätte. Kein Mensch hörte ihm zu, wenn er kenntnisreich die Technik erläuterte, mit der er ein Schwarzweißdia mit einer kreuzgefilterten Farbaufnahme im Sandwichverfahren kopierte. Sobald er anfing, von Pseudo-Solarisation, Äquidensiten und Isohelie zu schwafeln, wandten sich alle Anwesenden unweigerlich gähnend ab.

Ich trank einen letzten Schluck Wodka, dann ging ich zurück nach unten, legte reichlich Make-up auf und bürstete mein Haar, bis es knisternd auf die Schultern fiel. Weil ich ausgehen wollte, warf ich mich richtig in Schale: schwarze Samtleggins, dazu ein enges Mieder, knalleng und knallrot. Rot waren auch meine Schnürstiefeletten, eine antike Rarität aus den Zwanzigern, die ich irgendwann auf dem Flohmarkt erstanden hatte. Man brauchte ewig, um sie zu verschnüren, meterlange Senkel mußten durch Dutzende winziger Löcher gefädelt werden. Diese zeitraubende Fummelei konnte man nicht einfach dadurch umgehen, daß man die Schnüre beim An- oder Ausziehen bloß lockerte, dafür waren die Stiefeletten viel zu schmal und eng. Die Senkel mußten jedesmal komplett aus den Löchern gezogen werden, sonst schaffte man es nicht, die Füße in die Schuhe zu zwängen.

Ich schnürte emsig und war fast fertig, als das Telefon klingelte.

Siegfried, dachte ich sofort. Er bereut zutiefst, was er mir angetan hat. Er hat Manuela satt und will zurückkommen. Oder mir die Wohnzimmermöbel überlassen, mindestens.

Hoffnungsvoll drückte ich die grüne Verbindungstaste und meldete mich.

Aus der Leitung tönte entferntes Rauschen, dann ein Knacken. Endlich eine Stimme, weit weg und verzerrt. »Hallo!«

Eine Stimme, die ich sofort erkannte. Ich zuckte zusammen. Das war doch nicht möglich!

»Clarissa!« schrie ich. »Wo zum Teufel hast du gesteckt?«

Wieder ein Knacken, dann Äthergeräusche. Nach einer Ewigkeit konnte ich wieder Bruchstücke ihrer Stimme hören, die ständig von Rauschen unterbrochen wurde. »... Funkloch, verdammt ... du bist ... einzige, der ich vertrauen kann ...«

»Clarissa, ich versteh dich unheimlich schlecht. Was ist los mit dir?«

»Hab endlich alle Infos über ... schmutzige ... rausgekriegt, alles ... natürlich den Hals umdrehen ... verstecken, war doch klar.«

»Clarissa, von wo rufst du an?«

»... Zeit, alles zu veröffentlichen, jede verdammte Einzelheit ... Krieg sie am Arsch, die Drecksäcke ... stecken mit ... unter einer Decke ...«

»Clarissa, was hältst du davon, wenn wir das irgendwo in aller Ruhe persönlich besprechen!« rief ich.

Wieder Rauschen, unterbrochen von Knacken und Pfeifen und einem Geräusch, das verdächtig nach Clarissas Schaben klang.

»Clarissa, bist du noch dran? Machst du mit den Fingernägeln am Telefon rum?«

»... kein Wort zu irgend jemand ... Story des Jahres, logisch ...«

»Clarissa, hör mal, du bist in irgendeinem Funkloch, ich versteh dich kaum ...«

»... am besten morgen früh, ja?«

Ich lauschte dem erneut einsetzenden Knacken. »Was ist morgen früh? Kommst du morgen zurück oder was?«

»... treffen wir uns ... in meinem Büro ... sechs Uhr ... früh ... klappt?«

»Soll mir recht sein. Ich wollte sowieso durchmachen«, frotzelte ich.

Doch sie schien es ganz ernst zu meinen. Ihre Stimme, oder vielmehr die von stetigem Rauschen untermalten Fragmente, die ich mitbekam, nahmen plötzlich einen drängenden Tonfall an. »Bitte ... nichts verraten ... schweigen wie ein Grab ...«

»Schon gut, Clarissa«, rief ich. »Ich werde absolut dichthalten. Verlaß dich auf mich.« Ich wartete, daß sie wieder etwas sagte, doch es kam nichts mehr.

»Clarissa? Clarissa, bist du noch dran?«

Nichts. Die Verbindung war abgebrochen.

Ratlos schaute ich das Telefon an, meine Trennungsprobleme waren vergessen. Warum rief Clarissa ausgerechnet mich an, was sollte der Blödsinn, daß ich die einzige war, der sie trauen konnte? Und dann das Gerede vom Halsumdrehen und vom Verstecken! Diese Worte hatte sie verwendet, ich war trotz der Funkstörungen ganz sicher, daß ich sie richtig verstanden hatte. Warum hatte sie nicht Irene oder Melanie angerufen? Oder, was noch einfacher gewesen wäre, Kurt Klett, ihren Neffen? Schließlich schien sie aus irgendeinem Grund zu glauben, daß sie in Gefahr war, es hätte sich also angeboten, daß sie mit jemandem von der Kripo Kontakt aufnahm. Andererseits hatte Kurt bei *Étienne* auf meine Frage, ob er auf gutem Fuß mit Clarissa stand, irgendwie ausweichend reagiert, vielleicht konnten die beiden sich nicht ausstehen.

»Warum ausgerechnet ich?« fragte ich Bernie, der neben dem Wasserbett auf dem Fußboden ausgestreckt döste. »Und welche Drecksäcke will sie am Arsch kriegen? Jemanden aus der Redaktion? Und warum, zum Teufel, war sie zwei Wochen lang verschwunden, ohne ein Lebenszeichen von sich zu geben?«

Ich hockte mich neben Bernie und kraulte sein Brustfell. »Gibt es womöglich jemanden in der Redaktion, vor dem sie Angst hat? Irgendeiner, der mit den Drecksäcken unter einer Decke steckt?«

Sie hatte etwas von ›unter einer Decke stecken‹ im Zusammenhang mit ›Drecksäcken‹ gesagt, daran erinnerte ich mich deutlich.

Ich rekapitulierte: Sie hatte ausgerechnet mich angerufen, weil sie allen außer mir zutraute, mit den Drecksäcken, wer auch immer die waren, Verbindung aufzunehmen, damit diese Clarissa aufspüren und den Hals umdrehen konnten, bevor sie die Story des Jahres rausbringen konnte.

Es war alles höchst rätselhaft.

Das Telefon klingelte. Ich riß es an mich und drückte eilig die grüne Taste. »Clarissa?« rief ich.

»Nein, ich bin's«, sagte Siegfried. »Erwartest du einen Anruf von deiner Chefin? Sie ist doch vermißt, oder?«

»Nein«, rief ich aufgeregt. »Stell dir vor, sie ist wieder da! Gerade vor einer Minute hat sie mich angerufen, sie will mich morgen früh um sechs in ihrem Büro treffen!«

»Wie bitte?«

»Mit der Story des Jahres! Sie will irgendwelche Drecksäcke drankriegen, hat sie gesagt.«

Kurze Pause, dann meinte Siegfried verdutzt: »Wirklich? Dann war sie wohl bloß auf Recherchereise, stimmt's?«

Mir fiel ein, daß Clarissa mir verboten hatte, jemandem etwas zu verraten, doch Siegfried zählte nicht. Bei ihm bestand keine Gefahr, daß er Clarissa die Story wegschnappen würde. Für ihn dienten Zeitungen einzig dem Zweck, dahinter ungestört frühstücken zu können.

»Weshalb ich eigentlich anrufe«, sagte Siegfried, und ich dachte: Jetzt! Jetzt sagt er, daß es ihm wahnsinnig leid tut!

»Tut mir wahnsinnig leid«, sagte Siegfried, »aber ich kann heute nacht nicht nach Hause kommen. Manuela und ich, wir beide müssen uns an diese neue Situation gewöhnen, weißt du. Die ganze Sache aufarbeiten. Ist das für dich okay, Angie? Ich meine, wegen des Einbruchs gestern. Macht's dir was aus, allein zu bleiben?«

Wie fürsorglich.

»Kein Problem. Ich wollte sowieso mit Kurt ausgehen. Er hat mir ein Abendessen versprochen.«

Schweigen am anderen Ende, dann: »Kurt?«

»Du hast ihn schon kennengelernt. Er ist bei der Kripo. Gestern kam er ursprünglich gar nicht wegen des Einbruchs vorbei, eigentlich wollte er mich abholen.« Ich machte eine Pause, um diese Information einwirken zu lassen. »Ich hab dir von der Sache mit Kurt nichts gesagt, weil ich dir nicht wehtun wollte, Sigi. Kurt und ich, wir treffen uns schon eine Weile, weißt du.«

Siegfrieds Stimme bekam einen schrillen Beiklang. »Wirklich? Wo?«

»Zuletzt waren wir zusammen auf Sylt. Na ja, hier in der Wohnung, in unserem Schlafzimmer, da waren wir nur einmal zusammen, falls du das wissen wolltest.«

Pause.

»Sigi? Bist du noch dran?«

»Ja«, kam es gepreßt zurück.

Ich erzählte alles der Reihe nach und blieb streng bei der Wahrheit.

»Wir hatten was zusammen getrunken, er küßte mich, und dann hab ich einfach die Kontrolle verloren. Wir waren in seinem Wagen, da fing es an. Alles drehte sich um mich, es brach aus mir heraus, verstehst du, wie eine Urgewalt. Ich konnte nicht mehr klar denken, mein Verstand hat exakt in dem Moment ausgesetzt, als Kurt mich mit seinen starken Armen an sich preßte. Sigi, es hat mich so überwältigt, am Ende hab ich sogar das Bewußtsein verloren, schon bevor er mich auf das Wasserbett legte. War es bei dir und Manuela auch so?«

Das Geräusch seines stockenden Atems war Balsam für meine Seele. Ohne ein weiteres Wort trennte ich die Verbindung, warf grimmig lachend das Telefon aufs Bett und schnürte meine Stiefeletten fertig.

In Wahrheit hatte ich keineswegs vor, mit Kurt auszugehen. Jedenfalls nicht heute. Morgen vielleicht, wenn Clarissa offiziell für alle wieder da war, springlebendig und guter Dinge. Dann hatte ich nichts mehr zu verbergen, und Kurt hatte keinen Grund mehr, mir nervtötende Fragen zu stellen. Endlich würde er mir nur seine nette Seite zeigen, eine Vorstellung, die mir gefiel. Er hatte da etwas an sich ...
Doch nicht heute. Heute würde er mir bloß die Laune verderben. Ich hatte nicht vor, noch jemandem von Clarissas plötzlichem Wiederauftauchen zu erzählen, nicht, bevor ich ihre Superstory kannte und wußte, wer ihr an den Kragen wollte.
Nachrichtenfieber hatte mich gepackt, und ich überlegte, genau das zu tun, was ich vorhin scherzhaft zu Clarissa am Telefon gesagt hatte: die Nacht durchzumachen. Aufgekratzt und hellwach um sechs Uhr früh in ihr Büro schneien, um mir ihre brisante Story anzuhören. Und ihr danach vielleicht ein paar ebenso brisante Fotos auf den Tisch zu knallen. Fotos, bei deren Anblick sie zusammenzucken würde.
Beschwingt holte ich die Negative aus meinem Geheimversteck und machte in der Dunkelkammer einen kompletten Satz Abzüge. Ich stellte mir dabei vor, wie ich im Morgengrauen auf Clarissas Schreibtisch zuschritt, meine Handtasche öffnete und ihr die Fotos mit nonchalanter Geste hinwarf. Was für ein Augenblick! Ich sollte eine Flasche Schampus mitnehmen! Kaum hatte ich es gedacht, als ich auch schon beschloß, wirklich Champagner

zu besorgen. Und ich wußte auch bereits ganz genau, wo.

Bevor ich ging, stellte ich Bernie Wasser hin. »Ich geh groß aus, Bernie!«

Er blickte mich mit seinen feuchten, von schweren Wimpern gesäumten Hundeaugen an, als hätte er mich genau verstanden.

»Aber das ist noch nicht alles«, vertraute ich ihm fröhlich an. »Ich tu's nämlich auf Herrchens Kosten!«

*

Um zehn rief ich mir ein Taxi und ließ mich zum *Chapeau Claque* bringen, einem der feudalsten und teuersten Livesexschuppen auf dem Kiez. Hier tanzten buchstäblich die Puppen auf dem Tisch (die Kerle auch), und zwar vor Publikum. Die üblichen Gäste im *Chapeau Claque* waren zumeist Touristen von der Sorte, die ein Vermögen für das prickelnde Abenteuer verschleuderten, echten Sex zu erleben, pur, hautnah, live, mit allem Drum und Dran. Sie versanken in dunkelroten plüschigen Sesseln und taten so, als fänden sie die Show auf der kleinen Bühne sterbenslangweilig, dazu tranken sie Champagner und schaufelten Erdnüsse in sich hinein.

Als ich hineinkam, hielt ich gewohnheitsmäßig Ausschau nach Promis, doch in der schwachen Beleuchtung waren die Gesichter kaum zu erkennen. Ich hatte zwar wie immer eine Kamera dabei, die ich unauffällig in einer Hand verstecken konnte, einen Autofocus-Winzling mit Motor, Belichtungsautomatik und Nachtaufnahmefunktion, aber soweit ich es auf die Schnelle beurteilen konnte, gab es hier niemanden mit nennenswertem Bekanntheitsgrad.

Ich zog die Jacke aus, hängte sie über die Schulter und sah eine Weile den Akteuren auf der Bühne zu, die gerade unter großem Gestöhn und sportlichen Verrenkungen in den Clinch gingen, ein Gewirr aus akrobatisch verschlungenen Gliedern, aufgerissenen Mündern und wogendem Fleisch. Der Typ warf seine gebleichte Blondmähne in den Nacken und ließ seine Muskelpakete spielen, bis sie im rötlichschummrigen Licht ein Eigenleben zu führen schienen. Die Frau gab zur hämmernden Ethnomusik eine einstudierte Tonfolge orgiastischen Gewimmers von sich, bei genauerem Hinsehen war sie ungefähr zehn Jahre älter als ihr männlicher Kollege und hatte nicht den geringsten Spaß an der Nummer. Fast erwartete ich, daß sie gleich angeödet auf die Uhr blicken würde, *Schatz, kannst du vielleicht einen Zahn zulegen?*

»Das ist widerlich«, sagte ich halblaut. »Wieso merkt niemand, daß sie den Kerl nicht ausstehen kann?«

Unversehens wieselte ein befrackter Ober um mich herum. »Möchte die Dame sich nicht setzen? Vielleicht an die Bar?«

»Lieber nicht. Eigentlich wollte ich nur was zum Trinken.«

»Sehr wohl, die Dame. Gläschen Schampus gefällig?«

»Wieso nicht gleich eine ganze Flasche?«

Seine Miene erstarrte in höflicher Mißbilligung.

Ich merkte, wie er mein Outfit musterte und zu ergründen versuchte, aus welchem Tümpel ich an Land gekrochen war. Das Ergebnis fiel anscheinend negativ aus, denn er straffte die hagere Gestalt und schüttelte den Kopf. »Wir servieren nicht flaschenweise. Tut mir leid.«

»Das ist gelogen«, sagte ich und deutete auf eine volle Champagnerflasche auf einem der Tische. Eine große, breite Hand kam aus dem schummrigen Halbdunkel, packte die Flasche und hob sie an ein dickliches Gesicht, das ich sofort erkannte.

Attila Hennessy hatte mich auch gesehen. Er verschluckte sich an seinem Champagner, dann strahlte er und winkte mir, an seinen Tisch zu kommen.

»Für Stammgäste machen wir hin und wieder Ausnahmen«, sagte der Ober großzügig. »Ich serviere die Flasche am Tisch, wenn's recht ist.«

»Bringen Sie gleich zwei. Ach, und noch was. Die eine Flasche bleibt zu, Sie können sie einpacken, ich will sie mitnehmen. Und außerdem können Sie zwei saubere Gläser dazupacken.«

Er hinterfragte es nicht, sondern eilte beflissen davon, doch ich konnte seinem Gesicht ansehen, was er dachte: Warum gibt die Alte zweitausend für eine Buddel Champagner aus, wenn sie die Sexvorstellung beschissen findet?

Ich hätte ihm sagen können, daß ich gewissermaßen bloß Siegfrieds Verlobungsgeschenk realisieren wollte. Als er mir nach einem besonders romantischen Abend vor ungefähr zwei Jahren, ziemlich am Anfang unserer Beziehung, unter zärtlichen Küssen ein aufwendig in Glitzerpapier verpacktes schmales

Kästchen in die Hand gedrückt hatte, war ich davon überzeugt, darin das Glück meines Lebens in Form eines schlichten, aber edlen Verlobungsringes zu finden.

Doch von Verlobung war nicht die Rede. Statt dessen hatte Siegfried gesagt: »Damit kannst du an mein Konto. Aber es soll für eine besondere Gelegenheit sein. Nicht für alle Tage, verstehst du? Nur, wenn du dir mal was Besonderes leisten willst!« Und seine Augen hatten dabei fast so geschimmert wie die Gold Card, die ich aus dem schönen Papier wickelte.

Damals schluckte ich meine Enttäuschung und versenkte die Karte in den Tiefen meiner Brieftasche. Ich hatte sie nie benutzt. Aber heute war es soweit. Heute war der Tag, an dem ich mir mal etwas Besonderes leisten wollte.

Ich hätte mir in jedem Weingeschäft besseren Champagner kaufen können, den gleichen Brut de Brut hätte ich für einen Bruchteil der Neppsumme bekommen, die sie hier im *Chapeau Claque* dafür verlangten. Oder ich hätte mich in der Milchstraße bei Jil Sander oder in der Poststraße bei Joop neu einkleiden oder mir für zehntausend Mark eine Spitzenkamera mit ein paar neuen Teleobjektiven zulegen können.

Doch das alles wäre billige Rache gewesen, nichts gegen eine Visa Card-Abrechnung aus dem *Chapeau Claque*. Entscheidend war vor allem das Datum dieser Abrechnung, schließlich war es dieselbe Nacht, die ich angeblich mit Kurt verbrachte.

O ja, Sigi, du schuldest mir was, dachte ich. Kein

Geld, nein, das nicht. Du schuldest mir, daß du dir in allen Einzelheiten ausmalst, wie ich mit Kurt im *Chapeau Claque* sitze und sündhaft teuren Champagner schlürfe und den wildesten Sexspielen zuschaue. Das schuldest du mir, weil ich mir vorstellen mußte, wie du mit Manuela ...

»Angela, ich habe Sie gleich wiedererkannt! Guten Abend!« Wie aus dem Nichts erschien Attila Hennessys große, plumpe Gestalt vor mir.

»Guten Abend, Herr Hennessy.«

Er packte meine Hand und quetschte sie zwischen seinen Pranken, während er mich begeistert angrinste, sein typisches Was-für-eine-Frau-Grinsen. Ich wich unauffällig ein paar Zentimeter zurück, doch es war schon zu spät. Ein Spuckeregen ging bei seinen nächsten Worten auf mich nieder. »Reizende Bluse, die Sie da anhaben! Was für eine süße junge Frau Sie sind!«

»Danke. Es ist ein Bustier.«

»Ah! Und die süßen roten Stiefelchen! Nein, wie entzückend!«

»Danke.« Ich löste meine Rechte aus der schwitzigen Umklammerung.

Attila beugte sich vertraulich näher. »Was machen die Fotos?«

»Danke der Nachfrage.«

»Super Schüsse, die Sie da liefern! Vor allem der eine. Dieser Trainer mit dem Ring im Pimmel!« Attila lachte dröhnend und spuckesprühend. Anscheinend hatte er mehr getrunken, als ihm guttat. Seine Glatze leuchtete im roten Schummerlicht wie eine gigantische Glühbirne, sein Hawaiihemd war völlig durchgeschwitzt. Allerdings machte er ganz und gar nicht den Eindruck, sich aus Kummer über Clarissas Verschwinden zu betrinken.

»Das mit Ihrer geschiedenen Frau tut mir sehr leid«, sagte ich. »Wir sind alle ganz erschüttert.«

Attila nickte. »Ja, nicht wahr?«

Ich konnte mir nicht verkneifen, zu sagen: »Bestimmt taucht sie bald wieder auf.«

»Ich gebe die Hoffnung nicht auf«, pflichtete Attila mir bei.

»War nett, Sie zu sehen«, wollte ich mich verabschieden, unauffällig nach dem Ober Ausschau haltend.

»Sie kommen mit an meinen Tisch«, erklärte Attila gebieterisch. Er packte meine Schulter und drehte mich in die entsprechende Richtung. Halb schubste, halb zog er mich, bis er plötzlich wie angewurzelt stehenblieb; auf der Bühne kamen gerade die Akteure zum Finale. Attila schaute gebannt zu. Der löwenmähnige Typ zuckte und ruckte und hatte einen Jahrhundertorgasmus, bei dem die Frau ihn tatkräftig unterstützte. Der bloße Anblick (vielleicht auch der Geschmack) schien sie so anzutörnen, daß es sie kein bißchen störte, die ganze Arbeit allein tun zu müssen. Sie stöhnte und wand sich verzückt, und das, obwohl der Kerl sie überhaupt nicht berührte, jedenfalls nicht an den entscheidenden Stellen. Er verschaffte ihr den lange verdienten Orgasmus einfach dadurch, indem er ihren Silikonbusen mit dem Weihwasser seines Spermas besprenkelte. Das brachte sie schier zur Raserei.

»Hält sie die Leute für blöd oder was?« fragte ich

Attila. »Wie kann sie kommen, wenn er sie gar nicht anfaßt?«

Doch Attila hörte mich nicht, er starrte mit offenem Mund zur Bühne, wo die Nachwehen noch eine Weile weitergingen.

»Das ist doch was für Idioten!« beschwerte ich mich bei niemandem im besonderen. »Wie können Männer sich einbilden, daß dies das Beste ist, was sie einer Frau geben können? Jeder, der nur halbwegs bei Verstand ist, muß doch merken, daß sie bloß so jauchzt, weil es endlich vorbei ist!«

Attila kam zu sich. »Was für eine Darbietung! Das nenne ich Körperkunst in Vollendung! Darsteller, die vor den Augen des Betrachters ihre Mitte finden! Transzendenz in Vollkommenheit!«

»Ich glaub, ich geh jetzt lieber, Herr Hennessy.«

»Ich bin ein großer Kunstmäzen, wußten Sie das?«

»Ich hab davon gehört. Ich wußte bloß nicht, daß Sie sich auch in dieser Richtung orientieren.«

Er lachte dröhnend. »Nicht doch. Das ist eine Ausnahme. Ich bin mit meiner Nichte hier, sie wird heute achtzehn und wollte mal sehen, wie es in solchen Etablissements zugeht. Ich habe ihr diese Performance hier sozusagen zum Geburtstag geschenkt. Kommen Sie, ich stelle sie Ihnen vor.«

Er packte mich beim Arm und zerrte mich in Richtung seines Tisches. »Kunst hat viele Gesichter, wissen Sie. Man muß sie nur zu sehen verstehen.«

»Wahrscheinlich bin ich auf diesem Auge blind. Ich bevorzuge eher die Malerei.«

»Ich auch, junge Frau, ich auch!« rief Attila entzückt. »Ich sammle alle Stilrichtungen. Im Moment hauptsächlich Junge Wilde. Neulich habe ich ein ganz großes Talent entdeckt, einen hochbegabten Burschen aus Moskau, ich muß Sie unbedingt irgendwann miteinander bekanntmachen.«

Aber zuerst machte er mich mit seiner Nichte bekannt. Falls sie tatsächlich Geburtstag hatte, war es höchstens der vierzehnte, und falls sie wirklich seine Nichte war, mußte sie einer asiatischen Seitenlinie seiner Familie entstammen, sie hatte orientalische Mandelaugen und blauschwarzes Haar. Sie trug ein knappes schwarzes Seidenfähnchen mit bauchnabeltiefem Ausschnitt. An ihren Ohren und Handgelenken glitzerten riesige Straßklunker, die längsten Ohrgehänge und die breitesten Armreifen, die ich je gesehen hatte. Attila stellte mir das Mädchen als Amber vor.

»Sehl lustig. Viel gut hiel«, zwitscherte sie, als ich sie höflich fragte, wie sie es in diesem Neppladen aushielt.

Attila zwinkerte mir zu, drängte mich auf einen der roten Samtsessel und winkte dem Ober, der sich endlich bequemte, zu kommen.

»Die Dame hat schon Champagner bestellt«, kommentierte er Attilas Anweisung, für mich Schampus zu bringen.

»Wunderbar, der geht auf meine Rechnung«, strahlte Attila.

Der Ober nickte mir zu und verschwand, bevor ich widersprechen konnte. Dann sah ich die Kaviarschälchen und die lange Batterie überwiegend nur zum Teil geleerter Flaschen auf dem Tisch, und meine Einwände blieben mir im Hals stecken. Das hier war mit Abstand die teuerste Zweipersonengeburtstagsfete, zu der ich je eingeladen worden war. Attila mußte allen Gerüchten zum Trotz schwer bei Kasse sein.

Der Ober brachte mir ein Glas Champagner und stellte mit raschem Seitenblick auf Attila eine Plastiktüte zu meinen Füßen ab, aus der diskret zwei Flaschenhälse lugten. Achselzuckend zündete ich mir eine Zigarette an, nahm mein Glas und prostete Amber zu. Sie nickte und trank ihr Glas mit einem Zug leer. Attila goß ihr nach, was sie mit engelsgleichem Lächeln quittierte.

»Champagnel viel gut hiel«, zirpte sie. Und dann: »Du viel gut lote Stiefel an.«

»Danke«, sagte ich.

Attila lächelte glücklich. Er schwitzte und trank und rülpste.

»Sie sind die Beste bei *Frauen von heute*«, sagte er plötzlich. »Ich bin froh, daß so gute Leute wie Sie für mich arbeiten, Angela.«

Der Alkohol mußte ihn weit zurück in die Vergangenheit versetzt haben, in eine Zeit, als er noch der Chef gewesen war.

Oder in die Zukunft. In eine nahe Zukunft, in der er wieder der Chef sein würde.

Einen Moment lang hatte ich das unwiderstehliche Bedürfnis, zu sagen: Ach, übrigens, morgen in aller Herrgottsfrühe ist sie wieder da. Putzmunter. Dann ist Schluß mit lustig. Dein Begräbnistrunk kommt zu früh, Attila. Und deine Chefallüren auch.

Selbstverständlich sagte ich nichts dergleichen. Er würde es früh genug in der Zeitung lesen.

Attila häufte mir Kaviar auf ein Stück Weißbrot und drückte es mir in die Hand. Ich biß davon ab, es schmeckte überraschend gut.

Auf der Bühne begann eine neue Vorstellung, zwei Mädchen taten so, als wären sie fast verhungert, und als wäre die jeweils andere der letzte Bissen, den sie in diesem Leben noch zu sich nehmen durften.

Attilas Augen leuchteten, er plazierte eine Hand auf Ambers Schenkel und die andere auf meinen. Ich legte das Kaviarbrötchen hin und stand auf. »Ja, jetzt muß ich leider los. Es war wirklich sehr nett. Vielen Dank für die Einladung, Herr Hennessy.«

»Sagen Sie Attila zu mir!« Er stand ebenfalls auf, grapschte nach meiner Hand und küßte sie mit nassen Lippen. »Wir werden gut zusammenarbeiten, wir beide. Sehr gut.« Schnaufend blickte er über meine Schulter zur Bühne. »Zusammenarbeiten«, wiederholte er gefühlvoll.

Ich wich seinem feuchten Atem aus. »Selbstverständlich«, sagte ich höflich.

»Warum wollen Sie schon gehen?« maulte er. »Müssen Sie morgen früh raus?«

»Allerdings. Sehr früh sogar. Um sechs Uhr hab ich den ersten Termin.«

»Bei der Zeitung?«

»Genau. Jetzt muß ich aber wirklich gehen. Wiedersehn.«

Ich entwand mich seinen zupackenden Händen, schulterte Jacke und Handtasche, nahm die Tüte vom Boden auf und ging.

*

Draußen, im grell pinkfarbenen Neonlicht des *Chapeau Claque*-Schriftzuges über dem Lokal, überlegte ich kurz, einen anderen Laden mit ähnlich schlechtem Ruf zum Erwerb überteuerter Spirituosen aufzusuchen, entschied mich aber dagegen. Was sollte ich mit noch mehr Neppchampagner? Außerdem war mein Bedürfnis, auf diese Weise bei Siegfried Schulden einzutreiben, nicht mehr allzu groß. Eigentlich war es kaum noch vorhanden. Ich wollte ihm wehtun, aber ich wollte es auch wieder nicht. Ich wollte sagen: Warum, Sigi? Warum hast du mich abgelegt wie ein schäbiges Paar Schuhe? Können wir es nicht noch mal versuchen?

Ich wußte natürlich, daß es nicht funktionieren würde. Zwei Jahre waren zu wenig, aus unserer Verliebtheit war keine Liebe geworden. Verliebtheit und Liebe sind zweierlei. Verliebtheit ist kurz und strebt der Vollendung entgegen, ein Feuerwerk, das aufblüht und dabei vergeht. Verliebtheit ist ein Regenbogen, ist Herzklopfen und Magenflattern und süße Erregung, genau das, was Siegfried und Manuela miteinander hatten.

Liebe dagegen ist ein unauffälliger, bewölkter Himmel, ist das Teilen von Alltag und Schmerz und Zeitung beim Frühstück. Liebe ist eine Schlingpflanze mit Verästelungen in unterschiedlichsten Farben, glücksrosig und hoffnungsblau, wutrot und ödgrau, und all diese Verästelungen umwinden den Menschen, verflechten sein Inneres mit dem eines anderen wie ein Zopf, der an manchen Stellen lose und an anderen wieder fest ist, der aber niemals aufgeht.

Siegfried und ich hätten das vielleicht miteinander haben können, wenn wir Geduld gehabt hätten, ein wenig Achtung vor dem Vertrauen des anderen oder eine Ahnung vom tieferen Sinn einer Freundschaft.

Eine Gruppe schnatternder Japaner kam vorbei, einer von ihnen blieb stehen, hob seine Nikon und knipste mich. Mit berufsmäßiger Neugier versuchte ich, mich so zu sehen, wie er mich durch sein Objektiv sehen mußte: Als Shot für sein privates Album mit Reeperbahn-Schnappschüssen, Bildunterschrift: *Heiße Braut mit roten Stiefeln.*

Ich grinste den Japaner frech an, er grinste schlitzäugig zurück und eilte dann seiner Gruppe nach.

Zwei betrunkene Matrosen in Ausgehuniform kamen aus einem benachbarten Lokal getorkelt und versuchten augenblicklich, mich zum Mitgehen zu bewegen.

»Ich küsse wie ein Weltmeister«, versicherte mir treuherzig der größere von beiden, ein ansehnlicher Obermaat. Sofort machte er Anstalten, es unter Beweis zu stellen. Sein Atem kondensierte in der nächtlichen Kälte und schlug mir ins Gesicht wie Dampf aus einer Schnapsdestille.

Der andere knöpfte derweil seine Hose auf und versuchte, sich zwischen mich und seinen Kollegen zu drängen.

»Ein andermal gern, Jungs.« Ich stieß die beiden ohne großen Kraftaufwand zur Seite, ging über die Straße und hielt nach einem Taxi Ausschau.

Die Nacht war noch jung, und ich hatte nicht vor, schlafenzugehen.

Ich fand ein Taxi und ließ mich zum *Miracle* bringen, einer verräucherten kleinen Kellerbar hinter idyllischer, typisch Hamburger Backsteinfassade, etwas abseits vom Kiez, am Rand von St. Pauli. Dort gab es hervorragende Drinks zu vernünftigen Preisen, außerdem gutes dunkles Bier, und wer mochte, konnte Schmalzbrote dazu bestellen. Presseleute waren ebenso vertreten wie Studenten und Besucher aus dem Viertel. Die meisten kamen wegen der Musik, die von beachtlicher Qualität war. Dem Betreiber der Bar gelang seit Jahren das Kunststück, für zwei oder drei Abende in der Woche begabte junge Pianisten zu verpflichten, hauptsächlich Musikstudenten, die im Wechsel für ein paar Wochen hier spielten und, wenn man Glück hatte, auch dazu sangen.

Das *Miracle* war eng und schlauchförmig, den meisten Raum beanspruchte der Stutzflügel in der Mitte des Lokals. Die Gäste saßen mit baumelnden Beinen dicht gedrängt auf schmalen Bänken um schmale Tische, beides erhöht ringsum an den Wänden angebracht, um Platz zu sparen.

Hier im *Miracle* hatten Siegfried und ich uns vor zwei Jahren kennengelernt, doch deswegen war ich heute nicht hergekommen, sondern einfach, weil ich gute Musik hören und unter netten Menschen sein wollte.

Ich hängte die Tüte und meine Jacke an der Garderobe auf, zündete mir eine Gauloise an und sah mich, tief inhalierend, nach einem freien Platz um. Es war gerammelt voll, zweifellos das Verdienst des Pianisten, der ungewöhnlich gut war. Und schön obendrein, ein düster dreinblickender Apoll mit künstlerisch zerrauften Locken und tragischem Mund. Mit sanfter, dunkler Stimme sang er *Kiss from a Rose* in einer eigenwilligen Bluesversion und spielte virtuos dazu Klavier. Er war gut, so gut, daß er in einen Konzertsaal gehörte statt in eine Bar.

Durch den Zigarettenrauch sah ich einen freien Platz und ein bekanntes Gesicht, ich steuerte darauf zu. Melanie saß zurückgelehnt, die Augen geschlossen, das Haargeriesel dekorativ mit einem Samtband in der Farbe ihres lachsrosa Pullis aus der Stirn gehalten.

Ich setzte mich neben sie. »Hallo Melanie. Schläfst du oder hörst du dem Pianisten zu?«

Sie schlug die Augen auf und lächelte schwach. »Du kannst ihn geschenkt haben, Angie.«

»Wieso? Gehört er dir?«

»Früher mal. Lange her und lange vorbei.«

Ich nickte und stellte keine Fragen.

Sie nahm ihr Glas und trank, eine Flüssigkeit von blauer Farbe, es roch leicht nach Birne. Ich bestellte bei der Bedienung einen Wodka ohne Eis.

»Bist du allein hier, Angie?«

Ich nickte wieder.

»Ich auch.«

Wir schwiegen eine Weile, ein einträchtiges Single-Schweigen.

Nach einer Weile meinte sie leichthin: »Eigentlich solltest du heute mit deiner Kamera das *Vier Jahreszeiten* beobachten.«

»Warum?«

»Hast du nicht gehört? Madonna soll doch heut

abend da abgestiegen sein. Mit sechs Leibwächtern oder so.«

»Das hab ich auch gehört, aber es ist ein Gerücht. Sie kommt erst nächste Woche. Und da werde ich bestimmt nicht hingehen.«

»Warum nicht?«

»Wenn sie angemeldet kommen, gibt es niemals einen *Hot shot,* das ist die erste Regel. Alles ist offiziell, also alles gestellt. Und es gibt zuviel Auflauf. Dutzende sogenannter Gesellschaftsfotografen, alle tierisch brutal und mindestens zehn Zentimeter größer als ich. Sie brüllen unentwegt: Look this way! Oder: Fuck! Sie treten dir auf die Zehen und pusten dir ihren Alkoholatem ins Gesicht und rammen dir ihre spitzen Ellbogen in den Magen. Und am Ende hat doch jeder bloß das gleiche Bild wie der Typ nebenan. Ich hasse diese Art zu arbeiten. Ich gehe auf die Jagd, aber allein, nicht in der Meute.«

»Ach so.«

Wieder schwiegen wir.

»Bist du glücklich, Angie?«

»Nein«, sagte ich, nicht sonderlich überrascht wegen ihrer Frage. Es war Melanies Art, leichthin solche Kernfragen des Lebens zu stellen, ohne ersichtlichen Anlaß.

»Ich auch nicht. Ich bin beschissen unglücklich.«

»Gab es Ärger in der Redaktion?«

»Gibt's den mal nicht?« fragte sie zurück.

»Ärger mit einer von deinen Stories?«

»Wenn schon. Ist sowieso alles derselbe erfundene Mist. Willst du wissen, was ich mir heute als wahres Schicksal ausgedacht hab?«

Ich zuckte die Achseln. Die Bedienung, eine hübsche Studentin in Oversized-Shirt und Lederröckchen, brachte meinen Wodka.

»Mein wahres Schicksal von heute: Junge Frau wird von ihrem Liebsten betrogen, ist todunglücklich. Betrinkt sich an diesem Tag im Büro. Vertraut sich dort einer mütterlichen Kollegin an, schüttet ihr Herz aus. Läßt sich trösten.«

Ich wartete, doch es kam nichts mehr. Ich trank einen Schluck Wodka und zog an meiner Zigarette, pustete den Rauch über die Schulter zur Seite. »Wann kommt der Schicksalsschlag?« fragte ich.

»Das war der Schicksalsschlag.«

»Was? Der Betrug?«

»Nein. Das Trösten.«

Ich dachte kurz nach, dann nickte ich. Eine Geschichte, die ausnahmsweise wirklich das Leben geschrieben hatte. Irene oder Clarissa. Wahrscheinlich eher Clarissa. Sie hatte es oft genug auch bei mir probiert.

»Du sagst ja gar nichts«, meinte Melanie.

»Was soll ich sagen«, erwiderte ich, bemüht, die leise geführten Unterhaltungen um mich herum auszublenden, um mich auf die bemerkenswerte Stimme des Pianisten zu konzentrieren. *You still remain, my power, my pleasure, my pain ...*

»Mein Gott, wie ich sie hasse!«

Ich sah sie an bei diesem Ausbruch. Schweiß stand als dünner Film auf ihrer Oberlippe, ihre Augen waren halb geschlossen.

»Ich wünsche mir bloß, daß sie irgendwo elend verreckt ist!«

Ich öffnete den Mund, um ihr zu sagen, daß dieser Wunsch nicht in Erfüllung gehen würde, doch sie schnitt mir das Wort ab. »Dieses Miststück! Ich war be*trunken*! Ich ging bloß in ihr Büro, um einen Entwurf abzugeben, es war schon *Feier*abend! Alle waren gegangen, bis auf mich, und ich war be*trunken*!«

Jedesmal, wenn sie ein Wort besonders hervorhob, hieb sie mit der Faust auf den Tisch, eine unbeabsichtigte, absurde Karikatur von Clarissas Schabetick.

»Auf ihrem Schreibtisch, Angie«, flüsterte Melanie. Aus ihren weit geöffneten Augen rollten Tränen und hinterließen glitzernde Spuren auf ihrem makellosen Pfirsichteint. »Warum mußte sie das tun, warum? Und er ... mein Gott, wenn doch bloß er nicht ... Dann hätte ich doch niemals ...« Ihre Stimme brach ab.

»Herrgott, Melanie, es tut mir so leid!«

»Ja«, sagte sie, weiter nichts. Sie trank von dem blauen Zeug in ihrem Glas und stützte ihr Gesicht in die Hände, bis der helle Vorhang ihres Haars ihre Züge verbarg.

»Sie wird zurückkommen«, sagte ich.

»Verdammt, glaubst du, das weiß ich nicht?«

»Woher?«

»Was?«

»Woher weißt du es, Melanie? Daß sie zurückkommt?«

Sie wischte ihr Haar zur Seite, ihr Blick wirkte verständnislos.

»Aber warum sollte sie nicht zurückkommen? Verstehst du nicht, Angie? Sie hat das doch absichtlich getan.«

»Was meinst du?«

»Sie ist mit voller Absicht verschwunden«, erklärte Melanie. Ein fanatisches Glühen trat in ihre Augen. »Sie wollte uns alle zappeln lassen, am langen Arm verhungern lassen. Und dann, wenn unser Haß und unsere Angst langsam, ganz langsam von Erleichterung über ihr Wegbleiben abgelöst worden wären, wollte sie wieder zum Vorschein kommen.«

»Eine Art Kastenteufel.«

»Nein, nur ihre besondere Methode, Macht zu dokumentieren. Macht über alle, die mit ihr zu tun haben.« Melanie senkte den Kopf, bis das Haar wieder nach vorn fiel.

»Warum kündigst du nicht?«

»Wenn das so einfach wäre«, flüsterte sie. Sie nahm die Schachtel Gauloise, die vor mir auf dem Tisch lag, zog eine Zigarette heraus und zündete sie mit zitternden Händen an. Ihre Finger waren lang und schmal, die Nägel feingeschnitten und lackiert, im selben rosa Farbton wie ihr Lippenstift. Gierig inhalierend sagte sie: »Ich hab's getan. Gekündigt, meine ich. Sie hat lachend abgelehnt.« Melanie zog zwei-, dreimal heftig an der Zigarette, sie war keine geübte Raucherin, und der Tabak war zu stark für sie. Sie begann zu husten, kurz und trocken. Plötzlich warf sie die halb gerauchte Zigarette in ihr Glas, wo die Glut in der blauen Flüssigkeit zischend erlosch.

»Hat sie dich irgendwie erpreßt?«

»Verdammt, laß mich in Ruhe!«

Melanie stieg von der hohen Bank, rannte zur Garderobe, zerrte wahllos Jacken und Mäntel beiseite und riß schließlich ihre Jacke von einem der Haken. Ohne einen Blick zurückzuwerfen, eilte sie aus dem Lokal.

Ein mißtönender Akkord störte den Wohlklang des Klavierspiels, dann schlug der Pianist die ersten Takte des Ewigklassikers *As Time goes by* an. Er brachte das Stück so, wie ich es am liebsten mochte, nur instrumental. Leise, verhalten, Wehmut in jedem Ton. Die Gäste applaudierten, als das Stück zu Ende war.

Er ging zu einem Billy-Joel-Hit über. Die Oversized-Studentin stellte ihm ein Glas mit derselben blauen Flüssigkeit auf das Klavier, die auch Melanie getrunken hatte. Er hörte auf zu spielen, überhörte das Prostestgemurmel der Gäste, nahm das Glas und stand auf. »Zwanzig Minuten Pause«, sagte er. Seine Sprechstimme war ebenso samtig und dunkel wie seine Singstimme und hatte einen deutlichen amerikanischen Akzent.

Er kam an meinen Tisch und setzte sich auf den frei gewordenen Platz neben mich. »Darf ich?«

Ich nickte. Aus der Nähe betrachtet war er noch hübscher. Er hatte ein Grübchen in der linken Wange, und sein Mund war tragisch und zugleich umwerfend sinnlich.

»Ich bin Tom Sheldon.«

»Angela Lorenzi.«

»Sie ist gegangen, stimmt's?«

»Melanie? Ja, gerade eben.«

»Hat sie irgendwas gesagt?«

»Nichts Besonderes, wieso?«

Er sah aus, als wollte er noch etwas zu dem Thema sagen, doch dann fragte er, wie mir sein Spiel gefallen hatte. Wir duzten uns spontan, machten ein bißchen Small talk über das Lokal, die Gäste, das Wetter. Und über ihn. Er war drei Jahre jünger als ich und hatte eine Haut, die fast zu schön war für einen Mann.

Er war Konzertpianist aus Illinois, der in Deutschland Freunde besuchte. Zwischendurch spielte er, just for fun, wie er sagte. Um sich ein bißchen abzuseilen, selbst was auf die Beine zu stellen. Und weil es Geld brachte. Meist fing er gegen Mitternacht an und hörte zwischen zwei und drei Uhr auf.

Ja, er sei schon früher in Deutschland gewesen, sagte er, und ja, bei einem seiner früheren Besuche in Hamburg hatte er zufällig auch Melanie kennengelernt, hier im *Miracle*. Er zeigte auf seinen blauen Drink. »Es heißt *Unpaid Bill*«, sagte er, »Gin, Williamsbirne, Blue Curaçao und Tonic. Ich mag es mit viel Curaçao.« Er erzählte, daß Melanie ihn damit bekannt gemacht hatte.

»Sie hat mir gesagt, daß ihr früher zusammen wart«, sagte ich.

»Das war einmal«, sagte er melancholisch. »Sie wollte nichts mehr von mir wissen.«

Im Moment hat sie auch ohne dich genug Sorgen, dachte ich. Und einen anderen Kerl im Sinn, der ihr das Leben zur Hölle gemacht hat.

Tom fragte mich, was ich so tat in Hamburg, und ich erzählte es ihm. Er hörte aufmerksam zu, warf ab und zu eine Frage ein und wirkte dabei auf mich so attraktiv, daß ich nach dem zweiten Wodka ein deutliches Kribbeln in der Magengegend verspürte. Ich nannte ein paar Zahlen, um mich abzulenken.

»Hamburg ist die deutsche Pressehochburg«, erklärte ich. »Die Hälfte der Auflagen aller Zeitungen und Zeitschriften wird hier gemacht. Nicht gedruckt, das passiert meist woanders, irgendwo auf dem Lande. Aber gemacht werden die Zeitungen hier. Rund dreitausend Unternehmen der Medienwirtschaft haben hier ihren Sitz. Fünfzigtausend Mitarbeiter, allein fünftausend davon in Redaktionen, ohne die freien Mitarbeiter.«

Tom nickte, mir kam in den Sinn, daß er wahrscheinlich sowieso schon alles wußte, von Melanie. Er blickte mir tief in die Augen, und plötzlich wollte ich mich nicht mehr ablenken. Das Kribbeln wurde stärker. Warum nicht? dachte ich.

»Tom«, sagte ich schließlich und holte tief Luft. »Vorn an der Garderobe habe ich unter meiner Jacke eine Tüte hängen, da drin sind zwei Flaschen Champagner. Eine Flasche brauche ich noch, aber die andere steht zur freien Verfügung.«

Ein leichtes Lächeln erhellte Toms düster-schönes Gesicht, und er kniff ein Auge zu, was ihm das verwegene Aussehen eines Piraten verlieh. »Wozu brauchst du die eine Flasche, Angie?«

»Ach, ich hab morgen früh um sechs bei der Zeitung so eine Art Meeting, da gibt's was zu begießen.«

»Verstehe. Also geschäftlich.«

»Rein geschäftlich.«

»Und die zweite Flasche?«

»Privat.«

»Wie privat?«

»Sehr privat«, sagte ich und lächelte.

»Wunderbar«, sagte er. »Bei dir oder bei mir?«

Wir verstanden uns auf Anhieb.

*

Er spielte noch eine Weile, dann machte er Feierabend. Um zwei zogen wir unsere Jacken an, hakten einander unter wie alte Freunde und gingen zu ihm. Es war nicht weit, nur ein paar Schritte zu Fuß, um zwei, drei Ecken, bis zu einem großen, etwas heruntergekommenen Backsteinbau aus den Zwanzigern. In dem schmuddeligen Treppenhaus roch es deutlich nach Haschisch, aus einer der beiden Erdgeschoßwohnungen dröhnte Technomusik. Toms Bleibe war im zweiten Stock, seine Freunde, die hier wohnten, waren für ein paar Tage verreist.

In der Wohnung sah es besser aus als im Hausflur. Auf den sauberen Holzbohlen lagen helle gewebte Teppiche, und in den hohen Fenstern rankten sich Grünpflanzen. Toms Zimmer stellte sich als Kinderzimmer heraus, mit Fred-Feuerstein-Lampe, Fußballerpostern an den Wänden und Pokalen von Turnieren in den Regalen. Die Bettwäsche war mit Rennwagenmotiven bedruckt, und auf dem Nachttischchen klebten Aufkleber von Starcatchern und -catcherinnen. Gerade, als ich mich bücken wollte, um die Bildchen genauer zu betrachten, legte Tom seine Hand auf meine Schulter. Ich richtete mich auf und wartete atemlos auf mehr, doch Tom erzählte bloß, daß normalerweise der Sohn seiner Freunde hier schlief, er war für ein Jahr als Austauschschüler in England.

Dann verschwand er mit der privaten Champagnerflasche in die Küche und rief mir zu, ich solle es mir bequem machen. Ich schnürte mir umständlich die Stiefeletten auf, musterte das schmale Bett und wartete vergeblich darauf, daß das Kribbeln sich wieder einstellte.

Ich knipste den kleinen Fernseher neben dem Bett an, es lief eine Gameshow.

»Sie haben dieses herrliche, vielfach verstellbare Bügelbrett zum Ladenpreis von vierundsechzigachtzig gewonnen«, schrie der Showmaster begeistert die Kandidatin an, »wie gefällt es Ihnen, Isolde?«

Isolde konnte sich nicht äußern, sie weinte vor Glück und küßte den Showmaster, der sich vergeblich wehrte.

Danach erriet der männliche Kandidat, daß Ketchup aus Tomaten hergestellt wird, und gewann den stufenlos regelbaren Heizlüfter zum Ladenpreis von neunundachtzigsiebzig, auch er war sprachlos vor Freude.

Ich schaltete den Fernseher aus, erleichtert, daß Tom mit zwei Gläsern Champagner zurückkam. Wir prosteten einander zu, verlegen wie die Teenager, die verbotenerweise die Abwesenheit der Eltern ausnutzten und zu diesem Anlaß ihr Date von langer Hand gemanagt hatten, mit der nagenden Gewißheit, daß jetzt alles richtig gemacht werden mußte. Doch nichts schien zu stimmen. Tom sah aus, als sei er nervös, und ich war es auf jeden Fall. Die Fred-

Feuerstein-Lampe war zu hell, der Champagner zu warm, ich schwitzte unter den Armen und hatte das Bedürfnis, mich mit Parfüm zu besprühen und mir schnell die Zähne zu putzen. Was war los mit mir? Ich hatte an diesem Abend noch geduscht, ich war frisch genug.

»Das ist lächerlich«, sagte ich langsam. »Ich bin dreiunddreißig!«

»So alt?« Tom lächelte.

Bei diesem Anblick war plötzlich alles wieder in Ordnung. Ich nahm ihm das Glas aus der Hand, machte das Licht aus und entspannte mich, als er im Dunkeln nach meiner Hand griff. Doch sobald wir nebeneinander auf das Bett sanken, schrak ich zusammen.

»Ich muß dir was sagen!«

»Warte, laß mich raten: Du bist keine Jungfrau mehr.«

»Du hast recht. Aber das ist nicht alles.«

»Du nimmst keine Pille.«

»Stimmt auch.«

»Keine Sorge, ich hab Kondome.«

Verrückt, sich im Dunkeln über solche Dinge zu unterhalten, in einem Moment, in dem wir uns doch vor Leidenschaft übermannt auf dem Rennwagenbett wälzen sollten!

»Das ist es auch nicht«, flüsterte ich.

»Was denn?«

»Ich bin rasiert.«

»Waaas?«

»Da unten. Du weißt schon. Nur für den Fall, daß du dich wunderst, warum es sich komisch anfühlt.«

»Wie kommst du darauf, daß ich dich da anfassen will?«

Ich erstarrte, dann zuckte ich zusammen, weil Tom mir vor Lachen ins Ohr trompetete.

»Du bist einfach göttlich«, sagte er glucksend. »Vor zwei Stunden hätte ich noch heulen können. Jetzt könnte ich mich totlachen!«

Na toll, dachte ich und wischte mir die Spucke aus dem Genick. Wir waren seit mindestens zehn Minuten mit eindeutigen Absichten in diesem Zimmer, und nichts war passiert, außer, daß ich ihn zum Lachen brachte.

»Ich weiß nicht, ob ich in Stimmung bin«, erklärte ich.

»Ich auch nicht«, kicherte er.

Wir zogen uns im Dunkeln aus und versuchten es, vier fummelnde Hände und zwei suchende Münder. Langsam fing ich an, in Fahrt zu kommen. Tom roch gut und schmeckte gut, ein wenig nach Lakritze. Wir umarmten und küßten uns, seine Hände wühlten in meinen Haaren, unsere Lippen klebten zusammen, und dann zog er mir den Slip aus.

»Es fühlt sich gut an. Kein bißchen komisch«, flüsterte er.

Das war der Moment, als bei mir etwas aussetzte.

Was mach ich hier bloß? dachte ich.

In der Dunkelheit wirkte er plötzlich bedrohlich auf mich. Ich wußte nicht, wie er aussah. Er war ein gesichtsloser Mann, der mich nehmen wollte.

Ich war gleich beim ersten Mal mitgegangen, was ich noch nie vorher getan hatte. Ich kannte ihn in Wahrheit gar nicht. Was wußte ich überhaupt von ihm? Was hatte er an sich, daß ich sofort mit ihm ins Bett ging?

»Er spielt wunderbar Klavier«, keuchte ich an seinem Hals, um mir Mut zu machen.

»Wer?« stieß er hervor.

»Du, wer sonst.«

»Danke«, sagte er schwer atmend.

Er ließ mich kurz los, ich hörte Zellophan reißen und Gummi quietschen.

»Was hast du vor?« fragte ich und sprang aus dem Bett.

»Ich will dir alles geben!«

»Das kann ich nicht annehmen!«

»Wo bist du, Angie?«

Ich hörte, wie er im Bett herumtastete.

Plötzlich hatte ich eine Eingebung. »Wie lange ist das her, das mit dir und Melanie?«

»Ich hab doch gesagt, das ist vorbei. Sie hat Schluß gemacht.«

»Wann?«

»Vorletzte Woche. Nein, vorvorletzte Woche. Verdammt, was ist los? Komm wieder ins Bett, Angie!«

Ich raffte im Dunkeln meine Sachen zusammen und floh.

Ich ärgerte mich, daß ich es nicht gleich gemerkt hatte. Natürlich war *er* es gewesen, der Melanies Herz zum Bluten gebracht hatte, und es war alles andere als lange her.

Melanie war im Grunde ihres Herzens ein altmodisches Mädchen, eins von der Sorte, die jeden

Sonntag backen und sich von der Oma den Vornamen in die Unterwäsche sticken lassen. Melanie glaubte an Treue und echte Liebe, die vielen wahren Schicksale, die sie sich ausdachte, sprachen eine eigene Sprache.

Tom dagegen war allem Anschein nach ein Mann, der nicht nein sagen konnte. Er mußte es noch nicht mal darauf anlegen, er mußte nur *Bei dir oder bei mir?* sagen. Ich selbst war der Beweis. Er hatte Klavier gespielt wie ein Gott und dabei ausgesehen wie eine Kreuzung aus Keanu Reeves und Antonio Banderas, und ich hatte ihm schmachtend Champagner zu zweitausend Mark die Flasche angeboten und war mit ihm ins Bett gestiegen. So wie mit mir war er vermutlich auch mit anderen losgezogen und hatte damit der aufrichtig verliebten Melanie das Herz gebrochen. Und genau das war der Grund, warum Clarissa bei Melanie hatte landen können, betrunken hin oder her. Melanie hatte es mit sich geschehen lassen, weil sie es brauchte, weil es ihr unbewußtes Bedürfnis befriedigte, einerseits zum Opfer zu werden und andererseits für Toms Treulosigkeit Rache zu üben. Doch dabei hatte sie nicht bedacht, daß ihre Rache niemand anderen treffen würde als sie selbst.

Das alles ging mir durch den Kopf, während ich in dem engen Badezimmer von Toms Freunden unter vielen Verrenkungen meine Stiefeletten verschnürte.

Tom hatte sein anfängliches Gerüttel an der Tür eingestellt. Als ich fertig angezogen zur Wohnungstür schlich, hörte ich aus dem Kinderzimmer das Jubelgeschrei des Showmasters. »Herzlichen Glückwunsch, Sie haben diese sagenhafte, patente Küchenmaschine mit dreiundzwanzig Funktionen zum Ladenpreis von hundertneunundzwanzigneunzig gewonnen! Wie gefällt sie Ihnen, Brunhilde?«

Brunhildes Antwort hörte ich nicht mehr, weil ich bereits auf der Treppe nach unten war.

*

Quer durch St. Pauli ging ich zu Fuß in Richtung Hafen. Überall herrschte trotz der Nachtkälte und der späten Stunde noch lebhafter Betrieb, Touristen, Matrosen, leichte Mädchen und ihre Freier gaben sich ein buntes Stelldichein. Musik tönte aus den Kneipen, und ab und zu näherte sich mir ein Nachtschwärmer in eindeutiger Absicht.

Das Verlagsgebäude von *Clarisse* lag praktisch in Spuckweite des Binnenhafens. In der Mittagspause ging ich manchmal hinüber zur Anlegestelle, lauschte dem Tuten der Schiffe und betrachtete die Fahrgäste, gelangweilte, erwartungsvolle, griesgrämige, fröhliche Menschen, und kein einziger von ihnen war prominent. Manche von ihnen fotografierte ich, die Fotos hob ich auf und sammelte sie in alten Schuhkartons. Ich besaß mehrere solcher Kartons mit unwichtigen Schnappschüssen. *Gesichter*, so nannte ich diese Fotos bei mir.

Als ich beim Verlagsgebäude ankam, war es erst kurz nach drei, noch eine Ewigkeit bis sechs Uhr. Bestimmt hätte ich es zu Hause auf dem Sofa viel gemütlicher gehabt als in meinem Büro, doch dort wäre ich unweigerlich eingeschlafen und hätte meinen wichtigen Termin verpennt. Schon jetzt merkte ich, wie die Müdigkeit an mir zerrte. Meine Aufgekratztheit war handfestem Katzenjammer gewichen, in meinem Magen rumorten Wodka und Champagner um die Wette, als ich die Stufen zur verglasten Eingangsfront von *Clarisse* hinaufstieg.

Das fünfstöckige, verklinkerte Gebäude war relativ neu, vor vier Jahren war das ganze Blatt aus dem zu klein gewordenen Verlagshaus in Altona hierher umgezogen. Es ließ sich gut arbeiten in den begrünten Büros mit den großen spiegelblanken Fenstern. Innenarchitektur und redaktionelle Ausstattung ließen nichts zu wünschen übrig, die Bezahlung war bei objektiver Betrachtungsweise passabel, die Kantine einigermaßen gut und das Arbeitsklima bis auf die überall üblichen Ansätze von Mobbing und Intrigen nett und normal. Wer wie ich in der Lage war, sich mit Clarissa als Chefin zu arrangieren, kam bestens zurecht. Bis vor etwa fünf Jahren, vor meiner Zeit bei *Clarisse*, hatte ich es bei wechselnden Arbeitgebern nie länger als zwei, maximal drei Jahre ausgehalten. In den vierzehn Jahren, die ich jetzt in Hamburg lebte, war ich bei insgesamt sechs verschiedenen Tageszeitungen tätig gewesen, ohne mich an etwas anderes zu erinnern als an Lokaltermine, Staatsbesuche, Kindergarteneröffnungen, Schiffstaufen, Einweihungen von Seniorenheimen und ähnlich spannende regionale Ereignisse. Ich knipste Senatoren und Bürgermeistergattinen und ausländische Delegierte beim Stadtbummel und träumte vom bunten Leben eines Starfotografen.

Doch mit der Fotografie ist es wie mit allen anderen Jobs. Viele sind berufen, nur wenige auserwählt. Ich mochte zwar die Arbeit in einer Zeitungsredaktion (was auch der Hauptgrund war, warum ich nicht für eine Agentur arbeitete), aber mir fehlte das Quentchen Aufregung. Bei *Clarisse* fand ich mit der Klatschfotografie endlich den nötigen Kitzel, der mich am Einrosten hinderte. Der ständige Wechsel zwischen Redaktionsarbeit und Herumflitzen mit der Kamera ließ die Arbeit nicht zu eintönig werden; mein Job bot genau die richtige Mischung aus Alltag und Action.

Ich hätte ohne weiteres die nächsten zwanzig Jahre so zubringen können, wenn nicht diese Träume gewesen wären, in denen ich andere Bilder sah. Bilder von blau glitzernden Gletschern am kältesten Ort der Erde. Berge aus Eis, die sich zu funkelnden Kristallschlössern türmten; sie reckten ihre Dächer der Sonne entgegen, bis sie unter ihrem eigenen Gewicht zu knirschen begannen und zu Schollen zerbrachen, die wie traurige Schiffe im dunklen Wasser des Polarmeeres davontrieben.

Ich schob meinen Betriebsausweis in den Schlitz neben der Eingangstür, wartete auf das elektronische Öffnungssignal und drückte die Tür auf. Eingangshalle und Pförtnerloge waren verlassen und nur schwach von der Notbeleuchtung erhellt. Im Gegensatz zu den täglich erscheinenden Blättern oder den wichtigeren Nachrichtenmagazinen war das Verlagsgebäude nachts nicht besetzt.

Ich fuhr mit dem Aufzug in den fünften Stock und ging in Clarissas Büro, ein an zwei Außenwänden verglaster Raum von riesenhaften Ausmaßen, extravagant eingerichtet, mit zwei langen, hochlehnigen, signalroten Ledercouches zwischen tropischen Farnen und einem futuristischen halbrunden Schreibtisch mit kostbaren Einlegearbeiten aus Holz. Riesige Acrylgemälde mit wilden bunten Klecksereien zierten die Wände, Clarissa hatte irgendwann mal mit beiläufiger Zufriedenheit erwähnt, daß sie aus den Beständen ihres kunstsinnigen Geschiedenen stammten. Immer, wenn ich die Bilder sah, stellte ich mir vor, wie Clarissa sie sich zusammen mit allem anderen unter den Nagel gerissen hatte. *Du willst die Bilder mitnehmen, Attila? Ich bitte dich, wozu brauchst (schab) du sie denn, wenn du keine Zeitung mehr hast? Sie gehören in das Büro des (schab) Chefredakteurs!*

Armer Attila, dachte ich. Doch dann fiel mir ein, daß er gar nicht so arm war. Er konnte sich den Kaviar und den Champagner im *Chapeau Claque* leisten und das Geburtstagskind Amber.

Ich stützte mich mit beiden Händen auf die Platte des Schreibtischs und genoß für ein paar Sekunden den Panoramablick auf die nächtlichen Lichter der benachbarten Gebäude.

Der Schreibtisch war bis auf PC und Telefonanlage und die üblichen Büroutensilien leer. Irene war zwar inzwischen provisorisch hierher übergesiedelt, um das Durcheinander von Terminen und Telefonaten besser in den Griff zu bekommen, doch abends räumte sie ihre Habseligkeiten immer noch brav zusammen und trug die Mappen mit den Layouts und Manuskripten, ihre Kaffeetasse und ihre Disketten zurück in ihr eigenes Büro, das zwei Türen weiter direkt gegenüber von meinem lag.

Clarissas persönliche Habe war vom Schreibtisch geräumt worden und einstweilen säuberlich in einer Ecke der Fensterbank zusammengeschichtet: ein schwerer Kristallaschenbecher, ein goldenes Feuerzeug, eine angebrochene Schachtel Marlboro, ein Foto, das einen kleinen Jungen in Lederhosen zeigte – jemand aus ihrer Verwandtschaft, hatte sie auf meine flüchtige Frage vor Jahren geantwortet –, und ein weiteres Foto, auf dem das alte Verlagshaus in Altona zu sehen war; beide Bilder waren die einzige Anwandlung von Sentimentalität, die ich je bei Clarissa bemerkt hatte.

Ihre Schreibtischfotos riefen mir meine eigenen Aufnahmen in Erinnerung. Ich holte den Umschlag aus meiner Handtasche, nahm die Bilder heraus und breitete sie fächerförmig auf dem Schreibtisch aus, ein vollständiger Satz Abzüge des Films, den ich am Tag von Clarissas Verschwinden auf Sylt verknipst hatte. Ich schaute mir an, wie es wirkte, und urplötzlich löste sich mein Plan, in meinem Büro zu warten und um sechs mit den Fotos hier hereinzuschneien, in Luft auf. Ich wollte hierbleiben! Ich wollte sehen, wie Clarissa hereinkam, zu ihrem Schreibtisch ging, die Fotos bemerkte und vor Überraschung aufschrie!

Die Sofas waren sehr bequem und standen zudem äußerst günstig, von dort würde ich bestens Clarissas Gesichtsausdruck beobachten können, wenn sie sich über die Fotos beugte. Begeistert von meiner Idee, setzte ich mich auf eine der beiden Couches und probierte es aus. Wenn ich mich hinlegte, sah mich niemand beim Hereinkommen. Dafür konnte ich beim leisesten Geräusch, das Clarissas Kommen ankündigte, über die Lehne lugen, nicht die kleinste Unmutsfalte in ihrem Gesicht würde mir entgehen. Ich sah alles und blieb selbst unsichtbar. Es war perfekt!

Die Tüte mit der zweiten Champagnerflasche stand beim Schreibtisch; augenblicklich hatte ich eine weitere glänzende Idee. Ich holte die Flasche und die beiden Gläser heraus und stellte sie einladend neben die ausgebreiteten Fotos. Jetzt war alles vollkommen, bis auf die Tatsache, daß der Champagner nicht kalt genug sein würde, wenn Clarissa kam. Andererseits verdarb es den ganzen Effekt, wenn ich nach Clarissas Ankunft in die Küche am Ende des Ganges rennen mußte, um die Flasche aus dem Kühlschrank zu holen. Ich entschied, die Flasche hier zu lassen, es wirkte einfach besser.

Wenn schon, denn schon, dachte ich, öffnete die Flasche, goß ein wenig Champagner in beide Gläser und dekorierte sie neu, damit es für Clarissa so aussah, als hätte ich schon angefangen zu feiern. Ich nahm einen tiefen Zug aus der Flasche, dann drückte ich den Plastikkorken so gut es ging wieder zurück in den Flaschenhals und ließ die Flasche bei den Gläsern stehen.

Aufseufzend machte ich es mir auf dem Sofa bequem. Ich war gespannt auf Clarissas geheimnisvolle Story, doch das, womit ich aufwarten konnte, war auch nicht von schlechten Eltern. Hatte ich wirklich jemals geglaubt, keine gute Reporterin zu sein? Zufrieden legte ich mich zurück und schloß für einen Moment die Augen.

*

Ich erwachte von dem schrillsten Schrei, den ich je gehört hatte. So laut hatte nicht mal meine Mutter geschrien, als der Dorfpolizist die restlos demolierte Vespa von Papa auf dem Hof vor unserem Fotoatelier abgeladen hatte und erst zu Wort gekommen war, als die spitzen, hysterischen Schreie meiner Mutter abgehackt und heiser geworden waren.

So ähnlich hörte sich dieses Schreien an. Durchdringend, markerschütternd, eine Sirene hätte nicht alarmierender klingen können. Ich blinzelte einen Augenblick orientierungslos und sah rot. Nach erneutem Blinzeln ertasteten meine Hände das warme rote Leder, ich sah die bunten Klecksbilder an der Wand über mir und wußte endlich wieder, wo ich war. Das Schreien hörte nicht auf.

»Du lieber Himmel!« stammelte ich, während ich mich mühsam hochstemmte. Sofort hatte mein Verstand die richtigen Schlußfolgerungen gezogen: Ich hatte es mit meiner kleinen Überraschung übertrieben, Clarissa hatte die Bilder gesehen und einen Schock erlitten.

»Das wollte ich nicht!« sagte ich zu der Frau, die vor dem Schreibtisch stand und ohne Unterlaß kreischte.

Als nächstes bemerkte ich verdutzt, daß es ziemlich hell war, heller als es um sechs Uhr hätte sein dürfen. Viel heller. Automatisch schaute ich auf die Uhr. Es war kurz nach halb acht.

Bravo, Angie, dachte ich voller Selbstironie. Soviel zu deinem genialen kleinen Plan. Nichts hat geklappt. Du hast total verpennt, und alles, was du hingekriegt hast, ist der Schock, den du deiner Chefin verpaßt hast. Ein Schock, durch den sie wahrscheinlich gleich einen Schlaganfall kriegen wird, wenn sie nicht schon einen hat. Ich rieb meine verklebten Augen, und erst jetzt sah ich, daß die kreischende Frau gar nicht Clarissa war, sondern ein etwas plumpes junges Mädchen, höchstens achtzehn, sie hatte ähnlich wie Clarissa platinblondes Haar, was meinen Irrtum teilweise erklären mochte. Ich kannte sie flüchtig; sie hieß Agnes, ging noch zur Schule und absolvierte bei *Clarisse* ein Betriebspraktikum, was besagte, daß sie für das Kaffeekochen und das Herumtragen von Post zuständig war.

Ich raffte meine Jacke und meine Handtasche an mich, kam hinter dem Sofa hervorgetaumelt und legte meine Hand auf ihre Schulter.

Ihr Schrei steigerte sich zu einem überkippenden Diskant, sie fuhr herum, sah mich und fiel sofort in meine Arme.

»O Gott!« schluchzte sie. »O Gott, o Gott, o Gott!«

Über ihre Schulter fiel mein Blick ungehindert auf den Schreibtisch, und das erste, was ich dort sah, war das Blut. Viel Blut. Ganze Pfützen davon. Es glänzte als geronnene Lache auf der Platte des Designerschreibtischs und klebte in gestockten Rinnsalen am Fenster daneben, es sprenkelte in dunklen Flecken den feinen Teppich und leuchtete in häßlichem Dunkelrot auf den platinblonden Strähnen der Frau, die hinter dem Schreibtisch saß.

Die Frau war Clarissa, und sie war ohne Frage tot. Ihre Augen waren weit aufgerissen und blickten mich anklagend an. Sie saß aufrecht, der Kopf war nur leicht zur Seite gesunken, er wurde von der seitwärts nach außen gebogenen Lehne gehalten. Ihr graues Kostüm und der weiße Kragen ihrer Bluse waren von Blut befleckt, das aus der Wunde an der sichtbaren Seite ihres Kopfes gespritzt sein mußte, dort, wo der Schädel auf unvorstellbar gräßliche Weise eingedrückt war.

Ich stieß Agnes von mir weg und fing an zu würgen. Die Hände vor den Mund gepreßt, taumelte ich zum Fenster, kämpfte sekundenlang mit dem Griff und riß es auf, gerade noch rechtzeitig, um mich in hohem Bogen auf die Straße hinaus zu übergeben. Soweit ich es durch den Schleier vor meinen Augen beurteilen konnte, kam gerade niemand vorbei, doch ich hätte es nicht beschwören mögen. Ich schloß das Fenster wieder und zögerte den Moment hinaus, in dem ich mich wieder umdrehen mußte.

»Sie ist tot«, heulte Agnes in voller Lautstärke. »Sie ist tot! Frau Hennessy ist tot! O Gott, o Gott! Jemand hat sie umgebracht! Ein Mörder war hier! Hier drin im Büro! O Gott, o Gott!«

Jetzt drehte ich mich doch um und sah gerade noch, wie Agnes tränenblind über die Champagnerflasche stolperte, die auf dem Boden lag.

Sie bückte sich automatisch und hob sie auf. »Was ist das denn?«

Ich sprang geistesgegenwärtig auf sie zu, riß ihr

die Flasche aus der Hand und stellte sie auf den Schreibtisch. »Du hättest sie nicht anfassen sollen«, sagte ich. »Am Tatort darf man nichts anrühren!«

»O Gott, o Gott!« schluchzte Agnes. »Wenn das jetzt die Tatwaffe ist! Ich hab sie angefaßt!«

Es war die Tatwaffe. Am schweren Boden der Flasche schimmerte Blut, und in der geronnenen Masse klebten deutlich sichtbar ein paar helle Fäden, die sich bei näherem Hinsehen als Clarissas Haare entpuppten.

Agnes schien es ebenfalls bemerkt zu haben. »O Gott, o Gott, o Gott!« schrie sie auf. »Die von der Polizei werden glauben, daß ich sie ermordet habe!«

Da irrte sie sich gewaltig. Sie würden glauben, daß ich es war. Nicht nur, weil meine Abdrücke auf der Flasche waren. Sie waren praktisch überall. Auf der Schreibtischplatte, auf dem Sofa, auf den Fotos ...

Die Fotos! Ein weiterer Blick auf den Schreibtisch belehrte mich, daß sämtliche Bilder verschwunden waren. Der oder die Mörder hatten sie mitgehen lassen! Bevor ich intensiver darüber nachdenken konnte, bemerkte ich die Scherben, die neben dem Schreibtisch im Teppich blinkten. Die Sektgläser. Sie waren vom Schreibtisch gefallen und zerbrochen, und auf den Scherben waren meine Fingerabdrücke, wie überall. Jetzt galt es, die Nerven zu bewahren. Ich nahm den Telefonhörer ab und stützte mich dabei, für Agnes gut sichtbar, auf die Schreibtischplatte. So, wie ich es letzte Nacht auch getan hatte, als ich aus dem Fenster geschaut hatte. Dann wählte ich 110 und wartete, bis eine gestreßte Männerstimme sich meldete.

»Hallo?« rief ich aufgeregt, ich mußte mich nicht mal verstellen, mein Herz klopfte plötzlich wie rasend, und ich spürte, wie mir wieder schlecht wurde. »Hier ist Angela Lorenzi von der Zeitschrift *Clarisse*. Ja, das Verlagsgebäude beim Binnenhafen. Ich habe einen Mordfall zu melden. Vorhin hat Agnes – das ist unsere Betriebspraktikantin – Frau Clarissa Hennessy erschlagen hinter ihrem Schreibtisch aufgefunden.«

Der Polizeibeamte am anderen Ende der Leitung schwieg fassungslos, dann wurde er hektisch, sofort würde jemand vorbeikommen, und ich solle ja nichts bis dahin anfassen.

Ich versprach es und legte auf, dann nahm ich die zitternde und schluchzende Agnes beim Arm und führte sie zum Sofa, drückte sie in die Polster und achtete dabei darauf, häufig das Leder anzufassen, obwohl ich kurz davor stand, ebenso die Nerven zu verlieren wie Agnes. Ich setzte mich neben sie, legte den Arm um ihre Schultern und fuhr mir mit der freien Hand durch die Haare, einmal, zweimal, jetzt konnten sie so viele Haare und Fasern von mir in den Polstern finden, wie sie wollten. Ich strich der schluchzenden Agnes über den Kopf, damit sorgte ich für Vielfalt, was nicht schaden konnte. Die ganze Zeit war mir sterbenselend, ich war außerstande, die Tote anzusehen.

»Beruhige dich erst mal«, sagte ich und drückte Agnes' Kopf an meine Schulter.

»Ich will nicht hierbleiben!« sagte sie, mit geröteten Augen zum Schreibtisch hinüberschielend. »Ich geh lieber und setz mich in die Küche.«

»Die Polizei wird dich aber vernehmen müssen«, widersprach ich, als wäre das ein ausreichender Grund, hier im Zimmer warten zu müssen. In Wahrheit brauchte ich sie als Zeugin.

Ich stand auf, ging zum Schreibtisch und trat auf eine der Scherben.

»Du liebe Zeit, damit kann man sich ja umbringen!« rief ich in gespielter Bestürzung. Unter Agnes' trüben Blicken fing ich an, die Scherben der beiden Gläser in der flachen Hand zu sammeln.

»Sollten Sie die nicht besser liegenlassen?« fragte sie leidend. »Ich meine, wegen der Fingerabdrücke und so.«

»Du hast recht«, sagte ich und ließ die Scherben wieder zu Boden fallen. Agnes verschwand leise schluchzend hinter der Sofalehne. Dann sah ich die Tüte, in der ich die Flasche und die Gläser hergebracht hatte. Ein Zipfel davon lugte neben Clarissas hellen Pumps unter dem Schreibtisch hervor, und mit einem raschen Seitenblick zum Sofa zog ich die Tüte ganz heraus und stopfte sie in meine Handtasche.

Agnes hörte das Rascheln, ihr verheultes Gesicht erschien über der Sofalehne.

Ich wühlte in meiner Handtasche und schnüffelte wehleidig. »Ich hab kein Taschentuch! Hast du vielleicht eins, Agnes?«

Sie heulte auf und schüttelte den Kopf. »Ich könnt selber eins brauchen!«

Ich setzte mich wieder zu ihr aufs Sofa und nahm ihre Hand.

Denk nach, Angie, sagte ich mir höhnisch. Glaubst

du etwa, du bist jetzt aus dem Schneider? Es war nicht nur die Tüte! Du hast deine Karte in den Schlitz neben der Eingangstür gesteckt! Wie willst du das erklären?

Die Karte diente nicht nur zum Öffnen der Tür, sondern auch zur zentralen elektronischen Speicherung der Arbeitszeit. Überstundenschnorrer und Kernzeitsünder hatten keine Chance. Und ich auch nicht. Ich war dran, soviel war klar. Für die Kripo würde es außerdem ein Kinderspiel sein, die Herkunft der Flasche und der Gläser mit mir in Verbindung zu bringen. Meine Fingerabdrücke waren überall. Ich war nachts um drei hierhergekommen, meine Personalnummer im Erfassungscomputer war der Beweis. Wer würde mir die ungeheuerliche Wahrheit glauben, daß ich wie eine Tote geschlafen hatte, während der Mörder hier in diesem Zimmer war, keine fünf Meter von mir entfernt, und Clarissa dort drüben an ihrem Schreibtisch erschlagen hatte?

Die Antwort war einfach. Niemand würde mir glauben. Ich könnte meine Mutter oder aber Siegfried und außer ihm noch ein paar andere Verflossene als Zeugen für meinen totenähnlichen Tiefschlaf anführen, doch die zuständigen Leute von der Kripo würden nur müde lächeln. Ich würde auf der Stelle in den Knast wandern und frühestens als Rentnerin wieder zum Vorschein kommen.

Wilde Fluchtgedanken durchzuckten mich. Bloß weg hier, dachte ich panisch. Schnell abhauen, bevor sie mich schnappen!

Ich rappelte mich hoch und rannte hinaus. Doch

ich kam nicht weit. Meine Flucht endete in der offenen Tür, in den Armen von Kommissar Kurt Klett.

*

In dem Moment, als ich gegen seine Brust prallte, war alles vorbei. Ich brach sofort zusammen, wie ein Häuflein Elend sank ich in seine Arme und wollte nur noch sterben.

»Sie ist tot!« weinte ich. »Jemand hat sie umgebracht!«

Ich zitterte haltlos und klammerte mich an den Aufschlägen seiner Jacke fest, während er mich tröstend umarmte, so wie ich vorhin Agnes umarmt hatte. Er roch nach frischem Kaffee, vielleicht hatte er wieder eingekauft. Nein, wahrscheinlich hatte er gerade gefrühstückt, als die Nachricht von dem Mord kam.

»Beruhige dich erst mal«, sagte er und hielt mich auf Armeslänge von sich.

»Ich kann nicht«, heulte ich und zitterte noch mehr.

»Na, na, ist ja gut, Angela!«

Er zog mich wieder in seine Arme und drückte mich an sich, es tat so gut, von ihm gehalten zu werden, ich hätte den ganzen Tag an seiner kräftigen, zuverlässigen Brust zubringen mögen! Und wie er Angela zu mir gesagt hatte! Der gute Kurt, er würde mich aus diesem ganzen Schlamassel heraushalten!

»Wir brauchen deine Fingerabdrücke«, sagte er neben meinem Ohr. »Für den Fall, daß du hier irgendwas angefaßt hast.«

Er trat einen Schritt zurück und hielt mich bei den Schultern. »Hast du was angefaßt?«

Ich schniefte und schluckte. »Ich weiß nicht ... Ja, doch, ich glaub schon.«

»Es war ein Versehen!« heulte Agnes. Sie stand hinter uns, flankiert von zwei uniformierten Polizisten.

»Was war ein Versehen?« wollte Kurt wissen.

»Daß wir die Flasche angefaßt haben«, sagte ich.

»Welche Flasche?«

Ich deutete zum Schreibtisch. »Die Tatwaffe. Wir hatten sie beide in der Hand, bevor wir merkten, daß Blut und Haare dran sind.«

Kurt ließ mich los. »Wir?«

»Agnes und ich.«

»Wir fangen am besten noch mal von vorn an«, sagte Kurt.

»Ich bin drüber gestolpert«, stammelte Agnes, »und da hob ich sie auf.«

»Und ich hab sie ihr weggenommen, wegen der Fingerabdrücke«, sagte ich lahm.

»Und dann hat sie mich getröstet«, fügte Agnes hinzu. Sie wischte sich mit dem Handrücken die Wangen ab, allmählich schien sie sich zu beruhigen.

»Wer hat die Tote gefunden?« wollte Kurt wissen.

»Das war ich«, sagte Agnes.

»Und du?« fragte Kurt. »Wann kamst du dazu, Angela?«

»Sofort. Ich meine, ich hörte sie schreien, und dann ...«

»Wen hörtest du schreien?«

»Agnes. Sie schrie und schrie ...«

»Ich hab mich furchtbar erschrocken«, bekräftigte Agnes. »Weil sie doch tot war. Ich meine, tot ist.«

»Die Spurensicherung kommt«, meldete einer der Beamten.

»Wird auch Zeit«, sagte Kurt.

Eine Gruppe von drei Männern kam den Gang entlang auf uns zu, drängte an uns vorbei in Clarissas Büro. Einer von ihnen klappte einen Koffer mit kompliziert aussehendem Gerät auf, ein anderer zog weiße Schutzkleidung aus einer Tasche, schüttelte sie auseinander und stieg hinein. Der dritte streifte Einmalhandschuhe über, nahm eine von Clarissas schlaff herabhängenden Händen und schob sie in einen Plastikbeutel. »War schon einer dran?«

»Ich fürchte, ja«, sagte Kurt.

Ich schluckte und wandte mich ab.

»Bitte alle raus«, meinte der Spurensicherungsbeamte.

»Ihr seid hier im Weg«, sagte Kurt. »Wo können wir in Ruhe sprechen?«

Wir gingen in mein Büro, ein Einzelbüro wie die meisten Räume im Haus: Beim Umzug hierher war den Mitarbeitern die Wahl überlassen worden, ob sie Einzelbüros wünschten oder lieber weiterhin in Großraumbüros arbeiten wollten, eine der wenigen Gelegenheiten, bei denen Clarissa so etwas wie Demokratie praktiziert hatte. Mein Büro maß kaum ein Drittel des Chefbüros, war dafür aber gemütlicher, mit einem freundlich gemusterten Teppich und ein paar besonders gut gelungenen, vergrößerten *Ge-*

sichter-Schnappschüssen an den Wänden. Bei mir gab es anstelle von tropischen Farnen bloß Topfpalmen, und ich hatte auch keine Ledercouches, dafür aber zwei halbwegs bequeme Besucherstühle. Wir setzten uns alle, Kurt als erster, er belegte wie selbstverständlich meinen Drehsessel und verwies Agnes und mich damit auf die Besucherstühle. Er sah gut aus, geradezu unverschämt ausgeruht. Seine Wangen glänzten frisch rasiert, die helle Igelbürste leuchtete in der einfallenden Morgensonne, seine ganze Haltung verströmte Würde und Autorität. Ich knüllte meine Jacke im Schoß zusammen und fragte mich, wann jemand merkte, wie derangiert und übernächtigt ich aussah. Und vor allem, daß ich aufgerüscht war wie jemand, der vorhatte, in die Disco zu gehen.

Kurt zog einen Block hervor und fing an, Notizen zu machen. »Also, der Anruf bei der Leitstelle erfolgte um sieben Uhr achtunddreißig. Wann genau haben Sie die Tote gefunden, Fräulein ...?

»Schöppner. Agnes Schöppner. Ja ... ich weiß auch nicht ... ein paar Minuten davor, glaube ich.«

»Wann genau sind Sie heute morgen gekommen?«

»So kurz nach sieben oder so, ich weiß es nicht hundertprozentig auf die Minute, der Apparat war ja kaputt. Der Pförtner hat mir aufgemacht.«

»Welcher Apparat?«

»Der, wo man die Karte reinsteckt. Das war bestimmt der Mörder, damit die Polizei später nicht rauskriegt, wann er gekommen ist.«

Ich erstarrte, bemüht, mir meine Erleichterung nicht anmerken zu lassen. Wenn der Mörder tatsächlich mit einer Karte hereingekommen war, was nahelag, hätte er selbstverständlich dafür gesorgt, daß keine Daten gespeichert wurden. Das wiederum legte zwingend den Schluß nahe, daß er den Erfassungscomputer nach seinem Eindringen lahmgelegt hatte. Keine Daten, kein Verdacht. Meine Chancen standen auf einmal gar nicht mehr so schlecht. Ich beschloß, es darauf ankommen zu lassen.

»Und du? Wann bist du gekommen, Angela?«

»Ja, wann... laß mich überlegen... Keine Ahnung. Heut war ich früh dran, der Pförtner war noch nicht da. Also muß ich vor sieben Uhr gekommen sein, der Pförtner kommt nämlich immer um Punkt sieben.«

»Funktionierte bei dir der Apparat am Eingang noch?«

»Nein, natürlich nicht«, log ich. »Bei mir war er auch schon kaputt.«

»Wie bist du dann reingekommen, wenn der Pförtner noch nicht da war?«

Ich merkte sofort, daß ich einen Fehler gemacht hatte. »Als ich kam, war die Tür offen«, sagte ich frech. Und wieder machte ich etwas falsch: Ich sah Kurt fest an. Etwas blitzte in seinen Augen auf, und ich beeilte mich, in die Zimmerecke zu schauen.

Er ging nicht weiter auf meine letzte Bemerkung ein. »Agnes... ich darf doch Agnes zu Ihnen sagen, oder?«

Agnes nickte gnädig, und Kurt fuhr fort: »Schildern Sie mir genau, was seit Ihrem Eintreffen geschah.«

»Na ja, der Pförtner machte mir auf, und ich kam

rein.« Sie zögerte. »Wenn ich es recht bedenke, kann es auch sein, daß die Tür offen war. Ja, jetzt, wo Frau Lorenzi es gesagt hat ... Sie war wohl wirklich offen, ich hab's anscheinend bloß nicht bemerkt. Weil ich versucht hab, die Karte in den Schlitz zu stecken und mich gewundert hab, warum die Anzeige nicht aufleuchtet. Da kam von drinnen der Pförtner und hielt mir die Tür auf. Genau, stimmt, sie war wirklich schon auf.«

Eins zu null für dich, Angie, dachte ich.

»Und dann?« fragte Kurt.

Agnes rieb sich wie ein Kind die vom Weinen roten Augen. »Ich ging die Treppe rauf. Im ersten Stock ist ein Raum für Praktikanten und Volontäre und Auszubildende, da hab ich meine Jacke und meine Tasche hingebracht. Dann bin ich nach oben gegangen, wie jeden Morgen ...«

»Nach oben?«

»In den fünften. Ich hab in der Kaffeeküche für Frau Hennessy Kaffee aufgesetzt, wie immer ...«

»Moment, nicht so schnell, Agnes. Als Sie in den ersten Stock kamen, war dort schon jemand da?«

»Ein Volontär. Max Herkel heißt er, er saß da und las Zeitung. Es war ja noch früh, erst viertel nach sieben oder so. Sonst hab ich da niemand gesehen.«

Kurt notierte es gewissenhaft. »Und weiter?«

»Na ja, ich zog meine Jacke aus, ich kämmte mich, ich ging, ähm, ich ging auf die Toilette. Dann ging ich die Treppe hoch, hierher, in die fünfte Etage. Hier oben war niemand. Ich meine ...«, Agnes senkte die Stimme zu einem Flüstern, »niemand außer Frau Hennessy.«

»Sie gingen also zu ihr rein, nachdem Sie Kaffee aufgesetzt hatten, und dann?«

»Dann war sie tot.«

»Angela.«

Ich zuckte zusammen. »Ja?«

»Du bist dran«, sagte Kurt ungeduldig. »Erzähl, wie's bei dir war, als du kamst.«

»Ähm, ja. Ich kam so gegen halb sieben, würde ich sagen.« Innerlich drückte ich mir die Daumen, daß der Pförtner wie immer um sieben gekommen war und nicht ausnahmsweise früher.

»Kommst du immer so zeitig?«

»Eher nicht«, sagte ich vorsichtig. Meist kam ich nie vor neun, wenn überhaupt.

»Erzähl weiter.«

»Ich ging also rein und fuhr mit dem Aufzug in die fünfte Etage.«

»Hast du dich nicht gewundert, daß das Gerät an der Eingangstür kaputt war?«

»Doch, irgendwie schon. Ich hab gedacht, es ist ein Stromausfall.«

»Ah ja. Und dann?«

»Ich fuhr rauf und ging in mein Büro ...«

»Dazu mußt du an Clarissas Büro vorbeigekommen sein. Ist dir da nichts aufgefallen?«

»Nein. Was denn?«

»Die Tür, war sie offen oder geschlossen?«

Ich schloß die Augen. »Warte, laß mich nachdenken.«

»Sie war angelehnt«, meldete Agnes sich zu Wort. Gutes Kind.

»Richtig«, sagte ich. »Sie war angelehnt.«

»Und weiter?«

»Ich war hier in meinem Büro und hörte Agnes schreien ...«

»Nein, erzähl zuerst, was davor passierte.«

»Davor? Nichts. Ich meine, nichts Besonderes.«

»Hast du an deinem Computer gearbeitet? Telefoniert? Zeitung gelesen? Du mußt doch etwa eine Stunde lang hiergewesen sein, bevor Agnes schrie.«

Ich warf einen hastigen Blick auf meinen PC. Der Bildschirm war schwarz und tot. Also nicht am Computer gearbeitet. Der zentrale Telefoncomputer zeichnete alle Gespräche mit Angabe der Telefonnummern auf. Also nicht telefoniert. Auf meinem Schreibtisch lag ein Stapel *Clarisse*-Ausgaben aus den letzten Monaten. Also gelesen.

Ich nahm die oberste Zeitschrift. »Du hast recht. Ich hab ein bißchen da drin geblättert und wollte gerade diese Nummer wieder zurück auf den Stapel legen ...«

»Als du Agnes schreien hörtest und rüberranntest.«

»Genau. So war's.«

»Agnes. Erzählen Sie, was dann geschah.«

Agnes holte tief Luft. »Ich stand vor dem Schreibtisch und schrie. Frau Lorenzi legte von hinten ihre Hand auf meine Schulter, ich drehte mich rum, sie nahm mich in den Arm. Dann ließ sie mich los und rannte zum Fenster.«

»Ich hab mich übergeben«, erklärte ich.

»Ich bin reingetreten«, sagte Kurt, »mit meinem zweitbesten Paar Schuhe.«

»Tut mir leid.«

»Keine Ursache. Was taten Sie dann, Agnes?«

»Ich stolperte über die Flasche und hob sie auf, Frau Lorenzi nahm sie mir sofort weg, wegen der Fingerabdrücke.«

»Hat sie das gesagt?«

Agnes nickte, Kurt notierte.

»Weiter.«

»Sie führte mich zum Sofa, wir setzten uns, und sie tröstete mich.«

Kurt notierte auch das.

»Du hast vergessen, daß ich die Polizei anrief«, sagte ich.

»Stimmt«, bestätigte Agnes. »Sie rief zuerst die Polizei an.«

»Hast du dabei was angefaßt, Angela?«

»Den Schreibtisch. Das Telefon.«

Kurt schrieb es auf.

»Nach dem Telefonat brachtest du also Agnes zum Sofa und hast sie getröstet. Und danach?«

Agnes sagte: »Danach stand Frau Lorenzi auf und ging zum Schreibtisch, um die Scherben aufzusammeln.«

»Das stimmt nicht ganz«, warf ich ein. »Ich stand auf, aber ich ging nicht eigentlich zum Schreibtisch. Nicht im Sinne von zielgerichtet.«

»Wie gingst du denn hin?« wollte Kurt wissen.

»Ich ... bewegte mich halt irgendwie, sozusagen ziellos, ich ging einfach so durchs Zimmer. Dabei trat ich zufällig auf die Scherben und fing automatisch an, sie aufzusammeln, damit sich niemand verletzte.«

»Ich hab ihr dann gesagt, sie soll besser alles liegenlassen«, verkündete Agnes.

»Das stimmt«, sagte ich.

»Wegen der Fingerabdrücke«, ergänzte Agnes.

»Stimmt«, sagte ich.

Kurt notierte.

»Überall war Blut«, flüsterte Agnes. Ich nahm ihre Hand und drückte sie.

»Mir wird schlecht«, erklärte sie, plötzlich grün um die Nase. Sie sprang auf.

»Gehen Sie nur«, sagte Kurt.

Ich stand auf. »Ich helf dir!«

Doch Agnes war schon draußen. Vom Gang hörte ich ihr Würgen, ihre raschen Schritte und dann das Zuknallen der Toilettentür.

Ich setzte mich wieder, und Kurt blickte mich scharf an. »Hast du mir sonst noch was zu sagen?«

»Was meinst du damit?«

»Das, was ich gesagt habe. Gibt es noch etwas, was du erwähnen solltest? Etwas im Zusammenhang mit meiner Tante?«

»Oh, ja, entschuldige bitte. Mein aufrichtiges Beileid, Kurt.«

Er seufzte. »Danke vielmals. Du siehst übrigens gut aus in diesen Klamotten. Sie bringen deine Figur zur Geltung.«

Einer der Uniformierten ließ sich blicken. »Sie müßten mal kommen, Herr Kommissar. Der Arzt ist da, und jemand von der Staatsanwaltschaft. Unten im großen Sitzungsraum sind die übrigen Angestellten. Und in der Halle wartet die Presse.«

»Woher die wohl Bescheid wissen«, meinte Kurt lakonisch zu niemandem im besonderen. Und zu mir sagte er im Hinausgehen: »Du hältst dich bitte zu meiner Verfügung.«

»Macho«, murmelte ich. Zu seiner Verfügung halten! Ich dachte einen Moment nach. Zur Verfügung halten hieß nicht zwangsläufig, hier drin auf meinem Stuhl zu hocken und Däumchen zu drehen. Ich folgte Kurt und dem Uniformierten rasch den Gang entlang bis zu Clarissas Büro, wo eine Menschentraube die Tür verstopfte, unter ihnen die Spurensicherungsbeamten, die jetzt alle weiße Overalls mit Kapuzen trugen. Ich hörte Wortfetzen und aufgeregtes Geschnatter, dazwischen Kurts überraschte Frage: »So kurz?«, und als Antwort darauf die tiefe, kompetent klingende Stimme eines anderen Mannes.

»Ja ... ist nach meiner Meinung erst in den letzten Stunden eingetreten ... Wahrscheinlich zwischen vier und sechs ...«

Eingetreten? überlegte ich, dann kam ich darauf. Der Tod. Er sprach von Clarissas Tod! Ich schloß für eine Sekunde die Augen, riß sie aber sofort wieder auf, denn plötzlich faßte einer der Spurensicherungsbeamten nach meinem Arm, ich sollte mit in die Kaffeeküche kommen und an Ort und Stelle meine Personalien und Fingerabdrücke abgeben. Es sei rein freiwillig, erklärte er mir, ich könnte auch auf Vorladung ins Präsidium kommen, wenn mir das lieber wäre. »Nein, lieber gleich«, sagte ich und ging mit. Ich ließ meine Fingerkuppen schwärzen und auf dafür vorgesehenen Papierfeldern abrollen, danach beantwortete ich eine Reihe von Fragen zu meiner Person.

Als ich später auf der Damentoilette meine Finger schrubbte, kam Irene herein. Sie war kreidebleich, ihr sonst lachender, voller Mund war zu einer schmalen Linie zusammengepreßt, ihre Augen glänzten unnatürlich hell.

Ich trocknete mir sofort die Hände ab, ging zu ihr und nahm sie in den Arm.

»Tut mir so leid, Irene.«

Ihr Körper zitterte. »Wieso denn? Ich bin doch froh, daß sie tot ist. Verdammt, ja, froh!«

»Schon gut, Irene. Ist schon gut.«

»Ich bin vor einer halben Stunde gekommen«, sagte sie tonlos. Sie löste sich aus meinen Armen und starrte in den Spiegel über den Waschbecken. »Als ich unten den Auftrieb sah, wußte ich sofort, was los ist. Sie wollten mich zuerst gar nicht rauflassen, ich sollte mich nach unten zu den anderen setzen und warten. Mein Gott.«

»Hast du sie gesehen?«

Irene nickte stumm. Sie wusch sich die Hände, und ich sah, daß ihr ebenfalls die Fingerabdrücke abgenommen worden waren.

»Bist du schon vernommen worden?«

Sie nickte abermals. »Und du?«

»Ich auch, zusammen mit Agnes. In meinem Büro. Leider konnte ich nichts zur Aufklärung beitragen.«

Irene musterte mich eingehend. »Du bist früh dran heute, Angie.«

»Ich hab die Nacht durchgemacht.«

»Konntest du nicht schlafen?«

Ich schüttelte den Kopf. »Praktisch überhaupt nicht.« Bloß ein paar entscheidende Stunden lang, fügte ich in Gedanken ironisch hinzu.

»Siegfried?« fragte sie mitfühlend.

Plötzlich platzte etwas in mir, das zum Zerreißen

gespannt war, unvermittelt begann ich wie vorhin bei Kurt zu weinen, und diesmal war Irene diejenige, die mich tröstete. Heute schien jeder jeden trösten zu müssen.

Sie drückte mich an sich. »Habt ihr Schluß?«

»Er will ausziehen!« heulte ich.

»Zu dieser Twinset- und Perlenprinzessin?«

Ich nickte an Irenes fein parfümierter Schulter.

»Du kannst die Wohnung allein nicht halten.«

»Glaubst du, das weiß ich nicht?«

»Wenn du Probleme hast – ich meine Geldsorgen oder Schwierigkeiten, eine vernünftige Wohnung zu finden – du weißt, daß du jederzeit zu mir kommen kannst, Angie. Ich bin nicht nur deine Vorgesetzte, sondern auch deine Freundin.«

Die Art, wie sie *Vorgesetzte* betonte, ließ das Angebot auf unbestimmte Art weniger zuvorkommend klingen.

»Danke, Irene. Das ist lieb von dir.« Ich ließ sie los, wischte mir mit einem Papierhandtuch übers Gesicht und betrachtete mich im Spiegel. Ich sah furchtbar aus, hohlwangig, bleich, verheult, schlampig gekämmt. Genau genommen überhaupt nicht gekämmt, ich erinnerte mich, daß ich mir lediglich mit den Fingern durchs Haar gefahren war, als ich mit Agnes auf dem Sofa gesessen hatte. Agnes war inzwischen von ihrer Mutter abgeholt worden und lag mit einem Nervenzusammenbruch zu Hause im Bett. Die Mutter hatte deswegen rechtliche Schritte gegen die Zeitung angekündigt; wahrscheinlich hatte sie zu viele amerikanische Gerichtskrimis gesehen.

»Dieses Zeug klebt wie Pech auf der Haut«, schimpfte Irene mit Blick auf ihre immer noch dunklen Fingerspitzen.

Ich nickte zerstreut. Der Beamte hatte mir ein Lösungsmittel gegeben, doch ich hatte den Geruch nicht lange genug ertragen, um alle Spuren der Druckschwärze restlos zu beseitigen. Vermutlich war es ihr ebenso ergangen.

»Irene, darf ich dich mal was fragen?«

»Kommt drauf an.«

»Was war mit dir und Clarissa los? Irgendwas stimmte doch zwischen euch nicht, oder?«

»Wie kommst du darauf?«

»Na, all das Gerede, daß du froh über ihren Tod bist ...«

»Das sagt mindestens die Hälfte der übrigen Belegschaft ebenfalls. Vielleicht hast du selbst es ja sogar auch schon gesagt, irgendwann, zu irgendwem.«

Sie konnte nicht wissen, wie recht sie hatte, deshalb verfolgte ich das Thema nicht weiter.

»Übrigens, ich habe der Polizei schon gesagt, welcher besonderen Art meine Beziehung zu Clarissa war«, erklärte Irene kühl. »Falls du der Meinung sein solltest, es unbedingt erwähnen zu müssen. Sofern du es nicht schon getan hast.«

»Irene!« rief ich entrüstet.

Doch sie rauschte bereits hinaus.

*

Den ganzen Vormittag über liefen Leute von der Kripo mit ernsten, grimmigen Mienen durchs Haus, sie streiften durch alle Räume, überall nahmen sie Fingerabdrücke, fotografierten Büros, Sitzungsräume, Korridore, Kaffeeküchen, untersuchten Aktenschränke und Archive, kopierten Computerdateien auf amtliche Disketten und vernahmen jeden, der auch nur entfernt wie ein Pressemensch aussah.

Ich saß in meinem Büro und fühlte mich elend, nur noch von dem Wunsch beseelt, zu Hause in meinem Wasserbett zu liegen, mich von den Bewegungen unter der Decke einlullen zu lassen und bis an mein Lebensende zu schlafen.

Aus einer Stunde wurden zwei, dann drei, und Kurt tauchte immer noch nicht auf. Ich versuchte es mit Ablenkung, indem ich probeweise ein paar Zeilen zu meinem *Hot shot* von der Gräfin verfaßte. *Wenn nicht nur die Drachen steigen ... Gräfin K. mit ihrem jungen Liebhaber am Strand von Sylt.*

Als Alternative überlegte ich mir: *Busen operiert? Sichtlich straff und um Jahre jünger präsentierte sich Gräfin K. mit ihrem jugendlichen Liebhaber am Strand von Sylt bei nicht jugendfreien Spielchen.*

Es fing gerade an, mir richtig Spaß zu machen, als mir aufging, daß wir es gar nicht bringen konnten. Ich konnte es nicht bringen, denn jetzt war Clarissa tot, unwiderruflich, und alles, was auf Sylt passiert war, mußte ich wieder für mich behalten. So, wie es aussah, konnte ich nicht einmal wagen, das Foto von der Gräfin unter der Hand an den *Daily Mirror*, die *Sun* oder den *National Enquirer* zu verscherbeln.

Das brachte mir einen Punkt zu Bewußtsein, den ich in der Aufregung der letzten Stunden völlig verdrängt hatte. Die Fotos. Der Mörder hatte die Fotos mitgenommen. Er hatte sie mitgenommen, weil sie ihn in irgendeiner Weise belasten konnten. Warum auch sonst?

Ich löschte mein Geschreibsel, knipste den PC aus und überlegte fieberhaft weiter. Kurt kam herein, aber ich blickte kaum auf.

»Angela?«

Der Mörder hatte die Fotos, aber die Negative hatte ich. Wußte er das? Vielleicht ja. Vielleicht nein.

»Angela?«

Höchstwahrscheinlich doch. Er würde also versuchen, die Negative an sich zu bringen. So, wie es schon Antonio probiert hatte. Vielleicht mit einem Rasiermesser.

»Angela!!!«

Ich zuckte zusammen. »Warum brüllst du so?«

»Weil du mir nicht zugehört hast. Was ist los mit dir? Bist du müde?«

»Ich bin am Ende«, sagte ich wahrheitsgemäß. »Ich möcht' bloß noch nach Hause. Ich hab heute nacht praktisch überhaupt nicht geschlafen.«

»Ich weiß.«

»Woher?« fragte ich besorgt.

»Deine Chefin hat's mir gerade erzählt. Und so, wie du dich aufgebrezelt hast, mit diesen Stiefeln und dem engen Hemdchen, hab ich mir gleich gedacht, daß du durchgemacht hast und deswegen so früh hergekommen bist.«

Ich hielt die Luft an. Jetzt würde er als nächstes fragen, wo und mit wem ich durchgemacht hatte und wer das bezeugen konnte. Irgendwie würde er dabei herausfinden, daß ich im *Chapeau Claque* war und dort die Tatwaffe gekauft hatte. Wenn ich es ihm nicht erzählte, würde Attila es tun. Doch halt: Attila hatte ja gar nicht mitgekriegt, wie der Ober mir den Champagner zu Füßen gelegt hatte! Später, als ich mit der Tüte abgezogen war, hatte er völlig gebannt zur Bühne gestarrt. Und er war ziemlich angeheitert gewesen, die zwei zusätzlichen Flaschen auf seiner Rechnung waren ihm sicher nicht aufgefallen. Aber was war mit Amber? Sie schien eine ausgezeichnete Beobachtungsgabe zu besitzen. Ich hörte schon ihr Kleinmädchenlispeln. *Flau mit viel gut lote Stiefel mit viel gut Champagnel weg!*

Und Tom, der Pianist! Ich hatte ihm erzählt, daß ich eine der beiden Flaschen heute früh mit zur Zeitung nehmen wollte! Und dann war da noch Siegfried, ihm hatte ich am Telefon erzählt, daß Clarissa mich für sechs Uhr in ihr Büro bestellt hatte! Ich mußte irgendwie verhindern, daß die Polizei mit ihnen in Kontakt trat ... Alles abstreiten ... Bitte, bitte, ich war's wirklich nicht, Herr Kommissar!

Völlig konfus wartete ich auf die vernichtenden Fragen.

Doch Kurt nahm bloß meine Hand, zog sie zu sich heran und drückte einen kurzen Kuß auf mein Handgelenk. »Wir unterhalten uns ein anderes Mal, Angela. Geh nach Hause und leg dich hin.«

*

Ich fuhr mit einem Taxi nach Hause und mobilisierte meine letzten Kräfte, um mit Bernie Gassi zu gehen und ihm Wasser und frisches Futter hinzustellen.

Um kurz nach eins ging ich endlich ins Bett, ohne mir erst die Mühe zu machen, mich auszuziehen. Allein für die Stiefeletten hätte ich ewig gebraucht.

Erst als ich schon im Bett lag, fiel mir wieder ein, daß ein frei herumlaufender Mörder auf meine Negative scharf war. Und Antonio mit seinem Rasiermesser ebenfalls. Doch all das war mir auf einmal völlig gleichgültig. Das Wasserbett bewegte sich sacht unter mir und ließ mich in weite Fernen schwimmen, in ein Land ohne Schwierigkeiten, wo es nichts gab außer leuchtenden Gletschern und glitzerndem Eis. Die arktische See trug mich auf einer schaukelnden Scholle durch die funkelnden Berge, die hoch über mir aufragten und in allen Regenbogenfarben das Licht der Sonne brachen.

Auf einer anderen Scholle trieb Kurt vorbei, er starrte mich durchdringend an und forderte mich auf, die Wahrheit zu sagen. Ich schaute in eine andere Richtung, dort sah ich Siegfried, der am schneebedeckten Ufer stand. »Hallo, Angie«, rief er.

Ich winkte ihm zu. »Bleib doch noch«, bat ich.

»Ich muß gehen«, sagte Siegfried und schulterte seinen Stairmaster.

»Als hätte Sigi nicht schon ohne Sie genug Sorgen«, schnaubte Sieglinde. Sie stand oben auf einem der Gletscher, die Hände in die breiten Hüften gestemmt. Ihre Pferdezähne klickten mit mißbilligendem Geräusch zusammen, und plötzlich begann das Gletschereis unter Sieglindes Füßen wegzubrechen.

»Du solltest nicht so laut reden«, murmelte ich. »Wer zuviel quatscht, kann leicht auf die Schnauze fallen.«

»Hör dir dieses freche Weibsstück an«, lästerte Sieglinde mit gesträubtem Damenbart.

»Laß sie doch, Mutter«, rief Siegfried vom eisigen Ufer des Fjords. »Hilf mir lieber bei den Hemden!«

»Was ist mit dem Bett? Ich dachte, du wolltest es heute auf jeden Fall mitnehmen. Solange sie drinliegt, kann man es nicht mitnehmen. Sie soll gefälligst aufstehen, aber sofort!«

Ich wollte diesen dämlichen Traum nicht länger träumen, doch er hörte nicht auf.

Sieglinde kam wie ein rachsüchtiger Pinguin in ihrem Schwarze-Witwe-Kleid mit weiß gepaspeltem Kragen von der Gletscherkante herabgesaust, direkt auf mich zu, sie packte mich an der Schulter und krallte sich fest, und in diesem Augenblick wurde ich endgültig wach. Ich schlug die Augen auf und starrte in Sieglindes verkniffenes Gesicht.

»Was?« krächzte ich entsetzt.

»Guten Tag, Angela. Ich sagte gerade, es ist besser, wenn Sie aufstehen. Vielleicht können Sie ja auch ein wenig Hand anlegen.«

»Beim Bett?« stammelte ich, verzweifelt bemüht, zu mir zu kommen.

»In der Tat. Es soll heute noch mit.«

Meinen Hang zum Tiefschlaf verfluchend, kämpfte ich mich aus den Kissen und setzte mich auf. Stöhnend massierte ich meine Schläfen und sah mich um.

»Na, du Langschläferin!« Siegfried lächelte mir zu. Er kniete auf dem Teppich vor seinem Wäscheschrank und legte Unterwäsche nach Wochentagen geordnet in einen Koffer.

»Was machst du da?« krächzte ich.

»Ich hol nur meine Sachen.«

Durch die offene Tür sah ich, wie zwei Möbelpacker die französische Vitrine am Schlafzimmer vorbeiwuchteten. Sieglinde segelte mit einem Armvoll farblich sortierter Hemden durchs Zimmer. »Passen Sie doch auf«, schrie sie die Packer an.

»Das ist nicht wahr«, flüsterte ich. »Ich träume bloß.«

»Sie sollten sich kneifen«, empfahl Sieglinde. »Das hilft für gewöhnlich.«

»Das mit dem Bett hat noch eine halbe Stunde Zeit«, sagte Siegfried. »Wir lassen sowieso erst das Wasser raus.«

Ich schaute auf die Uhr. Es war halb drei. Mühsam stand ich auf und ging ins Bad. Meine Füße brannten wie Feuer, als ich sie aus den engen Stiefeletten befreite. Ich schwor mir, nie wieder mit Schuhen zu schlafen. Unter der Dusche festigte sich meine Überzeugung, daß alles nur ein Traum war, die Möbelpacker, der Koffer, Sieglinde mit Siegfrieds Hemden und ihrem Kneiftip. Ich duschte mindestens eine halbe Stunde, und das, was ich gesehen zu haben glaubte, schien mir immer absurder, bis ich am Ende völlig sicher war, alles geträumt zu haben.

Als ich mit nassem Haar und im Frotteemantel die Badezimmertür öffnete, prallte ich gegen die Möbelpacker, die mit dem zusammengeklappten Bett vorbeikamen.

Ich wandte mich zur offenen Schlafzimmertür. »Siegfried, hast du vergessen, was wir ausgemacht hatten?«

Siegfried eilte geschäftig an mir vorbei, einen Koffer an jeder Hand und einen dritten unter den Arm geklemmt. »Selbstverständlich, Angie.«

Ich folgte ihm. »Heißt das, du *hast* es vergessen?«

»Wovon sprichst du?« rief er, schon auf der Treppe.

»Von unserer Abmachung!« schrie ich.

»Bin gleich wieder da!« schrie er zurück.

Barfuß und im Bademantel rannte ich ihm nach, so schnell, daß der Gürtel sich löste. Der Mantel klaffte vorn auf und flatterte hinter mir her, der Marmor der Stufen war eiskalt unter meinen Fußsohlen. Das Wasser tropfte nicht minder eisig aus meinen Haaren und lief über meinen Hals und dann zwischen meinen Brüsten hindurch auf meinen Bauch. Das stählt dich für Norwegen, Angie, sagte ich mir und biß die Zähne zusammen. Bernie folgte mir mit begeistertem Hecheln, er glaubte, es ginge zum Gassigehen hinaus.

Ich war schneller als Siegfried, ich mußte keine Koffer schleppen. Unten an der offenen Haustür stellte ich ihn.

»Hör mal zu«, schleuderte ich ihm entgegen, »wir hatten vereinbart, daß ich hier wohnen bleibe, bis sich Nachmieter gefunden haben!«

Siegfried ging zu dem Möbelwagen, der vor dem Haus parkte, und warf die Koffer auf die Ladefläche. Einer der Möbelpacker tauchte aus den Tiefen des Wagens auf und nahm sie entgegen. Die Kälte biß in die nackte Haut meiner Beine, als ich auf die Straße lief, den Bademantel vor der Brust zusammengerafft. »Sigi! Hast du nicht gehört, was ich gesagt habe?«

»Aber Angie«, sagte Siegfried freundlich. Er beugte sich zu Bernie hinab, der ihn freudig umsprang, und tätschelte seinen Nacken. »Wir *haben* doch Nachmieter! So viele, daß wir sie gar nicht mehr zählen können!«

Ich starrte ihn verunsichert an. »Aber wie ...«

»Na, der Makler, ich hab dir doch erzählt, daß sich jemand drum kümmert. Ein Profi zur richtigen Zeit, Angie. Wir haben Glück gehabt. Na ja, vielleicht ist es auch die Lage. Villa aus der Kaiserzeit, Harvestehude, und dann noch an der Außenalster ... Wie auch immer. Der Eigentümer braucht sich nur noch den Besten von einer meterlangen Liste auszusuchen. Heut abend wollen übrigens schon die ersten Leute zur Besichtigung kommen. Ist das nicht toll? Ach, und übrigens ... Ich freue mich für dich und Kurt, ich meine, daß du auch eine neue Beziehung hast, das macht doch alles viel einfacher, oder?«

Ich nickte und schlich wie ein begossener Pudel ins Haus zurück. Im Flur stupste Bernie mit seiner kühlen Nase an meine Hand. »Ja, das war's dann wohl«, sagte ich niedergeschlagen zu ihm. Durchgefroren ging ich zur Treppe, als plötzlich die Tür zur Erdgeschoßwohnung geöffnet wurde.

»Ja, so was!« sagte Frau Hubertus mitleidig. Sie ergriff meine Hand und zog mich in ihre dämmerige, angenehm warme Diele und von da aus weiter in ihren Salon, und als nächstes saß ich in ihrem besten Lehnsessel am Kamin, die Füße in ihrem elektrischen Fußwärmer, eine elektrische Heizdecke über den Knien und ein vorgewärmtes Handtuch um den Kopf. In der Küche summte der Wasserkessel, und ein paar Minuten später brachte Frau Hubertus mir eine dampfende Tasse Ceylontee, zusammen mit einem Meißentellerchen ihres feinen Sandkuchens.

»Ich hab den Möbelwagen gesehen«, sagte sie. »Ich hab ja gar nicht gewußt, daß Sie ausziehen!«

»Ich auch nicht«, erwiderte ich trübsinnig.

»Gefällt es Ihnen hier im Haus nicht mehr? Ich wollte hier nie weg. Ach Gott, ja! Als ich einzog, war ich zwanzig, und ich will hier mindestens neunzig werden!«

»Ich weiß, Frau Hubertus«, seufzte ich. »Ich wüßte überhaupt kein Haus, in dem es mir besser gefiele!« Das war nicht nur so dahingesagt. Die hundert Jahre alte, liebevoll restaurierte weiße Villa war mein Zuhause, ein Hort der Geborgenheit. Wenn ich morgens im Schatten der ausladenden Kastanien in den Garten kam und die Boote auf der Außenalster dümpeln sah, wollte ich nirgendwo anders wohnen. Wie Frau Hubertus wollte ich immer hierbleiben und neunzig Jahre alt werden.

Und dann erzählte ich ihr die Wahrheit über moderne Beziehungen in einer Wegwerfgesellschaft. Frau Hubertus hörte aufmerksam zu, das Gesicht im flackernden Widerschein des Kaminfeuers wie ein verwittertes hanseatisches Denkmal dieses Jahrhunderts, durchzogen von tausend feinen Fältchen, ein Anblick, der so herzzerreißend und wunderbar war, daß ich spontan meine Sorgen vergaß und nur noch aufspringen und meine Kamera holen wollte.

»Wenn Sie so sitzen bleiben, mache ich ein wunderschönes Foto von Ihnen!« rief ich begeistert.

Frau Hubertus lächelte und schüttelte den Kopf.

»Ach Gott, ja! Die Fotos! Kindchen, Sie haben mich doch schon hundertmal fotografiert!« Sie zeigte auf die Wand über dem Kamin, wo sie all die gerahmten Schnappschüsse aufgehängt hatte, die ich im Laufe der letzten beiden Jahre von ihr gemacht hatte. Komisch, dachte ich. Siegfried hab ich lange nicht so oft fotografiert wie Frau Hubertus. Er behauptete immer, auf meinen Fotos blöd auszusehen. Nie hatte ich eine Aufnahme von ihm aufhängen dürfen. Er war kein Mann zum Knipsen, soviel stand fest.

Frau Hubertus schenkte mir Tee nach. »Das schönste Bild ist immer noch das vom Herrn Senator.« Das Bild ihres verstorbenen Mannes hing als Prunkstück inmitten der anderen Fotos; ich hatte es von einer uralten Aufnahme abfotografiert, vergrößert und gerahmt. Es zeigte den Senator als schneidigen jungen Offizier mit Orden auf der Brust, gewienerten Stiefeln und Bajonett an der Seite, ganz der furchtlose Retter verängstigter Jungfrauen. Das Herz klopfte einem schneller, wenn man in seine kühnen dunklen Augen blickte. Frau Hubertus hatte vor Ergriffenheit geweint, als ich ihr die vergrößerte Aufnahme überreicht hatte, und seit diesem Augenblick wußte ich ohne jeden Zweifel, daß ich nie wieder im Leben ein Foto machen würde, das soviel Rührung hervorrufen würde wie dieses.

Ich aß den Kuchen, trank meinen Tee aus und rubbelte mein Haar trocken. Frau Hubertus kam mit einem Gläschen Cognac und hinderte mich am Aufstehen. »Das ist Medizin«, sagte sie in einem Tonfall, der keine Widerrede duldete. »Sie haben einiges mitgemacht, Sie brauchen das jetzt!«

Hätte sie gewußt, was ich tatsächlich seit gestern mitgemacht hatte, wäre sie zum Telefon geeilt und hätte den Notarzt gerufen. Ich war froh, nichts von dem Mord erzählt zu haben, es hätte sie schrecklich aufgeregt.

Ich trank den Cognac und gleich darauf noch einen, diesmal langsam und mit Genuß. Wir saßen noch lange schweigend beisammen, einträchtig wie alte Freunde. Frau Hubertus saß neben mir, das Gesicht zum Feuer gewandt, aufrecht, die Hände gefaltet, auf herbe Art schön in ihrem dunkelgrauen seidenen Nachmittagskleid mit dem kleinen weißen Kragen.

Irgendwann stand ich auf und streckte mich. »Ich glaube, ich gehe jetzt.«

Sie drängte mir noch ein Paar Hausschuhe auf, bevor ich nach oben ging. Ich bedankte mich für alles und hielt ihre kleine runzlige Hand zwischen meinen beiden Händen fest. »Schade, daß ich wegziehen muß. Aber ich komm Sie besuchen, ganz bestimmt!«

»Vielleicht gefällt den Nachmietern die Wohnung ja nicht!« sagte Frau Hubertus mit plötzlich erwachendem Eifer. »Oder der Eigentümer mag die Nachmieter nicht. Dann könnten Sie doch hier wohnen bleiben!«

Ich lächelte traurig. »Es ist viel zu teuer. Und der Eigentümer hat die freie Auswahl, die Liste der Nachmieter ist meterlang.«

»Ach, Gott ja!« seufzte Frau Hubertus.

Oben fand ich eine ausgeräumte Wohnung vor, von überall her gähnten mich nackte Zimmerfluchten an. Sie hatten alles mitgenommen, was nicht niet- und nagelfest war, sogar die Zimmerpflanzen und den Hundekorb. Soweit ich es beurteilen konnte, befanden sich nur noch meine eigenen Habseligkeiten in der Wohnung. Im Wohnzimmer standen zwei große Umzugskartons mit Büchern, Papieren, Fotoalben und CD's von mir und ein weiterer Karton mit meinem PC-Equipment. Das Eßzimmer war bis auf das Telefon ganz leer, doch in der Küche waren sämtliche Vorräte noch vorhanden, und der Kühlschrank war, soweit ich es beurteilen konnte, genauso voll wie vorher. Dafür Siegfrieds Arbeitszimmer: leer. Das Gästezimmer unterm Dach: leer.

Im Schlafzimmer lagen inmitten einer feuchten Stelle auf dem Teppich noch die Pumpe und der Schlauch, mit denen das Wasser aus dem Bett abgeleitet worden war. Und in der Ecke stand mit verbissenem Gesichtsausdruck Sieglinde und schichtete meine Besitztümer in diverse Kartons. Als sie meiner ansichtig wurde, schnalzte sie mißbilligend mit der Zunge und hielt eine zusammengeknüllte Bluse hoch. »Ich habe das Prinzip, nach dem Sie Ihre Sachen ordnen, nicht durchschaut, tut mir leid. Ich lege alles nur genau so in die Kisten, wie ich es in den Schubladen und Fächern beim Ausräumen vorgefunden habe.«

»Ich hätte es selbst ausräumen können.«

Sieglinde schnüffelte und rümpfte anklagend die Nase. »Sie hätten es tun können, wenn Sie sich nicht stundenlang mit der alten Frau unten betrunken hätten.«

Bernie tauchte wie ein treuer Schatten hinter mir auf und leckte meine Hand.

Ich zauste sein Fell. »Was wird jetzt mit Bernie?«

»Was soll mit ihm sein?«

»Bleibt er hier?«

Sie mußte den hoffnungsvollen Unterton in meiner Stimme bemerkt haben, denn sie schüttelte mit kaum verborgenem Triumph den Kopf. »Er fährt gleich bei mir im Wagen mit. Sein Futter und seine Papiere sind schon weg.«

Ich nestelte das Fäßchen von Bernies Halsband und schob es in die Tasche meines Bademantels. »Das hab *ich* gekauft, nicht Sigi«, erklärte ich der pikiert dreinblickenden Sieglinde. »Wo ist Sigi überhaupt?«

»Er ist mit den Möbelpackern vorausgefahren. Diese Menschen sind so grob, unvorstellbar, was sie mit den kostbaren Möbeln und den Kunstgegenständen anstellen, wenn man sie nicht beaufsichtigt.«

Ich schaute mich nach einer Sitzgelegenheit um, sah aber keine. Also hockte ich mich mit untergeschlagenen Füßen auf den Teppich, den Bademantel sittsam über den Knien zusammengezogen.

»Zieht er mit Manuela zusammen?«

»Selbstverständlich«, sagte sie, allem Anschein nach ehrlich erstaunt, wie ich so blöd fragen konnte. Logisch, dachte ich verbittert. Und es mußte eine große Wohnung sein, kein klitzekleines Apartment. Wie hätte er sonst alles unterbringen sollen, inklusive Riesenpalmen und Riesenbett und Riesenhund?

Ich beobachtete Sieglinde, die immer noch meine

lose herumliegenden Sachen einräumte. Nacheinander nahm sie Schuhe, Jeans, eine Schachtel Pralinen (ich hatte *gewußt*, daß irgendwo in meinem Schrank noch welche waren!), Handschuhe, eine Fahrradpumpe und eine Teppichschere (gehörte die mir?) von dem kleiner werdenden Stapel und legte alles in den Karton.

»Ich weiß nicht, ob ich so schnell hier wegkomme, wie Sie sich das offenbar vorstellen«, erklärte ich.

»Das fällt nicht mehr in unsere Zuständigkeit.«

»In wessen denn?«

»Der Nachmieter wird Ihnen schon mitteilen, wann Sie endgültig Ihre Sachen packen müssen.«

»Das tun Sie doch schon, Frau Schnellberger.«

Sieglindes Zähne klickten hörbar gegeneinander, ihr einziger Kommentar zu meiner vorlauten Bemerkung.

Sie warf mein letztes Paar Schuhe in den Karton – es waren die roten Stiefeletten – und kam auf mich zu. Direkt vor mir blieb sie stehen und blickte auf mich herab. »Wollen Sie meinen Rat hören?«

Ich zuckte die Achseln.

»Halten Sie bei dem nächsten Mann mehr Ordnung. Männer brauchen eine ordentliche Frau.«

»So eine wie Manuela.«

»In der Tat. Frau Doktor von Oldesloe ist eine sehr patente, korrekte junge Dame, eine ganz reizende Akademikerin.«

»Und praktischerweise obendrein Anwältin. Wenn wir verheiratet gewesen wären, hätte sie gleich die Scheidung machen können.«

»Mit Ihrem Zynismus setzen Sie sich selbst herab.

Frau Doktor von Oldesloe befaßt sich nicht mit niederen Dingen wie Scheidungen.«

»Stimmt, sie hat sich ja auf Kunstfehler spezialisiert«. Ich nickte spöttisch.

»Sie sind im Bilde?«

»Siegfried hat mir von dem Fall erzählt.«

Sieglinde nickte ungerührt. »Dann wissen Sie auch, mit welchem Elan Frau Doktor von Oldesloe Sigi beim Kampf gegen diese Verlegerin beigestanden hat. Gott, wie impertinent diese Person ist, wie uneinsichtig! Wie grausam sie Sigi zugesetzt hat, bloß wegen ein paar winzig kleinen Dellen an ihrer Hüfte! Eine Million! Sein Ruf wäre ruiniert! Ich bete seit Wochen, daß sie tot umfällt!«

Ich starrte zu Sieglinde hoch, in meinem Verstand klickten ein paar kleine, aber wichtige Relais. Sie hatte Verlegerin gesagt. Laut und deutlich. Verlegerin!? Nein, dachte ich. Unmöglich. Clarissa hatte sich nicht mal geschminkt, sie hatte oft gesagt, nichts mache eine Frau älter als Make-up. Andererseits ... sie hatte sich das Haar gefärbt, oder nicht? Aber eine Fettabsaugung? Nein, ganz ausgeschlossen!

Ich räusperte mich und versuchte einen Schuß ins Blaue: »Hat er Ihnen etwa erzählt, daß er meine Chefin operiert hat? Frau Clarissa Hennessy?«

»Natürlich«, schnappte Sieglinde. »Immerhin bin ich seine Mutter!«

Ich stand auf und pfiff durch die Zähne. »Sieh mal einer an.«

Sieglinde zog die Brauen zusammen. »Wie bitte?«

»Nichts.«

»Sie ... Sie wollen doch nicht etwa damit sagen, daß Sie es gar nicht wußten?!«

»Jetzt weiß ich es.«

Sieglinde trat drohend einen Schritt auf mich zu. »Hören Sie, wenn Sie glauben, auf irgendeine Weise deswegen Druck auf Siegfried ausüben zu können ...« Sie machte eine bedeutungsvolle Pause, dann setzte sie mit dramatisch gesenkter Stimme hinzu: »Sein Herz!«

Entnervt schüttelte ich den Kopf und fragte mich, was sie sagen würde, wenn sie heute aus den Abendnachrichten erfuhr, wie schnell ihr Gebet erhört worden war. Den Druck würden andere ausüben. Siegfried war plötzlich ein Mann mit einem Motiv. Es war nur eine Frage der Zeit, bis die Kripo routinemäßig bei ihm vorsprach. Er würde wahrheitsgemäß abstreiten, etwas mit alledem zu tun zu haben, vermutlich mit Manuela als bettwarmem Alibi. Dann würde ihm noch ein kleiner Satz entschlüpfen, wie unbeabsichtigt. *Was sagten Sie, wann genau sie starb?*

Mehr nicht. Der Rest kam von ganz allein und würde sich so anhören:

Zwischen vier und sechs in ihrem Büro, wieso?

Ach, nur so, nicht wichtig.

Nicht wichtig? Herr Doktor Schnellberger, Sie verschweigen doch etwas!

Ja, nun ... Es ist nur ...

Es ist was?

Tja, also, ich kenne da zufällig jemanden ... ich telefonierte mit der betreffenden Person am Abend vor dem Mord, und da erzählte sie mir doch tatsäch-

lich ... Ach nein, ich will eigentlich gar nichts mehr sagen!

Reden Sie endlich, oder es hat Folgen für Sie!

Na gut, aber nur wenn Sie mir versprechen, daß ich Angie damit nicht in Schwierigkeiten bringe ...

»Ich hoffe, Sie bringen Sigi nicht in Schwierigkeiten«, herrschte Sieglinde mich an.

Irritiert blickte ich ihr nach, wie sie Bernie am Halsband hinter sich her zur Wohnungstür zerrte und ohne Abschiedsgruß verschwand.

»Wiedersehen, Bernie«, sagte ich leise.

*

Den Rest des Nachmittags verbrachte ich damit, mir im Wohnzimmer eine Art Feldlager einzurichten. Es sah gar nicht so übel aus; als ich fertig war, hatte ich mit einigen von meinen alten Sachen aus dem Keller eine heimelige Campingatmosphäre geschaffen. Mein Schlafsack lag ausgerollt auf einem Flokati vor dem Kamin, daneben eine Kiste Bücher, auf der Kiste der Weltempfänger, den ich von Papa geerbt hatte, auf dem Fußboden mein tadelloser kleiner Farbfernseher von früher. Einen der Kleiderkartons leerte ich kurzerhand wieder aus, legte zwei Regalbretter darüber und hatte, voilà, einen Eßtisch.

Während ich arbeitete, dachte ich unermüdlich nach. Meine Mutter sagte immer: Arbeit durchblutet das Gehirn. Oder: Wer gammelt, der schimmelt. Also schuftete und schleppte ich und überlegte dabei. Logisch, methodisch, akribisch ging ich daran, hervorragende Pläne zu entwickeln. Dann verwarf ich sie wieder, einen nach dem anderen. Ärgerlicherweise endeten alle meine Szenarien im Dschungel von Südamerika, im australischen Busch oder an anderen möglichst unzugänglichen und weit entfernten Orten, wo mich die Polizei nicht so schnell schnappen würde. Meine Verstrickung in diesen Mord schien mir rettungslos. Mit all meinen Heimlichkeiten, Lügen, Halbwahrheiten und Intrigen hatte ich mich selbst ausgetrickst. Außer der Flucht nach Australien blieb mir nur noch die Flucht nach vorn, mit anderen Worten: kniefällig die Wahrheit beichten. Die niemand mir abkaufen würde.

Ich streckte mich auf dem Schlafsack aus, qualmte mit tiefen Lungenzügen eine Zigarette und bedachte alles noch einmal im Liegen, und siehe da, auf einmal schien es besser zu klappen. Die Lösung war simpel, mein Problem im Grunde ganz leicht zu lösen: Ich mußte bloß den Mörder finden!

Plötzlich war mir auch klar, wie ich es angehen mußte. Ich holte die Negative aus dem Geheimversteck, rannte damit nach oben in die Dunkelkammer und entwickelte in aller Eile einen Satz neuer Abzüge, zum Teil stark vergrößert. Danach fertigte ich zur Sicherheit weitere Abzüge an, die ich zwischen den Bögen des Fotopapiers versteckte. Anschließend, nur um noch sicherer zu gehen, fotografierte ich die Abzüge und entwickelte den Film zu weiteren Negativen.

Ich klemmte alle Abzüge an die Fotoleiste, strahlte sie mit dem Scheinwerfer an und musterte sie eingehend. Ich ging nah an alle Fotos heran und betrachtete sie der Reihe nach nochmals mit größtmöglicher Genauigkeit, so lange, bis mir jedes Gesicht in allen Einzelheiten vertraut war, und dann noch länger, bis ich mir einbildete, all diese Personen mindestens schon seit meiner Kindheit zu kennen.

Die meisten Fotos zeigten die Gräfin und Antonio, aus mehreren Blickwinkeln, in verschiedenen Posen. Lachend, windgezaust, durch den Sand stapfend, mit den Drachenleinen kämpfend. Ich schaute genau hin, blinzelte und schluckte. Die Gräfin sah so glücklich aus, so froh. So herrlich jung. Und das Bild, auf dem Antonio ihr an den Busen faßte, war eigentlich das schönste von allen. Sie lächelte, ein sinnliches und zugleich entrücktes Lächeln, geheimnisvoll wie das der Mona Lisa. Es war nichts Lüsternes oder Verwerfliches an der Situation, das Bild zeigte mehr Wahrheit als mein Blick durch das Objektiv. Alles wirkte natürlich und richtig und gut. Zwei verliebte Menschen am Strand. Sogar Antonios hübsches dunkles Machogesicht zeigte eine solche überschäumende Freude, daß mich als heimliche Betrachterin unwillkürlich Scham überkam. Ich war plötzlich froh, daß dieses Bild nie veröffentlicht werden würde.

Als nächstes folgte der Schnappschuß von dem betrunkenen Russen mit der grünen Windjacke und den farbverkleckerten Jeans. Wie ein tolpatschiger Bär lag er flach auf dem Rücken, zwischen Halmen von Strandhafer, Sand in den Haaren und in seinem dunklen Vollbart.

Und schließlich kamen die wenigen Aufnahmen, die ich von Clarissa und der rothaarigen Walküre gemacht hatte, unbrauchbar bis auf die eine, bei der sie beide in die Kamera geschaut hatten.

Ich hatte einen kompletten Satz *aller* Abzüge auf Clarissas Schreibtisch gelegt, nicht nur eine Auswahl. Richtige, großformatige Bilder anstelle der üblichen Layout-Bögen. Groß, bunt, scharf. Sogar die Bilder von den Dünen, von dem Drachen und vom Ferrari, der in prachtvollem Signalrot zwischen dem bieder-schwarzen Range-Rover und meinem französischen Kleinwagen prangte.

Und alle Fotos waren verschwunden.

Die große Preisfrage, Angie: Warum hat der Mörder alle Fotos mitgenommen?

Warum nicht nur das belastende oder diejenigen, die einen Verdacht auf ihn lenken konnten? Vermutlich, weil er in Eile war. Er hatte, nachdem er Clarissa die Flasche über den Schädel gezogen hatte, einfach alle Abzüge zusammengerafft, hatte dabei versehentlich die Gläser heruntergeworfen und war, so schnell er konnte, weggerannt. So oder zumindest so ähnlich mußte es sich abgespielt haben.

Immerhin stand fest, daß auf einem oder mehreren der Fotos irgend etwas zu sehen sein mußte, was der Drecksackconnection gefährlich werden konnte. Andernfalls hätte der Mörder sich nicht die Mühe gemacht, die Abzüge überhaupt mitzunehmen.

Es sei denn, überlegte ich weiter, er wollte sie für eine nette kleine Erpressung benutzen. Aber wen hätte er damit erpressen können?

Zum Beispiel eine ungeheuer begriffsstutzige Person namens Angela Lorenzi.

Ärgerlich trat ich gegen eine Flasche Entwicklerflüssigkeit. Er konnte mich vor allem damit erpressen, mich umzubringen, falls ich die Negative nicht herausrückte. Eine Aussicht, die den australischen Busch wieder in verlockende Nähe rückte.

Gerade, als ich feststellte, daß ich bei der Mördersuche nicht besonders gut vorankam, hörte ich zu meiner Erleichterung das Telefon klingeln. Eine willkommene Ablenkung! Ich ließ alles stehen und liegen, lief nach unten und hob ab. Es war meine Mutter. Nach den üblichen Begrüßungsfloskeln kam sie zu ihrem Lieblingsthema der letzten Monate.

»Habt ihr schon einen Termin, Angela?«

»Nein, Mama.«

»Ich habe vorige Woche ein besonders schönes Kleid gesehen. Resedagrün mit elfenbeinfarbener Spitze. Ich habe schon fünfmal davorgestanden und überlegt, ob ich es mir kaufen soll.«

»Warum kaufst du es dir denn nicht?«

»Es ist ein Kleid für kühlere Tage, Angela.«

»Was willst du damit sagen, Mama?«

»Damit will ich sagen, daß es nichts fürs Frühjahr wäre.«

»Wenn man es im Herbst anziehen kann, ist es doch auch fürs Frühjahr geeignet.«

»Ich sagte nicht, daß es fürs ganze Frühjahr ungeeignet wäre. Allerdings wäre es nichts fürs späte Frühjahr. Spätes Frühjahr wäre für das Kleid zu warm. Wenn ihr beiden zum Beispiel einen Termin für Mai planen solltet, kann ich mit dem Kleid nichts mehr anfangen.«

»Wir haben bislang noch gar keinen Termin geplant.«

»Könnt ihr euch nicht entscheiden, Kind?«

»Im Moment sieht es eher so aus, als würde es gar keinen Termin geben.«

»Bitte?«

Ich sah meine Mutter vor mir, dunkelhaarig wie ich, die schmalen Brauen hochgezogen und ins Telefon lauschend, die Oberlippe zwischen die Zähne geklemmt, mit demselben Ausdruck von Konzentration, den sie bei feierlichen Gruppenaufnahmen in ihrem altmodischen kleinen Studio an den Tag legte.

Ich brachte es nicht fertig, ihr den Abend zu verderben. Nächste Woche, dachte ich mit schlechtem Gewissen. Nächste Woche würde ich ihr eröffnen, daß unser einziger geplanter Termin mein Auszugstermin war und daß Siegfried mit all seinen Siebensachen schon bei einer neuen Frau war, die viel ordentlicher war als ich.

»Angela, ich glaube, ich habe dich gerade eben nicht richtig verstanden. Wann, sagtest du, soll der Termin stattfinden?«

»Du, Mama, gerade hat es an der Tür geläutet, ich muß Schluß machen.«

»Erwartet ihr Gäste?«

»Wir sprechen demnächst weiter, Mama.«

»Sobald ihr euch auf einen Termin festgelegt habt, ja?«

»Ja, klar, Mama. Ich muß jetzt die Tür aufmachen. Wiedersehen!«

Die Ärmste. Sie hatte so lange darauf gewartet, daß ich endlich den Richtigen fand, einen, der beruflich und finanziell etwas darstellte und sie mit Enkelkindern versorgte. Jetzt mußte sie noch länger warten. Vielleicht bis ans Ende ihrer Tage. Falls ich selbst überhaupt so lange lebte.

Kaum hatte ich die Verbindung getrennt, läutete es wirklich. Ich ging zur Tür und lugte durch den Spion, doch der Mann draußen sah nicht aus wie jemand, der mich erpressen oder töten wollte, sondern eher wie jemand von der meterlangen Nachmieterliste, ein glattrasierter Mittdreißiger, der seine Kaschmirsakkos und Edelrollis in Rom oder Mailand kaufte und seine Schuhe in London maßschneidern ließ.

»Wer ist da bitte«, fragte ich dennoch vorsichtshalber in die Sprechanlage.

Durch den Spion sah ich, wie der Mann in typisch gelangweilter Yuppiemanier die Stirn runzelte. »Ich möchte mir gern die Wohnung ansehen. Ich hatte einen Termin.«

»Bei mir nicht«, murmelte ich, während ich öffnete.

Ich streckte dem Mann die Hand hin, und er drückte mir umgehend seine Visitenkarte hinein, die ihn als Alfred Harkmüller, Produktmanager, auswies.

Er setzte sich sofort in Bewegung und marschierte an mir vorbei ins Bad, danach ins Arbeitszimmer. »Die Wand da muß natürlich raus.«

»Also, ich weiß nicht ...«

Er eilte bereits weiter in die Küche. »Die Schränke sind Schrott, aber der Zuschnitt des Raumes ist okay, das kann so bleiben.«

Danach begutachtete er das Eßzimmer und nickte anerkennend, als er den herrlichen Panoramablick auf die Außenalster bemerkte.

»Das ist ja Gott sei Dank alles leer«, meinte er und ging im Eiltempo weiter ins Schlafzimmer. »Ich könnte also theoretisch morgen schon rein.«

Das passierte alles viel zu schnell, fand ich, zu überfallartig. Ich folgte ihm rasch ins Wohnzimmer, wo er angewidert vor meiner Campingecke stehenblieb. »Na ja«, meinte er. Sonst nichts. Nur *Na ja*.

»Haben Sie überhaupt Referenzen?« fragte ich.

Er drehte sich um. »Was meinen Sie mit Referenzen?«

»Außer Ihnen stehen noch ein paar andere Leute auf der Liste, müssen Sie wissen.«

»Ach, das«, sagte er wegwerfend. Bloß *Ach, das*.

Sicher hatte er endlos viel Geld, ihm kam gar nicht in den Sinn, daß der Eigentümer anderen Mietern den Vorzug geben könnte. Oder er kannte den Besitzer persönlich.

»Kennen Sie den Besitzer des Hauses?« fragte ich.

»Was wollen Sie damit sagen?« fragte er mißtrauisch.

»Nichts. Ich wollte bloß wissen, ob Sie ihn kennen.«

Er schüttelte den Kopf. »Nein, noch nicht. Wie ist er denn so?«

Das klang schon zurückhaltender. Offenbar befürchtete er, ich könnte ihn als Nachmieter beim Eigentümer schlechtmachen. Ich hätte ihm sagen können, daß seine Sorge unbegründet war, ich hatte keine Ahnung, wem das Haus gehörte, soweit ich wußte, war alles Vertragliche immer über eine Wohnungsverwaltung abgewickelt worden.

Alfred Harkmüller, Produktmanager, wartete meine Antwort gar nicht ab, sondern erklärte mir als nächstes unumwunden, die Stuckgirlanden an der Wohnzimmerdecke seien Firlefanz, die würde er auch runterreißen lassen, dann eilte er unaufgefordert zur Treppe und ging nach oben. So schnell ich konnte, rannte ich ihm nach und holte ihn zwei Meter vor der Dunkelkammer ein. Mit Schwung warf ich mich vor die Tür und drückte sie mit den Schulterblättern ins Schloß. »Das hier ist privat!«

»Eine private Bibliothek?« fragte Alfred Harkmüller interessiert. Ich sah ihm an, was er dachte.

»Nein, bloß eine ... ähm, Kammer.«

»Mit Geräten?« Kein Zweifel, welche Art von Geräten er im Sinn hatte.

»Nein, einfach nur eine Kammer ohne alles.« Ich zeigte aufmunternd auf die nächste Tür. »Da vorn wäre noch das Gästezimmer mit Ankleidezimmer. Und daneben das Gästebad.«

Ziemlich widerwillig ging er weiter. Er meckerte ausgiebig an den Armaturen im Gästebad herum und versuchte auf dem Rückweg zur Treppe, doch noch einen Blick in die Dunkelkammer zu erhaschen. Selten war ich so froh gewesen, einen Menschen gehen zu sehen. Doch er war kaum verschwunden, als auch schon die nächsten Nachmieter vor der Tür standen. Ein Professorenpaar, er ordentlicher Professor für bildende Künste, sie ordentliche Professorin für Agrarwissenschaft, eine absolut ungewöhnliche Kombination, wie ich fand. Dafür ähnelten die zwei sich wie Geschwister, beide hatten kurzes graues Haar und waren um die Fünfzig, beide trugen sie Goldrandbrille, Lammfellparka und Wanderschuhe. Frau Professor brach eine langwierige Debatte über den unverschämt hohen Quadratmeterpreis vom Zaun, sie versuchte mit allen Mitteln, die Miete herunterzuhandeln und glaubte mir kein Wort, als ich beteuerte, daß ich darauf nicht den geringsten Einfluß hatte.

Doch die Wohnung gefiel ihnen ausgezeichnet, daran bestand kein Zweifel. Sie brauchten fast eine Stunde, um die untere Etage zu besichtigen und dabei darüber zu diskutieren, wo der Schreibtisch, den sie von Onkel Hermann geerbt hatten, am besten zur Geltung käme.

Sie standen gerade vor der Wendeltreppe und stritten, ob die Vitrine von Tante Marion hier in der Diele oder doch besser im Eßzimmer stehen sollte, als das Telefon klingelte. Wenn das Siegfried sein sollte, der sich nach dem reibungslosen Verlauf der Besichtigungsgespräche erkundigen wollte, würde ich ihm den Marsch blasen! Ich hob in der Diele ab und meldete mich.

»Wir gehen schon rauf«, sagte Frau Professor.

»Nein!« schrie ich.

»Paß auf, was du sagst«, flüsterte eine heisere Stimme am anderen Ende der Leitung. »Wenn du auflegst, mach ich dich kalt!«

»Lassen Sie sich nicht beim Telefonieren stören«, sagte Herr Professor, schon auf halbem Weg nach oben, »wir kommen ganz gut allein zurecht.«

»Sie können da nicht raufgehen, das ist privat!« rief ich.

»Hebst du da oben deine kleinen Bilderchen auf?« flüsterte die heisere Stimme.

Ich starrte entsetzt den Professor an, wie konnte

er das wissen? Dann erst ging mir auf, daß die Stimme dem Anrufer gehörte. Himmel, es war soweit! Der Mörder, ich hatte ihn an der Strippe, und Professors waren drauf und dran, meine in der Dunkelkammer aufgehängten Geheimnisse zu lüften!

»Moment!« zischte ich beschwörend ins Telefon, legte den Hörer hin und lief hastig zur Treppe. »Kommen Sie sofort runter, sonst rufe ich die Polizei!«

»Ja, was denn!« empörte sich Frau Professor. »Als ob wir hier klauen wollen! Haben wir das nötig?« Ihr schneidender Blick sprach Bände, als sie ihren widerstrebenden Mann zum Ausgang lotste.

»Wir sind sehr an der Wohnung interessiert«, teilte er mir über die Schulter hinweg mit. »Bitte merken Sie uns unbedingt vor!«

»Keine Sorge.«

»Bestimmt?«

»Ganz bestimmt!«

»Vielen Dank!«

»Keine Ursache!« rief ich ihnen hinterher. »Wiedersehen!«

Endlich hörte ich ihre Schritte im Treppenhaus verklingen, ich flitzte zurück zum Telefon.

»Wer ist da?« fragte ich mit zitternder Stimme. »Was wollen Sie?«

»Dumme Frage. Dich umbringen.«

Ich ließ mich schwer auf den Boden fallen, meine Knie knickten unter mir weg wie gekochter Spargel, der zu lange in Butter gelegen hat.

Die heisere Stimme tönte an mein Ohr, dröhnte in meinem Kopf, bis ich das Gefühl hatte, mir müßte der Schädel platzen. Ich konnte nicht mehr richtig atmen, mein eigener rasender Herzschlag nahm mir die Luft.

Das war Todesangst, erkannte ich in plötzlicher Hellsichtigkeit. So fühlt sich ein Mensch, der den Tod vor Augen hat. So mußte Clarissa zumute gewesen sein, bevor sie starb.

»Bist du noch dran?« fragte die heisere Stimme. Sie klang dumpf, irgendwie verzerrt, als spräche der Anrufer durch einen Mundvoll Kiesel. Vielleicht benutzte er einen Stimmodulator. Oder einfach nur ein Tuch, das er sich vor die Lippen preßte und durch das er mit verstellter Stimme sprach. Und er rief mit einem Handy an, ich konnte deutlich das typische Mobilfunkrauschen und -piepen in der Leitung hören.

»Ja, hier bin ich«, stammelte ich. »Ich meine, ich bin noch dran!«

»Dein Glück. Ich laß dich nämlich leben. Aber nur, wenn du tust, was ich sage.«

»Ich tu's ja! Ähm ... was soll ich denn tun?«

»Du weißt, was ich will.«

»Die Negative«, flüsterte ich.

»Genau. Und ohne Tricks. Wenn ich herauskriege, daß du irgendwo noch Abzüge aufbewahrst, bist du tot.«

»Was soll ich tun?« fragte ich, angemessen demütig, wie ich hoffte.

»Morgen mittag kurz vor zwölf gehst du mit den Negativen ins Altonaer Museum. Um Punkt zwölf wirst du dort weitere Instruktionen erhalten.«

»Ich komme bestimmt. Das heißt, wenn mir nichts

dazwischenkommt. Ich meine, ich könnte ja einen Unfall haben oder so ... Was mache ich, wenn ich einen Unfall habe?«

Die heisere, fremdartig klingende Stimme schnellte eine halbe Oktave nach oben. »Wenn du nicht kommst, stirbst du!«

»Aber wie kann ich sicher sein, daß Sie mich hinterher nicht doch noch umbringen?« wagte ich zu fragen.

Gräßlich verzerrtes Kichern drang an mein Ohr. »Du kannst eben nicht sicher sein. Denk dran, ich könnte überall sein. Vielleicht bin ich jetzt in diesem Moment ganz in deiner Nähe. In deinem Haus. Oder sogar ... vor deiner Tür!«

Die Stimme verstummte, die Verbindung wurde getrennt. Doch dafür hörte ich ein anderes Geräusch, das mir das Blut in den Adern gefrieren ließ. Schritte. Laute, hallende, schnelle Schritte, draußen auf den Marmorstufen im Treppenhaus. Jemand kam die Treppe herauf, blieb vor der Tür stehen. Vor der Tür, die Professors nicht zugemacht hatten ...

Ich gab ein hilflos würgendes Geräusch von mir, als die Tür sich bewegte. Langsam schwang sie nach innen auf. Der Kerl hatte mir nicht nur Angst einjagen wollen, er war wirklich hier! Er hatte jetzt gerade sein Handy eingesteckt und statt dessen sein Rasiermesser oder Schlimmeres hervorgezogen, um Nägel mit Köpfen zu machen.

Ein tief verwurzelter Überlebenswille befahl mir das Unmögliche: Los, zur Tür, Angie! Schnell, bevor er drinnen ist!

Irgendwie kam ich auf die Knie, und dann übernahmen meine Instinkte das Kommando. Meine Zehen und meine Fingerspitzen krallten sich ohne mein Zutun in die Ritzen des Parketts, stemmten sich fest ein, stießen sich ab.

Mein Körper schnellte los wie ein Pfeil, der von der straff gespannten Sehne fliegt, ein perfekter Tiefstart wie beim Hundertmetersprint. Sekundenbruchteile später war ich an der Tür, meine Schulter knallte mit der Wucht eines Vorschlaghammers dagegen, und mein Ächzen wurde vom Schmerzensschrei eines Mannes übertönt. Einen Wimpernschlag lang dachte ich, ich hätte es geschafft, doch dann sah ich, daß es zu spät war. Der Eindringling hatte schon seinen Fuß in der Tür, ein großer, kräftiger Männerfuß, der in einem braunen Lederschuh steckte. Durch den gewaltigen Schwung, mit dem ich gegen die Tür geprallt war, bewegte mein Körper sich unkontrolliert weiter, rutschte an der glatten Türfüllung entlang, bis ich wieder in der Position angelangt war, aus der ich gestartet war: zusammengekauert auf dem Boden. Mit dem entscheidenden Unterschied, daß ich jetzt dem Mörder buchstäblich zu Füßen lag. Mein Magen krampfte sich reflexartig zusammen. Ich starrte auf die blanken braunen Schuhe und konnte nicht aufhören, zu würgen. Und dann spritzte in hohem Bogen ein Schwall Flüssigkeit aus meinem Mund, ein grausiges Gebräu aus Magensäure, Cognac und Sandkuchen.

»Das war mein drittbestes Paar Schuhe«, kommentierte eine Stimme von oben.

Stöhnend vor Schwäche legte ich den Kopf in den Nacken und schaute hoch, direkt in die durchdringend blauen Augen von Kurt Klett.

*

»Ich glaube, ich werde unrettbar zur Alkoholikerin, wenn ich so weitermache.« Ich saß mit angezogenen Knien auf meinem Schlafsack, ein hohes Glas mit dampfendem Grog zwischen den Händen.

»Das ist Medizin«, erklärte Kurt. Er saß in Socken auf meinem provisorischen Tisch und betrachtete mich aufmerksam, während ich ab und zu von dem heißen Getränk nippte.

»Eine ähnliche Art Medizin hatte ich schon heute nachmittag. Und was ist dabei rausgekommen?«

»Ich hab noch mehr Schuhe«, sagte Kurt. Er sah längst nicht mehr so frisch aus wie am Morgen, sein Tag mußte ähnlich aufreibend gewesen sein wie meiner. Trotzdem hatte er sich mit keinem Wort über die Sauerei auf seinen Schuhen oder über die Schmerzen beschwert, die ihm sein eingeklemmter Fuß verursachen mußte. Er hatte ein Handtuch aus dem Bad geholt, mir das Gesicht abgewischt und anschließend sogar den Fußboden einigermaßen saubergerubbelt. Danach war er in die Küche gehumpelt, hatte eine Weile dort rumort und war zehn Minuten später mit einem steifen Grog ins Wohnzimmer gekommen.

Draußen war es endgültig dunkel geworden. Lange Schatten fielen ins Zimmer und erzeugten unheimliche, bewegliche Umrisse auf den nackten Wänden.

»Ich wußte gar nicht, daß ihr umzieht. Gefällt es euch hier nicht mehr?«

»Mir schon«, sagte ich. »Aber man kann nicht immer das behalten, was einem gefällt.« Ich erzählte ihm von der Trennung und der Nachmieteraktion, sorgfältig darauf bedacht, keine verräterischen Zusammenhänge mit dem Mord zu erwähnen.

»Wo wirst du denn jetzt wohnen?«

»Keine Ahnung«, sagte ich trotzig. »Noch wohne ich hier.«

Er schüttelte den Kopf und lächelte. »Du bist ein verrücktes Huhn, Angela.«

»Das sagen viele.«

»Ist es schlimm für dich?«

»Was meinst du?«

»Die Trennung. Daß er eine andere hat.«

»Ja, sicher. Es sind die üblichen Gefühle.«

»Welche denn?«

Ich zögerte ein wenig, bevor ich schließlich achselzuckend antwortete: »Na ja. Was hat sie, was ich nicht habe und so weiter. Man denkt pausenlos darüber nach, was man falsch gemacht hat. Man stellt sie sich zusammen im Bett vor. Man erwischt sich dabei, wie man aufs Telefon schielt: Ruft er an, weil alles ein furchtbarer Irrtum war? Ruft er an, weil er es sich wieder anders überlegt hat? Aber er ruft nicht an. Und weil er nicht anruft, will man schließlich selbst anrufen, ganz egal warum, Hauptsache anrufen, und wenn's wegen irgendeiner Nichtigkeit ist, zum Beispiel: Es geht doch klar, daß ich das Telefon weiterbenutze, oder? Und dann das Schlimmste: Das angeknackste Selbstwertgefühl. Auf einmal ist man zu häßlich, zu alt, zu dumm, zu träge. Man ist ein komplexbeladenes Nichts. Eine absolute Null. Luft. Antimaterie. Keiner liebt dich ...«

»Warst du deswegen mit dem Typ auf Sylt im Bett? Um dir zu beweisen, daß das nicht stimmt?«

»Nein, das war eine einmalige Kurzschlußhandlung, ich hatte das nicht unter Kontrolle.«

»Ah ja. Und du und Siegfried? Ist es deine erste Trennung?«

»Natürlich nicht. Aber die erste von jemandem, mit dem ich zusammengelebt habe. Ich hatte mich, wie man so schön sagt, total in diese Beziehung eingebracht. Vorher hab ich immer allein gelebt. Es gab davor auch Männer, aber nicht auf diese Art. Ich hatte geglaubt, Siegfried ist der Richtige, weißt du.«

»Der Richtige?«

»Der Vater meiner Kinder.«

»Möchtest du denn Kinder, Angela?«

»Ja, klar. Welche Frau will die nicht.«

»Da gibt's einige. Wie viele Kinder sollen es denn sein?«

»Zwei auf jeden Fall!« Ich seufzte zufrieden, der Grog tat mir gut. Und Kurts Interesse auch. »Ich will sie schnell hintereinander, dann können sie zusammen spielen. Ich möchte kein Einzelkind haben, so wie ich eins war. Einzelkinder sind immer allein, immer ein bißchen einsam. Sie haben niemanden, mit dem sie zanken können.«

»Zanken ist wichtig«, pflichtete Kurt mir bei.

»Genau.« Ich nahm einen großen Schluck Grog. Der Alkohol wärmte meinen leeren Magen und stieg mir zu Kopf. »Nie hatte ich als Kind jemanden, den ich richtig auszanken konnte, es war schrecklich!«

Wir unterhielten uns, wobei hauptsächlich ich redete. Ich erzählte Kurt von meinen Norwegenplänen, von blauen Gletschern und zerklüfteten Fjorden. Ich erzählte ihm, daß ich im Sommer gerne mit dem Ruderboot auf den Kanälen hier in der Gegend unterwegs war, immer ganz dicht am grün überwucherten Ufer entlang, daß ich im Winter auf der zugefrorenen Außenalster Schlittschuh lief, daß ich oft zum Schwimmen ging, daß ich früher mal die hundert Meter in beinahe olympiareifer Schnelligkeit geschafft hatte.

Ich erzählte all das, weil ich glaubte, daß er sich ernsthaft für mich interessierte. Daß er in Wahrheit nur versuchte, mich auf geschickte Weise auszuhorchen, merkte ich erst, als er ganz unvermittelt fragte: »Vor wem hattest du vorhin solche Angst, Angie?«

Meine verträumte, mitteilsame Stimmung verflüchtigte sich schneller als ein Luftzug. »Ich hatte Angst davor, daß einer reinkommt, der nicht angemeldet war«, erwiderte ich ruhig. »Die Nachmieter, die vorher da waren, hatten die Tür nicht richtig zugemacht. Es hätte sonst jemand sein können, zum Beispiel ein Serienkiller, der darauf steht, Journalistinnen umzubringen. Immerhin ist letzte Nacht erst meine Chefin ermordet worden. Aber dann warst du es zum Glück.«

»Du hast eine merkwürdige Art, deinem Glück Ausdruck zu verleihen.«

»Das war die Kombination von Panik und Erleichterung. Außerdem hab ich heut eine Menge mitgemacht, Kurt.« Bissig setzte ich hinzu: »Tut mir leid um deine Schuhe, ich kann's meiner Haftpflicht melden.«

Kurt streckte einen langen Arm aus und nahm mir das Glas weg. Er trank einen Schluck davon und drehte es dann gedankenverloren in den Händen. »Weißt du, wir haben überall Fingerabdrücke gefunden. Auf dem Sofa, auf dem Schreibtisch, auf dem Telefon, auf der Flasche. Die meisten davon stammen von dir, der Rest von Agnes. Dann haben wir noch eine Menge Fasern, die meisten davon rot. Die dürften von dem Hemdchen sein, daß du heute morgen anhattest.«

Jetzt war ich erst recht auf der Hut. »Willst du damit irgendwas Bestimmtes zum Ausdruck bringen?«

Kurt hob mit einer vage entschuldigenden Geste die Hand. Obwohl sein Gesichtsausdruck in der Dämmerung nicht genau zu erkennen war, merkte ich an der Haltung seines Kopfes und seinen herabgesunkenen Schultern, daß er zutiefst erschöpft war. Der Eindruck von Resignation, der von ihm ausging, erweckte in mir die leise Hoffnung, daß er mich vielleicht doch ohne Hintergedanken aus meinem Leben hatte erzählen lassen, einfach so, weil er mich mochte und mir gern zuhörte. Vielleicht hatte er nur deshalb so abrupt das Thema gewechselt, weil er das Bedürfnis hatte, mit jemandem über seine Ermittlungen zu sprechen.

Ich beschloß, es auf einen Versuch ankommen zu lassen. »Du kommst in dem Fall nicht richtig weiter, oder?« fragte ich leise.

»Das will ich nicht sagen. Wir haben heute im Laufe des Spätnachmittags den wichtigsten Teil der Laborbefunde von der Spurensicherung bekommen, ein rekordverdächtiges Bearbeitungstempo. Nun, sie war meine Tante, und sie war eine bekannte Persönlichkeit, das hat es vielleicht beschleunigt.« Er setzte sich bequemer hin und stützte die Ellbogen auf die Knie. Die Umzugskiste knarrte unter seinem Gewicht, er war kräftig gebaut, sicher wog er mehr als neunzig Kilo.

»Die Rekonstruktion des Tathergangs macht uns mehr Schwierigkeiten«, fuhr er zögernd fort.

»Erzähl mir davon.«

Kurt hob die Schultern. »Warum nicht. Fangen wir mit dem Vorabend an. Wie immer kamen die Reinigungskräfte gegen neunzehn Uhr. Sie putzten zwei Stunden lang und verließen das Gebäude. Der Automat funktionierte zu diesem Zeitpunkt noch tadellos. Als du dann heute morgen um halb sieben hinkamst, war er kaputt. Er wurde manipuliert, wahrscheinlich über den Zentralcomputer. Sämtliche Erfassungsdaten sind vernichtet.«

Ich räusperte mich. »Hat die Putzkolonne in Clarissas Büro auch saubergemacht?«

»Äußerst gründlich sogar. Ich habe es mir in einem anderen Büro demonstrieren lassen. Sie wienern alles ab, und zwar ganz akribisch, mit einem nassen Lederlappen. Schreibtisch, Chefsessel, Telefon, Sofa. Alles, sogar die Fensterbänke. Der Teppich wird gesaugt, täglich. Das heißt für uns zwangsläufig, daß alle Fasern und Abdrücke und sonstigen Fundstücke frisch waren. Da wären als erstes die Fingerabdrücke, die heute nachmittag zugeordnet worden sind.« Kurt zählte auf. »Wir haben deine und die von Agnes, Übereinstimmungen in allen wesentlichen Punkten, deutlich und unverkennbar. Außer euren gibt es nur noch eine Reihe verwischter Abdrücke, hauptsächlich auf den Glasscherben, der Flasche, der Marlboroschachtel, dem Feuerzeug, den Armlehnen. Diese Abdrücke sind es, die uns zu schaffen machen. Es war noch jemand im Büro, hat verschiedene Gegenstände angefaßt und sich hinterher alle Mühe gegeben, seine Spuren zu verwischen.«

»Es könnte doch sein, daß die verwischten Fingerabdrücke von Clarissa stammen.«

»Das ergibt keinen Sinn. Warum sollte sie ihre eigenen Abdrücke verwischen?«

»Du hast recht«, räumte ich ein.

»Wir wissen noch mehr. Diese Person, die ihre Fingerabdrücke verwischte, hat auf dem Chefsessel gesessen, bevor Clarissa sich setzte. Vermutlich eine Frau. Wir haben rosa Wollfasern auf dem Leder gefunden.«

»Moment. Du meinst, jemand mit rosa Klamotten ist in Clarissas Büro gekommen, hat sich auf Clarissas Sessel gesetzt?«

»Nicht nur das. Die betreffende Person hat von dem Sekt getrunken und eine der Zigaretten geraucht, die auf der Fensterbank lagen. Neben einem von Clarissas Schuhen fanden wir eine angerauchte Zigarette mit Lippenstiftspuren am Filter, die allem Anschein nach in Sekt gelöscht worden ist.«

In dem Sekt, den ich mitgebracht hatte? Ich starrte Kurt töricht an und sagte ohne nachzudenken: »Aber das ist doch nicht möglich!«

»Was ist nicht möglich?« fragte Kurt mit seidenweicher Stimme, und ich brauchte sein Gesicht nicht sehen zu können, um zu wissen, daß ich mit meiner unbedachten Bemerkung soeben seinen Jagdinstinkt geweckt hatte.

Ich hatte mal wieder einen schweren Fehler gemacht.

*

Das verräterische Schweigen schien ewig zu dauern. Ich starrte in die Dunkelheit, meine Gedanken rotierten mit rasender Geschwindigkeit. Schnell, Angie, schnell! Laß dir was einfallen!

»Ich meine ... ich meine ... ähm ...« Ich verhaspelte mich, schluckte zweimal und sagte schließlich das Nächstbeste, was mir in den Sinn kam. »Ich ... also ... ich meine, Clarissa ... sie kann die Zigarette nicht geraucht haben!«

»Warum nicht?«

»Weil sie keinen Lippenstift trug«, stieß ich erleichtert hervor.

»Das ist richtig. Du hast sehr genau hingeschaut.«

»Nein, das war nicht nötig«, sagte ich unbehaglich. »Sie hat sich niemals die Lippen angemalt, weißt du.«

»Ach ja, jetzt wo du es sagst, erinnere ich mich. Nun, wie auch immer. Sie hat diese Zigarette jedenfalls nicht geraucht. Sie war es auch nicht, die den Sekt getrunken hat.«

»Wer dann?«

»Die fremde Frau.«

Ich mußte wieder schlucken und hatte plötzlich das unwiderstehliche Bedürfnis nach einer Nervogastrol. Mir fiel ein, daß ich mir aus Siegfrieds Beständen einen kleinen Notvorrat hatte anlegen wollen, doch jetzt war es zu spät. Er hatte alles mitgenommen.

»Und woher wißt ihr, daß die fremde Frau von dem Sekt getrunken hat?«

»An einer der Glasscherben haben wir denselben Lippenstift gefunden wie an der Zigarette. Die Spuren sind identisch.«

Das warf ein völlig neues Licht auf die Sache. Die Frau mußte vor Clarissa dagewesen sein, soviel war klar, denn sonst hätte sie sich schlecht auf den Sessel setzen können. Der war ja später mit Clarissa belegt.

»Angela?«

Es mußte außerdem in jedem Fall später als etwa zwanzig nach drei gewesen sein, weil ich erst um diese Zeit eingeschlafen war, verborgen von der hohen Sofalehne und für alle Besucher unsichtbar. Die Frau war also ins Büro gekommen, hatte sich an den Schreibtisch gesetzt, einen Schluck aus einem der von mir so fürsorglich gefüllten Gläser getrunken, eine von Clarissas Marlboros angeraucht, sie in den Sekt gesteckt ... Und dann? Hatte sie auf Clarissa gewartet und sie dann umgebracht? Oder war sie die Gehilfin des Mörders, hatte sie mit ihm gemeinsame Sache gemacht? War sie womöglich diejenige, die mit den Drecksäcken unter einer Decke steckte? Oder war sie längst gegangen, als Clarissa und später der Mörder kam?

»Angela?«

Angenommen, die unbekannte Frau steckte *nicht* mit dem Mörder unter einer Decke, wie lag der Fall dann? Sie hatte die Gläser, die Armlehnen und die Flasche abgewischt, aber warum? Wußte sie, daß hier ein Mord geschehen sollte? Es gab zwei Möglichkeiten, erkannte ich sofort. Die erste bestand darin, daß die Frau irgendwie Augen- oder Ohrenzeugin des Mordes geworden war und nach der Tat rasch ihre Spuren beseitigt hatte, um nicht fälschlicherweise selbst verdächtigt werden zu können.

»Angela?«

Die zweite Möglichkeit war, daß die Frau kurz vor dem Mord gegangen und gleich danach zufällig zurückgekommen war, den Schlamassel gesehen und eilig ihre Fingerabdrücke weggerubbelt hatte, damit kein Verdacht auf sie fallen konnte. Dabei waren ihr die Gläser aus der Hand gerutscht ... Und ich hatte bei alledem geschlafen wie in Narkose!

Aber halt! Was war mit den Fotos? Hatte sie vielleicht auch die Fotos mitgenommen? Wurde ich am Ende gar nicht vom Mörder bedroht, sondern von der unbekannten Frau? Die verzerrte Stimme könnte auch einer Frau gehören, überlegte ich. Vielleicht der rothaarigen Walküre. Nein, überlegte ich weiter, die würde kein Rosa tragen, das biß sich mit ihrer Haarfarbe.

»Angela!!!«

Ich fuhr erschrocken zusammen. »Mein Gott, wieso brüllst du so?«

»Weil du mir mal wieder nicht zuhörst! Was ist los mit dir, bist du müde?«

»Oh, ja, wirklich«, stimmte ich sofort zu. »Schrecklich müde. Hundemüde.« Das war die reine Wahrheit, wie ich plötzlich erkannte. Als Sieglinde heute nachmittag von ihrem Gletscher herab auf mich zugesaust war, hatte ich höchstens zwei Stunden Schlaf gehabt. Mein Kopf fühlte sich an, als sei er mit Sand gefüllt, meine Arme und Beine waren schwer wie Blei.

»Ach, Angela«, seufzte Kurt. »Was mach ich nur mit dir?«

Das erinnerte mich daran, daß ich einen Mörder finden wollte.

»Warum erzählst du mir nicht, was deine restlichen Ermittlungen ergeben haben?« fragte ich mit gespielter Munterkeit. »Du mußt doch heute bei *Clarisse* Dutzende von Leuten vernommen haben, was hast du dabei rausgefunden?«

»Nichts, außer, daß wir ungefähr zwanzig Verdächtige haben.«

»So viele!« rief ich ehrlich erschüttert.

»Mhm. Keiner hat direkt zugegeben, froh über ihren Tod zu sein, aber hier und da sind Andeutungen gefallen, und jeder wußte von jemand anderem zu berichten, der Clarissa nicht ausstehen konnte oder sogar Grund hatte, sie zu hassen.«

»Aber wie willst du da den Richtigen finden?«

»Durch Selektion«, sagte er spöttisch.

»Was meinst du damit?« fragte ich argwöhnisch.

Er lachte, stand auf und ging im Dunkeln zum Kamin. »Kann man hier Feuer machen?«

»Normalerweise ja. Heute leider nicht. Sigi hat das Holz und die Schürhaken mitgenommen.«

»Schade. Ich liebe Kaminfeuer. Wenn ich das nächste Mal komme, bring ich ein paar Scheite mit.«

»Hast du einen Kamin?« fragte ich spontan.

»Einen kleinen Kaminofen.«

Plötzlich wollte ich mehr über ihn erfahren, wollte wissen, ob er gern Polizist war, wo und wie er wohnte, was er in seiner Freizeit tat, ob er gern las oder ins Kino oder zum Italiener ging, ob er Fußball mochte. Und vor allem interessierte mich mit einem Mal brennend, ob es in seinem Leben eine Frau gab.

Ich preßte die Hand vor den Mund und unterdrückte ein Gähnen, während ich die schattenhaften Umrisse seiner großen Gestalt in der Dunkelheit auszumachen versuchte und gleichzeitig überlegte, wie ich mehr über ihn herausfinden konnte, ohne neugierig zu wirken. Doch ich war zu müde, um es geschickt anzugehen.

»Kurt, hast du eigentlich eine Frau?«

Er kam zu mir herüber und setzte sich neben mich auf den Schlafsack. »Ich hatte mal eine. Im Moment bin ich solo.«

»Geschieden?«

»Vor drei Jahren.«

»Oh. Tut mir leid. Kinder?«

»Nein. Zuerst wollten wir noch warten, und als ich dann gern eins gehabt hätte, mochte sie nicht mehr, weil sie berufliche Fortschritte gemacht hatte.«

»Seht ihr euch noch?«

»Nein. Wir haben uns schon während unserer Ehe kaum gesehen. Ich bin beruflich stark eingespannt, aber am Anfang meiner Laufbahn war es noch schlimmer, ich hatte meine Arbeitszeit kaum unter

Kontrolle. Später, als ich meinen Job endlich besser im Griff hatte, arbeitete sie mittlerweile mindestens genauso viel wie ich. Irgendwann hat sie sich praktischerweise mit einem ihrer Kollegen zusammengetan, beruflich und privat. Sie ist Anwältin, weißt du.«

»Ach«, sagte ich lahm.

Dann erzählte er mir mehr, ich erfuhr alles, was ich wissen wollte. Er war mit Leib und Seele Kriminalbeamter, schon als Kind hatte er einen ausgeprägten Gerechtigkeitssinn besessen. Die Bezahlung war nicht berühmt und die Arbeitszeit eine einzige Katastrophe, aber mit den Jahren gewöhnte man sich daran, sagte er. Er wohnte in einer gemütlichen Zweizimmer-Altbauwohnung in Altona. Ja, er las gerne, und ja, er mochte Fußball, er war sogar eingefleischter HSV-Fan. Er aß italienisch, aber noch lieber Hausmannskost: Kochen war sein Hobby. Er hörte amerikanische Countrymusik und ging, wenn es seine Arbeit erlaubte, auch ab und zu ins Kino. Im Fernsehen sah er sich vorzugsweise alte Hollywoodfilme aus den Fünfzigern und Sechzigern an, am meisten hatte es ihm Audrey Hepburn angetan. Er liebte Sabrina und Reggie und Holly Golightly, und wenn er im Radio *Moon River* hörte, sang er mit.

Kurt legte den Arm um meine Schultern und summte es mir vor. Ich genoß seine Nähe und seine Körperwärme, ich fühlte mich geborgen, umfangen von der Dunkelheit und dem Dämmer aufkommenden Schlafes. Seine leise, rauhe Stimme lullte mich ein, ich legte meinen Kopf an seine Schulter und wollte, daß er nie aufhörte zu summen. Es war schön mit ihm zusammen, hier auf meinem Schlafsack, es war beinahe, als gehörte er dorthin. Der Grog und die Wärme ließen ein leises, glückliches Kichern in mir hochglucksen, es war draußen, bevor ich es zurückhalten konnte.

»Ich bin wohl nicht besonders gut bei Stimme«, entschuldigte Kurt sich.

»Nein, hör nicht auf«, protestierte ich.

Er summte weiter, und ich stellte mir wieder vor, wie er auf meinen Fotos aussehen würde, zum Beispiel stehend, an einen Kamin gelehnt, groß und zuverlässig und stark, ein bißchen wie ein Bär und ein bißchen wie ein Igel. Er war ein Mann zum Knipsen, das wußte ich plötzlich.

Ich spürte seinen Atem an meiner Schläfe, als er zu sprechen anfing. »Weißt du, als ich dich zum ersten Mal sah, wußte ich gleich, daß es ungeheuren Ärger geben würde.«

»Warum?« murmelte ich in schläfrigem Gleichmut, längst außerstande, ihm zu folgen.

»Weil du wie Audrey aussiehst. Nein, das ist es nicht mal. Oder jedenfalls nicht allein. Es ist diese fatale Mischung. Du bist so zart gebaut und schaust einen mit diesen großen Rehaugen an. Dabei bist du knallhart.«

»Mhm?« machte ich verwirrt.

»Stark. Couragiert. Frech. Du läßt dir nichts bieten, verstehst du. Du beißt dich durch, ohne Rücksicht auf Verluste, wenn's sein muß. Du rauchst Männerzigaretten und trinkst Schnaps, und es macht dir Spaß, die Leute zu ärgern und zu schockieren. Du bist die Sorte Frau, die mich verrückt macht. Ich sehe dich an und kann kaum meine Hände bei mir behalten. Wenn du lachst, möchte ich dich nur noch küssen.«

»Und wenn ich weine?«

»Dann erst recht. Die kleine Kostprobe, die ich von dir bekam, als wir Brüderschaft tranken, hat mich auf den Geschmack gebracht. Es war ein Fehler, dir überhaupt näherzukommen, aber ich scheine machtlos dagegen zu sein. Ich befinde mich in einem schrecklichen Konflikt. Angela, die Situation ist total vermurkst.«

Mir war nicht ganz klar, was daran vermurkst sein sollte. Alles, was er sagte, hörte sich richtig nett an. Mir war nach mehr davon, nach mehr von seiner Nähe. Ich schwebte irgendwo in einem friedlichen Nirwana zwischen Schlafen und Wachsein. »Warum löst du den Konflikt nicht?« flüsterte ich träge.

»Wie denn?«

»Du könntest mich zum Beispiel küssen!«

»Das wäre eine Möglichkeit«, gab er zu.

»Und warum tust du's nicht?«

»Aus zwei Gründen. Es ist nicht so, daß ich's nicht dringend möchte, im Gegenteil. Aber es würde alles noch schlimmer machen. Schau, da wären einmal deine Motive. Du würdest mich sicher gern küssen, wahrscheinlich sogar mit mir schlafen. Aber warum? Doch nur, weil du dich beweisen willst. Weil du dir bestätigen willst, daß du eine begehrenswerte Frau bist, die einen Mann jederzeit um den Verstand bringen kann, und weil du damit klarstellen kannst, daß dein Doktor Schnellberger im Grunde ein Trottel ist, dich gegen eine andere einzutauschen. Mit anderen Worten: Du möchtest dein Ego polieren. Verletzter weiblicher Stolz, gekränkte Eitelkeit. Keine gute Basis, um mit mir was anzufangen. Nicht für mich jedenfalls.«

Die wunderbare, angenehme Mattigkeit wich schlagartig von mir, sofort kapselte ich mich ab, innerlich und äußerlich. Brüsk wich ich zur Seite, weg von ihm, und umklammerte mit beiden Händen meine Knie.

»Und was ist der andere Grund?« fragte ich kühl. »Du hast doch gesagt, es gibt zwei.«

Kurt holte tief Luft. »Das stimmt. Der zweite Grund ist der, daß du bei allem, was diesen Mordfall betrifft, lügst wie gedruckt.«

Ich war knallhart und ließ mir nichts bieten, er hatte es selbst gesagt. Also warf ich ihn sofort raus, entschlossen, mir seine Unverschämtheiten nicht länger anzuhören. Nachdem Kurt sich an der Wohnungstür mit der kryptischen Bemerkung verabschiedet hatte, daß ich ihn bestimmt nicht zum letzten Mal gesehen habe, schloß ich zweimal hinter ihm ab, zog mich aus und rollte mich in meinem Schlafsack zu einer Kugel der Erschöpfung zusammen. Bevor mich der Schlaf übermannte, rekapitulierte ich, was Kurt über meine Motive gesagt hatte. Wollte ich wirklich aus gekränkter Eitelkeit von ihm geküßt werden, bloß um mein Ego zu polieren? Ich rätselte hin und her, ich stellte mir seinen Mund auf meinem vor und horchte in mich hinein, doch an dieser Stelle lösten sich meine Gedanken in bunte, bewegte und sehr angenehme Träume auf, plötzlich war ich Audrey und er George Peppard, der mir mit zärtlichem Lächeln zurief: »Aufstehen, Darling, es gibt Frühstück!«

»Wo?« fragte ich verschlafen. »Bei dir oder bei mir?«

»Selbstverständlich bei Tiffany, wo sonst?«

*

Am nächsten Morgen wachte ich um acht Uhr frisch und ausgeruht auf, mit einem unbestimmten Gefühl der Einsamkeit, und mir wurde klar, wie sehr ich mich in den letzten beiden Jahren an das Zusammenleben mit einem Menschen gewöhnt hatte. Und außerdem fehlte mir Bernie, sein anbetungsvoller, dunkler Blick aus verhangenen Hundeaugen, seine feuchte Nase, die morgens zur Begrüßung gegen meine Handfläche stupste und mich zum Gassigehen aufforderte. Ob Manuela daran dachte, ihn regelmäßig zu füttern und mindestens zweimal am Tag mit ihm spazierenzugehen? Garantiert, beruhigte ich mich, sie war ja so ordentlich.

Beim Frühstück beschloß ich, mich nicht unterkriegen zu lassen. Ich hatte vor meiner Zeit mit Siegfried lange genug allein gelebt, um dem Singledasein bestens gewachsen zu sein.

Nach der dritten Tasse Kaffee ging ich daran, mich für meine heutige wichtige Aufgabe zu rüsten. Ich holte die Originalnegative aus der Dunkelkammer und versteckte sie im hintersten Winkel meiner Handtasche. Die neuen Negative ließ ich im Geheimversteck verschwinden. Da die restlichen Abzüge dort keinen Platz hatten, schob ich sie unter eine

Ecke des Wohnzimmerteppichs, den ich eigens zu diesem Zweck mühselig mit einem spitzen Messer von der Leiste ablöste und hinterher sorgfältig wieder festklebte. Danach betrachtete ich mein Werk kritisch, doch dem feinen perlfarbenen Velours war nichts anzusehen.

Nach dem Duschen und Anziehen ging ich aus dem Haus, eilte über den sauber geharkten Kiesweg zum Zaun und holte die Zeitung aus dem Briefkasten. Ich blätterte sie noch im Vorgarten auf und suchte nach der Meldung über Clarissas Tod. Der kalte Herbstwind ließ mir die großen Papierblätter um die Ohren flattern, ich hielt Politik, Wirtschaft und Weltteil mit den Zähnen fest und kämpfte mich weiter. Gleich auf der ersten Seite im Regionalteil fand ich den Artikel, groß aufgemacht, mit einem schmeichelhaften Foto von ihr, das vor mindestens zehn Jahren aufgenommen worden war. *Bekannte Herausgeberin und Chefredakteurin ermordet,* lautete die Titelzeile unter dem Foto, gefolgt von einer kurzen Mitteilung, daß die seit über zwei Wochen vermißte Clarissa Hennessy gestern mit eingeschlagenem Schädel von einer Praktikantin in ihrem Büro aufgefunden worden war. Dann kam eine lange Liste von Clarissas Wirken und Verdiensten, anschließend eine Aufzählung ihrer Besitztümer und Beteiligungen, und endlich in ein paar kargen Sätzen die Zusammenfassung der bisherigen polizeilichen Erkenntnisse. Sie brachten nichts, was ich nicht schon wußte.

Frau Hubertus klopfte von drinnen an ihr Küchenfenster und lächelte, das tat sie immer, wenn sie mich morgens im Vorgarten sah. Ich winkte ihr zu, warf die Zeitung auf die Rückbank meines Wagens und fuhr zur Arbeit.

Um neun Uhr war Redaktionssitzung, und ich hatte vor, pünktlich dort zu erscheinen, cool, freundlich, selbstsicher, nicht der Schatten eines Verdachts sollte auf mich fallen. Leugnen bis zuletzt, das hatte ich mir zur Devise erkoren. Wenn schon lügen, dann richtig. Kurt würde sich die Zähne an mir ausbeißen, ganz egal, wie er es angehen mochte.

Die Konferenz verlief merkwürdigerweise nicht viel anders als sonst auch. Die Redakteure und Journalisten saßen im Dutzend um den großen Hufeisentisch im Sitzungssaal des Erdgeschosses, kaum jemand fehlte. Sie diskutierten wie immer, redeten sich bei den Titelthemen die Köpfe heiß wie immer, eigentlich war alles wie immer, mit dem entscheidenden Unterschied, daß nicht Clarissa der Runde vorsaß, sondern Irene. Sie leitete die Besprechung nicht nur mit derselben Umsicht wie ihre Vorgängerin, sondern vor allem mit ruhiger, kollegialer Freundlichkeit. Sie bezog alle mit ein, fragte jeden nach seiner Meinung, gab den Kollegen das Gefühl, gute Arbeit geleistet zu haben. Irene legte keines der Anzeichen jener zynischen Arroganz an den Tag, mit der Clarissa sich oft bei uns unbeliebt gemacht hatte.

Auch heute trug sie wieder eines ihrer teuren, eleganten Designerkostüme. Der Inhalt ihres Kleiderschrankes war ein Vermögen wert, doch Irene konnte sich ihren exquisiten Geschmack leisten, sie lebte allein und mußte ihr Gehalt mit niemandem teilen. Der dunkelblaue Seidenstoff kontrastierte stark mit ihrem blassen Teint, es war fast so, als trüge sie

Trauer, obwohl ihr Gesichtsausdruck wenig von ihren Gefühlen ahnen ließ. Ihre Stimme klang beherrscht, ihre Gesten wirkten kontrolliert, ihre Bemerkungen waren kompetent und treffsicher. Ich beobachtete sie beim Reden, ohne wirklich zu hören, was sie sagte, bis mein Name fiel.

»... das Cover, Angie«, sagte sie gerade, eine Reihe Fotos vor sich auf dem Tisch auseinanderfächernd. »Ich bin der Meinung, wir nehmen die Nummer drei. Was sagst du dazu?«

Jack, der zu ihrer Linken saß, streichelte seinen fusseligen Künstlerzopf und mischte sich ein. »Du, ich denke, bei der Nummer fünf kommt das Haar besser raus.«

»Angie?« fragte Irene.

»Ich finde eigentlich beide okay.« Ich empfand es als ungewohnt, von der Chefredakteurin zu meiner Meinung befragt zu werden. Außerdem war mir das Cover herzlich egal, auf allen Aufnahmen sah das Model gleichermaßen schwindsüchtig und kuhäugig aus. Etwas anderes bereitete mir mehr Kopfzerbrechen. Mir war nämlich plötzlich aufgefallen, daß Melanie mir von der gegenüberliegenden Seite des Hufeisens mörderische Blicke zuwarf.

Irene entschied sich kraft ihrer Stellung als Chefredakteurin für die Nummer drei.

Im Zuge der Themenkonferenz wurde anschließend eine Weile über eine Titelserie debattiert, die den Leserinnen von *Clarisse* das Surfen im Internet erklären sollte, eine der Moderedakteurinnen beschwerte sich, das sei etwas für Hirnlose, warum Männer bloß immer meinten, Frauen seien zu blöd für solche Dinge, sie selbst sei schon seit Jahren online, neulich hätte eine Bekannte von ihr sogar per Cyberspace geheiratet, sie selbst sei als Trauzeugin virtuell dabeigewesen, das alles sei doch längst kalter Kaffee, jeder müsse sich totlachen bei dieser Art von Informationsschreibe.

Der Leiter des Kulturressorts wandte ein, er selbst hätte auch manchmal Schwierigkeiten mit dem Web und fände es gut, wenn alles mit ganz einfachen Worten erklärt würde.

Auf die Art ging es eine Weile hin und her, dann kam die Sprache auf den Life-Style-Guide; die Chefin des Ressorts Mode und Schönheit breitete ihre Vorschläge aus, und sofort meldete sich jemand, der die Gewichtung nicht überzeugend fand, soviel Trash-Look in Kombination mit diesen albernen Girlie-Frisuren sei einfach eine Zumutung für den guten Geschmack. Eine Gegenstimme, fünfzehn Jahre jünger, hielt diesen Einwand für total uncool und omamäßig. Vom Lifestyle ging es dann weiter zum Klatschteil und damit in unser Ressort. Wir planten ein Exklusivinterview mit Henry Maske und eine Homestory mit einer bekennenden Fernsehlesbe und ihrer Freundin. Vermutlich würde ich die beiden zusammen in der Wanne fotografieren müssen, so etwas erwarteten die Leser. Der Leiter des Gesellschaftsressorts (mein direkter Vorgesetzter) schilderte außerdem sein Konzept für das Bauch- und Busenthema der neuen Ausgabe: *Liebe in der Küche*. Mindestens ein obligatorisches Sexthema mußte jede Ausgabe von *Clarisse* enthalten, möglichst weit vorn, mit möglichst mindestens einer Doppelseite nackter

Tatsachen als Blickfang, gefolgt von lebenswichtigen Verhaltensmaßregeln für ein erfüllteres Geschlechtsleben. Etwa: Multiple Orgasmen bei Vollmond, oder: Dein Bauch, die erogene Zone, oder: Befreiende Schreie bei der Liebe und ähnlich schon tausendmal variierter Blödsinn.

Bei solchen Themen kam im Plenum meist Interesse auf, die Runde sparte auch heute nicht mit deftigen Kommentaren, man delektierte sich vor allem daran, welche Rolle diverse Küchengeräte und Nahrungsmittel bei der Bearbeitung des Stoffes spielen sollten.

Für die Rubrik *Leute* hatten wir ein paar abgehalfterte Events von den Agenturen gekauft. Will Fergie nach der Scheidung wieder heiraten (wenn ja, wen), wieviel von seinen Gagen spendet Tom Cruise (kriegt Scientology auch was?), ist Madonna wieder schwanger (wenn ja, von wem?). Für den *Hot shot* war ein Foto aus meinen eigenen Beständen aktiviert worden, die beiden händchenhaltenden Fußballstars, dazu eine bereits vorhandene Clippingstory. Es wurde ein bißchen an den Vorschlägen des Ressortchefs herumgemeckert, einige Kollegen fanden den *Hot shot* nicht neu genug, genau wie vor einigen Wochen schon Clarissa, und die üblichen Miesmacher sprachen von Schwulendiskriminierung. Irene wischte diesen Einwand beiseite, die *Hot shots* seien sowieso eine einzige Diskriminierung, und außerdem sei es gar kein echtes Outing, inzwischen könne man von den beiden überall lesen und so weiter.

Während die anderen Ressorts ihre Vorschläge zum besten gaben, richtete ich meine gesamte Konzentration auf Melanie. Sie trug einen flammendroten Pulli, vom selben grellen Rot, in dem ihre Nägel und ihre Lippen angemalt waren, eine Farbe, die ihre Stimmung widerzuspiegeln schien. Haß und Wut sprühten aus den Blicken, mit denen sie mich bedachte. Warte nur, sagten ihre Augen. Warte, bis ich dich allein erwische!

Mir war es recht, ich hatte sowieso vor, ein Wörtchen mit ihr zu reden.

Nach einigem weiteren Hin und Her zu der übrigen redaktionellen Gestaltung der neuen Ausgabe brachte Irene schließlich das Thema auf den Mord. Sie räusperte sich und meinte: »Gestern morgen haben viele von uns hier in diesem Raum zusammengesessen, betroffen, verstört, entsetzt, manche von uns haben sogar geweint, und wir alle konnten es einfach nicht fassen. Können es immer noch nicht fassen. Dennoch wollen wir so rasch wie möglich hier ganz normal mit allem weitermachen, das hatten wir uns gestern schon gemeinsam vorgenommen. Wir hatten ausgemacht, es nicht thematisieren zu wollen. Clarissa ist tot, aber *Clarisse* gibt es noch. Wir sind dieser Zeitung und unseren Leserinnen verpflichtet, Clarissa selbst hätte das genauso und nicht anders gewollt. Als Verlegerin, Herausgeberin und Chefredakteurin in Personalunion hätte sie von uns verlangt, nach vorn zu schauen und diese Zeitung zu machen. Genau das erbitte ich von euch auch. Schaut nach vorn und tut eure Arbeit. Macht euren Job gut, so wie immer.« Sie senkte die Blicke und verschränkte ihre Hände auf dem Titel-Layout. »Auf der anderen Seite ist da etwas Schreckliches passiert, eine Bluttat, die auf keinen Fall ungesühnt bleiben darf.« Ihre Stimme war leise, doch jeder konnte sie in der plötzlich einsetzenden Stille deutlich hören. »Nach meinen Informationen hat es bislang noch keine grundlegend neuen Erkenntnisse gegeben. Der Täter wird nach wie vor gesucht. Und zwar sehr gründlich gesucht. Die Kripo wird also während der Dauer der Ermittlungen hier im Haus ein und aus gehen. Ich unterstütze das mit aller Kraft.« Irene holte Luft und schaute eindringlich in die Runde »Und ich möchte euch alle herzlich bitten, ebenfalls in jeder nur denkbaren Weise mit der Polizei zusammenzuarbeiten.«

»Das ist doch selbstverständlich«, sagte Jack. »Da kannst du dich wirklich voll auf uns verlassen!« Seine ohnehin feuchten Augen bekamen einen mitfühlenden Schimmer, er beugte sich zur Seite und griff nach Irenes Hand. Irene ließ es sich gefallen, sie nickte Jack sogar in freundschaftlicher Dankbarkeit zu.

Eine Kollegin von der Bildredaktion hob die Hand. »Was wird eigentlich aus der Zeitschrift, jetzt nach Clarissas Tod? Ich meine ... Ich meine, wem gehört *Clarisse* denn jetzt?«

Das war eine ungeheuer wichtige Frage, ich erkannte es sofort, auch ohne die aufmerksamen, beinahe gebannten Blicke, die sich plötzlich von allen Seiten auf Irene richteten.

»Das wird sich herausstellen, sobald die Nachlaßfrage geklärt ist«, antwortete Irene. »Ich weiß darüber im Augenblick nicht mehr als ihr.« Sie schwieg ein paar Sekunden, dann fügte sie hinzu: »Heute morgen rief mich unser früherer Chef an, Attila Hennessy. Viele von euch kennen ihn ja noch. Er bat mich, alles ganz genau so zu machen, wie Clarissa es auch gemacht hätte, so lange, bis klar ist, wer ihre Nachfolge antritt.«

»Müßte er es nicht wissen?« fragte jemand.

Irene hob die Schultern. »Er war ihr Mann, doch das ist lange her. Wir wissen alle, daß ihr Verhältnis nicht das beste war. Ich denke, wir werden einfach abwarten müssen, was die Testamentseröffnung ergibt.«

Sie hatte recht. Es war sinnlos, sich zu diesem Zeitpunkt in Spekulationen zu ergehen. Alles war in der Schwebe. Um Clarissas Geld kümmerte sich ihre Bank, um die Zeitung Irene, und alles andere blieb unverändert. Ihre Villa, ein gewaltiger, efeuüberwucherter Zwanzigzimmer-Klotz in Pöseldorf, vollgestopft mit all der von Attila angehäuften Kunst, hatte die Kripo ebenso wie ihr Büro versiegelt, vermutlich nicht ohne vorher jedes Staubkorn einzeln zu fotografieren und kartographieren.

Genaueres wußte niemand darüber, doch dafür stand eines mit Sicherheit fest: Wer auch immer Clarissa Hennessys Nachfolge antrat, würde ein riesiges Vermögen erben.

*

Nach der Sitzung verbrachte ich eine halbe Stunde in meinem Büro mit Telefonaten. Das Zustandekommen erfolgreicher *Hot shots* hing wesentlich von regelmäßiger Kontaktpflege ab. Barmänner, Bodyguards, Chauffeure und Gärtner von Stars waren ebenso wichtig wie Angestellte von Ärzten, Krankenhäusern, Gerichten und Anwälten. Jeder wußte eine Menge zu erzählen, wenn die Kasse stimmte. Sechs- bis siebenmal im Monat machte ich meine Blitzreisen, meist abwechselnd nach Berlin, München, St. Moritz, Monaco oder Marbella (mit jeweils maximal einer Übernachtung, die Spesen mußten niedrig bleiben). Zu meinen dortigen Informanten gehörten Türsteher, Kellner und Hotelpagen ebenso wie Hostessen, Verkäuferinnen in Edelboutiquen und Friseure, all die dienstbaren, beflissenen kleinen Geister der Reichen und Berühmten. Sogar ein Zuhälter stand auf meiner Liste. Informanten leisten für den Paparazzo das, was Location Scouts für den Starfotografen tun.

Das war auch der Grund, warum ich außer den auf übliche Weise nachweisbaren Reisespesen noch eine Menge anderer Spesen machte, die ich ausschließlich mit Eigenbelegen abrechnete, je nach Information kostete die Kontaktpflege zwischen zwanzig und fünfhundert Mark pro Tip. Doch überraschend viele von meinen »Bekannten« wollten gar kein Geld, meist freuten sie sich einfach, ein Schwätzchen zu halten oder eine Zigarette mit mir zu rauchen. Die Information, um die es mir ging, kam dann im Laufe eines netten, zwanglosen Gesprächs fast von ganz allein. Es war kein Geheimnis dabei, ich vermittelte diesen Leuten einfach das Gefühl, anerkannt zu sein und wichtig genommen zu werden, gleichzeitig aber auch die Gewißheit, daß sie keine Schwierigkeiten kriegen würden, egal, welche Interna sie ausplauderten. Keiner von denen, die mir auf diese Weise gelegentlich behilflich waren, hatte jemals Probleme deswegen bekommen, eine meiner eisernen Regeln war die absolut vertrauliche Behandlung meiner Quellen.

Ich rief im *Étienne* an und hielt einen Schwatz mit Hugo, der mir, untermalt von einer Geräuschkulisse aus Gläserklirren und Musik, geheimnistuerisch mitteilte, daß er etwas für mich hätte.

»Ich sag nur: wichtig«, erklärte er, in seinem Languedoc-Akzent klang es wie *wieschtiesch*. »Eine echt brandheiße Sache, Angie.«

»Was denn?«

»Nicht hier am Telefon.«

»Wo denn?«

»Im *Boys'n' Boys*. Heut abend?«

Ich versprach, auf jeden Fall reinzuschauen, und er versprach, mir seinen Lover Alfie vorzustellen. Dann rief ich einen Zimmerkellner im *Élysée* an, doch der hatte nichts für mich. Dafür wußte Elke, Lehrmädchen bei einem Pöseldorfer Starcoiffeur, daß sich heute der bekannte Talkmaster Heinz Herzig das Toupet hatte aufmöbeln lassen, weil er eine Sause plante. Ich bedankte mich und versprach der Kleinen, sie edel zum Essen auszuführen, wenn sich etwas aus dieser Information ergeben sollte, wovon ich mit ziemlicher Sicherheit ausgehen durfte: Wahrscheinlich würde ich Heinz Herzig heute abend im *Boys'n' Boys* sehen. Der Tag versprach, vielversprechend zu werden.

An mein konspiratives Vorhaben um zwölf Uhr im Altonaer Museum dachte ich mit Unbehagen, doch es bestand die Möglichkeit, daß es gar nicht mehr zur Übergabe der Negative kam. Alles hing davon ab, wie meine nächste Begegnung verlief, die ich jetzt nicht länger hinausschieben durfte.

Melanies Büro befand sich ebenfalls auf der fünften Etage, am Ende des Ganges, es war durch die Kaffeeküche und die Damentoilette von meinem eigenen Büro getrennt. Ich klopfte kurz und ging hinein, ohne eine Zustimmung abzuwarten, das war hier im Haus die übliche Art, bei Kollegen vorbeizuschauen. Ich platzte in eine augenscheinlich heikle Situation: Melanie war nicht allein, Jack war bei ihr und hielt sie eng umschlungen. Den Kopf an seine Schulter geschmiegt und das Gesicht an seiner Brust verborgen, schluchzte sie zum Steinerweichen, rauh, abgehackt und vor allem ungewöhnlich laut, der Grund dafür, daß die beiden mich nicht gehört hatten.

»... kommt ja doch alles raus«, weinte Melanie, »Dann sind wir beide dran! Wie willst du das weiter unter den Teppich kehren? Sie werden nicht locker lassen, Jack, keine Minute werden sie aufhören, hier rumzuschnüffeln, bis sie alles rausgekriegt haben! Und dann? Was wollen wir dann machen? Was soll *ich* machen?«

Jack, dessen Umarmung, wie ich jetzt merkte, nicht die eines Liebhabers zu sein schien, sondern eher brüderlich, tätschelte ihr beruhigend den Rücken.

»Du mußt dich einfach zusammenreißen, Melanie. Hörst du! Laß dich nicht so gehen! Du darfst dir nichts anmerken lassen, dann wird auch nichts rauskommen. Irgendwann hören sie von selbst auf mit der Schnüffelei, dann ist alles in Ordnung, niemand erfährt was davon!«

Außer mir gab es also noch andere Leute, die Geheimnisse vor der Polizei hatten, eine Entdeckung, die gleichzeitig beruhigend und aufregend war. Was wußten die beiden über den Mord? Hatten sie gar ihre Finger im Spiel gehabt?

Ich bewegte mich unwillkürlich und stieß dabei mit dem Fuß gegen die Tür, und wie auf Kommando fuhren beide zu mir herum. Melanie riß sich aus Jacks Umarmung los und stürzte sich wie eine Furie auf mich, die signalroten Klauen zum Angriff gekrümmt. »Du Miststück! Du intrigantes Biest!«

Alles ging unglaublich schnell. Ich hatte wohl nicht ernsthaft damit gerechnet, daß sie mich wirklich verletzen wollte, anders konnte ich mir später nicht erklären, warum ich stehenblieb und ihr entgegenglotzte wie ein betäubtes Kalb dem Schlachter. Erst im buchstäblich letzten Augenblick zuckte ich reflexartig zurück, deshalb trafen mich ihre Nägel nicht im Gesicht, sondern seitlich am Hals. Wie eine wütende Katze grub sie mir ihre Krallen in die Haut, ich fuhr mit einem lauten Aufschrei zurück und riß die Arme hoch, es tat schrecklich weh. Im nächsten Augenblick lagen wir beide auf dem Fußboden, raufend, tretend, kratzend, beißend. Während ich mich unter Schmerzensschreien meiner Haut wehrte, nahm ich am Rande wahr, wie Jack um uns herumsprang; einen verrückten Moment bildete ich mir ein, daß er Melanie anfeuern wollte, gib's ihr, mach sie fertig, etwa in dem Stil, doch dann merkte ich, daß er, ähnlich wie ein Schiedsrichter, der nicht weiß, wie er einen außer Kontrolle geratenen Kampf schlichten soll, hilflos nach einem Ansatzpunkt suchte, uns beide zu trennen. Er faßte nach Melanies Schulter und bekam zur Belohnung einen harten Tritt gegen die Kniescheibe, der ihn aufheulen ließ. Stöhnend humpelte er zur Seite und versuchte es aus einer anderen Richtung, indem er mich am Arm zerrte. Das brachte ihm einen Biß von mir ein, ich mußte dafür kurzfristig meine Zähne aus Melanies Hand lösen.

Melanie hieb mir umgehend die Faust ins Zwerchfell, ich revanchierte mich, indem ich ein Büschel ihrer Silberlocken ausriß, es war ein Kampf ohne Gnade, Gefangene wurden nicht gemacht. Wir wälzten uns herum und rangen miteinander, bis es mir gelang, sie in den Schwitzkasten zu nehmen.

»Ich bring dich um!« stieß sie hervor und biß mich in den Oberschenkel, bis ich schmerzerfüllt aufschrie und meine Hände um ihren Hals legte.

»Hilfe«, japste sie mit hochrotem Gesicht.

»Was soll das alles, verdammt!« keuchte ich, meinen Würgegriff lockernd. Eine Unaufmerksamkeit, die ich mir besser verkniffen hätte. Melanie warf sich ruckartig herum und befreite sich. Sofort stürzte sie sich wieder auf mich, biß und trat und kratzte und schlug.

»Hört doch bitte auf!« jammerte Jack. »Ihr seid ja wahnsinnig!« Er rang die Hände, dann bückte er sich erneut und versuchte, Melanie von mir wegzuziehen.

»Laß mich!« kreischte sie. »Ich dreh dieser Tussi den Hals um!«

»Aber wieso denn?« ächzte ich. Ich verstand die

Welt nicht mehr! Was hatte *ich* denn getan? Sie war es doch, die etwas zu verheimlichen hatte, oder? Ich wollte sie anschreien, ihr auf den Kopf zusagen, daß sie in der Mordnacht in Clarissas Büro am Schreibtisch gesessen hatte, daß sie dort eine Zigarette angeraucht und in eines der Gläser geworfen hatte, genau wie am Abend davor im *Miracle*. Ich wollte sie zwingen, damit herauszurücken, doch ich hatte kaum den Mund geöffnet, als ein brutaler Ellbogenstoß in den Solarplexus mich nach Luft schnappen ließ wie ein gestrandeter Karpfen.

»Er gehört mir, verstehst du? Mir allein!«

Ich keuchte und krümmte mich, überzeugt davon, daß ihr letzter Schlag irgend etwas Schlimmes mit meinen Lungen angerichtet hatte. Ich konnte nicht mehr atmen und mußte hilflos ersticken! Und wen, um Himmels willen, hatte Melanie gerade eben gemeint? Wer gehörte ihr?

Melanie hockte sich rittlings auf meinen Magen. »Das ist dafür, daß du mit ihm im Bett warst!« schrie sie mit überkippender Stimme. »Und das! Und das! UND DAS!!!«

Bei jedem Das kassierte ich eine schallende Ohrfeige, immer noch außerstande, etwas anderes zu tun als flach auf dem Rücken zu liegen und nach Atem zu ringen. Aus dem Nichts kam ein langer Arm, packte Melanie beim Kragen ihres feuerroten Pullis und zog sie so mühelos von mir herunter, als wöge sie nicht mehr als eine Puppe.

»Ich glaube, das reicht jetzt«, sagte Kurt. Er streckte die Hände aus und hob mich auf, und wieder einmal sank ich zitternd an seiner Brust zusammen.

Das Hemd unter seiner Lederjacke roch frisch und männlich und verleitete mich dazu, wie eine Art weiblicher Klebstoff an ihm hängenzubleiben.

»Du mußt sie verhaften«, verlangte ich, mühsam nach Luft schnappend. »Sie hat versucht, mich umzubringen!«

»Paß auf, was du sagst!« fauchte Melanie. Sie stand an ihrem Schreibtisch, ihr Busen bebte vor Entrüstung. Sie erdolchte mich mit ihren Blicken, und sofort war mir klar, worauf sie anspielte. Natürlich meinte sie die Bilder, die sie auf Clarissas Schreibtisch gesehen hatte. Ich lag völlig richtig mit meiner Annahme, daß sie dort gesessen und die Zigarette geraucht hatte, aus welchen Motiven auch immer. Inzwischen zweifelte ich allerdings ernsthaft daran, daß sie den Mord begangen hatte, ja vermutlich hatte sie nicht einmal die Abzüge. Sie hatte sie dort liegen sehen, soviel war klar, aber sie hatte sie bestimmt nicht mitgenommen. Der Anruf, den ich gestern erhalten hatte, paßte nicht mit ihrem unkontrollierten Ausbruch von vorhin zusammen. Nicht sie hatte mich wegen der Negative angerufen, sondern der Mörder. Das bedeutete für mich, daß ich den Übergabetermin im Museum unbedingt einhalten mußte. Mit Melanie und ihrem Geheimnis mußte ich mich später auseinandersetzen. Allein, ohne Kurt als Zuhörer.

Melanie ließ sich wortlos auf ihren Drehsessel fallen, streifte einen Ärmel hoch und begutachtete eine Bißstelle an ihrem Oberarm. Jack musterte sie unbehaglich, dann bückte er sich, rieb ausgiebig seine malträtierte Kniescheibe und schaute sich dabei vorsichtig zu Kurt um; schließlich richtete er sich auf, drückte sich an uns vorbei und verließ humpelnd den Raum, wobei er irgend etwas von Unmengen Arbeit murmelte.

Ein Blick auf die Uhr belehrte mich, daß es höchste Zeit war, mich auf den Weg zu machen. Ich ignorierte meine schmerzenden Rippen, zupfte meine zerrauften Haare zurecht und schob meine Bluse in die Jeans. Die beiden oberen Knöpfe waren abgerissen, doch darum konnte ich mich jetzt nicht kümmern, ebensowenig wie um die Kratzer an meinem Hals, die wie Feuer brannten.

»Ich muß jetzt leider gehen«, verkündete ich, schon auf dem Weg zur Tür.

»Wohin?« fragte Kurt.

»Ich muß dringend weg, zu Recherchen«, behauptete ich.

*

Kurt blieb an meiner Seite, als ich meine Jacke und meine Handtasche aus meinem Büro holte und den Korridor in Richtung Aufzug entlangeilte. Der Fuß, den ich ihm eingeklemmt hatte, schien ihm immer noch zu schaffen zu machen, er hinkte leicht beim Gehen.

»Ich hab Zeit, ich komme mit.«

»Mußt du nicht arbeiten?«

»Tu ich doch. Ich hab schon mit deiner Chefin gesprochen, das heißt, mit deiner neuen Chefin, Irene Meerbrück, außerdem noch einmal mit dem Pförtner. Und jetzt bist du dran.«

»Gibt es nicht noch ein paar andere, die du heimsuchen kannst?«

»Jede Menge. Eigentlich wollte ich noch deine Sparringspartnerin von vorhin vernehmen. Und deinen Kollegen Sprinkelbeck. Doch die beiden kann ich mir auch heut nachmittag oder morgen vorknöpfen. Du stehst mir näher, in jeder Beziehung. Wir beide müssen uns über Clarissa unterhalten, Angela. Es gibt da einige Dinge, die ich dir sagen wollte.«

»Erzähl es mir ein andermal«, sagte ich ausweichend, während ich überlegte, wer Sprinkelbeck sein mochte. Dann fiel mir ein, daß er Jack meinen mußte.

Kurt drängte seine große Gestalt neben mir in den Aufzug. »Ich will aber jetzt mit dir sprechen.«

»Ach ... Du, das paßt mir jetzt schlecht. Ganz schlecht sogar. Weißt du, ehrlich gesagt wärst du mir nur im Weg bei meiner Arbeit.«

»Bei welcher Arbeit? Willst du Fotos machen?«

»Ähm ... Ja.« Ich kämpfte den Impuls nieder, ihm bei dieser Antwort in die Augen zu starren, während ich aus dem Aufzug in die Eingangshalle eilte. »Wir können doch später reden, wie wär's mit heute nachmittag?«

»Nein, jetzt«, bestimmte Kurt und hielt mir die Tür auf. »Tut mir leid, daß es wieder unter solchen Umständen sein muß, aber anscheinend kommen wir nicht anders zusammen.«

»Was meinst du mit *solchen Umständen*?« Ich steuerte zielstrebig auf meinen Wagen zu, der um die Ecke auf einem Angestelltenparkplatz abgestellt war.

»Nun, damit meine ich, daß du jedesmal, wenn ich dich treffe, unter totalem Streß stehst. Einmal bist du betrunken, ein andermal liegst du mit einem Kerl im Bett und läßt dich rasieren, beim nächsten Mal leidest du unter einem Nervenzusammenbruch, weil du einen Mord entdeckt hast, dann wieder hast du einen hysterischen Anfall, weil du glaubst, ich bin ein Killer, und schließlich balgst du dich wie eine Schlammcatcherin mit einer eifersüchtigen Kollegin herum. Immer, wenn ich dich sehe, bist du in einem anderen Ausnahmezustand.«

»Gut, dann verschieben wir unsere Unterhaltung doch einfach!« Ich schloß meinen Wagen auf und stieg ein, doch Kurt hatte es sich bereits auf der Beifahrerseite bequem gemacht.

»Du hast da Blut an der Nase. Und du kriegst ein blaues Auge.«

»Wirklich?« Ich reckte mich, um mich im Innenspiegel zu betrachten. Unter meinem linken Auge erblühte tatsächlich ein frisches Veilchen, und an meinen Nasenlöchern klebte geronnenes Blut. Kurt zog ein Taschentuch hervor. Ich nahm es entgegen, spuckte kräftig hinein und wischte das Blut weg. Anschließend betupfte ich die Wunden am Hals, die immer noch höllisch brannten. Frisches Blut tröpfelte aus den Kratzern auf das Tuch. »Ich wasch es und geb's dir zurück«, versprach ich und warf es auf den Rücksitz.

»Hör zu«, sagte ich dann, während ich den Motor startete. »Du kannst nicht mit. Ehrlich nicht. Es ist völlig unmöglich. Meine Arbeit läßt sich nicht mit einem Kommissar im Schlepptau erledigen. Versteh mich bitte nicht falsch, aber es gibt Dinge, die funktionieren einfach nicht.«

»Ich mach dir einen Vorschlag. Ich fahre mit dir dorthin, wo du zu tun hast, und wir unterhalten uns während der Fahrt. Du lädst mich dann einfach ab, und ich sehe zu, wie ich weiterkomme. Ist das ein Angebot?«

Mir fiel auf die Schnelle kein passendes Argument ein, mit dem ich ihn davon überzeugen konnte, daß dieses Angebot stank, deshalb gab ich Vollgas; je schneller wir beim Museum waren, desto eher wäre ich ihn los.

Kurt blickte versonnen aus dem Seitenfenster. »Als ich ein Junge war, brachte sie mir manchmal Schokolade mit. Sie kam nicht oft, doch wenn sie kam, sah sie immer sehr schön aus. Ihr helles Haar leuchtete wie die Sonne, und ihre Kleider faßten sich wunderbar weich an. Einmal fiel ich hin und schlug mir einen Milchzahn aus, da lachte sie, hob mich auf und sagte: Ein ausgeschlagener Zahn bringt soviel Kraft wie hundert Flaschen Lebertran. Ich glaubte ihr, ich war fünf, und sie war sehr überzeugend.«

»Das war sie«, sagte ich leise.

»Einmal, als sie Streit mit meiner Mutter hatte, sagte sie, jetzt hab ich niemanden mehr, der mich mag. Ich faßte sie bei der Hand und sagte: Ich mag dich, Tante Clarissa. Sie erwiderte nichts darauf, doch sie sah mich lange an, mit einem sonderbaren Blick, der bis in mein Innerstes ging.«

Ich warf ihm einen Blick von der Seite zu, sah sein ernstes Gesicht und wußte plötzlich, daß er der kleine Junge auf dem Foto in Clarissas Büro war. Sie hatte zwei schwache Punkte gehabt: ihre Zeitung und ihren Neffen.

»Wie war euer Verhältnis in den letzten Jahren?« fragte ich.

»Praktisch nicht vorhanden. Wir haben uns jahrelang nicht gesehen. Es war keine Abneigung im Spiel, es war bloß so, daß sich unsere Wege nicht mehr gekreuzt haben, nachdem meine Mutter gestorben war. Das war vor fünfzehn Jahren. Clarissa und ich haben uns seit damals einfach aus den Augen verloren.«

»Das kommt vor«, sagte ich und dachte an meine Mutter.

»Merkwürdig«, fuhr Kurt fort, »als die Nachricht von ihrem Tod kam, hat es mich kaum berührt. Als ich am Tatort eintraf, hab ich ganz gegen meine übliche Vorgehensweise nicht mal ihre Leiche angeschaut, erst viel später. Meine ganze Sorge galt dir. Du hast so geweint ... Aber dann bin ich doch zu ihr hinübergegangen, und plötzlich war alles wieder da. Ich erinnerte mich, wie sie früher war, dieses helle Haar, das überhebliche Lächeln, ihre unnahbare Art, mit Leuten umzugehen. Auf einmal war sie wieder die starke Frau, die in mein Herz schaute. Und dann das ... Sie lag da wie eine befleckte Göttin, all das Blut in ihrem Haar, das Loch im Schädel ...«

Ich erinnerte mich nur zu deutlich. Ein Frösteln überlief mich, und ich blickte angestrengt geradeaus. »Es muß sehr schlimm für dich gewesen sein.«

»Nicht so schlimm wie heute vormittag, als ich die ersten Obduktionsbefunde bekam.«

Ich stoppte an einer roten Ampel und wandte mich ihm fragend zu. Kurt hielt meinen Blick fest, seine Stimme klang monoton und dabei zugleich auf eigenartige Weise bedeutungsschwer, als hätte das, was er mir zu sagen hatte, in irgendeiner Form mit mir zu tun. »Sie ist vor ihrem Tod schwer mißhandelt worden, Angela. Sie wurde geschlagen. Ihre Hand- und Fußgelenke wiesen Spuren von Fesselungen auf, wie sie bei zu engen Handschellen entstehen.«

Wütendes Hupen ertönte hinter uns, die Ampel war längst auf Grün umgesprungen. Ich fuhr mechanisch weiter, kaum in der Lage, den Sinn seiner Worte zu begreifen.

»Die Haut war stellenweise aufgerieben und stark entzündet. Ihr Körper zeigte deutliche Anzeichen von Dehydration.«

»Was soll das heißen?« fragte ich entsetzt.

»Das soll heißen, daß sie fast verhungert und verdurstet war. Sie muß gefangengehalten worden sein, Angela. Gefangen, ohne Nahrung und Wasser, wie ein Tier.«

Ich bremste abrupt, ignorierte das Hupen hinter mir und scherte aus dem dichten Verkehrsstrom auf der Palmaille aus. Ich fuhr an den Straßenrand und hielt an, ohne Rücksicht auf das Halteverbot. Hastig ließ ich das Lenkrad los und verkrampfte meine Hände im Schoß, um das Zittern unter Kontrolle zu bringen. Ich war kaum in der Lage, einen klaren Gedanken zu fassen. Wie war das möglich? Clarissa hatte mich doch angerufen! War das etwa ihre heiße Story gewesen? Daß sie mehr als zwei Wochen lang eingekerkert und schrecklich mißhandelt worden war? O Gott, wer hatte ihr das angetan! Der Gedanke, daß sie irgendwo zwei Wochen lang gefesselt gewesen war, mißhandelt, halb verhungert und verdurstet und sicher fast wahnsinnig vor Angst, schmerzte beinahe körperlich. Ich hatte Clarissa Hennessy nie besonders gemocht, es hatte sogar Zeiten gegeben, in denen ich sie regelrecht gehaßt hatte. Manchmal, wenn sie ihre Annäherungstour bei mir durchzog, wenn sie mich auf jene eindeutige, abstoßend vertrauliche Weise berührte, hatte es mich in den Fingern gejuckt, sie zu schlagen, sie ernsthaft zu verletzen. Und ich erinnerte mich deutlich daran, daß ich leichthin behauptet hatte, es würde mir nichts ausmachen, wenn sie tot wäre. Doch das war nur so dahingesagt gewesen, plötzlich schämte ich mich dafür. Es war beinahe so, als sei ich schuld, daß es wahr geworden war, als hätte ich es erst herbeigeredet. Und dann begriff ich, daß es im Grunde wirklich meine Schuld war. Wenn ich von Anfang an alles gesagt hätte, was ich wußte, wenn ich der Kripo die Fotos übergeben hätte, wäre es den Ermittlern vielleicht irgendwie gelungen, Clarissa zu finden und sie zu retten. Wenn ich nur geahnt hätte, daß sie entführt worden war! Wenn ich bloß nicht von Anfang an so überzeugt gewesen wäre, daß sie längst tot sei!

Wenn, wenn, wenn ... Ich fühlte mich elender als je zuvor in meinem Leben.

»Warum erzählst du mir das überhaupt alles?« fragte ich nach einer Weile.

»Vielleicht, weil ich dachte, daß auch du mir etwas erzählen würdest.«

Ein paar Augenblicke lang war ich versucht, es zu

tun. Das Bedürfnis, mich mitzuteilen, mir alles von der Seele zu reden, war nahezu unwiderstehlich. Doch dann dachte ich: In Wahrheit traut er dir nicht, Angie. Und er hat gesagt, er mag dich, aber als du ihn dann praktisch dazu aufgefordert hast, dich zu küssen, hat er es nicht getan. Bleib auf der Hut, Angie. Vielleicht gehört alles, was er sagt, nur zu einer besonders hinterhältigen Taktik, mit seinen Ermittlungen weiterzukommen.

Trotzdem blieb ein nagender Zweifel, ob es nicht doch besser wäre, mich ihm anzuvertrauen. Aber dann schaute ich auf die Uhr. Es war fünf vor zwölf, im wahrsten Sinne des Wortes.

Ich beugte mich nach hinten, holte meine Handtasche vom Rücksitz und nestelte meine Zigaretten hervor. Zwei, drei tiefe Züge, und ich fühlte mich gerüstet, Kurt loszuwerden. Nur wenn ich mich beeilte, konnte ich es bis zwölf schaffen. Ich *mußte* es schaffen, denn nach allem, was Kurt mir eben erzählt hatte, wußte ich jetzt mit unumstößlicher Sicherheit, daß der Mörder vor nichts zurückschrecken würde. Ich stieß Zigarettenrauch aus und wandte mich zu Kurt um. »Wir sind da.«

Kurt blickte mich wortlos an.

»Du hast gesagt, wenn wir dasind, steigst du aus und gehst deiner Wege.«

Er nickte langsam. »Das hatte ich gesagt.«

»Dann tu's.«

»Hast du's so eilig?«

»Ziemlich eilig. Ich hab heute noch mehr Termine.«

»Ich verstehe.« Seine Hände lagen reglos auf seinen Knien, große, kantige Hände mit feinen Haaren auf den Handrücken. Ich registrierte einen winzigen Leberfleck am linken Handgelenk, eine kleine Narbe am Mittelfinger, eine schwache, kaum sichtbare Kerbe am Ringfinger, dort, wo vermutlich der Ehering gesteckt hatte. Noch immer saß Kurt unbeweglich da, er wirkte seltsam verloren, fast so, als wartete er auf Hilfe.

»Kurt, es tut mir leid!« sagte ich drängend.

Ohne ein Wort stieg er aus und warf die Tür zu. Im Innenspiegel sah ich, wie er mit Riesenschritten davonging, ohne sich noch einmal nach mir umzuschauen.

*

Ich fuhr rasch weiter, um den nächsten Block, parkte bei der Christianskirche und legte das letzte Stück zum Altonaer Museum im Laufschritt zurück, immer wieder über die Schulter schauend, ob jemand mich verfolgte. Bei jedem Schritt spürte ich die Stellen, die mir von dem Kampf wehtaten. Morgen würde ich am ganzen Körper grün und blau sein.

Als ich völlig außer Atem durch den Eingang stürzte und die Eintrittskarte löste, hörte ich von irgendwoher eine Uhr zwölf schlagen. Geschafft!

Die Angestellte am Schalter blickte zu mir hoch und musterte mich eingehend, dann nickte sie. »Sie könnten es sein. Sind Sie es?«

»Wer?« keuchte ich atemlos.

»Frau Lorenzi?«

»Ja«, stieß ich hervor, immer noch nach Luft schnappend.

»Jemand hat vor einer halben Stunde für sie hier angerufen.«

»Wer?«

»Hat seinen Namen nicht gesagt, er hat sie mir bloß kurz beschrieben und hat gesagt, daß Sie etwa um zwölf kommen und sich mit ihm hier treffen wollen, und zwar sollen Sie das Geschenk bereithalten und damit nach hinten zu ...«

»War es ein Mann oder eine Frau?« fiel ich ihr ins Wort.

Die Angestellte schüttelte den Kopf. »Kann ich nicht sagen. Die Stimme war irgendwie ... heiser. Ganz komisch. Ich hatte mal einen Cousin, der ist am Kehlkopf operiert worden ...«

Ich hörte nicht mehr richtig hin. Derselbe Typ, der auch mich angerufen hatte! »Was hat er noch gesagt?«

Sie seufzte geduldig. »Ich wollt's doch gerade erzählen.«

Hinter mir drängelte eine Schlange Touristen, eine schnatternde Schar Japaner oder Koreaner oder beides, unter ihnen eine Reihe kichernder, herumhampelnder Teenager. Die Angestellte sagte etwas zu mir, doch ich konnte sie nicht verstehen, die lärmenden Jugendlichen hinter mir übertönten ihre Stimme.

»Wohin soll ich gehen?« rief ich laut.

»Zu den Galionsfiguren«, rief sie zurück. »Das ist geradeaus an den Schiffen vorbei und dann die Treppe runter ...«

Ich eilte durch einen Saal, ohne den dort ausgestellten Schiffsmodellen einen Blick zu schenken, bog rechts um eine Ecke und erreichte die Treppe nach unten. Auf halber Höhe konnte ich die etwa dreißig Galionsfiguren sehen, die entlang der beiden Wände im unteren Saal aufgereiht waren, ein wunderbarer Anblick, der mich spontan wünschen ließ, meine Kamera mitgenommen zu haben. Es waren mythische Gestalten aus Holz, schwach von unten angestrahlt, die Farben sanft leuchtend und vom Licht in einen eigentümlichen Zauber gehüllt. Die Figuren schienen direkt aus Wellenbergen aufgetaucht und hier gestrandet zu sein, als lebendige Talismane, Sinnbild von Stolz und Wagemut der Seefahrer vergangener Epochen. Einen verzückten Moment lang glaubte ich beinahe, Brandungsgeräusche zu hören, doch dann erkannte ich, daß das Geräusch ein unaufhörliches Stimmengemurmel war, das von einer Schulklasse halbwüchsiger Jugendlicher stammte, die von einem Lehrer durch das Halbdunkel des Saales gelotst wurden.

Ich schob die Hand in die Tasche und tastete nach dem Umschlag mit den Negativen. Wo war der heisere Erpresser? Als ich die Treppe weiter hinunterging, sah ich am anderen Ende des Saales zwei Männer, die vor einer der Figuren standen, in ein leises Gespräch vertieft. Sie trugen Wettermäntel und altmodische Hüte, wie die Detektive oder Mafiabosse in den alten Hollywoodschinken der dreißiger und vierziger Jahre. Außerdem waren beide mindestens achtzig und sahen nicht im entferntesten danach aus, als hätten sie bei Clarissas Ermordung ihre Finger im Spiel. Ratlos wanderte ich durch den Saal, drängte mich zwischen den Schülern hindurch und musterte den Lehrer, einen abgekämpft wirkenden Mittfünfziger, dessen einziges Interesse darin zu bestehen schien, diesen Tag ohne Nervenzusammenbruch hinter sich zu bringen. Die Schülerschar bestand aus etwa zwanzig Jugendlichen um die sechzehn Jahre; die Mädchen tuschelten und kicherten, die Jungs rempelten einander an und ließen markige Sprüche über die Oberweite einer der geschnitzten Frauenfiguren vom Stapel.

»Guck dir die Titten da an.«

»Ja, da hatten die Matrosen früher was zum Anfassen, wenn sie auf großer Fahrt waren.«

»So'n Quatsch, so weit konnten sie doch gar nicht runterlangen vom Deck aus.«

»Doch, wenn sie kielgeholt wurden.«

»Was'n das schon wieder?«

Die Japaner oder Koreaner drängten sich an mir vorbei, leise schwatzend, die runden, mandeläugigen Gesichter in verklärter Aufmerksamkeit den Galionsfiguren zugewandt. Ich drehte mich von ihnen weg und schaute zur Treppe, vielleicht stieg der Mörder gerade eben die Stufen herab und versuchte, mich in der Menge auszumachen.

Ein kleiner weißer Umschlag flatterte vor meine Füße, ich bückte mich instinktiv und riß ihn auf. Ein schmaler Papierstreifen steckte darin, einmal zusammengefaltet, mit normaler Computer-Standardschrift bedruckt:

Negative sofort fallen lassen und gehen. Nicht sprechen und nicht umdrehen, sonst passiert Dir dasselbe wie ihr. Vernichte alle Abzüge, sonst bist Du morgen tot.

Ich wendete den Zettel, doch die Rückseite war leer. Rasch blickte ich mich nach allen Seiten um, sah aber niemanden, dem ich auf Anhieb zugetraut hätte, mir den Umschlag vor die Füßen geworfen zu haben. Dicht rechts von mir standen die beiden alten Männer, außerdem war ich umringt von Schülern und japanischen und/oder koreanischen Touristen. Etliche der Museumsbesucher musterten mich, teils befremdet, teils neugierig, offensichtlich vermittelte mein Gaffen den Eindruck fortschreitender Debilität. Dutzende von Menschen, und jeder hätte es gewesen sein können. Nicht der Mörder selbst, das nicht, so dumm würde er nicht sein. Aber sein bezahlter und möglicherweise ahnungsloser Bote, der vielleicht sogar glaubte, einen Liebesbrief überbracht zu haben.

Negative sofort fallen lassen und gehen. Nicht sprechen und nicht umdrehen, sonst passiert Dir dasselbe wie ihr.

In diesem Moment war ich nicht mehr die mutige Angela Lorenzi, die auf Mauern und hohe Bäume kletterte und in wilder Jagd schnell wie der Blitz vor wütenden Promis wegrannte.

Ich war nur noch eine zu Tode geängstigte Frau.

Sonst passiert Dir dasselbe wie ihr.

Ich ließ die Negative fallen und ging, ohne mich ein einziges Mal umzudrehen.

Vernichte alle Abzüge, sonst bist Du morgen tot.

Ich fuhr nach Hause, holte die Abzüge unter der Teppichecke hervor und verbrannte sie. Alles geschah in einer Art Betäubungszustand, mein Körper und meine Hände führten Bewegungen aus, als sei ich ein seelenloser Roboter, der tun mußte, was ihm sein denkender Herr und Meister aufgetragen hatte.

Dann holte ich den zweiten Satz Negative aus meinem Geheimversteck. Ich hatte schon die Schere in der Hand, um sie über der Toilettenschüssel zu winzigkleinen Kunststoffschnipseln zu verarbeiten, als ich wieder zur Besinnung kam.

Angie, du kannst ihm das nicht durchgehen lassen!

Das war mein erster bewußter Gedanke seit dem Verlassen des Museums.

Heißer Zorn wallte in mir auf, grenzenloser Haß auf den Menschen, der Clarissa mit Handschellen gefesselt hatte, der sie hatte hungern und dursten lassen und ihr den Schädel eingeschlagen hatte.

Ich hielt mit den Negativen etwas in meiner Hand, was ihn belastete, und ich würde den Teufel tun, dieses Belastungsmaterial in der Toilette herunterzuspülen. Ich versteckte die Negative wieder und schwor mir, alles zu tun, um den Mörder zu finden.

*

Meinen Nerven tat es gut, daß ich an diesem Abend nicht allein zu Hause herumsitzen mußte.

Das *Boys'n' Boys* war eine typische Schwulendisco, mit anderen Worten, Heteros waren mindestens ebenso vertreten wie die eigentlichen Stammkunden. Gay-Appeal war hip, die schwule Houseclubszene mit ihrem unbeschwerten Partyfeeling lag voll im Trend. Frauen kamen hin, weil sie tanzen wollten, ohne angemacht zu werden, und Heteromänner kamen hin, weil sie schon immer gern wissen wollten, wie Schwule sich amüsieren. Im Keller gab es einen Darkroom für alle, die zur Sache kommen wollten, aber der war den wirklichen Interessenten vorbehalten. Getanzt und getrunken und geschwätzt wurde oben, bei Housemusik und Neonlaser auf der kleinen runden Tanzfläche oder bei einem *Vodka Absolut* an der gut bestückten Bar.

Die meisten Besucher waren nette, prächtig aufgelegte Jungs in Diesel- oder Calvin-Klein-Jeans; es gab auch ein paar gut zurechtgemachte Transvestiten auf Stilettos und Lederwestentypen mit aggressiven roten Halstüchern, doch die waren in der Minderzahl. Einrichtung und Dekoration waren im Pop-Art-Stil gehalten, überlebensgroße bonbonfarbene Konterfeis von Elvis und Marilyn zierten die Wände.

Ich fühlte mich auf Anhieb wohl, als ich zu den Klängen eines gefälligen Rap durch den Laden schlenderte und mich umschaute. Ich genoß es, daß niemand mich auf die übliche eindeutige Art taxierte. Selten wird eine Frau von Männern so zuvorkommend und nett behandelt wie von Schwulen, keiner kam hier auf die Idee, mich mit Blicken auszuziehen.

Hugo tänzelte auf mich zu, das dunkle Haar gelglänzend zurückgekämmt, das giftgrüne Seidenhemd halb offen, so daß seine gepiercten Brustwarzen besser zur Geltung kamen. In seinen Ohren blitzten die Ausgehbrillis, mindestens zehn an der Zahl. Er nahm freudestrahlend meine Rechte und hauchte mir einen höfisch-gezierten Kuß auf den Handrücken. Dabei sah ich breite rote Striemen an seinen Gelenken, und ich erinnerte mich, daß er mir von seinem Freund Alfie erzählt hatte, der nicht nur sein Schamhaar rasierte, sondern auch auf Fesselspielchen stand.

»Angie, schön, daß du kommst!«

»Hallo, Hugo, ich freu mich auch, dich zu sehen.«

»Komm mit an die Bar, ich stell dir Alfie vor.«

Alfie saß mit dem Rücken zu uns auf einem der hohen Hocker, ein Yuppietyp im flaschengrünen italienischen Designeranzug.

»Angie, das hier ist Alfie. Alfie, das ist meine Freundin Angie.«

Er drehte sich zu mir um und entpuppte sich dabei als Alfred Harkmüller, Produktmanager, der lebendige Beweis dafür, daß manche Schwule Frauen eben doch ganz schön nerven können.

»Oh, hallo«, sagte er grinsend.

»Angenehm«, log ich.

»Was macht die Gerätekammer? Noch in Betrieb?«

»Ich wüßte nicht, was Sie das anginge.«

»Und die Wohnung?« fragte er, unleugbar hoffnungsvoll. »Ist sie schon vergeben?«

Ich schüttelte den Kopf. Im Laufe des Nachmittags waren sage und schreibe zwölf potentielle Nachmieter dagewesen, einer empfehlenswerter als der andere, alle von der Wohnungsverwaltung zur Besichtigung geschickt. Anscheinend fiel es den zuständigen Leuten schwer, die Auswahl unter all den solventen, soliden, kinderlosen, kerngesunden Nichtrauchern und Nichttrinkern zu treffen.

»Ihr kennt euch?« fragte Hugo erstaunt.

Ich nickte und überließ es Alfie, ihm den Grund unserer Bekanntschaft zu erklären. Derweil blickte ich mich um und betrachtete die tanzenden Männer; dann fiel mir eine schrill geschminkte, wasserstoffblonde Tunte im hautengen roten Fummel auf, die am anderen Ende der Bar hockte und von einem Typen in Samthosen hofiert wurde, dessen üppige Haarpracht allzu aufgetakelt wirkte, um echt zu sein. Außerdem trug er eine dunkle Brille und einen künstlichen Schnurrbart, beides Dinge, mit denen er mich nicht täuschen konnte.

»He, da drüben ist Heinz Herzig«, sagte ich halblaut zu Hugo.

Alfie kommentierte meine Bemerkung mit verächtlichem Schnauben. »Ich hab ihm gesagt, wenn ich ihn noch mal hier erwische, schneid ich ihm die Eier ab.«

»Alfie bringt das wirklich fertig«, sagte Hugo entzückt und rieb sich die roten Male an den Handgelenken. »Alfie ist un-heim-lich stark!«

»Das letzte Mal war er in Leder und ohne diesen Fifi auf dem Kopf da«, stellte Alfie fest.

Ich holte unbemerkt meine Minikamera aus der Handtasche, ganz beiläufig legte ich den kleinen Apparat auf Hugos Schulter. »Beweg dich mal ein paar Sekunden nicht, Hugo. Nicht atmen, wie beim Röntgen.«

Heinz Herzig schaute selbstverliebt in meine Richtung, doch er sah nicht die Kamera, nur eine Menge vermeintlicher Bewunderer. Ich erwischte ihn exakt in dem Moment, als er dem Wasserstoffblonden vertraulich den Arm um die Hüften legte. Mit eisern ruhiger Hand drückte ich den Auslöser, und schon war die Kamera wieder in der Tasche und der *Hot shot* im Kasten.

Hugo flatterte entzückt mit den Händen. »Ah, sieh sie dir an! Ist sie nicht *une femme extraordinaire*, unsere Lady Paparazza?«

»Es hat nicht geblitzt«, sagte Alfie. »Das war Scheiße, stimmt's?«

»Ein Profi braucht keinen Blitz«, beschied ich ihn kurz angebunden. Dann wandte ich mich an Hugo. »Was hast du für mich, *mon ami*?«

Wieder flatterte er mit den Händen, eine Masche, die er anscheinend nur in Anwesenheit von Alfie kultivierte, im *Étienne* hatte ich dergleichen noch nie an ihm bemerkt. »Es geht um diesen Mord an deiner Chefin.«

Ich war sofort elektrisiert. Hugo beugte sich vertraulich vor und senkte die Stimme. »Ich sag's bloß dir allein, damit du die heiße Story bringen kannst.«

Alfie mischte sich ein. »Frag sie, was sie für diese Info rüberschiebt.«

Ich funkelte ihn wütend an.

Hugo wand sich. »Ach nein, Alfie! Doch nicht bei meiner guten Freundin Angie!«

»Tu, was ich sage!« herrschte Alfie ihn an.

Hugo zuckte wohlig zusammen, dann blickte er mich leicht schuldbewußt an. »Du hast es gehört, Angie.«

»Ich könnte mich vielleicht dazu hinreißen lassen, ein gutes Wort wegen einer gewissen Wohnung einzulegen.«

Alfie legte den Kopf schräg, und ich wußte, daß ich auf dem richtigen Weg war.

»Woher weiß ich, daß du es auch wirklich tust?« fragte er.

Ich legte die Hand an die Brust. »Großes Indianerehrenwort.«

Hugo und Alfie amüsierten sich köstlich, Alfie nickte gnädig. »Okay, erzähl's ihr.«

Hugo kam verschwörerisch noch näher, dann sagte er: »Ich hab sie vor ihrem Verschwinden mal im *Étienne* gesehen, mit einer Frau.«

»Mit welcher Frau?«

Der Barkeeper unterbrach unsere Unterhaltung, er fragte, ob die Dame ein Getränk wünschte. Ich orderte eine *Bloody Mary*, Hugo Prosecco.

»Mit welcher Frau, Hugo?«

»Einer rothaarigen Frau, kräftig, um die Vierzig.«

Ich starrte ihn ungläubig an. »Wann war das?«

Er hob die Schultern, seine mit Brillis gespickte Ohrmuschel blitzte im Laserlicht, das von der Tanzfläche herüberzuckte.

»Eine Woche oder so vor ihrem Verschwinden. Sie waren nur ganz kurz da, haben nicht mal den Kaffee ausgetrunken.«

»Hast du gehört, was sie geredet haben?«

»*Mais oui*. Aber leider nur wenig. Die Rothaarige sagte etwas, ich konnte es nicht verstehen, doch ich bekam mit, daß sie gebrochen Deutsch sprach, mit slawischem Akzent. Dann Clarissa. Sie sagte: ›Hier haben die Wände Ohren.‹« Hugo grinste. »Dabei sah sie mich bitterböse an. Das war aber erst, als ich kassierte.«

»Und vorher?«

»Ah, sie hatten ein Geheimnis, es war nicht zu übersehen.«

»Wieso?«

»Sie ... wie sagt man? Sie tuschelten. Als ich den Kaffee brachte, hörte ich, wie Clarissa sagte: ›Wir reden an einer verschwiegenen Stelle darüber.‹«

Diese verschwiegenere Stelle war vermutlich der Strand von Kampen gewesen.

Der Barkeeper servierte Hugo den Prosecco, dann stellte er ein hohes Glas mit eiskalter roter Flüssigkeit vor mir ab. Ich nippte daran und schmeckte frische Tomaten. »Ist dir sonst noch was aufgefallen?«

»Die beiden haben sofort aufgehört zu reden, als ich an ihren Tisch kam, aber eins hörte ich doch noch: Clarissa Hennessy nannte die Rothaarige Swetlana.« Hugo prostete mir zu und schlürfte Prosecco. »Ist das nicht eine heiße Sache? Bestimmt hat sie was mit dem Mord zu tun, *hein*?«

»Swetlana«, sagte ich langsam. Der Name brachte eine Saite in mir zum Klingen, erzeugte ein unbestimmtes Déjà-vu-Gefühl, ein tief verborgenes Wissen, das bei gehörigem Nachdenken zutage kommen und mir weiterhelfen würde. Ich trank Schlückchen für Schlückchen von meiner *Bloody Mary* und überlegte dabei angestrengt, was mir zu dem Namen Swetlana einfiel, doch alles, was mir in den Sinn kam, war der Text zu der Musik, die gerade gespielt wurde, auf absurde Art paßte es, *I spy headlines, newsprint tells lies, tell me what the papers say*, sang Elton John, und zu Elton fiel mir sofort ein, daß er bekennender Schwuler und von der Queen mit dem Empire-Orden ausgezeichnet worden war. Zu Swetlana fiel mir nichts ein. Am besten ging ich jetzt nach Hause und dachte dort in aller Ruhe und ohne Musik darüber nach. Momentan war mein Typ anscheinend sowieso nicht mehr gefragt.

Alfie ermahnte mich, ja nicht die Wohnung zu vergessen, er behauptete, er habe schon Küchenschränke ausgesucht und Handwerkertermine klargemacht. Dann legte er Hugo die Hand auf die Schulter. »Komm, wir gehn für eine Runde nach unten, sag der Lady *Au revoir*!«

Hugo rutschte von seinem Hocker, hauchte mir durch die Luft ein Abschiedsküßchen zu und verschwand mit Alfie im Gewimmel der übrigen Besucher.

*

Auch zu Hause gelang es mir trotz intensiven Nachdenkens nicht, den Namen Swetlana im Zusammenhang mit Clarissa richtig einzuordnen. Es gab da etwas ... Doch ich fand es nicht heraus, obwohl ich spürte, daß es in meinem Unterbewußtsein lauerte. Die einzige Swetlana, an die ich mich nach Stunden zermürbenden Kopfzerbrechens endlich erinnern konnte, war Polin und hatte früher in der Realschule, die ich besucht hatte, die Klassenzimmer geputzt. Sie hatte ein Verhältnis mit unserem Chemielehrer gehabt, die beiden waren von der Frau des Hausmeisters in flagranti auf dem gekachelten Arbeitstisch erwischt worden, nachdem sie sich dazu hatten hinreißen lassen, ihre Kleider abzulegen, allem Anschein nach die Folge eines gewagten Experiments mit einer im Chemielabor destillierten Flüssigkeit.

In dieser Nacht fand ich kaum Schlaf, obwohl ich die Tür verriegelt hatte und auch nicht vergessen hatte, die Rolläden herabzulassen. Bei dem leisesten Geräusch fuhr ich auf und starrte ins Dunkel. Das Knarren der Bäume vor den Fenstern machte mir angst, ebenso das durchdringende Geräusch des Windes, der ums Haus heulte. Immer, wenn ich draußen eine Wagentür zuschlagen hörte, geriet ich in Panik. Warum, so fragte ich mich unentwegt, sollte der Mörder sich auf meine Verschwiegenheit verlassen? Weshalb sollte er darauf vertrauen, daß ich tatsächlich alle Abzüge vernichtet hatte? Warum sollte er nicht ganz einfach sichergehen, nur so, für alle Fälle? Ein kleiner nächtlicher Besuch mit üblen, irreversiblen Folgen für meine Gesundheit, und das Problem Angela Lorenzi wäre für alle Zeiten aus der Welt geschafft.

Während der folgenden Tage blieb ich unablässig auf der Hut. Ständig blickte ich mich um, in der Erwartung, meinem Tod ins Auge zu schauen, sobald meine Wachsamkeit für eine Sekunde nachließ. Doch allen meinen Befürchtungen zum Trotz geschah nichts, und allmählich verblaßte meine Furcht und ging in leises Unbehagen über. Ich war täglich in der Redaktion anzutreffen, ging aber bei meinen Bestrebungen, mit meinen Kollegen über Clarissas Tod zu sprechen, eher zögerlich zu Werke, immerhin war es nur allzu wahrscheinlich, daß einer oder mehrere

Mitarbeiter aus der Redaktion besagter Drecksackconnection angehörten, die Clarissa auf dem Gewissen hatte.

Ich begann meine Ermittlungen mit dem Versuch, Melanie auf den Zahn zu fühlen; zwei Tage nach unserer Prügelei marschierte ich zu ihr ins Büro, baute mich vor ihrem Schreibtisch auf und musterte sie scharf.

»Melanie, hast du mir was zu sagen?«

»Allerdings«, sagte sie, ohne von der Tastatur ihres PC aufzusehen. »Hau ab oder du kriegst eine verpaßt. Mitten zwischen die Ohren.«

Sie hackte mit mörderischem Gesichtsausdruck auf die Tasten ein, so schnell, daß meine Blicke ihren Fingern kaum zu folgen vermochten. Melanie war bei *Clarisse* nicht nur eine der begabtesten Autorinnen, sondern unbestreitbar das Computeras, sie fand jedes längst verloren geglaubte Stück Datentreibgut in der unendlichen Flut aller gespeicherten Dokumente, seit Jahren war sie hier im Hause der Troubleshooter vom Dienst, außerdem war sie die Frau der ersten Stunde, als *Clarisse* online und ans Internet ging.

»Du bist ja immer noch da«, warnte sie mich mit erhobener Stimme.

»Melanie, ich wollte dir das schon längst sagen. Ich hab nichts mit Tom gehabt. Nichts, hörst du?«

Sie blickte auf und musterte mich mit geschlitzten Augen. »Du warst mit ihm im Bett! Er hat's mir erzählt, was sagst du jetzt!«

Was ließ sich dagegen einwenden? Ich dachte scharf nach und versuchte es dann mit der Wahrheit.

»Wir haben nichts getan. Ich meine, nicht das, was du glaubst.«

»Zieh die Hose runter.«

»Was?« fragte ich entgeistert.

»Ich will sehen, ob du da unten rasiert bist. Tom hat gesagt, du bist da rasiert.«

Ich schluckte, dann sagte ich vorsichtig: »Schau, Melanie, es ist überhaupt nicht so, wie du denkst, und wenn Tom dir was anderes erzählt, hat er gelogen.«

Sie blickte mich starr an.

»Ich weiß nicht, warum er dich wegen dieser Sache angeschwindelt hat«, fuhr ich hastig fort, »ich meine, wenn du der Meinung bist, ihm eher glauben zu können als mir, dann laß dir sagen, daß du völlig schief gewickelt bist, denn genau in dem Moment, als er mich da unten anfaßte ...«

Sie erhob sich drohend, die vollen Brüste wogend vor Gefühlsaufruhr. »Ein Wort noch, und du wirst einen sehr guten Zahnarzt brauchen. Einen *sehr* guten.«

»Melanie, hast du schon mal den Namen Swetlana gehört?«

»Ich zähl bis drei. Eins ...«

»Hör mal, ich muß dich noch was fragen: Warst du kurz vor Clarissas Tod in ihrem Büro?«

»Zwei!«

»Du bist doch dagewesen, oder? Es hat keinen Zweck, es zu leugnen! Irgendwas verheimlicht ihr doch, du und Jack!«

Sie kam hinter ihrem Schreibtisch hervor. »Drei!«

Umgehend spürte ich alle meine Blutergüsse, sie hatten sich seit vorgestern von Blau zu Gelbgrün verfärbt, taten aber immer noch weh genug, um mir Melanies Schlagkraft eindringlich in Erinnerung zu rufen. Rasch wich ich in Richtung Tür zurück. »Melanie, ich will von dir nichts weiter hören als die Wahrheit!«

»Die kriegst du sofort, und zwar mitten aufs Auge.«

Ich griff nach der Klinke, zog die Tür auf und trat einen Schritt auf den Gang hinaus. »Sei doch vernünftig«, versuchte ich es im Guten.

»Hau ab, du Dreckstück!«

»Melanie, du *warst* dort! Warum gibst du nicht wenigstens *das* zu!«

Ihre Augen funkelten unheilverkündend, als sie dicht vor mir stehenblieb. »Du solltest lieber deine Klappe halten, Angie.« Sie machte eine vielsagende Pause, dann setzte sie hinzu: »Wenn du verstehst, was ich meine.«

Da war er wieder, dieser häßliche, eindeutige *Ich-hab-dort-die-Fotos-gesehen-Tonfall*.

Aber was hatte sie noch gesehen? Oder getan? Was auch immer es war, sie war ganz offensichtlich nicht willens, ihr Wissen mit mir zu teilen. Ein gegenseitiges Schweigeabkommen war alles, was sie im Sinn hatte: Wenn du mich nicht verrätst, verrate ich dich auch nicht. Quid pro quo.

Nach einem letzten Blick auf ihre sehr langen, sehr scharf aussehenden Fingernägel zog ich es vor, bei Jack mein Glück zu versuchen. Ich fand ihn in der Grafik, wo er mit Retuschierarbeiten an einer Serie von Beautyaufnahmen beschäftigt war. Als er meiner ansichtig wurde, war ihm anzumerken, daß er den Tag verfluchte, an dem wir Kollegen geworden waren.

Verbissen klopfte er mit dem Finger auf seine Uhr. »Ich hab unheimlich viel zu tun, Angie.«

»Wir können uns unterhalten, während du arbeitest.«

»Ich hab dir eigentlich nichts zu sagen.«

»Du weißt, was ich will«, sagte ich ungerührt.

Er klappte seinen dürren Körper zu voller Länge auseinander. »Nein, das weiß ich nicht. Und ich will es auch nicht wissen.«

»Ich hab mitbekommen, wie du dich mit Melanie unterhalten hast, vorgestern, als du bei ihr im Büro warst. Ich hab gehört, was ihr beide gesagt habt, bevor sie auf mich losgegangen ist.«

»Und du hast dir sicher sofort einen Reim darauf gemacht.«

»Allerdings. Du mußt zugeben, daß es sich komisch anhört, wenn jemand sagt: ›Du darfst dir nichts anmerken lassen, dann wird auch nichts rauskommen. Irgendwann hören sie von selbst auf mit der Schnüffelei, dann ist alles in Ordnung, niemand erfährt was davon!‹ Genau das hast du zu Melanie gesagt, Jack. Was hast du damit gemeint?«

Er fuhr sich nervös durchs Haar, sein flusiger Künstlerzopf löste sich dabei zu schlaffen Strähnen auf, die ihm traurig ums Gesicht hingen. Ich spürte seine Unsicherheit und wußte, daß ich nahe dran war, ihn zum Reden zu bewegen.

»Mir kannst du es ruhig sagen. Ich bin absolut verschwiegen, wenn's drauf ankommt.«

Jack fing an, hin- und herzumarschieren. »Du hast

ja keine Ahnung«, stieß er hervor, »gerade du mit deinem Minimalverständnis von künstlerischer Fotografie!«

Ich war verblüfft. Was hatte Kunst mit der Tatsache zu tun, daß er etwas zu verbergen hatte?

»Sprich nur weiter«, munterte ich ihn auf.

Er blieb abrupt stehen. »Hast du der Polizei davon erzählt?«

»Wovon?«

»Von dem, was Melanie und ich miteinander besprochen haben.«

»Ich hab nichts gesagt, Ehrenwort.«

»Versprich mir, daß du es auch weiterhin nicht tust, Angie.«

»Warum? Was hast du zu verbergen?«

Er rang die Hände und nahm seine Wanderung wieder auf. »Herrgott, ich muß mich darauf verlassen können, daß es unter uns bleibt!«

Kämpferisch schob ich das Kinn vor. »Nicht, wenn du der Mörder bist!«

Jack warf den Kopf zurück und lachte, schrill und hysterisch, seine Schultern zitterten. Plötzlich ließ er sich auf den Hocker fallen und vergrub das Gesicht in den Händen. »Sie hat mich fertiggemacht! Sie hat mich erpreßt!«

»Wer? Melanie?«

»Verdammt, doch nicht sie! Clarissa, dieses Miststück!«

»Womit denn?«

»Mit Fotos.«

Ich wartete geduldig, daß er weitersprach. Als er es dann nach längerem, von Seufzern unterbrochenen Schweigen endlich tat, klang seine Stimme gequält.

»Als ich vor zehn Jahren mit dem Fotografieren anfing, hab ich ein paar Dummheiten gemacht. Jeder Fotograf tut das, oder nicht?«

Erwartungsvoll sah er mich an. Ich hatte nicht den blassesten Dunst, was er meinte, nickte aber verständnisvoll. »Klar, das macht jeder.«

»Du auch?«

»Ich? Ähm, tja, sicher, das eine oder andere Mal«, behauptete ich.

»Nun, genau wie bei mir und Melanie.«

Ich schluckte, immer noch hatte ich keine Ahnung, worauf er hinauswollte. »Du willst damit sagen, daß du und Melanie ...?«

»Genau.«

»Ah ja, ich verstehe«, log ich, »du hast also Melanie ...?«

»Ja, ich hab's getan«, erklärte er niedergeschlagen.

Du liebe Güte, was denn bloß?

»Du kannst ruhig mit mir darüber sprechen.« Ich warb um Vertrauen.

»Ich hab sie fotografiert. Mein Gott, sie war sechzehn. Sechzehn, Angela! Und ich war sechsundzwanzig, ein Youngster, ich hatte ganz andere Ambitionen als heute! Damals war Geld alles. Und es war ein Haufen Geld, verdammt, das war es! Niemand hätte da nein sagen können!«

»Was waren das für Fotos?« fragte ich, obwohl ich es mir denken konnte.

»Es waren üble Fotos, ganz üble Fotos«, bekannte

Jack. »Für einschlägige Hardcore-Magazine. Verbotene Pornos, um genau zu sein.«

»Wieso verboten?«

Er schloß die Augen und ließ den Kopf sinken. »Weil die Mädchen auf den Bildern viel zu jung waren. Fast noch Kinder.«

»Und Clarissa? Was hat sie mit dem Ganzen zu tun?«

»Vor einiger Zeit, vielleicht vor zwei Monaten oder so, kam sie zu mir ins Büro und warf mir eine von diesen uralten Ausgaben auf den Schreibtisch. Ohne Kommentar. Bevor ich noch einen Ton sagen konnte, war sie wieder draußen.«

»Und dann?« fragte ich perplex.

»Ich tat das einzige, was in dieser Situation vernünftig war«, sagte er würdevoll.

»Und was war das?«

»Kannst du es dir nicht denken?«

Ich überlegte kurz, dann nickte ich. »Du bist zu ihr gegangen und hast ihr deine Kündigung angeboten. Sie hat abgelehnt.«

Er wirkte überrascht. »Woher weißt du das?«

»Weil es bei Melanie genauso war.«

Jack bestritt es nicht. »Sie sagte, meine Kündigung würde sie auf keinen Fall annehmen, wie ich bloß auf die Idee käme, diese Geschichte mit einer Kündigung aus der Welt schaffen zu können. Nein, sagte sie, das käme überhaupt nicht in Frage, sie würde sich selbst etwas *Angemessenes* überlegen. Bloß das sagte sie. Nichts weiter. Etwas Angemessenes.« Jack spie das letzte Wort aus wie einen Brocken Gift, dabei sah er mich leidend an. »Mit dieser Aussicht ließ sie mich hängen. Sie schmiß mich aus ihrem Büro, weil sie darüber nachdenken wollte, was sie für *angemessen* hielt.«

»Und dann?«

»Dann passierte überhaupt nichts. Wochenlang zuckte ich jedesmal zusammen, wenn ich sie sah, ich war der festen Überzeugung, daß sie mich irgendwie reinreißen wollte.«

»Aber das war doch alles längst verjährt«, gab ich zu bedenken.

»Ich rede nicht von der Polizei«, wehrte er ungeduldig ab. »Himmel noch mal! Begreifst du es nicht?«

»Ähm ... nein.«

»Ich habe einen Ruf zu verlieren, Angie! In der Branche habe ich einen Namen, verstehst du!«

Ich ließ ihn in dem Glauben, obwohl ich der Ansicht war, daß er sich ein bißchen mehr einbildete, als ihm zustand.

»Und worin bestand die Erpressung?« fragte ich.

Er sah mich an, als hätte ich einen Hirnschaden. »Die Erpressung bestand darin, daß sie diese ... schmutzigen Dinge von mir wußte und mich zappeln ließ. Sie zwang mich, weiter für sie zu arbeiten!« Theatralisch breitete er die Arme aus. »Ich war ihr auf Gedeih und Verderb ausgeliefert!«

»Ach so. Na ja, wenn man es so sieht ...«

Ob Melanie auch von Clarissa auf diese Weise »erpreßt« worden war?

Jack war noch nicht fertig. Sein Blick ging gedankenverloren in die Ferne. »Das alles war doch schon so lange her, so unendlich weit weg.«

»Du hattest es längst vergessen«, soufflierte ich,

eifrig darauf bedacht, möglichst noch mehr zu erfahren.

»Nicht nur das. Ich hatte mich völlig von diesen Sachen distanziert. Vor allem mental, wenn du verstehst, was ich meine. Ich bin ein Künstler.«

»Klar.«

»Ich hab keine Ahnung, wo sie diese alten Dinger ausgegraben haben könnte. Nach all diesen Jahren!« Trübselig starrte Jack auf seine wie im Gebet verschränkten Hände. »Damals hatte ich noch unter meinem richtigen Namen gearbeitet, deshalb konnte sie überhaupt die Verbindung herstellen.« Zusammenhanglos fuhr er fort: »Und diese Fotos, auf denen zufällig auch Melanie ... Das arme Mädchen ist ja über mich erst zu *Clarisse* gekommen, vor acht Jahren. Ich hatte was gutzumachen bei ihr. Ich hab's versucht, aber eigentlich ist es eine Schuld, die nie abzutragen ist.«

»Moment. Du meinst, Clarissa hat auch Pornobilder mit Melanie gefunden?«

»Ja, das ist ja das Schlimme! Auf diesen Bildern ...« Er brach ab und gestikulierte, suchte nach Worten.

»Waren die Bilder so schlimm?«

»Es ... es waren Männer dabei. Es waren meist ... ähm, mehrere. Es gab auch zwei oder drei Aufnahmen mit Frauen, Dominamasche, mit Lack und Leder und Fesseln und Peitsche und so. Kannst du mir folgen?«

»Oh, klar«, sagte ich zerstreut. Fieberhaft dachte ich nach, wie diese neuen Informationen sich in die Geschehnisse um den Mord einfügen ließen. Zuallererst hatte ich hiermit zwei weitere, sehr beachtliche

Motive, von denen die Polizei nichts ahnte. Andererseits war ich völlig im ungewissen, was Jack sonst noch wußte. War er auch wie Melanie in der Mordnacht in Clarissas Büro gewesen, hatte er ebenfalls meine Fotos gesehen? Oder sie sogar mitgenommen? Wie sollte ich meine nächste Frage stellen, ohne zuviel zu verraten?

»Hast du ... hast du irgendwas mit dem Mord zu tun?« platzte ich undiplomatisch heraus.

Jack blickte mich bloß angewidert an.

Ich zuckte die Achseln und versuchte es erneut. »Du hast nicht ... ähm, du hast nicht zum Beispiel irgendwas aus ihrem Büro mitgehen lassen, oder?«

»Ich habe keine Ahnung, wovon du redest.«

»Jack«, startete ich einen letzten Anlauf, »du kennst nicht zufällig irgendeine Frau, die Swetlana heißt, oder?«

Anstelle einer Antwort schnaubte er nur, womit unsere Unterredung beendet war.

*

Damit erschöpften sich vorerst meine Bemühungen, durch Melanie oder Jack der Lösung des Falles näherzukommen. Ich beschloß, die beiden jemandem zu überlassen, der gern und pausenlos seine Nase in jedermanns Angelegenheiten steckte und dafür auch noch bezahlt wurde.

Kurts kriminalistischer Eifer war ungebrochen, er kam täglich in die Redaktion und knöpfte sich einen Mitarbeiter nach dem anderen vor. Melanie und Jack vernahm er sogar zwei- oder dreimal, allerdings erfolglos, wie man hörte. Ich erfuhr davon immer nur aus dritter Hand, mich ließ er in Ruhe. Einerseits empfand ich Erleichterung deswegen, andererseits machte es mir auf unbestimmte Art zu schaffen.

Irene wurde ebenfalls mehrmals von Kurt aufgesucht, doch auch sie konnte offensichtlich keine Informationen zur Lösung des Falles beisteuern.

Sie versah immer noch kommissarisch die Aufgaben der Chefredakteurin, mit anderen Worten, sie füllte Clarissas Posten aus; es hieß, die Testamentseröffnung verzögere sich, weil der Erbe noch nicht offiziell in Erscheinung treten wollte, ein Umstand, der bei *Clarisse* zu endlosen Spekulationen Anlaß gab. Des weiteren hieß es, daß Attila seinerzeit bei der Überschreibung seines Vermögens auf eine Rückfallklausel im Todesfall bestanden hatte, was ihn bei entsprechender testamentarischer Regelung automatisch zum Erben machte; vermutlich wollte er aus Pietätsgründen mit seinem Neueinstieg in das Verlagswesen warten, bis Clarissa unter der Erde war.

Im Laufe der folgenden Woche schien der Alltag wieder einzukehren. Wir erledigten unseren Job und stellten keine Fragen, mit anderen Worten: Wir saßen es aus; anscheinend eine erfolgversprechende Art, Krisen wie diese zu meistern.

Ich selbst befand mich in einem merkwürdigen Zustand zwischen Konfusion und trügerischer Sicherheit. Obwohl mich in der Redaktion häufig das ungute Gefühl beschlich, heimlich von Mitgliedern der Drecksackconnection beobachtet zu werden, schien beruflich alles wie am Schnürchen zu klappen. Ich arbeitete wie gewohnt in meinem Büro oder in der Grafik, oder ich fuhr mit einem Team zu den Homestorys, mit denen der Chef unseres Ressorts uns beauftragte. Ich knipste die Promis, die in Designerklamotten auf Designersofas flegelten, die entspanntprivate Version ihres *Schaut-her-ich-bin-der(die)-Größte*-Grinsens zeigten und mich dabei pausenlos mit ihren Extrawünschen nervten.

»Dieser blöde Pickel hier an meinem Kinn, kann man den irgendwie verschwinden lassen?«

»Nicht, daß ich eitel bin, aber können Sie mich auf dem Bild ein kleines bißchen schlanker rauskommen lassen?«

»Das Licht blendet so. Tut richtig in den Augen weh. Kann der junge Mann mit dem Scheinwerfer nicht solange draußen warten?«

»Bevor die Fotos veröffentlicht werden, kriege ich sie aber noch mal zu sehen, gell?«

»Ich will genauso aussehen wie neulich in der *Gala*. Keine einzige Falte. Können Sie das Bild bei Ihrer Zeitung auch so gut entwickeln wie die Fotografen bei der *Gala*?«

Natürlich sagte ich zu allem Ja und Amen.

Mitesser? Null problemo.

Falten? Kennen wir nicht.

Ein bißchen zu vollschlank? Aber Sie doch nicht, gnä' Frau.

Was der Beleuchter und die Stylistin vor der Aufnahme nicht hinkriegten, machten für gewöhnlich Fotograf und Grafik wett. Die zerknitterte Haut wurde durch massiven Filtereinsatz vorgeglättet, hinterher killte die Retusche zuverlässig Pickel, Poren und Furchen und ließ selbst den verlebtesten Tattergreis noch als jugendfrischen Paul Newman glänzen.

Die meisten sogenannten Stars sind viel dicker und kleiner, als man sie vom Kino oder Fernsehen her kennt. Man hält solche Leute immer für attraktiv, unwiderstehlich, schlank, schön, vor allem aber für hochgewachsen, dann steht man ihnen plötzlich Auge in Auge gegenüber und glaubt, sich in der Tür geirrt zu haben. Aus der Traum. Dieser toupierte, getönte, schlecht geliftete, schmerbäuchige Mikkerzwerg soll der herrliche naturblonde Recke aus der beliebten Prime-Time-Serie *Der Mann, den alle Frauen wollen* sein?

Man nehme die Megastars Tom Cruise, Al Pacino, Sylvester Stallone; alles große, starke Kerle, *mucho-Macho*-Typen, denken Sie? Falsch. Ich könnte jedem einzelnen von denen lässig über den Kopf spucken (vorausgesetzt, *Clarisse* bekäme solche First-Class-Promis einmal exklusiv, wovon wir als eher mediokres Klatschblatt natürlich nur träumen können).

Mit routinierter Höflichkeit wiegelte ich auch die üblichen Anmach- und Mauschelversuche ab, die meist ungefähr so abliefen:

»Ach, wenn Sie wüßten, wie einsam man als Prominenter oft ist.« Seufzer, gefühlig-romantische Pause, dann: »Machen Sie eigentlich manchmal auch Privatfotos?«

»Nein, dazu läßt mir meine Familie keine Zeit, ich bin verheiratet und habe vier Kinder.«

Oder so:

»Wäre es möglich, daß Sie mir das Honorar in bar hierlassen, Fräuleinchen? Ich meine, ohne Quittung? Das Finanzamt ist in letzter Zeit schrecklich zudringlich geworden.«

»Dafür bin ich nicht zuständig, aber ich verspreche Ihnen, ein gutes Wort bei der Buchhaltung einzulegen.«

*

Die Themenkonferenzen liefen in gewohnter Hektik und notorischer Einfallslosigkeit ab. Meist hatte ich einen diabolischen Spaß daran, dabeizusein und die Leute durch ein imaginäres Objektiv zu beobachten. Außer verstohlenem Gähnen gab es Grimassen des Widerwillens, empört geballte Fäuste, zu schrillem Kichern aufgerissene Münder, unerwartete Ausbrüche gestenreicher Eloquenz. Ich saß in der Runde, immer mit der vergnügten Gewißheit, all das, was da als so ungeheuer trendy, flippig, cool oder sensationell angedient wurde, schon mindestens hundertmal vorher irgendwo anders gehört, gesehen und gelesen zu haben.

Neuartiger Laser brennt Falten weg.

Endlich Orgasmus ohne Penetration – geändert nach vehementen Protesten weiblicher Redaktionsmitglieder in: Endlich Orgasmus *trotz* Penetration.

Happening blutjunger nackter Spraykünstler in der U-Bahn.

Wenn Hausfreunde zu sehr lieben.

Sex mit dem Ex. Sex nach dem Mondkalender. Sex in den Wechseljahren.

Hautverträgliche, garantiert BSE-freie Collagenspritze gegen griesgrämige Lippen.

Das neue Winter-Make-up.

Die neue Wintermode.

Die neue Diät.

Die neue Klopfmassage.

Berufsjournal für die neue Frau der Neunziger.

Neue Entschlackungs-, Lockenstylings- und Streicheltechniken.

Nichts davon war neu, dafür aber garantiert entweder nervtötend oder lachmuskelreizend, das Beraten der Vorschläge ein ewiger Eiertanz zwischen Gähn- und Kicherzwang. Immerhin, die Auflagenzahl war wieder gestiegen, und die Anzeigenredaktion verwies stolz auf die Akquisition eines regional marktführenden Miederwarenkonzerns. Leider mit Produktschwerpunkt Rheumawäsche, die Werbe-Doppelseiten mit den weißbeleibten Rheumatikern wären in einem Apothekerblättchen besser zur Geltung gekommen als in einer Frauenillustrierten mit Zwanzig- bis Fünfzigjährigen als angepeilter Zielgruppe, doch man konnte nicht alles haben. Außerdem, so stellte der Leiter der Anzeigenredaktion mit beleidigt gespitztem Mund und bezeichnendem Blick in die Runde klar, hätten immer mehr Frauen auch diesseits der fünfzig schon total morsche Knochen.

Neben Redaktionsarbeit und fest eingeplanten Fototerminen mußte ich auch dem aufregenderen und anstrengenderen Teil meines Jobs gerecht werden. Einmal flog ich nach München, einmal nach Berlin, beide Male kehrte ich mit Abschüssen zurück. In München gelang es mir, vom Flachdach eines Hotels aus ein konspirativ-exklusives Tête-à-tête zwischen dem Journalisten eines bekannten Nachrichtenmagazins und einem gesuchten Steuerflüchtling zu dokumentieren. Ich ließ es den Zeitungsmann hinterher sofort wissen, woraufhin er mir mit einer Millionenklage drohte, falls wir es vor ihm brachten, was wir selbstverständlich taten.

In Berlin schoß ich den Vogel mit einem Saunafoto ab, auf dem ein quotenstarker Nachrichtensprecher in stiller Eintracht neben seinem Programmdirektor schwitzte, friedlich vor sich hintropfend saßen sie Schulter an Schulter auf demselben Saunalaken. Dieser *Hot shot* erforderte mein ganzes Improvisationstalent; haben Sie schon mal versucht, eine Kamera am nackten Körper zu verstecken? Leider legte unser Justitiar, wie ich es schon vorher geahnt hatte, sofort sein Veto ein. (Irgendwann, sehr viel später, erfuhr ich, daß er mit dem Nachrichtensprecher eng befreundet war.)

*

Irene machte ihre Arbeit immer besser; alle Mitarbeiter bei *Clarisse* fühlten sich wohl unter ihrer Regie, sie sparten nicht mit Lob und Zustimmung, und mehr als einmal hörte ich eine Bemerkung darüber, daß Clarissas Tod unter diesem Aspekt mit Sicherheit auch sein Gutes hatte. Trotz ihrer zahlreichen Termine und Aufgaben hatte Irene für jeden, dem sie begegnete, stets ein freundliches Lächeln und ein aufmunterndes Wort. Anders als unter Clarissas Herrschaft wurde bei Irene Teamwork großgeschrieben, die Meinung aller war gefragt, jeder einzelne wurde ernstgenommen.

Nur einmal gab es einen Bruch in ihrer gewohnten Gelassenheit. Am zehnten Tag nach Clarissas Tod suchte ich sie in ihrem Büro auf (es war wieder ihr eigenes, Clarissas Büro war seit dem Mord versiegelt), um diverse Einzelheiten einer neuen Serie mit ihr durchzusprechen, es ging dabei um frisch getrennte, neu liierte Promis. Wir planten eine Artikelreihe, die unter dem Motto stehen sollten: *Alte Liebe rostet bloß*. Ich legte ihr für die Fototermine eine Vorschlagsliste mit verschiedenen Leuten aus Politik und Fernsehen vor, die ihre jeweiligen langjährigen Lebenspartner zugunsten jüngerer Gefährten abserviert hatten, und als Irene die Namen überflog, wurden plötzlich ihre Augen feucht. Sie biß sich auf die Unterlippe, doch ihr liefen bereits Tränen über die Wangen. Ihr Mund zitterte, sie preßte die Hand auf die Lippen, um es zu verbergen. »Ich wollte, alles wäre anders gekommen«, sagte sie. »Sie fehlt mir so, Angie! Du ahnst gar nicht, wie sehr! Wir waren immer so wichtig füreinander. Von Anfang an war sie mein Vorbild. Sie war so tüchtig, so ... klug!«

»Ich weiß«, sagte ich lahm.

»Nur in einer Sache nicht. Sie hatte Angst vorm Altwerden. Wußtest du, daß sie schon ganz grau war? Sie hat ihr Haar seit Jahren gefärbt.«

»Ich weiß«, sagte ich erneut.

»Und sie hat sich operieren lassen. Wußtest du das?«

Diesmal sagte ich nicht ›ich weiß‹, sondern gab mich angemessen überrascht. »Was du nicht sagst!«

»Vor einem halben Jahr etwa meinte sie, sie würde gern mal aufs Land, zum Ausspannen, allein«, fuhr Irene fort. »Ich wollte mit, wir fuhren doch fast immer zusammen weg, doch sie lehnte ab. ›Was soll aus der Zeitung werden, wenn keiner von uns beiden da ist?‹ sagte sie. ›Okay‹, sagte ich, ›du hast recht.‹ Also fuhr sie allein.«

»Ich weiß«, sagte ich mechanisch.

»Und als sie zurückkam, hatte sie diese Schönheitsoperation machen lassen. Es war schiefgegangen. Dieser Mistkerl von Arzt hat es restlos versaut. Ich war entsetzt, Angie. Nicht nur, weil dieser Kunstfehler passiert war, sondern auch, weil sie es überhaupt hatte machen lassen. Es war so ... so überflüssig! Was sind schon ein paar Falten und Speckpolster! Doch sie wurde sofort böse, als ich das sagte. Sie glaubte wohl irgendwie, sich gehenzulassen, wenn sie so aussah, wie es ihrem Alter entsprach. Wenn sie nicht nach dieser mißlungenen Liposuktion Angst bekommen hätte, hätte sie sogar ein Facelifting machen lassen.«

»Hat sie dir das gesagt?«

»Aber ja. Was glaubst du wohl, woher ich es weiß?« Irene hob die Hand und berührte ihre Wange. »Sie benutzte kein Make-up. Niemals.«

»Ich weiß«, kehrte ich zu meiner Standardantwort zurück.

»Ja, aber weißt du auch, wieso?«

»Ich denke, sie glaubte, damit noch älter auszusehen.«

»Blödsinn. Das hat sie zwar oft gesagt, aber es war bloß vorgeschoben. Der wahre Grund war ganz profan. Sie hatte eine Allergie. Parfüm, Creme, Puder, egal, womit ihre Haut in Berührung kam, sie kriegte sofort schrecklich entstellende Pusteln. Schon das Haarefärben war jedesmal eine Tortur. Du glaubst nicht, wie oft sie deswegen wütete. So war sie eben. Gewisse Dinge konnte sie nicht akzeptieren. Alles mußte immer so funktionieren, wie sie es sagte. Wenn sie etwas wollte, nahm sie es sich. So einfach war das für Clarissa. Einmal waren wir zusammen in der Oper. Vor uns saß eine junge Frau, sie war sehr schön in ihrem schulterfreien roten Abendkleid. Clarissa legte in der Pause die Hand auf ihre nackte Schulter und streichelte sie. Einfach so. ›Sie haben wunderbare Haut‹, sagte Clarissa. Die Frau drehte sich um, zuerst war sie erstaunt, doch dann lächelte sie, als teilten Clarissa und sie ein Geheimnis. So war sie. So offen, so unglaublich ehrlich, so völlig ohne falsche Scham oder Zurückhaltung. Immer tat sie, was sie wollte, was sie für richtig hielt.« Irenes Züge verzerrten sich plötzlich, ihr Mund öffnete sich zu einem gespenstischen, absolut lautlosen Weinen. Tränen zogen gläserne Spuren über ihre gepuderten Wangen, und unvermittelt senkte sie den Kopf, bis ich ihr Gesicht nicht mehr sehen konnte. Ihr glatt geföntes dunkles Haar fiel als glänzende Welle über ihr Gesicht, sacht schwang es hin und her, wie vom Wind bewegt, doch ich wußte, daß Irenes stoßweiser Atem die Ursache war.

Während ich noch nach tröstlichen Worten suchte, zog sie ein Papiertaschentuch hervor und schneuzte sich. »Tut mir leid. Ich wollte mich nicht gehenlassen. Ich hatte mir geschworen, mich zusammenzureißen. Aber es ist nicht so einfach für mich, wie es für viele von euch vielleicht aussieht.«

»Irene, wenn ich dir irgendwie helfen kann ...«

»Schon gut, Angie, lieb von dir. Aber ich komme zurecht, wirklich.«

In Sekundenschnelle hatte sie ihre Souveränität wiedergewonnen. Sie kreuzte rasch ein paar Namen an, dann schob sie mir die Liste über den Schreibtisch hinweg zu. »Gute Auswahl, Angie. Ich schätze, wir versuchen es bei denen mal. Das heißt, wenn du einverstanden bist.« Ihr war keine besondere Gefühlsregung mehr anzumerken, sie wirkte so gefaßt und tüchtig wie immer.

*

In den nächsten Tagen war ich wegen der neuen Serie viel unterwegs; beim Anblick der geradezu ekelhaft frisch verliebten Trennungssieger ertappte ich mich in Gedanken mehr als einmal bei Siegfried und Manuela.

Privat schien mein Leben sich im Kreis zu drehen und auf diffuse Weise zwischen Behelfsmäßigkeit und Auflösung hin- und herzupendeln. Ich hatte zwar noch eine Bleibe, war aber zugleich bereits heimatlos. Verloren und seltsam ziellos bewegte ich mich zwischen Schlafsack und überquellenden Kleiderkisten; die leere Wohnung war mir ein verhaßt-vertrauter Anblick geworden, ebenso wie die Nachmieter, die zu Dutzenden kamen und gingen. In Erinnerung an mein Versprechen rief ich bei der Gesellschaft an, die für die Hausverwaltung zuständig war, und legte ihnen wärmstens den Produktmanager Alfred Harkmüller ans Herz, woraufhin man mir mitteilte, daß ein Herr Harkmüller bereits erwogen und für ungeeignet befunden worden sei.

Tut mir leid für dich, Alfie.

Im Verlauf des Telefonats erfuhr ich weiter, daß der Eigentümer ungewöhnlich wählerisch war und sich bislang mit keinem der Aspiranten von der meterlangen Liste anfreunden mochte. Also fand ich mich notgedrungen damit ab, immer neue Nachmieter zu empfangen. Mit der Zeit entwickelte ich eine unübertroffene Taktik, sie im Rekordtempo durch die Wohnung zu schleusen und anschließend sofort wieder loszuwerden. Dabei hatte ich tatkräftige und zuverlässige Unterstützung von meiner einzigen Hausgenossin: Sobald jemand kam, ließ ich unten bei Frau Hubertus das Telefon klingeln. Sie wartete daraufhin exakt fünf Minuten und rief dann zurück, ich deklarierte ihren Anruf vorzugsweise als private Tragödie (ich mußte sofort ins Krankenhaus, eine Verwandte von mir war mit Beinbruch/Leistenbruch/Blinddarmdurchbruch eingeliefert worden) oder aber als beruflichen Notfall (ich mußte augenblicklich zu einer Krisensitzung in die Redaktion, es waren Viren in den Computer eingedrungen/Interview-Partner verunglückt/einstweilige Verfügungen gegen uns ergangen).

Der Strom der wohnungsuchenden Interessenten riß unterdessen nicht ab, kaum waren die einen draußen, standen die nächsten vor der Tür, allesamt wahre Prachtmieter, die das Herz jeden Vermieters höher schlagen ließen, waren sie doch ganz wild darauf, einen Riesenbatzen von ihrem stets überreichlich vorhandenen Geld nur fürs Wohnen auszugeben. Es war also nur eine Frage der Zeit, bis dem Eigentümer endlich einer gefiele, also gab ich meinem Herzen einen Stoß und in einem Anzeigenblatt unter Chiffre folgende Annonce auf: *Zuverl., seriöse, berufst. Dame mittl. Alters, ledig, kinderlos, kein Haustier, oft berufl. abwesd., sucht schöne Zweizimmerwhg. Nähe Außenalster bis 1800 DM/mtl.*

Ich zeigte Frau Hubertus die Annonce, sie lachte herzlich und meinte, wenn ich schon im mittleren Alter wäre, müsse sie sich ernsthaft fragen, wie alt sie selbst sei. Warum ich nicht bei der Wahrheit bliebe und als ›junge Dame‹ inserierte?

Ich machte sie darauf aufmerksam, daß ich als ›junge Dame‹ niemals eine Wohnung bekäme, ›junge Dame‹ klang unweigerlich nach Heirat und Kinderkriegen und Haustiere anschaffen, mit anderen Worten, nach biologischer Zeitbombe; es bedeutete Dreirädchen und Buggy im Hausflur, verdreckte Turnschuhe auf der Treppe, abgerissene Tapete im Hausflur, Babygebrüll rund um die Uhr, gräßlich stinkende Pampers im Mülleimer, niedergetrampelte Krokusse im Vorgarten. Kein Vermieter würde sich auf ›junge Dame‹ einlassen, denn damit würde er sich keine Mieterin einhandeln, sondern einen Klotz am Bein, bei dem die explosionsartige Vermehrung durch Familiengründung schon vorprogrammiert war.

Frau Hubertus nickte nur bedeutungsschwer und sagte: »Ach Gott, ja, die Zeiten sind wahrhaftig schlecht!«

Für mich wurden sie in der darauf folgenden Woche nicht besser. Ich litt zunehmend unter Magenschmerzen und vergaß immer wieder, mir Tabletten zu kaufen. Eine Zeitlang versuchte ich es mit Reduktionsdiät, genauer gesagt, ich halbierte meinen abendlichen Alkoholkonsum und rauchte nicht mehr als eine Packung Gauloises täglich, doch es schien nicht allzu viel zu helfen.

Um mich von meinen Sorgen abzulenken, ging ich öfter schwimmen als sonst, drei- oder gar viermal die Woche. Meist machte ich mich erst so spät wie möglich auf den Weg, nicht vor acht oder gar neun Uhr abends. Mutterseelenallein legte ich Bahn um Bahn im gechlorten Wasser des Schwimmbades zurück, schwebend, immer in träumerischer Bewegung, alles vergessend im künstlichen Blau des gekachelten Beckens.

Unwirtliches Novemberwetter wartete mit Sturm und Eisregen auf, und vom Fenster des leeren Eßzimmers aus konnte ich zusehen, wie der Nordwind die Büsche und Bäume am Ufer der Außenalster zauste und die letzten rostfarbenen Blätter mit sich nahm.

Die Temperaturen fielen unter den Gefrierpunkt, und wenn ich mich abends in meinem Schlafsack vor dem Kamin zusammenrollte und in die Flammen schaute (inzwischen hatte ich mir ein neues Schürbesteck und Scheite gekauft) dachte ich an Siegfried und unsere ersten gemeinsamen Monate, in denen wir manchmal zusammen vor dem Kamin gekuschelt hatten. Er hatte sich seit seinem Auszug nicht gemeldet. Ich konnte nur vermuten, daß er zu beschäftigt damit war, sein Dasein neu einzurichten, in jeder Beziehung.

Neues Leben, neue Wohnung, neue Frau.

Mindestens ebenso oft wie an Siegfried dachte ich an Kurt, vor allem daran, wie er auf der Palmaille neben mir in meinem Wagen gesessen hatte, und wie enttäuscht er ausgesehen hatte, kurz bevor er ausgestiegen und davonmarschiert war. Und ich rief mir in Erinnerung, wie er mir hier vor dem leeren Kamin mit seiner brummigen Stimme *Moon River* ins Ohr gesummt hatte.

Womit er wohl jetzt seine freie Zeit verbrachte? Für Fußball war es zu kalt, vielleicht hockte er abends vor seinem Kaminofen und las, oder er schaute sich im Fernsehen alte Hollywoodfilme an. Schließlich gestand ich mir selbstkritisch ein, daß bei diesen Phantasievorstellungen der Wunsch der Vater des Gedankens war. Viel wahrscheinlicher war, daß er abends ausging und sich nette, vorzugsweise weibliche Gesellschaft suchte.

Allzu häufig mußte ich auch an Clarissa denken. An das Blut, als Lache auf dem Schreibtisch, als Flecken auf ihrem feinen Seidenkostüm und auf dem Teppich, als Schlieren an der Wand und am Heizkörper. An die furchtbare, tiefe Einbuchtung in ihrem Schädel. Und an die Fesselmale an ihren Handgelenken, die ich nicht gesehen hatte, von denen mir aber Kurt erzählt hatte. Kurt, der kleine Junge auf dem Erinnerungsfoto, das auf Clarissas Schreibtisch gestanden hatte. Immer wieder fragte ich mich, ob es richtig war, ihm zu verschweigen, daß ich in jener Nacht zwischen drei und halb vier in ihr Büro gekomen und dort auf dem Sofa eingeschlafen war, daß ich immer noch dort geschlafen hatte, als der Mörder Clarissa den Kopf eingeschlagen hatte.

Ich haderte mehr als einmal mit mir, weil ich damit hinterm Berg hielt, dann wieder stellte ich mir Kurts ungläubige Miene vor, während ich ihm schilderte, wie es wirklich gewesen war.

Was? Du willst allen Ernstes behaupten, du warst dort und hast geschlafen? Als der Mord passierte?

Aber es war wirklich so, Kurt, ganz ehrlich! Ich – habe – geschlafen!

Und du bleibst dabei, daß du nichts gehört hast? Nicht das leiseste Geräusch?

Ja, verdammt noch mal, ähm, ich meine natürlich nein! Kurt? Warum siehst du mich so an, Kurt? Glaubst du mir etwa nicht?

Nun ... Nein, eigentlich nicht. Kein Wort, um genau zu sein. Tut mir leid, aber ich muß dich verhaften.

Ach, Angie, was soll's! Vergiß es!

*

Und ich vergaß es, jedenfalls so lange, bis er eines Freitagabends, mehr als zwei Wochen nach Clarissas Tod, an meiner Tür klingelte. Ein Hauch Winterkühle strömte von ihm aus, als ich ihm öffnete. Er trug eine seiner speckigen dunklen Lederjacken, diesmal eine mit Wollfutter. Seine Wangen waren frisch rasiert und von der Kälte gerötet, und seine Augen blitzten unternehmungslustig, als er mir die Hand gab. »Guten Abend, Angela.«

»Hallo Kurt. Wie geht's?«

»Prima, jetzt wo ich dich sehe.«

»Ich hab leider keine Zeit«, teilte ich ihm vorsorglich mit.

»Hast du was vor?«

»Allerdings.«

Ich hatte schon meine Tasche fürs Schwimmbad gepackt, den Badeanzug trug ich praktischerweise drunter, mein Haar war im Nacken auf wenig kleidsame Art zu einem straffen Zopf zusammengezwirbelt.

»Was Wichtiges?«

»Nein«, gab ich zu. »Bloß Schwimmengehen.«

Kurt wirkte erleichtert. »Oh, gut, das kannst du verschieben.«

»Warum?«

»Weil das, was ich vorhabe, nur zusammen mit dir funktioniert.«

»Wenn du wieder mal ein kleines Verhör durchziehen willst, dann muß ich dir leider mitteilen ...«

»Nein, nein.« Er wehrte sofort mit erhobenen Händen ab. »Ich werde kein Sterbenswörtchen über den Mord sagen. Ehrenwort.«

»Was willst du dann?«

»Noch mal von vorn anfangen. Nur du und ich, ganz privat.«

Ich musterte ihn, voller Argwohn, daß er irgendeine neuartige Verhörmethode an mir ausprobieren wollte.

Er schien meine Vorbehalte zu spüren. »Glaub mir, Angela. Das soll keine Polypenmasche sein. Ich hab dich doch zwei Wochen lang in Frieden gelassen, oder nicht? Wenn ich dich ausquetschen wollte, wäre ich schon längst wieder bei dir aufgekreuzt!«

»Da ist was dran«, räumte ich ein.

»Ich möchte einfach einen netten Abend mit dir verbringen. Ohne Gerede über Täter, Tathergänge, Alibis, Asservatenstücke und solchen Kram.«

Ich war noch nicht ganz überzeugt. »Und wie soll das ablaufen?«

»Ich will mit dir essen. Erinnerst du dich? Du hast noch ein Essen bei mir gut, Angela.«

»Ja«, sagte ich langsam. »Ich kann mich erinnern.« Merkwürdig, dachte ich, an alles, was ihn betraf, konnte ich mich nur allzu genau erinnern, vor allem an den Abend vor dem Kamin.

»Und, wie schaut's aus? Hast du Lust?«

Ich blickte an mir herunter, wie immer an meinen Schwimmabenden trug ich Jeans und Baumwoll-Sweatshirt. »Ich weiß nicht ...«

»Du siehst gut aus. Gut genug.«

»Gut genug wofür? An welches Restaurant hattest du denn gedacht?«

»Ach, ein nettes, kleines Lokal, es hat nur wenige Plätze und eine sehr familiäre Atmosphäre.«

*

»Wo ist denn hier ein Lokal?« fragte ich zweifelnd und blickte an der gepflegten Backsteinfassade des vierstöckigen Hauses hoch, vor dem wir angehalten hatten.

Kurt faßte mich unter und schloß die Haustür auf. »Im dritten Stock.«

Verblüfft schaute ich ihn an. »Du meinst deine Wohnung!«

Anstelle einer Antwort lachte er.

»Hast du gekocht?« fragte ich.

Kurt nickte. »Klar. Ich hab dir doch erzählt, daß ich gern koche. Heut hab ich für uns beide was vorbereitet.«

»Was denn?« wollte ich wissen.

»Laß dich überraschen.«

Wir gingen nebeneinander die Treppe hoch. Das Treppenhaus war frisch renoviert, man roch noch die Farbe. Auf den Absätzen standen Pflanzkübel mit glänzendem Philodendron und wuchernden Farnen. Vor der Wohnungstür im zweiten Stock waren ein Dreirad und ein zusammengeklappter Buggy abgestellt.

»Hier wohnt eine Familie mit Kind, oder?«

»Mit zwei Kindern. Der Junge ist drei, das Mädchen knapp zwei. Drollige kleine Knirpse, sie haben nur Blödsinn im Kopf. Neulich haben sie eine Flasche Spülmittel ins Klo gekippt, es gab Schaumberge bis ins Treppenhaus. Davor hatten sie einen funkelnagelneuen CD-Player auseinandergenommen. Letzte Woche haben sie irgendwo einen Eimer mit Rostschutzmittel in die Hände gekriegt.« Er deutete auf die frisch geweißten Wände. »Alles mußte neu gestrichen werden. Du hättest mal sehen sollen, wie es vorher hier aussah.«

»Die Eltern scheinen leicht überfordert zu sein, hm?«

»Es gibt bloß eine Mutter. Der Vater ist irgendwann abgehauen.«

»Ach so. Na ja, dann ...«

»Ich paß ab und zu auf die beiden auf, wenn die Mutter zum Arzt muß oder abends ins Kino geht.«

Bei seinen Worten fühlte ich ohne erkennbaren Grund einen leisen Stich.

Wir waren im dritten Stock angekommen, Kurt schloß die Wohnungstür auf. »Sie ist noch ziemlich jung, weißt du. Sie hat's nicht leicht mit den beiden kleinen Kindern.«

»Da kann sie ja wirklich froh sein, daß sie dich hat«, entfuhr es mir.

Du blöde Gans, dachte ich sofort, wieso mußt du so eine dämliche, eifersüchtige Bemerkung machen!

Kurt zwinkerte, als hätte er meine Gedanken gelesen. »Sie wiegt hundertachtzig Pfund und hat einen zwei Meter großen Freund, der sie kaum aus den Augen läßt.«

Unangenehm berührt zuckte ich die Achseln, doch dann schnupperte ich erwartungsvoll; in der Diele seiner Wohnung duftete es verlockend nach frischgehackten Kräutern und warmem Brot. Und schwach nach Knoblauch und etwas anderem, nach ... Birnen? Jedenfalls roch es köstlich, mir lief sofort das Wasser im Mund zusammen.

»Wenn es so schmeckt, wie es riecht, werde ich nichts zu meckern haben«, erklärte ich, dann meinte ich zögernd: »Komisch. Ich hatte überhaupt keinen Appetit, als du mich abholen kamst. Jetzt könnte ich einen Ochsen verdrücken. Auf einmal hab ich richtig Hunger.«

»Du solltest sowieso mehr essen.«

»Findest du mich zu dünn?«

»Wer wie Audrey aussieht, kann nur dünn sein.«

»Bei ihr hieß es nicht dünn, sondern fragil.«

»Dann bist du eben fragil. Aber mit ein paar Pfund mehr würdest du mir auch nicht schlecht gefallen.«

»Also her mit dem Essen!« witzelte ich.

»Es ist noch nicht ganz fertig. Zehn Minuten mußt du dich noch gedulden.«

Kurt half mir aus der Jacke und hängte sie zusammen mit seiner eigenen Jacke an die Garderobe, ein pfiffiges Stahlrohrgestell in Form eines stilisierten Mannes. »Komm, setz dich solange ins Wohnzimmer. Ich ruf dich, wenn's soweit ist.«

»Ich könnte dir helfen.«

»Nachher beim Abwasch.« Er grinste und komplimentierte mich ins Wohnzimmer. Er verschwand und kam eine halbe Minute später mit einem Glas Sambuca zurück, in dem ein paar Kaffeebohnen schwammen. Mit bezeichnendem Lächeln drückte er es mir in die Hand. »Mach's dir bequem, fühl dich ganz wie zu Hause.«

Ich blickte ihm nach, und wieder fielen mir seine sicheren Schritte auf, die sparsame, leichtfüßige Art, in der er sich bewegte und die in seltsamem Gegensatz zu seinem schweren, athletischen Körperbau stand.

Als ich hörte, wie Kurt in der Küche zu rumoren begann, nippte ich an dem Sambuca und schaute mich neugierig um. Der Raum hatte nichts von der sterilen, durchgestylten Eleganz, die man oft in Singlewohnungen vorfindet; man sah ihm an, daß Kurt sich oft und gern hier aufhielt, alles wirkte bewohnt und gebraucht im besten Sinne des Wortes. Das etwa dreißig Quadratmeter große Zimmer war wie die Diele mit Korkfliesen ausgelegt und zweckmäßig eingerichtet, ohne jegliche Effekthascherei. In einer Ecke war der Kaminofen, von dem Kurt gesprochen hatte, ein grün gekacheltes Ungetüm, in dem es einladend bullerte und dessen Wärme den ganzen Raum durchzog. An Mobiliar gab es ein abgewetztes dunkles Ledersofa, einen Rattan-Schaukelstuhl, einen niedrigen Tisch aus verwittertem, wurmstichigem Holz, offensichtlich ein altes Erbstück. Vor dem Fenster stand ein von Zeitschriften und Papierstößen überquellender Schreibtisch mit PC und Bildschirm, vom übrigen Raum durch ein deckenhohes Regal abgeteilt, in dem sich Bücher, ein Fernseher und eine Stereoanlage befanden. An den Wänden gab es weitere Regale mit Büchern und Erinnerungsstücken: Fußballpokale, ein Paar Boxhandschuhe, Fotos. Das größte Bild war ein altes Klassenfoto. Ich ging nah heran und fuhr mit dem Zeigefinger über das staubige Glas, bis ich Kurt in der letzten Reihe gefunden hatte. Schon als Kind war er stämmig und recht groß für sein Alter gewesen. Mir wurde bewußt, daß dieses Foto ungefähr aus derselben Zeit stammen mußte wie dasjenige in Clarissas Büro.

Dann bemerkte ich das andere Bild, halb hinter einem Stapel Büchern verborgen. Ich zog es hervor und betrachtete es. Es zeigte Kurt im Alter von etwa fünfzehn Jahren, den Arm in liebevoller Geste um eine Frau gelegt.

Das ist Clarissa, schoß es mir sofort durch den

Kopf. Doch im nächsten Moment erkannte ich, daß die hellblonde Frau mit den klaren Gesichtszügen trotz der frappierenden Ähnlichkeit nicht Clarissa war. Sie mußte ihre ältere Schwester gewesen sein, Kurts Mutter.

Ich spürte seine Anwesenheit, noch ehe er sprach, und als ich aufblickte, sah ich ihn in der Tür stehen. Er beobachtete mich. »Na, weißt du jetzt mehr über mich?«

»Deine Wohnung ist wie du«, sagte ich. »Freundlich und nett.« Ich wies auf das Foto. »Deine Mutter?«

Er nickte.

»Sie sah Clarissa sehr ähnlich.«

»Rein äußerlich hätten sie Zwillinge sein können, doch da war der Altersunterschied. Meine Mutter war um einiges älter als Clarissa. Fünfzehn Jahre, um genau zu sein. Und fünfzehn Jahre vor Clarissa ist sie auch gestorben. Fast auf den Tag genau.«

»Es gibt schon verrückte Zufälle.«

»Du hast recht«, meinte er achselzuckend. »Das Schicksal geht manchmal wirklich seltsame Wege.«

»Hast du auch ein Bild von deinem Vater?«

»Nein, für mich gibt es keinen Grund, eins von ihm aufzustellen.«

Bevor ich ihn fragen konnte, was er damit meinte, stand er neben mir und streckte mir die Hand hin. »Darf ich bitten?« Er nahm meinen Arm, und zusammen gingen wir in die Küche. Ich sog den Duft von frisch gebratenem Fleisch ein, dann sah ich den für zwei Personen gedeckten Tisch, und mir entfuhr ein Laut der Überraschung beim Anblick von Damast,

Kristallgläsern, Silberbesteck und feinem weißen Porzellan.

Zwischen den beiden Gedecken prangte ein Gesteck aus Misteln, Schleierkraut und weißen Rosen, flankiert von zwei brennenden weißen Kerzen in hohen Messingleuchtern.

»Das sieht ja toll aus!« staunte ich. »Wie im Nobelrestaurant!«

Wenn er mich damit beeindrucken wollte, war es ihm gelungen. Er nahm mein leeres Sambucaglas, stellte es auf der Anrichte ab und rückte einen Stuhl für mich zurecht. Ich setzte mich und schaute zu, wie er schwungvoll Weißwein einschenkte. Während er mit den Suppentellern zum Herd ging, sah ich mich um. Die Küche war geräumig, die Einrichtung funktionell. Alle Schränke hatten einfache helle Holzfronten, die Wände waren weiß gestrichen, der Boden war gefliest. Die zahlreichen Töpfe, Tiegel und Pfannen, die an Haken von einem Metallrost über der Anrichte hingen, verrieten den versierten Hobbykoch ebenso wie das überdimensionale Gewürzregal in Reichweite des Herdes und die kleinen Pflanzkisten mit frischen Kräutern auf der Fensterbank.

»Kochst du oft für Gäste?«

»Nicht so oft, wie ich es gern täte.« Kurt brachte die gefüllten Suppenteller an den Tisch, anschließend holte er eine Platte mit appetitlich geröstetem Knoblauchbrot aus dem Backofen.

»Laß es dir schmecken, Angela.«

Ich tauchte den Löffel in die cremig-helle, grün gesprenkelte Suppe, kostete und war augenblicklich außer mir vor Begeisterung. »Das hast du wirklich selbst gemacht? Ich kann das gar nicht glauben!«

»Glaub es ruhig.«

Es fiel mir schwer. Noch nie war ich jemandem privat begegnet, der kochen konnte wie ein Profi. Alle Männer, die ich bisher gekannt hatte, waren wie ich selbst chronische Küchenmuffel. Wenn es bei Siegfried und mir zu Hause warmes Essen gegeben hatte, stammte es entweder vom Chinesen, vom Italiener oder aus einer Fertigpackung.

»Nimm dir auch von dem Brot.«

Ich gehorchte nur zu gern. »Was sind das für Kräuter in der Suppe?«

»Kerbel. Schmeckt's dir?«

»Himmlisch. Ist noch mehr davon da?«

Kurt lachte. »Reichlich. Aber das ist erst die Vorspeise, laß noch Platz für den Rest.«

»Ich kann es kaum erwarten, das Hauptgericht zu probieren.«

Es ergab sich, daß ich ihm bei diesen Worten direkt in die Augen schaute, doch diesmal war keine Flunkerei im Spiel, sondern etwas ganz anderes. Wir erkannten in merkwürdiger Übereinstimmung und auf den Bruchteil einer Sekunde gleichzeitig den erotischen Doppelsinn meiner Bemerkung. Die Suppe begann in meinem Magen zu brodeln und zu glucksen, Kurt schaute mich intensiv an, und dann setzte es plötzlich ein: das gewaltigste Kribbeln, das ich je verspürt hatte.

Als Hauptgang gab es kurzgebratene Kalbsmedaillons mit gedünsteten Birnenspalten auf Toast, mit Gorgonzola überbacken und grünem Pfeffer garniert.

Ich ließ alles auf der Zunge zergehen, ebenso wie den Rotwein, den Kurt dazu kredenzte. Wir aßen, redeten über alles mögliche und starrten einander dabei unentwegt an. Mein Herz hämmerte bis zum Hals, dieses Abendessen gehörte fraglos zu den aufregendsten Abenteuern, die ich je erlebt hatte. Wir fühlten beide dasselbe, das machte alles noch spannender. Das Kribbeln nahm beängstigende Ausmaße an, es schäumte und wogte in meinem Magen, hob mich auf eine Welle prickelnder Erwartung. Ich schaute auf Kurts Hände und wurde fast wahnsinnig vor Verlangen, als er kraftvoll ein Stück Weißbrot zerriß und damit den zerlaufenen Gorgonzola auftunkte, ihn bedächtig vom Porzellan wischte und zusammen mit dem Brot und ein paar Körnern grünem Pfeffer in seinen Mund schob. Wollüstige 9½-Wochen-Visionen gaukelten durch meine Phantasie, ich wollte nur noch eins: sein Teller sein.

»Ich bin nicht ganz sicher, ob ich den Nachtisch noch schaffe«, sagte ich heiser.

»Und ich bin ganz sicher, daß ich ihn nicht schaffe.« Seine Stimme klang so rauh wie meine. Er warf das restliche Brot einfach beiseite und stand auf. Als er um den Tisch herumkam und mich hochzog, fiel eines der Gläser um und rollte über die Kante. Ohne hinzusehen streckte Kurt wie Superman blitzartig die Hand aus und fing es in der Luft, bevor es auf den Fliesen zerschellen konnte.

Das gab mir den Rest, ich fiel beinahe in Ohnmacht.

»Ist dir nicht gut?« fragte er besorgt.

»Nein«, sagte ich schwach, »aber ich fürchte, wenn

du das noch mal machst, kriege ich einen Orgasmus.«

»Gott sei Dank. Ich dachte schon, ich müßte Angst um mein viertbestes Paar Schuhe haben.«

Später lagen wir im Dunkeln zusammen in seinem Bett, träge, entspannt, mit ineinander verschlungenen Gliedmaßen. Mein Kopf lag an seiner Schulter, ich hörte seinen gleichmäßigen Atem und spürte ihn als wohligen Luftzug an meiner Schläfe. Seine Hand fuhr langsam über meinen Rücken, vom Nacken bis hinab zu meinen Hinterbacken, immer wieder, mit wunderbarer Zuverlässigkeit.

Zuverlässigkeit war eine seiner hervorstechendsten Eigenschaften, fand ich. Bei all der verrückten, besinnungslosen Leidenschaft unseres ersten Mals hatte ich diese besondere Verläßlichkeit stets gespürt. Ich war in seinen Armen zu einer widerstandslosen weiblichen Masse zerschmolzen, doch immer war ich mir seiner bewußt gewesen, hatte nie daran gezweifelt, daß er mich halten und sicher mit auf den Gipfel nehmen würde.

»Es ist nachgewachsen«, war das erste, was er danach sagte.

»Mhmm«, machte ich friedlich. Erst nach einer Weile ging mir auf, daß er mein Schamhaar gemeint hatte.

»Wie wäre es jetzt mit dem Nachtisch?« fragte er. »Es gibt Mandelcreme auf Früchtegelee.«

»Hört sich köstlich an. Aber im Moment würde ich nichts runterbringen. Später vielleicht.« Ich schmatzte eine Folge rascher, winziger Küsse auf seine Schulter. »Hast du das schon mal erlebt?« wollte ich wissen. »Ich meine, daß es dich so plötzlich überkommen hat, beim Essen?«

»Nein, beim Essen ist es mir noch nie passiert.«

»Mir auch nicht. Es war, als würde ich in einem wilden, verrückten Meer schwimmen, auf einer gigantischen Welle, die mich mitnimmt.« Ich wunderte mich selbst über diese plötzliche lyrische Anwandlung, doch Kurt übertrumpfte mich noch.

»Bei mir war es, als wäre die Welt eine Scheibe, die sich immer schneller gedreht hat, sie rotierte wie rasend, bis ich über den Rand geschleudert wurde und in die Ewigkeit gefallen bin.«

»Das gefällt mir«, seufzte ich. »Über den Rand der Welt in die Ewigkeit fallen ... Eine passende Beschreibung.«

»Und sonst?« fragte er. »Was gefällt dir sonst bei mir?«

»Alles«, sagte ich überschwenglich. »Wie du wohnst, wie du kochst, wie du im Bett bist!«

»Das freut mich.«

Mich freute es noch viel mehr. Kurt erschien mir plötzlich als personifizierter Wunschtraum jeder schmählich verlassenen Frau. Er war so männlich, so stark, so fürsorglich! Ich sehnte mich danach, ihn zu fotografieren. Die wunderbarsten Bilder würde ich von ihm machen, und kein einziges davon käme in meine *Gesichter*-Kartons, nein, ich würde sie aufhängen und mit dem Rest eigens eine Mappe für ihn anlegen. Auf der ersten Seite eine Gegenlichtaufnahme, wie er am Fenster stand und nachdenklich hinausschaute, nackt bis auf ein paar enge Jeans. Dann als nächstes, wie er in einem Boot saß, am besten auf dem Leinpfadkanal, mit viel Grün im Hintergrund, die Sonne auf dem hellen Haar, kraftvoll die Ruder durchs Wasser ziehend.

Wie hatte ich jemals auf die Idee kommen können, daß er ein nervtötender Schnüffler war? Oder gar phantasielos und langweilig? Lieber Himmel, er war einfach perfekt! Alles an ihm, sein Körper, seine Hände, sein Mund, sein ... Mein Denkvermögen setzte aus, weil Kurt mich im Dunkeln plötzlich auf den Rücken rollte und an mir herabglitt, bis sein harter Schwanz zwischen meinen Füßen ruhte.

»Was hast du vor?« hauchte ich atemlos, als seine kurzgeschnittene Igelbürste an den Innenseiten meiner Schenkel kratzte.

»Vorhin ging es zu schnell«, kam es durch die Bettdecke gedämpft zurück.

Ich war nicht in der Lage, weitere Fragen zu stellen.

Diesmal dauerte es länger als beim ersten Mal, wesentlich länger, und danach hielt er mich eng umschlungen, bis mein Herzschlag sich beruhigt hatte. Unsere erhitzten, schweißnassen Körper klebten aneinander, kein Fädchen hätte dazwischengepaßt.

»Angela«, flüsterte er mir ins Ohr. »Weißt du eigentlich, was du mir antust?«

Diese blöde Frage hätte mich stutzig machen sollen, doch alles, was mir dazu einfiel, war eine Gegenfrage, die der seinen an Dämlichkeit in nichts nachstand. »Warum nennst du mich eigentlich Angela?«

»Na, so heißt du doch, oder?«

»Sicher, aber alle, die ich kenne, nennen mich Angie. Bis auf meine Mutter.«

»Deine Mutter hat völlig recht. Angela ist viel besser.«

Mit den Fingerspitzen tastete ich über seine Brust, fühlte den dichten Haarwuchs und überlegte, ob er dort auch blond war. Außer undeutlichen Umrissen hatte ich von seinem nackten Körper in der Dunkelheit nichts gesehen, wir hatten bisher kein Licht gemacht.

»Es ist ein außergewöhnlicher Name«, fuhr Kurt versonnen fort. »Und so unglaublich klangvoll.«

Bewegt schloß ich die Augen. Was für ein Mann!

»Angela bedeutet Engel«, sagte ich verschämt.

»Ich weiß.« Er vergrub sein Gesicht an meinem Hals und umfaßte besitzergreifend meine rechte Brust. »Du könntest auch wirklich einer sein. Wenn du nur offener wärst ...«

»Bitte?« fragte ich irritiert. Ich mußte mich verhört haben.

»Verschließ dich mir nicht länger, Angela.« Er knetete meine Brust, eine Fingerkuppe streichelte die empfindsame Spitze. »Nicht jetzt, wo wir uns so nah sind.«

Er konnte nicht das meinen. Nicht den Mord. Ausgeschlossen.

»Moment«, sagte ich langsam. »Du hättest gern, daß ich dir jetzt alles sage, hm?«

Ich spürte sein erwartungsvolles Nicken, gleichzeitig merkte ich zu meiner Schande, wie meine Brustwarze sich wollüstig seiner Liebkosung entgegenreckte.

Ich mußte ihm eine Chance geben. Unvorstellbar, ihm Unrecht zu tun!

»Du meinst Clarissas Tod, habe ich recht?«

Wieder nickte er. Also doch!

»Du willst also, daß ich dir alles erzähle, was ich darüber weiß«, spann ich meinen Monolog weiter. »Du möchtest, daß ich keine Geheimnisse mehr vor dir habe. Weil wir beide gerade zufällig so nett und so intim zusammen hier im Bett liegen.«

»Stimmt was nicht, Angela? Du hörst dich auf einmal so komisch an. Irgendwie ... bedrückt.«

»Bedrückt?« würgte ich hervor, dann holte ich Luft und schrie: »*Bedrückt??!!*«

Mir war danach, ihn mit bloßen Händen zu töten, doch selbstverständlich war ich nicht so naiv zu glauben, daß ich gegen ihn eine Chance gehabt hätte, er war viel größer und stärker als ich. Deshalb beschränkte ich mich darauf, ihn von mir zu stoßen und aus dem Bett zu springen, um ihm dann, außer einem seiner Schuhe, über den ich im Dunkeln stolperte, alles mögliche an den Kopf zu werfen; ich machte ihm unmißverständlich klar, was für ein berechnender, gewissenloser Verführer er war. Selbstverständlich drückte ich mich nicht annähernd so vornehm aus, aber die Richtung war es, die zählte, und die stimmte.

Es war die bittere Wahrheit, daß er mich mit seinen außergewöhnlichen Fähigkeiten als Koch und Liebhaber eingewickelt hatte, um mir Informationen zu entlocken. Er hatte eingesehen, daß er mit herkömmlicher Befragungstaktik bei mir nicht weiterkam, also hatte er sich subtilerer Methoden befleißigt, um mich auszuhorchen. Um ein Haar wäre ich auf seine jämmerlichen Tricks hereingefallen! Ich hatte sogar ein schlechtes Gewissen gehabt, weil ich Geheimnisse vor ihm hatte! Und, was das schlimmste war, ich war drauf und dran gewesen, mich in diesen nervtötenden Schnüffler und phantasielosen Langweiler zu verknallen!

Während Kurt fluchend an der Wand entlangstolperte und nach dem Lichtschalter tastete, klaubte ich in der Dunkelheit meine verstreuten Sachen vom Fußboden auf.

»Angela, wie kannst du mich so mißverstehen?«

»Du mieser, widerlicher Bulle«, knirschte ich.

»Angela, bitte, laß uns drüber reden ...« Er stieß einen Schmerzensschrei aus, weil sein anderer Schuh ihn am Kopf traf.

Irgendwie gelang es mir, meinen Badeanzug ebenso schnell überzustreifen, wie Kurt ihn mir vorhin vom Leib gerissen hatte. Im selben Moment fand Kurt den Lichtschalter, doch das nahm ich nur noch aus den Augenwinkeln wahr. Bevor ich mich vergewissern konnte, ob das Haar auf seiner Brust wirklich blond war, hatte ich schon die Wohnungstür hinter mir zugeknallt.

*

Es traf sich gut, daß der folgende Tag ein Samstag war. Ich blieb zu Hause in meinem Schlafsack und leckte meine Wunden. Das Telefon ließ ich klingeln, bis es von allein aufhörte, der Anrufbeantworter blieb abgeschaltet.

Mittags läutete es an der Wohnungstür, keine Frage, daß es Kurt war, Frau Hubertus mußte ihn ins Haus gelassen haben. Vermutlich hatte er ihr seine Marke vor die Nase gehalten und behauptet, dienstlich hier zu sein. Außerdem wußte sie inzwischen, daß er Kriminalkommissar war und nicht der Sittlichkeitsverbrecher, für den sie ihn ursprünglich gehalten hatte. Dummerweise hatte ich selbst diesen kleinen Irrtum richtiggestellt.

Weil ich auf sein Klingeln nicht reagierte, fing er nach einer Weile an, mit den Fäusten gegen die Tür zu hämmern. »Angela, ich weiß, daß du da bist! Mach mir auf, verdammt noch mal!«

Danach herrschte für geraume Zeit Ruhe, doch ich ließ mich nicht täuschen. Und tatsächlich, ein paar Minuten später klingelte er erneut und begann wieder zu hämmern. »Angela!« brüllte er. »Du beurteilst die Lage völlig falsch! Hab doch Vertrauen zu mir! Ich will dich nur schützen! Ich – möchte – dir – nur – helfen!« Bei jedem der letzten Worte hieb er mit der Faust so gewaltig gegen die Türfüllung, daß ich fürchtete, er könnte ein Loch hineinschlagen. Doch kurz darauf wurde es im Treppenhaus endgültig still, und als ich zehn Minuten später vorsichtig die Tür öffnete und durch einen winzigen Spalt hinauslugte, war er gegangen.

Den Nachmittag verbrachte ich mit ausgedehnter Körperpflege; mir war aus keinem besonderen Anlaß aufgefallen, daß ich mir seit Ewigkeiten weder die Beine noch die Achselhöhlen rasiert hatte. Außerdem war mein Haar vom vielen Chlorwasser stumpf und glanzlos geworden und hatte eine längere Kurpackung dringend nötig. Zur Auffrischung meines Teints legte ich eine Pfirsichmaske auf, die mir zufällig in die Hände fiel, als ich den Vorratsschrank in der Küche nach einer Hausmacher-Dosensuppe fürs Abendessen durchforstete.

Nach einem Körperpeeling und einem Vollbad in Gebirgen von Schaum aß ich um sieben Uhr zu Abend. Es gab Tomatensuppe, kochendheiß, so konnte ich mir wenigstens einbilden, daß sie tatsächlich wie hausgemacht schmeckte. Anschließend blieb ich im Schneidersitz vor meinem behelfsmäßigen Tisch hocken und lackierte meine Finger- und Fußnägel, niemand sollte auf die Idee kommen, daß ich keinen Wert auf weibliches Aussehen legte. Eigentlich, so überlegte ich, könnte ich auch wieder mal einen kleinen Einkaufsbummel unter den Alsterarkaden einplanen; seit langem hatte ich mir nichts Neues mehr zum Anziehen gegönnt. Mit Kurt, so sagte ich mir, hatte dieser Vorsatz nicht im mindesten zu tun, er brauchte sich nicht einzubilden, daß ich je wieder ein Wort mit ihm reden würde.

Als es dunkel wurde, ließ ich die Rolläden herab und vergewisserte mich (albern, aber ich konnte nicht anders) durch langes Horchen und sichernde Blicke in alle Richtungen, daß ich auch tatsächlich allein war. Trotzdem überlief mich ein nervöser Schauer, als ich meine Reservenegative aus dem Geheimversteck holte. In der Dunkelkammer fertigte ich einen vollständigen Satz neuer Abzüge an, machte Ausschnittvergrößerungen von allen Gesichtern, aber in Miniformat, dann schichtete ich die Fotos zusammen und steckte sie in die Mappe, wo ich meine Kreditkarten aufbewahrte. Ich lobte mich für meinen Einfallsreichtum, schon wegen des ungewöhnlich kleinen Formats würde niemand auf die Idee kommen, die Fotos dort zu vermuten. Clarissa, Swetlana, Antonio, die Gräfin – ich hatte bei meinen Miniporträts niemanden von denen vergessen, die sich an jenem Morgen am Strand aufgehalten hatten. Immerhin bildete einer von ihnen das Bindeglied zu dem Mörder.

Anschließend beseitigte ich alle Spuren meiner Arbeit, verbrannte die Papierschnipsel, versteckte die Negative und trocknete sogar alle Laborgefäße.

Als ich mit allem fertig war, war es zehn Uhr. Ich zündete ein kleines Feuer im Kamin an und legte mich auf meinen Schlafsack. Müßig beobachtete ich das Spiel der züngelnden Flammen und lauschte dem Knacken der Scheite, in Gedanken immer noch mit den Fotos beschäftigt. Ohne den geringsten Zweifel wußte ich, daß hier die Lösung verborgen war, und ich hatte mir vorgenommen, weitere Nachforschungen anzustellen. Mir war die Idee gekommen, Hugo die Abzüge zu zeigen, möglicherweise fiel ihm noch etwas Wichtiges ein, wenn er das Bild von dieser Swetlana sah. Bei nächster Gelegenheit wollte ich außerdem Melanie und Jack mit den Fotos konfrontieren, ich war fast sicher, daß zumindest einer der beiden etwas über den Mord wußte, am ehesten wahrscheinlich Melanie, die in jener Nacht am Tatort gewesen war. Auch wenn einer von ihnen mit dem Mörder unter einer Decke steckte, mußte ich dieses Risiko eingehen. Bei vernünftiger Betrachtungsweise, so meine nähere Überlegung, konnte man durchaus der Auffassung sein, daß die Negative in meinem Besitz eine Art Lebensversicherung darstellten. Vielleicht war der Mörder auch dieser Meinung, so daß ich in Wahrheit gar nichts von ihm zu befürchten hatte.

Meine Gedanken schweiften weiter, mit Unbehagen erinnerte ich mich daran, daß ich am Montag zu Clarissas Beerdigung mußte. Die Leiche war endlich von der Staatsanwaltschaft freigegeben worden und sollte Montag vormittag bestattet werden. Alle möglichen Hamburger Honoratioren wurden erwartet, außerdem Scharen von Presseleuten, vielleicht sogar das eine oder andere Fernsehteam. Sicher würde es eine in jeder Beziehung aufsehenerregende Beisetzung werden; Irene hatte uns nach der letzten Redaktionssitzung erzählt, für welche Summe sie beim Floristen Blumen bestellt hatte. Sofort hatte ich mir vorgestellt, was Clarissa in ihrer unnachahmlich trockenen Art dazu gesagt hätte: »Irene, meine Liebe, warum willst du so einen (schab) *Hauf*en Geld für mich zum Fenster rauswerfen, wenn ich doch überhaupt nichts davon habe!«

Die Erinnerung an Clarissa, wie sie hinter ihrem eleganten Schreibtisch saß und von dort voller Stolz und Hochmut die Geschicke ihrer Zeitschrift lenkte, begleitete mich in den Schlaf.

Als ich aufwachte, wußte ich sofort, daß ich nicht allein war. Mir war nicht klar, was mich aus meinem wie immer totenähnlichen Schlaf geweckt hatte, aber mit dem Instinkt eines bedrohten Tiers begriff ich, daß ich in Gefahr war. Um mich herum war es stockdunkel. Im Zimmer war es kalt, die Glut im Kamin war längst erloschen, nicht der Hauch eines Fünkchens war zu sehen. Hellwach und starr bis in die Fingerspitzen schaute ich in die Finsternis. Ja, da war es wieder. Das kaum hörbare Geräusch von Schritten über mir. Jemand war in der Wohnung und machte sich im Obergeschoß zu schaffen, wahrscheinlich in meiner Dunkelkammer!

Zentimeter um Zentimeter schob ich mich aus meinem Schlafsack, darauf bedacht, nicht das leiseste Geräusch zu verursachen. Auf Händen und Knien kroch ich über den Teppich zur Tür, wo ich aufstand und die Hand um die Klinke legte, so vorsichtig, als müßte ich eine Tellermine entschärfen. Geräuschlos drückte ich sie nieder und lugte durch einen schmalen Türspalt in die Diele. Dort brannte das Dreiminutenlicht, und jetzt war auch deutlicher von oben her das Geräusch von Schritten zu hören. Fieberhaft überdachte ich meine Möglichkeiten. Ich könnte schreiend aus der Wohnung stürzen und so lange weiterlaufen, bis ich in Sicherheit war oder auf jemanden traf, der mir half. Doch damit brachte ich unweigerlich Frau Hubertus in Gefahr, die einen viel leichteren Schlaf hatte als ich und bestimmt schon im Morgenrock durchs Haus irren würde, bevor ich noch ganz draußen war. Ich konnte nicht ausschließen, daß der Mörder sich die Zeit nahm, sie als unerwünschte Zeugin für immer zum Schweigen zu bringen, bevor er meine Verfolgung aufnahm. Die nächste Möglichkeit bestand darin, rasch die Polizei anzurufen und mir danach zu überlegen, was ich als nächstes tun sollte.

Rasch, Angie, zum Telefon!

Ich huschte quer durch die Diele zur gegenüberliegenden Wand und riß das Telefon von der Ladestation. In derselben Sekunde ging das zeitgeschaltete Dielenlicht aus, und schlagartig war es um mich herum so dunkel wie auf der Rückseite des Mondes. Ich unterdrückte einen Fluch und fummelte an den Telefontasten herum. Ich hätte ins Eßzimmer laufen sollen, dort hatte das Telefon ein erleuchtetes Display! Ich tippte blind die Zahlen, die ich für die Notrufnummer hielt, hörte aber nur ein Besetztzeichen. Ich erkannte, daß ich mich verwählt hatte und versuchte es erneut, diesmal noch hektischer. Eine sympathische Frauenstimme teilte mir mit, daß es beim nächsten Ton null Uhr neunzehn Minuten und dreißig Sekunden sei. Und dann steigerte sich mit einem Mal die Frequenz meines Herzschlages, bis die Pulse in meinen Ohren wie Maschinengewehrfeuer tuckerten. Schritte kamen die Wendeltreppe herab, ich sah in dem kaum sichtbaren Lichtschein, der aus einem der oberen Räume herabfiel, zwei Männerschuhe, dann zwei Beine bis zum Knie. Ohne nachzudenken sprang ich mit Riesensätzen hinter die Treppe, und als ich im Halbdunkel die schwachen Umrisse von Schultern und Hinterkopf der Gestalt ausmachen konnte, holte ich aus und schlug zu. Das Telefon zerbrach auf dem Kopf des Mannes in zahlreiche Stücke, er sackte wie vom Blitz getroffen mit einem überraschten »Uhmpffff« zusammen und blieb regungslos liegen. Sofort rannte ich zum Lichtschalter neben der Eingangstür, knipste das Licht an und drehte mich zitternd zu dem unbekannten

Eindringling um. Ich atmete stoßweise und keuchend wie nach einem Rekordsprint, während ich mich langsam der Stelle näherte, wo der Mörder gerade stöhnend das Bewußtsein wiedererlangte. Es war Siegfried.

Ich ging neben ihm in die Knie. »Oh, lieber Himmel, Sigi! Das tut mir so leid! Wenn ich nur gewußt hätte, daß du es bist! Bist du verletzt?«

Er drehte ächzend seinen Kopf. »Wahrscheinlich eine Schädelfraktur.«

Ich half ihm in eine sitzende Stellung. »Soll ich eine Ambulanz rufen?«

»Noch nicht. Erst, wenn ich wieder das Bewußtsein verliere.«

Ich beobachtete ihn ängstlich, verfolgte gebannt jede seiner Bewegungen. Er stemmte sich mühsam auf die Füße und rollte unter Flüchen und schmerzhaften Aufschreien den Kopf hin und her, legte ihn in den Nacken und drückte das Kinn auf die Brust. Plötzlich zuckte er zusammen, hob ruckartig die Hand und preßte sie gegen seine Rippen.

»Sigi!« sagte ich voll panischer Sorge, er könnte womöglich eine Herzattacke erleiden. »Dein Herz?«

»Unfug. Mein Magen.« Siegfried holte eine Tablettenfolie aus der Sakkotasche. »Könntest du vielleicht ...?«

»Klar!« Ich eilte in die Küche und kam mit einer Flasche Mineralwasser zurück. Siegfried schluckte mit schmerzverzerrter Miene eine Tablette und gab mir die Flasche wieder.

»Ich könnte auch eine vertragen«, sagte ich.

Er gab mir eine Nervogastrol, ich schluckte sie und

trank dazu Wasser aus der Flasche. »Tut mir sehr leid«, erklärte ich, während ich mir den Mund abwischte. Die Tablette saß als kantiger Brocken in meiner Speiseröhre, trotz des Wassers. »Ich dachte, es ist ein Einbrecher. Mit dir hatte ich wirklich nicht gerechnet. Was willst du überhaupt hier?«

Er verzog das Gesicht und reichte mir einen Zettel, auf den er in seinem üblichen Telegrammstil eine Nachricht gekritzelt hatte. Ich las:

Hiergewesen, wollte reden. Nicht wachgekriegt. Rufe morgen an. Grüße. S.

»Das wollte ich dir dalassen. Ich hab's nicht übers Herz gebracht, dich wachzurütteln. Zwei-, dreimal habe ich dich angesprochen, aber du hast nicht reagiert. Du weißt ja, du schläfst ...«

»... wie in Narkose«, ergänzte ich.

Er nickte, dann machte er eine entschuldigende Geste zur Treppe hin. »Ich weiß auch nicht recht, warum ich nach oben gegangen bin ... Ich hatte einfach das Gefühl, mir alles noch ein letztes Mal anschauen zu müssen.«

»Ich verstehe«, sagte ich ruhig. Das tat ich wirklich. Als er endgültig gegangen war, hatte er das Wichtigste vergessen: Abschied zu nehmen. Abschied von mir, von unseren beiden gemeinsamen Jahren, von all den Tagen und Nächten, die wir zusammen verbracht hatten. Er hatte die Erinnerungen zurückgelassen wie zu schweres Gepäck. Aber nur wer richtig Abschied nimmt, wer mit offenen Augen Aufwiedersehen sagt, kann gute Erinnerungen mitnehmen und in seinem Herzen bewahren. Zu einem aufregenden neuen Abenteuer bricht man überstürzt auf, es ist wie eine Flucht. Und wer flieht, kann nichts tragen, Erinnerungen sind lästiger Ballast auf dem Weg ins Glück. Doch die Vergangenheit ist hartnäckig und rachsüchtig, sie ist ein klebriger Schatten, sie packt und peinigt den Treulosen und läßt ihn nicht mehr los. Sie erscheint in seinen Träumen. Sie spricht zu ihm, und sie läßt heimliche, traurige, schuldbeladene Bilder in ihm erstehen.

»Angie, es tut mir leid«, sagte Siegfried stockend. Ich verstand, was er mir damit sagen wollte und nickte wortlos. Während ich ihn ansah, suchte ich in mir nach dem Gefühl der Verzweiflung, die mich in der ersten Zeit nach der Trennung gequält hatte, die unvernünftige Hoffnung, die mich oft beim Klingeln des Telefons überkommen hatte, das noch unvernünftigere Verlangen, ihn wiederzusehen, alles wieder ins Lot zu bringen. Verzweiflung, Hoffnung, Verlangen, dachte ich. Das waren Bestandteile des ersten Stadiums nach einer Trennung. Als Mitarbeiterin eines Klatschmagazins für Frauen hatte ich genug über Liebeskummer gelesen, um über die drei berühmten Phasen Bescheid zu wissen: Verdrängung, Wut, Heilung. Ich hatte die Verdrängung hinter mir, stellte ich erleichtert fest, ich spürte zwar keine Wut, aber die würde sich ja vielleicht im Laufe unserer Unterhaltung noch einstellen. Ich musterte Siegfried eindringlich, in der Erwartung, wütend auf ihn zu werden.

Er hatte sein Haar schneiden lassen, zu einem an ihm ungewohnt wirkenden Bürstenschnitt, ähnlich wie Kurt. Wie immer war er lässig-elegant gekleidet, mit senffarbenem Sakko und hellen Leinenjeans, doch er schien dünner zu sein, als ich ihn in Erinnerung hatte, und er hatte Ringe unter den Augen. Der Zorn wollte sich nicht einstellen, ich fühlte nur vages Mitleid.

»Ich würde dir ja gerne einen Platz anbieten, aber ich hab bloß einen Schlafsack und ein paar Kisten.«

»Ach, laß nur, nicht nötig«, meinte er, und für einen Moment glaubte ich, leichte Schamröte auf seinen Wangen zu erkennen.

Er setzte sich auf die vorletzte Treppenstufe und rieb sein Genick. »Wird wohl doch nur eine Beule«, sagte er lakonisch, dann deutete er auf die Überreste des zersplitterten Telefons. »Dafür ist das da restlos hin.«

»Ich hab ja noch zwei andere. Demnächst werde ich sowieso nur noch eins brauchen.«

»Ziehst du aus?«

»Bald. Wahrscheinlich sogar sehr bald. Ich hab wegen einer Zweizimmerwohnung inseriert, und täglich kommen mehr Nachmieter. Ich würde mich ziemlich wundern, wenn der oder die Eigentümer sich nicht endlich für einen von ihnen entscheiden.«

»Ah ja«, meinte er unbestimmt. Das Thema schien ihm nicht zu behagen, außerdem hatte er etwas ganz anderes auf dem Herzen, ich kannte ihn lange genug, um das zu spüren. Er wäre nicht mitten in der Nacht hierhergekommen, wenn es nicht wichtig gewesen wäre. Sehr wichtig.

»Was gibt's, Sigi?« fragte ich ohne Umschweife. »Es ist doch alles in Ordnung mit dir und Manuela, oder?«

Er zuckte leicht zusammen, ich hatte den untrüglichen Eindruck, daß das junge Glück schon den ersten Belastungen ausgesetzt war.

»Ach, ihr geht's soweit ganz gut«, sagte er ausweichend.

»Aber dir nicht.«

»Du hast recht. Ich muß unbedingt mit dir sprechen. Den ganzen Tag hab ich versucht, dich telefonisch zu erreichen, aber du bist nicht drangegangen.«

Während ich noch überlegte, ob ich behaupten sollte, nicht zu Hause gewesen zu sein, fuhr Siegfried fort: »Ich wußte ja, daß du zu Hause bist.«

»Woher?«

»Von Frau Hubertus. Irgendwann hab ich bei ihr angerufen, sie hat's mir gesagt. Na ja, da war mir dann klar, daß du wohl einfach ungestört sein wolltest.«

»Und deswegen hast du dich mitten in der Nacht entschlossen, herzukommen?«

»Ursprünglich wollte ich bis morgen warten. Aber ich konnte nicht schlafen. Außerdem kommt es jetzt auf jeden Tag an.«

»Wobei?«

»Es ist ... es hat mit dem Mord an deiner Chefin zu tun. Clarissa Hennessy. Sie ist ... ich hatte sie, ähm, operiert.«

»Ich weiß. Deine Mutter hat's mir aus Versehen erzählt.«

Wieder wurde er rot. »Nun ja. Ich hatte dir nichts davon gesagt, weil eigentlich dafür kein Anlaß bestand. Ich meine, da war auf der einen Seite die ärztliche Schweigepflicht ... Und außerdem war sie deine Chefin.«

»Schon gut. Ich mach dir ja keinen Vorwurf. Aber ich versteh nicht, was dir jetzt noch Kummer macht. Sie ist doch tot, oder?« Plötzlich erschrak ich. »Sigi, du wirst doch nicht von der Polizei verdächtigt?« Automatisch fiel mir die kleine Unterhaltung ein, die Siegfried und Kurt in meiner Phantasie bereits geführt hatten, und bange schaute ich ihn an. »Waren sie ... waren sie etwa schon bei dir?«

»M-m. Doch das ist nur noch eine Frage der Zeit. Clarissa Hennessys Anwälte haben gleich nach ihrem Tod angekündigt, daß diese Schmerzensgeldsache nur so lange auf Eis liegt, bis der oder die Erben bekannt sind. Na ja, und das ist jetzt passiert. Gestern kam von denen wieder ein Schriftsatz, mit seitenweise juristischem Blabla über die Vererblichkeit von Schmerzensgeldansprüchen nach irgendwelchen geänderten gesetzlichen Vorschriften, die Sache sei daher durch den Tod der Anspruchstellerin keineswegs erledigt, man warte lediglich auf Weisungen ihres Rechtsnachfolgers und werde sich zu gegebener Zeit wieder melden und so weiter.«

»Und jetzt hast du Sorge, daß der Erbe da weitermacht, wo Clarissa aufgehört hat, ich meine, daß er deinen Ruf ruiniert und eine Million von dir will?«

Siegfried blickte düster drein. »Schwer zu sagen. Er wird mir aber mit Sicherheit die Kripo auf den Hals hetzen.«

»Aber warum denn?«

»Weil er jetzt weiß, daß ich ein Motiv hatte.«

»Aber du bist doch kein Mörder!« sagte ich entrüstet. »Sigi, du kannst dich voll auf mich verlassen! Ich werde nicht verraten, welche Information ich dir gegeben habe!«

Siegfried blickte zu mir hoch. »Information? Du? Mir? Welche denn?«

»Na, ich hab dir doch gesagt, daß Clarissa früh um sechs in ihrem Büro sein würde. Überleg doch mal. Wenn die Kripo erfährt, daß du wußtest, um welche Zeit du das Mordopfer allein dort antreffen konntest...« Ich ließ das Ende des Satzes bedeutungsschwer in der Luft hängen. Im Grunde war es schrecklich gemein von mir, ihn auf diese Weise einzuschüchtern, er konnte doch keiner Fliege etwas zuleide tun. »Ich sag kein Sterbenswörtchen«, beteuerte ich noch einmal. »Von mir erfährt die Kripo nicht, daß du davon wußtest.«

Siegfried schaute entnervt zur Seite. »Daran hab ich gar nicht gedacht. Nun ... in dem Fall wäre es wohl klüger, daß ich der Polizei erst gar nicht erzähle, was du mir gesagt hast, ich meine, daß du vorhattest, sie um sechs Uhr früh in ihrem Büro zu treffen.«

»Genau«, sagte ich erleichtert. »Das wäre wirklich klüger. Und außerdem ...«, ich bog die Wahrheit ein wenig zurecht, »... war sie schon tot, als ich frühmorgens hinkam.«

Siegfried nickte nachdenklich.

»Damit wäre ja alles geklärt«, meinte ich beinahe fröhlich.

»Wenn es nur so wäre, Angie. Wenn es nur so wäre.«

»Wieso? Was liegt dir denn noch auf der Seele?«

»Ich will einfach keinen Ärger mit der Polizei«, brach es aus ihm heraus.

»Welchen Ärger denn?«

»Verhöre, Verdächtigungen, endlose Nervereien ... Verstehst du, es ist auch so schon alles schlimm genug. Allein die Aussicht, daß die ganze Sache vor einem Zivilgericht breitgetreten wird, daß sich womöglich mehrere Gutachter mit dem Fall befassen, wahrscheinlich genau die Professoren, bei denen ich studiert habe, und die sich dann auf mehreren hundert Seiten mit akribischer wissenschaftlicher Begründung über meine verpfuschte Liposuktion auslassen ...«

»Aber Clarissa ist doch tot«, hob ich hervor. »Und Montag wird sie beerdigt. Wer will sie danach schon noch begutachten?«

»Es gibt Unmengen von Fotos«, winkte Siegfried ab. »Wie auch immer. Momentan geht es mir in erster Linie darum, daß die Polizei mich in Ruhe läßt. Ich will auf keinen Fall von diesem Mistkerl behelligt werden – entschuldige, ich wollte nicht so grob sein. Meinetwegen soll er mich verklagen, so wie Clarissa es vorhatte, aber ich will verdammt noch mal nicht ständig in Verhören Rede und Antwort stehen! Es würde Manuela schrecklich aufregen, sie müßte wegen eines Alibis aussagen, das alles wäre undenkbar, sie ist dem nervlich nicht gewachsen! Von ihrer Verwandtschaft will ich gar nicht reden. Ihr Onkel ist Senator, ihr Vater Baron. Es kann nicht angehen, daß die Polizei in unserer Wohnung herumschnüffelt! Und deshalb brauche ich unbedingt deine Hilfe.«

»Wo ist überhaupt jetzt deine Wohnung?« fragte ich mechanisch.

Er nestelte wortlos eine Visitenkarte aus seiner Brusttasche und streckte sie mir hin. Eine Adresse direkt am Alsterpark.

»Das ist ja ganz in der Nähe, Sigi. Habt ihr euch da ein Haus gemietet?«

»Gekauft. Eine ganz nette Villa. Um auf die Kripo und diesen Kerl, den Erben, zurückzukommen: Ich weiß, daß er mich nicht ausstehen kann, deshalb möchte ich gern, daß du ...«

»Was hast du immer mit der Kripo«, unterbrach ich ihn verärgert. »Dieser Kerl, der Erbe – wer ist das überhaupt? Und was hab ich damit zu tun? Ich kenne ihn ja nicht mal!«

Siegfried wirkte überrascht. »Aber sicher kennst du ihn! Er ist doch dein Freund!«

»Wer?« fragte ich tonlos, obwohl ich die Antwort längst ahnte.

»Dieser Kriminalkommissar, wer sonst. Kurt Klett.«

*

In meinen Gedanken herrschte Chaos, ich war außerstande, die Tragweite dessen zu begreifen, was ich soeben erfahren hatte. Dennoch schaffte ich es irgendwie, Siegfried zu beruhigen. Um ihn rasch loszuwerden, kreuzte ich die Finger hinterm Rücken und versprach, mich bei Kurt nach Kräften für Siegfrieds und Manuelas Ungestörtheit einzusetzen.

Meine Worte mußten überzeugend geklungen haben, denn Siegfried schaute recht erleichtert drein, als er sich ein paar Minuten später endlich verabschiedete.

Ich zündete mir eine Zigarette an, kippte einen Wodka und weigerte mich beharrlich, über diese neue Wendung der Dinge nachzudenken. Alles mußte ein Irrtum sein. In Wahrheit war Attila der Erbe. Nicht Kurt. Er nicht, auf keinen Fall.

Denn welcher frischgebackene Multimillionär hatte es nötig, seine Zeit an eine Frau zu verschwenden, die gerade erst von einem anderen Mann abgelegt worden war und immer noch zwischen Umzugskisten hauste, weil sie es allem Anschein nach nicht fertigbrachte, klare Verhältnisse zu akzeptieren? Und als wäre das noch nicht genug, rauchte, trank und log ich, was das Zeug hielt. Welchen Grund also hatte Kurt gehabt, mich zum Essen einzuladen, mit mir ins Bett zu gehen, mich so sanft und zärtlich zu lieben, als würde ich ihm wirklich etwas bedeuten?

Hast du's vergessen, Angie? Weil er rausfinden will, was du mit dem Mord zu tun hast, du dumme Gans!

Natürlich. Nur deswegen. Mit diesem Gedanken zog ich mich völlig erschlagen in meinen Schlafsack zurück. Trotzdem fand ich in dieser Nacht keinen Schlaf mehr.

Als es endlich hell wurde, kämpfte ich mich übernächtigt aus der klammen Nylonhülle hervor, nur um voller Grauen festzustellen, daß heute Sonntag war. Wieder ein Tag ohne Arbeit, ohne Verpflichtungen. Und mit einer Menge Zeit, um auf beängstigende Gedanken zu kommen oder Trübsal zu blasen. Oder beides.

Nur raus hier, dachte ich, also packte ich meine Badetasche, zog meinen Badeanzug drunter und ging schwimmen. Genauer gesagt, ich hatte vor, schwimmen zu gehen. Aus zwei Gründen sollte es nicht dazu kommen.

Der erste Grund war ein Artikel, den ich in der Zeitung las. Da ich am Vortag die Wohnung nicht verlassen hatte, steckte die Samstagsausgabe der Tageszeitung noch im Briefkasten. Ich nahm sie auf dem Weg zum Wagen mit, setzte mich ans Steuer und blätterte sie durch. Es soll ja angeblich Leute geben, die richtig Zeitung lesen, wie es sich gehört, von vorn nach hinten und ohne etwas auszulassen. Ich für meinen Teil lese selektiv, das meiste überblättere ich einfach. Hauptsächlich interessieren mich Schlagzeilen über Promis. Die Macht der Gewohnheit ließ mich auch an diesem Morgen nach solchen Meldungen suchen, ich fand zum Beispiel: *Eifersüchtiger Rockstar wirft Liebhaber seiner Freundin aus dem Fenster,* oder: *Filmschauspieler schlägt Paparazzo krankenhausreif.* Ich las die dazugehörigen Artikel, merkte mir das Wesentliche und formulierte es im Geiste bereits für die *Leute*-Rubrik um.

Danach schaute ich mir die Wetteraussichten an (zunehmend dringt Kaltluft nordpolaren Ursprungs nach Westeuropa vor) und las den Fortsetzungsroman *Wie das Leben so spielt* (die Heldin wurde in der heutigen Folge vom perversen Antagonisten verschleppt und ans Bett gefesselt. Gerade, als er sich anschickte, sie zu vergewaltigen, hieß es auch schon *Fortsetzung folgt*).

Damit war für mich die Zeitung ausgelesen, ich wollte sie schon wieder zuklappen, als mein Blick durch reinen Zufall bei einer unscheinbaren Meldung im Regionalteil hängenblieb. Wie elektrisiert las ich die Titelzeile: *Totes Paar auf Sylt*. Der zu der Überschrift gehörige Artikel lautete wie folgt:

Den Behörden ist es immer noch nicht gelungen, die in der vorletzten Woche am Strand von Kampen aufgefundenen Toten zu identifizieren. Die zwischenzeitlich durchgeführte Obduktion hat ergeben, daß die Tote, eine kräftige rothaarige Frau zwischen fünfunddreißig und fünfundvierzig, mit einem stumpfen Gegenstand erschlagen worden sein muß. Der Mann, der neben ihr im Sand vergraben war, starb an einem Kopfschuß. Eine Vermißtmeldung liegt immer noch nicht vor. Somit bleibt dieser rätselhafte Leichenfund vorerst weiterhin ungeklärt.

Meine Gedanken verhedderten sich zu einem wirren Durcheinander. Die Rothaarige war tot, erschlagen, genau wie Clarissa! Sofort stellte ich mir vor, wie es sich abgespielt haben mußte: Der Mörder hatte beide Frauen dort am Strand von Kampen geschnappt und den betrunkenen Russen an Ort und Stelle erschossen, damit er nichts bezeugen konnte. Dann hatte er der rothaarigen Swetlana den Schädel eingeschlagen, anschließend die beiden Leichen im Sand vergraben.

Völlig konfus und mit geschlossenen Augen umkrampfte ich die Zeitung. Auf einmal gab es drei

Leichen anstatt einer! Ich durfte nicht länger versuchen, auf eigene Faust den Mörder zu finden, unmöglich! Jetzt war es an der Zeit, mich der Polizei anzuvertrauen. Das Risiko, selbst verdächtigt zu werden, mußte ich eingehen. Ich würde standhaft jede Beteiligung abstreiten und nichts als die Wahrheit sagen. Ich würde vor Kurt hintreten und bekennen. *Jawohl, ich habe verschwiegen, daß ich Clarissa am Tage ihres Verschwindens auf Sylt zusammen mit einer ebenfalls ermordeten Person namens Swetlana beobachtet habe, und jawohl, dabei lief ich zufällig auch diesem Mann über den Weg, der erschossen wurde, und jawohl, ich persönlich habe die Tatwaffe besorgt, mit der Clarissa erschlagen wurde, und jawohl, ich habe tief und fest geschlafen, während sie ein paar Schritte neben mir umgebracht wurde.*

Alles in allem klang das nach einer Räuberpistole ersten Ranges. Und nicht nur das, es klang auch nach mindestens zwanzig Jahren Knast.

Oh, verdammt, Angie! In welche Zwickmühle hast du dich da bloß gebracht!

An dieser Stelle hörte ich auf zu denken, denn der zweite Grund, der an diesem Morgen meinen Schwimmbadbesuch verhindern sollte, riß die hintere Tür auf der Fahrerseite meines Autos auf und setzte sich auf die Rückbank.

Ich hatte es kaum registriert, als ich auch schon kalten Stahl an der Kehle spürte. Aus den Augenwinkeln erkannte ich den behaarten, muskulösen Unterarm, der von hinten quer über meine Brust gelegt wurde. Das Messer konnte ich nicht sehen, dafür aber um so deutlicher spüren, ebenso deutlich wie den winzigen Blutstropfen, der an meinem Hals herablief.

»Keinen Mucks«, zischte mir eine männliche Stimme ins Ohr. Ich roch Veuve Cliquot und Lagerfeld und hörte auf zu atmen.

»Fahr los!«

Ich gehorchte unverzüglich. Beim Ausparken riskierte ich einen Blick in den Innenspiegel: Antonio dräute mit grimmiger Miene hinter der Lehne des Fahrersitzes; die Hand mit dem aufgeklappten Rasiermesser lag schwer auf meiner Schulter, bereit, mir bei der kleinsten falschen Bewegung nicht wiedergutzumachende Schäden zuzufügen.

»Wohin?« fragte ich unterwürfig.

»Fahr einfach, ich sag dir schon, wie du fahren sollst. Und komm bloß nicht auf die Idee, Blödsinn zu machen.« Zur Bekräftigung seiner häßlichen Absichten nahm er eine dicke Strähne meines Haares und schnitt sie mit dem Rasiermesser ab.

Ich schluckte, voll entsetzter Gewißheit, als Glatzkopf einen extrem abstoßenden Anblick zu bieten.

»Bitte«, flüsterte ich, »ich mach alles, was du sagst!«

»Halt die Klappe und fahr!«

Er dirigierte mich durch die Straßen, indem er mir knappe Anweisungen erteilte, wie: »Da vorn rechts abbiegen«, oder: »Nächste Straße links«, oder auch: »Du blöde Kuh, hier ist rechts vor links, willst du uns umbringen!«

»Tu was du willst, aber mach keine Witze darüber!«

»Worüber, zum Teufel? Und welche Witze?«

»Übers Umbringen. Glaubst du, ich weiß nicht, was du vorhast?«

»Ich hab dir schon mal gesagt, daß ich keine Frauen kaltmache.«

»Und was ist mit Swetlana? Und Clarissa?«

»Fahr nicht so schnell! Die nächste links, klar? Was quatscht du da, welche Swetlana oder Caroline meinst du überhaupt?«

»Du weißt genau wen ich meine. Tu doch nicht so. Und was ist mit dem Russen, hm? Mir brauchst du nichts mehr vorzumachen, ich hab schon kapiert. Du denkst, nachdem ich im Museum getan habe, was du wolltest, kannst du kurzen Prozeß machen, stimmt's?«

»Herrgott, ich hab gesagt: Links!« schrie Antonio. Dann beugte er sich von hinten näher an mich heran und packte erneut eine Haarsträhne. »Es gibt Weiber, die werden schnell hysterisch, wenn sie am Steuer sitzen. Du solltest dich lieber konzentrieren. Ich an deiner Stelle würde mir also ernsthaft überlegen, weiter so'n Scheiß zu quatschen.« Er setzte das Messer an und schnitt die Strähne ab. Die Locke zerfiel zu ausgefransten schwarzen Haarbüscheln, die über meinen rechten Arm hinweg nach unten rutschten. Ich hielt den Mund und befolgte fortan schweigend seine Befehle. Wir fuhren über die Kennedybrücke, dann durch Hamm und Billbrook in Richtung Marschlande. In Billwerder hielt ich schließlich auf Antonios Geheiß am Rand der Landstraße an.

»Aussteigen«, befahl Antonio.

Ich gehorchte und sah mich augenblicklich nach einer Fluchtmöglichkeit um. Wir befanden uns in einer einsam-ländlichen Gegend, genau wie ich es erwartet hatte. Zwischen kahlen Bäumen sah ich in einiger Entfernung den Turm der Dorfkirche aufragen, auf der anderen Seite der Straße floß als träges graues Band die Bille vorbei. Es hatte angefangen zu nieseln, der Wind hatte an Stärke zugenommen, er wirbelte Herbstlaub hoch und trieb den Regen als feinen Schleier gegen uns. Es war empfindlich kühl, die Temperaturen lagen nur wenig über dem Gefrierpunkt.

Ich holte Luft und stemmte die Füße in den Boden. Jetzt oder nie, dachte ich.

»Wenn du vorhast, abzuhauen – vergiß es.« Antonio war geräuschlos wie eine Katze neben mich getreten, er packte mich beim Arm und zerrte mich vorwärts. Immerhin hatte er das Messer weggesteckt. Er strebte auf eine kleine Brücke in der Nähe zu, eine Stelle, wo die umstehenden Bäume am Ufer noch besseren Schutz gegen neugierige Blicke boten. Ein Weidezaun versperrte mir den Fluchtweg nach rechts aufs freie Feld, er reichte bis zum Ufer der Bille, exakt bis zum Fuß der kleinen Brücke. Wahrscheinlich wollte er das Messer genau dort wieder hervorholen.

Das wichtigste war jetzt, ihn irgendwie abzulenken, ihn in Sicherheit zu wiegen. Hatte ich ihn erst davon überzeugt, nichts weiter als eine hilflose, völlig eingeschüchterte Frau zu sein, käme der Angriff, den ich plante, noch überraschender.

»Soll es da vorn geschehen, dort bei der Brücke?«

Meine Stimme klang dünn und piepsig, ohne daß ich mich dabei sonderlich verstellen mußte.

»Du hast's durchschaut«, sagte Antonio. Er versuchte gar nicht mehr, es abzustreiten.

»Bitte, ich möchte, daß es schnell geht«, wimmerte ich.

Er zerrte mich grob weiter. »Keine Sorge, es dauert nicht lange.«

Ich bemühte mich, noch verschreckter zu klingen, was mir nicht schwerfiel. »Wirst du mich hinterher verscharren? Wie Swetlana?«

Antonio verdrehte die Augen. »Gott bewahre mich vor übergeschnappten Weibern!«

Wut explodierte in mir und ließ mich meine Angst vergessen. Der Moment war gekommen.

»Du Mistkerl«, knurrte ich, und dann ließ ich mich gegen ihn fallen. Als er automatisch die Hände ausstreckte, um mich abzufangen, rammte ich mein Knie zwischen seine Beine. Mit einem erstickten Aufschrei brach er zusammen, er knickte einfach in der Mitte um wie ein Maisstengel, den jemand gekappt hatte. Würgend und beide Hände in den Schritt gepreßt, wälzte er sich im nassen Gras der Böschung.

»Antonio! Mein Liebster!«

Beim Klang der hellen, besorgten Frauenstimme fuhr ich herum. Auf der Brücke stand eine Frau unter einem aufgespannten Regenschirm. Trotz des Kopftuchs und der großen dunklen Brille erkannte ich augenblicklich, wer es war.

»Das glaub ich einfach nicht«, murmelte ich. »Also alle beide. Sie will dabei zusehen! Das nenne ich ein sauberes Pärchen!« Ich lief den schlammigen Weg zurück in Richtung Straße, bereit, die Beine in die Hand zu nehmen, womöglich war die Gräfin mit einer Waffe ausgestattet, die eine größere Reichweite besaß als ein Rasiermesser.

»Antonio, bist du verletzt?« Die Gräfin reckte sich über die Brüstung. »Bitte warten Sie, junge Dame, wir müssen reden!«

Ich stutzte und blieb stehen. Das hörte sich nicht so an, als wollte sie dabei zusehen, wie Antonio mich aufschlitzte, oder gar, als wollte sie mich eigenhändig hinterrücks erschießen. Langsam wandte ich mich zu ihr um, während sie im Eilschritt von der Brücke herabkam. Sie beugte sich besorgt über Antonio, redete kurz und leise auf ihn ein. Er sagte etwas zu ihr, mit schmerzverzerrtem Gesicht, woraufhin sie ärgerlich mit der Zunge schnalzte. Sie half ihm dabei, sich aufzusetzen, tätschelte zärtlich seinen Kopf, dann richtete sie sich auf und kam zu mir. Verblüfft schaute ich sie an, als sie ein wenig außer Atem vor mir stehenblieb und fürsorglich den Schirm über uns beide hielt. Sie war ungeschminkt und wirkte unglaublich jung; ihr zarter Teint wurde unterstrichen durch die hellen Farbtöne ihres Mantels, ein edler Trench, champagnerfarben wie der Schirm und die Stiefeletten.

»Sie müssen entschuldigen, Antonio sagte mir gerade, unter welchen Umständen Sie zu dem Gespräch hergekommen sind, zu welchem ich Sie gebeten habe.«

»Gebeten ist wohl nicht ganz der richtige Ausdruck.«

»Ich weiß, Antonio hat zugegeben, daß er sich ein wenig ... nun ja, ungehobelt benommen hat, und es tut mir leid. Aber ich sah keine andere Möglichkeit, mit Ihnen zu sprechen. Ich versuchte es gestern den ganzen Tag telefonisch, jedoch vergebens.«

Ihr Blick war offen und arglos, ihr Lächeln freundlich, wenn auch etwas verkrampft, was wohl angesichts der Umstände unseres Zusammentreffens nicht verwunderlich war. Unwillkürlich fragte ich mich, ob sie wirklich über die näheren Einzelheiten von Antonios Überredungsversuchen im Bilde war. Bestimmt nicht. Er hatte ihr sonstwas erzählt, wahrscheinlich, daß er mich ein bißchen unhöflich angesprochen hätte oder so ähnlich. Ich blickte zu ihm hinüber und fand mich sofort in meiner Annahme bestätigt. Er wirkte ängstlich und schuldbewußt, gerade so, als fürchtete er, daß ich ihn verpetzen könnte. Und noch etwas erkannte ich, was ich schon auf den Abzügen zu sehen geglaubt hatte: Er liebte sie.

Er liebte die Gräfin aufrichtig und leidenschaftlich, so sehr, daß er bereit war, für sie in Wohnungen einzubrechen und Frauen zu entführen, vom Einsatz seines Rasiermessers ganz zu schweigen. Zwar mochte die Hemmschwelle dabei nicht allzu hoch gewesen sein – ich schätzte Antonio so ein, daß er sich aus kriminellem Milieu zum Bodyguard hochgearbeitet hatte, vermutlich war er Kurt deswegen bekannt vorgekommen –, aber das änderte nichts daran, daß er dieser Frau von Herzen zugetan war.

Das mochte zum Teil damit zu tun haben, daß die Gräfin eine umwerfende Schönheit war, ein körperlicher Vorzug, unbestreitbar wichtig für diese Beziehung. Immerhin war sie gut zwanzig Jahre älter als Antonio, der mit Sicherheit alle Instinkte eines gesunden jungen Mannes besaß. Doch da war viel mehr an ihr, als man auf den ersten Blick sehen konnte. Ein Strahlen schien von ihr auszugehen, in ihren Augen funkelte das schiere Leben. Sie war kompromißlos in einer fast beängstigenden Art, mehr noch, sie war absolut in ihren Empfindungen. Wenn diese Frau lachte, lachte der Himmel, und wenn sie weinte, wollte man sterben vor Trauer. Wenn sie liebte, geschah es mit so leidenschaftlicher Hingabe, daß es nichts anderes im Universum gab als diese Liebe. Diese Frau war von so unendlicher Güte, daß ich mir plötzlich wünschte, ihre Hand zu nehmen und um Verzeihung zu bitten.

Ich holte tief Luft. »Warum wollten Sie mich sprechen, Gräfin?«

Als notorische Prominentenjägerin wußte ich, daß das bei ihrem Titel die korrekte Anrede war. Einfach Gräfin, ohne Namen und ohne *Frau* davor.

»Es geht um die Aufnahmen, die Sie vor einigen Wochen am Strand von Kampen gemacht haben.«

»Sie können ganz unbesorgt sein. Diese Aufnahmen werden niemals veröffentlicht.«

»Oh, da wäre ich nicht so sicher. Nicht, nachdem ich gestern das hier mit der Post bekam.« Sie zog einen weißen Umschlag aus der Tasche ihres feinen Trenchcoats und reichte ihn mir. Zögernd öffnete ich ihn und zog ein Foto heraus. Es war das Busengrabschbild. Ich schluckte und drehte es um. Auf der Rückseite klebte ein kleiner Memozettel mit einem

Computeraufdruck. Es war eine Zahl: *Hunderttausend. Anweisung folgt.*

»Hunderttausend?« entfuhr es mir. »Was zum Teufel hat das zu bedeuten?«

»Das wollte ich eigentlich Sie fragen.« Die Gräfin blickte mich forschend an. »Ich habe Erkundigungen über Sie eingezogen. Sie sind gut in Ihrem Job, sehr gut. Sie jagen Menschen auf besondere Art. Sie verfolgen sie oder lauern ihnen auf. Sie verewigen sie in besonders kompromittierenden Situationen und lassen dann die Öffentlichkeit daran teilhaben. Es ist eine Art Vergewaltigung, eine schmerzhafte Entblößung, eine Verletzung dessen, was Juristen die Intimsphäre nennen.«

»Das ist der Preis fürs Prominentsein«, widersprach ich. »Jeder, der sich in diese Kreise begibt, nimmt das in Kauf. Alle, die regelmäßig in den Medien präsent sein wollen, müssen das wissen. Es ist einfach eine Art Berufsrisiko. Wer ständig im Fernsehen oder sonstwo sein Gewäsch loswerden will und dabei noch auf die Einschaltquoten schielt, muß kapieren, daß das Publikum auch was über seine Unterwäsche und sein Liebesleben erfahren möchte. Schauen Sie, es ist ganz einfach: Wer sich ins Rampenlicht stellt, wird gesehen. Oder vielmehr, er *will* gesehen werden. Und die Zuschauer wollen *ihn* sehen, wollen alles über ihn wissen. Wir Paparazzi hätten nichts zu tun, wenn dieses Informationsbedürfnis der Leute nicht ungeheuer groß wäre.«

»Nun, es gibt auch Menschen, die kein besonderes Bedürfnis nach Publikum haben«, sagte die Gräfin trocken. »Schauen Sie mich an. Mein einziger Fehler war es, mich in die falschen Männer zu verlieben, zufällig war jeder von ihnen sehr reich und sehr berühmt. Dennoch habe ich stets diese Art von Öffentlichkeit gescheut. Sie wußten das, nicht wahr?«

Ich wand mich und wollte das laue Argument vorbringen, daß sie immerhin früher mal Schauspielerin gewesen sei, doch es ließ sich nicht leugnen, daß das über dreißig Jahre her war. Auch konnte ich ihr schlecht vorhalten, daß sie nicht auf der *happy-list* stand, jener Stillhalteliste von Stars und Promis, die der Klatschjournaille regelmäßig Homestorys und unwichtige private News lieferten und sich damit Schutz vor ernsthafteren Enthüllungen erkauften. Ich spürte plötzlich mein Gewissen, was mir in meinem Beruf nicht allzu oft passierte – zuletzt am Todestag der Princess of Wales, besser bekannt als Lady Di, als die ganze Welt den Atem angehalten hatte und jeder Promifotograf am liebsten in ein Mauseloch gekrochen wäre. So wie ich jetzt.

Aus den Augenwinkeln sah ich, wie Antonio mit verkniffener Miene aufstand und sich die Hose abklopfte. Sein Blick verhieß nichts Gutes. Die Gräfin wandte sich ihm kurz zu und hob die Hand, Antonio schob achselzuckend die Fäuste in die Jackentaschen und wanderte mit hochgezogenen Schultern durch den Nieselregen ein Stück abseits.

»Ich habe Sie nicht erpreßt!« Mit abwehrender Geste gab ich ihr den Umschlag und das Bild zurück. »Ich habe Ihnen dieses Foto nicht geschickt!«

»Ich sagte ja schon, daß ich mich Ihretwegen erkundigt habe. Zu den Erkenntnissen, die ich dabei gewinnen konnte, gehört auch, daß Erpressung eigentlich nicht Ihr Stil ist. Sie sind seit vielen Jahren im Geschäft und immer sauber geblieben, was man keineswegs von allen Ihren Berufskollegen behaupten kann.«

Ich schwieg, denn ich mußte an die Klatschkolumnisten und -fotografen denken, von denen ich wußte, daß sie manche schnelle Mark lieber bei ihren Opfern als bei den PR-Agenturen herausholten.

»Dennoch gibt es für alles ein erstes Mal«, fuhr die Gräfin merklich kühler fort. »Um es abzukürzen: Ich hasse es, erpreßt zu werden. Andererseits möchte ich auf keinen Fall, daß dieses Foto publik wird.« Mit schmerzlichem Blick drehte sie sich zu Antonio um. »Seine Eltern sind streng katholische Sizilianer. Beide sind jünger als ich.«

Ich starrte sie ungläubig an. Gab es soviel Güte überhaupt? Sie stellte Antonios Seelenheil und das seiner Eltern über ihr eigenes? Das schien mir eine Spur zu edelmütig, um wahr zu sein. Unwillkürlich kam mir in den Sinn, daß sie vor ihrer ersten Heirat mit dem libanesischen Ölmilliardär schon mit achtzehn mühelos volle Theaterhäuser in ihren Bann geschlagen hatte.

»Kurz und gut: Ich will die Negative. Ich zahle das Dreifache, wenn Sie mir die Negative geben. Und Ihr Wort, daß es keine weiteren Aufnahmen gibt.«

Ich konnte es nicht fassen. Dreihunderttausend, einfach so. Dreihunderttausend!

Ich könnte ihr die Negative geben, die ich noch in meinem Geheimversteck hatte – ich brauchte sie ohnehin nicht, weil ich mir von meinen Miniabzügen jederzeit neue anfertigen konnte – und wäre auf einen Schlag wohlhabend. Das war ... das war unglaublich! Ich schluckte, erst einmal, dann ein paarmal rasch hintereinander. Und holte tief Luft.

Wofür hielt diese Person mich eigentlich!?

»Das kommt überhaupt nicht in Frage!« sagte ich beleidigt.

»Ich gebe Ihnen fünfhunderttausend!«

Fünfhunderttausend! Mein Mund klappte ganz von allein auf und wollte etwas sagen, ein atavistischer, rein körperlicher Reflex, ausgelöst von einer tief in mir verborgenen und mir bisher unbekannten geldgeilen Ader.

Moment, Angie. Denk nach! Da gibt es einen Haken! Finde heraus, was für einer es ist, sonst überlebst du diesen Sonntag vielleicht nicht!

Das Foto war immerhin eindeutig von einem der Negative angefertigt, die ich im Museum weisungsgemäß hatte fallen lassen. So, wie ich die Lage beurteilte, gab es zwei Möglichkeiten. Die erste war, daß der Mörder beim Sichten des Materials rein zufällig das finanzielle Potential dieser Aufnahme erkannt hatte und jetzt Kapital daraus schlagen wollte. Das würde bedeuten, daß die Gräfin und Antonio lediglich unbeteiligte Dritte waren, die vom Mörder unter Druck gesetzt wurden.

Die zweite und äußerst beängstigende Möglichkeit bestand darin, daß die Gräfin mir dieses unwiderstehliche Angebot nur zum Schein machte, um auf die Art herauszufinden, ob ich noch weitere Negative besaß – nachdem sie die anderen durch Mittelsmänner bereits im Museum kassiert hatte. Was wiederum bedeuten würde, daß sie bis zum Hals mit drinsteckte.

Um gewappnet zu sein, mußte ich vernünftigerweise von diesem *Worst-case*-Szenario ausgehen. Alles, was ich jetzt sagte, konnte über Leben und Tod entscheiden.

Beschwor ich, keine Negative mehr zu besitzen, machten sie mich vielleicht an Ort und Stelle kalt und warfen mich in die Bille, nachdem ich so dämlich gewesen war, mich selbst um meine Lebensversicherung und damit um Kopf und Kragen zu reden.

Gab ich jedoch zu, noch Negative zu besitzen, käme das dem Eingeständnis gleich, sie hintergangen zu haben. Immerhin würden sie mich in dem Fall vermutlich leben lassen. Jedenfalls vorläufig, zumindest so lange, bis sie sich eine narrensichere Methode ausgedacht hatten, wie sie sich auch die restlichen Negative unter den Nagel reißen konnten, ohne aufzufliegen.

Keine Frage also, wie das Ergebnis meiner Überlegungen ausfiel.

»Ich habe Negative«, sagte ich vorsichtig.

Die Gräfin wirkte erleichtert, sie war wirklich eine glänzende Schauspielerin. »Wohin soll ich Ihnen das Geld überweisen?«

Jetzt trug sie ein bißchen zu dick auf, doch ich sagte nichts, schließlich wollte ich sie nicht reizen. »Das teile ich Ihnen noch genau mit.«

»Wann kann ich mit den Negativen rechnen?«

»Bald«, versprach ich.

Sie nahm meine Hand, drückte sie und sah mich eindringlich an. »Ich kann mich auf Sie verlassen?«

»Ähm ... klar, das können Sie.«

Ihr Blick wurde feucht, sie wandte sich mit gesenktem Kopf ab. Sie war unglaublich gut, so gut, daß ich fast wankend wurde. Eine Frau wie sie konnte nie und nimmer bei einem Mord die Hände im Spiel haben! Oder doch?

Besser für dich, du gehst von dem *Oder doch* aus, mahnte meine innere Stimme.

Sie ließen mich tatsächlich gehen. Während ich durch den dichter werdenden Regen zu meinem Wagen zurückstapfte, blickte ich über die Schulter zurück und sah sie dort bei der Brücke zusammenstehen, eng umschlungen unter dem Schirm.

*

Am nächsten Morgen trug ich Trauer. Aus meinen Kleiderkisten hatte ich ein halbwegs passables schwarzes Kleid hervorgekramt, dazu dunkle Strumpfhosen, schwarze Schuhe und eine anthrazitfarbene dreiviertellange Jacke, die eigentlich für die Jahreszeit nicht warm genug war. Es war kurz nach halb elf, und ich wollte gerade die Wohnung verlassen, als das Telefon klingelte. Wer auch immer der Anrufer war, sicher hatte er keine erfreulichen Neuigkeiten. Wider besseres Wissen ging ich dran, und unter den gegebenen Umständen hatte ich Glück. Es war meine Mutter.

»Grüß Gott, Angela.«

Ich ignorierte die süddeutsche Grußformel, die mir nach fünfzehn Jahren *Mojn* und *Taach* fremd in den Ohren klang. »Guten Tag, Mama. Wie geht's?«

»Sehr gut«, sagte sie aufgeregt. »Stell dir vor, ich habe ein noch viel schöneres Kleid gefunden als das, von dem ich dir neulich erzählt habe!«

»Wie sieht es aus?« fragte ich höflich.

»Hellgelb, mit weißen Biesen. Knielang, der Rock ist etwas ausgestellt. Es ist ein Modell vom Vorjahr, ich könnte es um fünfundzwanzig Prozent günstiger bekommen.«

»Oh, das ist nett«, meinte ich mit Blick auf die Uhr.

»Ja, und da fragte ich mich, ob ich es kaufen soll.«

»Und warum kaufst du es dir nicht einfach?«

»Na ja, die Sache ist die: Falls ihr den Termin erst nach dem Sommer festlegen würdet, wäre es ein Vor-Vorjahresmodell, das bedeutet theoretisch, ich könnte noch ein paar Monate warten und dann versuchen, es weiter herunterzuhandeln.«

Ihrer Stimme war anzuhören, daß sie alles andere als das wünschte. Wenn es nach ihr ginge, müßte ich jetzt sagen: Keine Sorge Mama, der Termin ist nächste Woche, geh sofort los und kauf dir das Kleid, damit es dir nicht eine andere wegschnappt.

»Allerdings möchte ich auch nicht unbedingt das Risiko eingehen, daß jemand anders mir das Kleid wegschnappt«, meinte meine Mutter prompt.

»Mama, die Sache ist die ...« Ich brach ab und überlegte, wie ich es ihr beibringen sollte. »Siegfried und ich, wir denken eigentlich nicht mehr über einen Termin nach, weißt du.«

»Heißt das, ihr habt schon einen?«

»Schau, es ist so, Mama ...«

»Angela«, unterbrach meine Mutter mich mißtrauisch, »es bleibt doch dabei, daß ich die Fotos mache, oder?«

»Aber ja«, sagte ich sofort.

»Oh, Gott sei Dank!« rief sie erleichtert aus.

Aus. Damit hatte ich es verbockt. Jetzt konnte ich es ihr unmöglich sagen. Die niederschmetternde Aussicht, weder ein hübsches Brautmutterkleid kaufen zu können noch die begehrten Hochzeitsbilder von der Trauung ihrer einzigen (und stark in die Jahre gekommenen) Tochter machen zu dürfen, würde meine Mutter in eine entsetzliche Krise stürzen. Es ging ihr sowieso nicht besonders gut. Im Sommer war sie zweiundfünfzig geworden; sie litt häufig unter Wechseljahresbeschwerden und Anfällen von Depressionen.

Spontan beschloß ich, es ihr überhaupt nicht am Telefon zu sagen. In ein paar Wochen war Weihnachten, ein geeigneter Zeitpunkt, mit der Wahrheit herauszurücken, und vor allem ein passender Anlaß, die schlechte Neuigkeit mit einem schönen, liebevoll verpackten Geschenk zu verbrämen und gleichzeitig mit einem persönlichen Besuch erträglicher zu machen.

»Angela, warum zieht ihr nicht die zweite Maihälfte in Betracht? Der Mai ist ein wundervoller Monat, voller Sonne und Grün und Leben!«

»Mama, bitte, ich ...«

Es klingelte an der Tür.

»Mama, es hat an der Tür geläutet, wir müssen Schluß machen!«

»Angela, immer wenn ich dich anrufe, läutet es an der Tür.«

»Aber diesmal hat's wirklich geläutet, Mama.«

»Soll das etwa heißen, daß es beim letzten Mal ...«

»Du, ich muß aufhören«, fiel ich ihr ins Wort. »Schon deshalb, weil ich unbedingt zu der Beerdigung muß.«

»Oh! Wer ist denn gestorben?«

»Meine Chefin. Clarissa Hennessy. Es stand doch ganz groß in der Zeitung.«

»Tut mir leid, ich hab's nicht gelesen. Herzliches Beileid.«

»Danke.« Es klingelte erneut an der Tür, diesmal energischer, dreimal hintereinander.

»Wirst du zur Beerdigung abgeholt?«

»Genau«, log ich erleichtert. »Ich ruf wieder an, in Ordnung? Wiedersehn!«

»Wiedersehen, Angela.« Ein kurzes Zögern, dann: »Du fehlst mir sehr, Kind.«

Betroffen blickte ich auf das Telefon hinab, nachdem ich die Verbindung getrennt hatte. Ihre Worte hatten so traurig geklungen, so einsam, und ganz unvermittelt wurde mir klar, wie allein sie war. All die Jahre hatte sie keinen Mann gehabt. Seit mehr als dreißig Jahren nicht. Nach deinem Vater kann es keinen anderen Mann mehr für mich geben, hatte sie gesagt, als ich sie einmal deswegen angesprochen hatte. In einer von Melanies Stories würde sich das so lesen: *Blutjunge Witwe mit kleinem Kind gibt nicht auf. Mit zäher Entschlossenheit bewahrt sie das Wenige, das ihr Ehemann ihr hinterlassen hat.*

Meine Mutter hatte das Fotostudio weiterbetrieben, das Papa gegründet hatte, und bis auf geringfügige Neuerungen war immer alles so geblieben, wie er es eingerichtet hatte. Derselbe dunkelblaue Samtvorhang hinter dem Porträthocker, die Regenbogentapete für die Kinderfotos, die Sternchenwand für Verliebtenbilder, das zerrupfte weiße Eisbärfell für die Babyaufnahmen. Die beinahe schon antike Hasselblad, das kleine Sortiment Objektive und Kameras in der Vitrine hinter der Registrierkasse, der Stand, auf dem die entwickelten Fotos zur Abholung bereitstanden, der Grabbeltisch mit Blitzwürfeln, Batterien und Diafilmen im Angebot. Meine Mutter war eine Fotografin im klassischen, altmodischen Sinne, sie interessierte sich nicht für die Art von Porträts, wie sie so legendäre Fotografinnen wie Ellen von Unwerth oder Annie Leibovitz schufen, und schon gar nicht mochte sie meine Art von Bildern. Schnickschnackschüsse, so nannte sie es abfällig.

Es klingelte erneut, diesmal Sturm. Kurt, dachte ich sofort. So konnte nur Kurt klingeln! Er war gekommen, um sich mit mir auszusprechen! Erleichtert drückte ich den Türöffner. Damit war mir eine Sorge abgenommen, die mich in der vergangenen Nacht abermals um den Schlaf gebracht hatte. Es war höchste Zeit, daß ich endlich Vertrauen zu ihm faßte. Was für eine Schnapsidee, auf eigene Faust den Mörder suchen zu wollen! Wenn mir überhaupt ein Mensch glaubte, daß ich trotz aller erdrückenden Indizien nichts mit Clarissas Tod zu tun hatte, dann war es Kurt. Er würde mich beschützen, so, wie er es versprochen hatte, er würde dafür sorgen, daß der Fall endlich gelöst wurde. Wenn ich ihm alles sagte, was ich wußte, könnte er möglicherweise bereits die ersten Verhaftungen vornehmen, er könnte gleich mit der Gräfin und Antonio anfangen und sich anschließend Melanie und Jack vorknöpfen.

Seine Erbschaft hatte mit alledem nicht das geringste zu tun, Kurt wäre der letzte Mensch, der sich durch lumpige fünfzig oder sechzig Millionen korrumpieren ließ. Er bearbeitete den Fall mit derselben Sorgfalt wie jeden anderen, sein höchstes Ziel war es, der Gerechtigkeit zum Sieg zu verhelfen. Als er mit mir ins Bett ging, hatte er es selbstverständlich aus Begehren getan, nicht aus Berechnung, wie konnte ich nur auf diesen abwegigen Gedanken verfallen?

Ich öffnete die Wohnungstür und lauschte befremdet ins Treppenhaus hinaus, warum schnaufte Kurt so eigenartig? Dann, als mein Besucher auf der letzten Absatzkehre der Treppe in Sicht kam, wußte ich, warum. Es war gar nicht Kurt, sondern Bernie. Seine breiten Pfoten verursachten auf dem glatten Marmor der Stufen ein schmerzhaft vertrautes Geräusch: ein dumpfes Platschen, in das sich das leise Kratzen der Krallen mischte, weil er instinktiv versuchte, gegen das Wegrutschen auf dem polierten Boden besseren Halt zu gewinnen.

»Bernie!« jubelte ich. Freudig kläffend sprang er die letzten Stufen hoch, ich kniete nieder und nahm seinen dicken Kopf in die Arme, grub meine Nase in das wollige Fell neben seinem Ohr. Er leckte eifrig meine Hand ab, und ich lachte glücklich. »Ach Bernie, wie hab ich dich vermißt!«

Weniger vermißt hatte ich die Person, die, ebenfalls schnaufend, hinter Bernie die Treppe heraufkam. »Guten Tag, Frau Schnellberger«, sagte ich trotzdem höflich.

»Guten Tag, Frau Lorenzi.«

Von oben herab reichte sie mir die Hand. Ich kam mir albern vor, weil ich immer noch kniete, doch Sieglinde machte nicht den Eindruck, als würde es sie stören, ganz im Gegenteil.

»Ich freue mich, daß Sie Bernie auf einen Besuch vorbeibringen!«

»Es ist nicht bloß ein Besuch. Sie sollen ihn behalten.«

»Wie bitte?«

»Ich könnte ihn auch ins Tierasyl bringen, aber mein Sohn äußerte den ausdrücklichen Wunsch, zuerst Sie zu fragen, ob Sie ihn nehmen wollen.«

»Ob ich ihn nehmen will?« staunte ich. »Selbstverständlich will ich ihn nehmen!«

Ins Tierasyl! Wie konnte sie nur!

»Warum will Sigi ihn denn nicht mehr?«

»Nun, es geht in diesem Fall nicht darum, was er will oder nicht will.«

»Manuela?«

Ich hatte richtig getippt, Sieglinde nickte verärgert. »Sonst hatten seine Freundinnen immer Zeit für den Hund. Nur diese nicht. Sie hat ihn an mich abgeschoben! Ich bin siebenundsechzig, ich habe Hühneraugen und im rechten Knie Arthritis. Wie stellt die sich das vor? Wie kann ich mit einem Hund, der so schnell rennt wie ein Auto, spazierengehen? Und nicht nur einmal am Tag oder zweimal, nein, dreimal sollte es schon sein, weil dieses großköpfige Monster sonst auf den Teppich oder in den Garten scheißt! Und was dieses Aas von Hund alles verschlingt, solche entsetzlichen, unvorstellbaren Mengen, meine Arme reißen aus den Schulterkugeln, weil ich ständig Dutzende gräßlich stinkender Schachteln und Dosen für dieses verfressene Untier herbeischleppen muß!«

Ich war sprachlos über die unerwarteten Kraftausdrücke, mit denen Sieglinde aufwartete, gerade sie, die immer so vornehm tat, als reichte ihre hanseatische Ahnenreihe mindestens bis in die Steinzeit zurück.

Sie nahm eine extragroße Dose Hundefutter aus ihrer voluminösen Handtasche und knallte sie neben mich auf den Fußboden. »Hier. Das reicht hoffentlich bis morgen.« Sie klickte erbost mit den Zähnen. »Zuerst bekam ich ihn stundenweise, weil sie zum Derby oder zum Golfturnier oder zur Segelregatta mußte. Oder zum Friseur oder zur Kosmetikerin oder zum Arzt. Dann hatte ich ihn auf einmal für ganze Tage, weil sie behauptete, daß sie eine Hundehaarallergie hat. Dann konnte sie plötzlich seinen Geruch nicht mehr ertragen, es hieß, das kommt von der Schwangerschaft. Schließlich soll der Frauenarzt ihr den Umgang mit dem Hund ganz verboten haben, angeblich wegen Toxoplasmose. Alles kompletter Schwachsinn, sage ich. Aber leider ist Siegfried in diesem Fall völlig machtlos.«

»Sie ist schwanger?« fragte ich leise.

Sieglinde schnaubte aufgebracht. »In der Tat. Sie sind noch nicht mal richtig verlobt!«

Manuela mußte bereits schwanger gewesen sein, als ich mir noch eingebildet hatte, selbst bald ein

Kind von Siegfried zu bekommen. Es tat weh, aber nicht so sehr, als daß nicht die Wut über diesen Betrug den Schmerz bei weitem überwogen hätte. Wut! Ein gutes Zeichen! Und noch viel stärker als die Wut war meine Freude, Bernie bei mir zu haben. Ein noch besseres Zeichen. Meine nächsten Worte klangen so aufrichtig, wie sie gemeint waren. »Sagen Sie Siegfried, daß ich ihm sehr dankbar bin wegen Bernie.«

»Anständig von Ihnen«, befand sie gnädig. Sie reckte den Kopf und äugte in die Diele hinein. »Ziehen Sie gerade aus?« Ihrer Stimme war die Hoffnung anzuhören, daß dem so sei, offenbar fuchste es sie, daß Siegfried immer noch die astronomisch hohe Miete für nichts und wieder nichts zahlen mußte.

»Bald hoffentlich. Ich suche noch nach einer Wohnung. Neulich habe ich inseriert, diese Woche werde ich wohl mal nachschauen, ob Zuschriften bei der Zeitung eingegangen sind.«

Ich ließ Bernie los und richtete mich auf, in der Annahme, Sieglinde würde wieder gehen wollen, doch sie wirkte nicht gerade, als wäre sie auf dem Sprung.

»Ich würde Ihnen ja gern meinen Schlafsack zum Sitzen anbieten, aber ich bin in Eile, ich muß zu einer Beerdigung.«

»Es ist nicht zu übersehen. Sie sollten gelegentlich einkaufen gehen, um bei solchen Anlässen eine bessere Figur zu machen.«

Ich seufzte ergeben. »Wenn Sie es sagen.«

»Ich müßte lügen, wenn ich behaupten würde, daß

ich ihren Tod bedaure«, schnappte Sieglinde unvermittelt. »Obwohl Siegfried wahrscheinlich wegen dieser Person noch mehr als genug Ärger bekommen wird.«

»Das hat er mir gestern auch erzählt. Aber ich kann es mir nicht recht vorstellen. Nur weil er diese Operation verpfuscht hat ... Wissen Sie, da gibt's noch einige andere Leute, die ebenfalls ein Motiv hatten.«

»Ein Motiv ist eine Sache. Belastungszeugen sind eine andere.«

Belastungszeugen? Während ich sie erstaunt anblickte, fuhr sie fort: »Wenn er so dämlich ist, sich zur mutmaßlichen Tatzeit vor dem Zeitungsgebäude blicken zu lassen, braucht er sich nicht zu wundern, daß die Kripo bei ihm ein und aus geht.«

»Wollen Sie damit sagen, er wurde zur Mordzeit in der Nähe des Tatorts gesehen und auch schon deswegen *verhört*?« fragte ich ungläubig.

Das hatte er mir nicht gesagt. Im Gegenteil, er hatte mir weisgemacht, noch gar nicht vernommen worden zu sein! Unter diesen Umständen würde er gegenüber der Kripo garantiert niemals preisgeben, was ich ihm am Vorabend des Mordes über Clarissas Absicht, frühmorgens in die Redaktion zu kommen, erzählt hatte.

Sieglinde deutete meine fassungslose Reaktion richtig.

»Sie ... Sie wollen doch nicht etwa damit sagen, daß Sie es gar nicht wußten?!«

»Jetzt weiß ich es«, erwiderte ich, überrascht über das ausgeprägte Déjà-vu-Gefühl bei dieser Bemerkung, das sich bei Sieglindes nächsten Worten noch verstärkte.

Sieglinde trat drohend einen Schritt auf mich zu. »Hören Sie, wenn Sie glauben, auf irgendeine Weise deswegen Druck auf Siegfried ausüben zu können ...« Bedeutungsvolle Pause, dann theatralisch: »Sein Herz!«

»Das fällt nicht mehr in meine Zuständigkeit.« Ich beugte mich vor und faßte Bernie beim Halsband. »Um seine Herzprobleme muß sich jetzt Manuela kümmern.«

*

Als ich zum Ohlsdorfer Friedhof kam, war ich spät dran. Bernie zerrte wie verrückt an der Leine, während wir durch den Regen zum Haupteingang liefen, das Fäßchen, das ich ihm wieder umgehängt hatte, schwenkte lustig hin und her.

»Du lieber Himmel, wir schaffen das nie und nimmer bis zur Ansprache!« keuchte ich. »Und den Schirm haben wir auch zu Hause vergessen!«

Tropfnaß erreichten wir endlich das Tor, wo mir nach wenigen Schritten ein ältlicher Friedhofswärter in den Weg trat. Regen sprenkelte seine Brille und tropfte von seiner Schirmmütze auf den langen, wetterfesten Mantel.

»Wohin wollen wir denn mit dem Hundchen?«
»Zur der Beerdigung von Frau Hennessy.«
»Der Hund darf nicht mit.«
»Aber wieso denn nicht?«
»Vorschrift.«

»Bernie beißt niemanden, das schwöre ich. Und er bellt auch nicht. Er ist der bravste, anständigste Hund, den man sich nur vorstellen kann!«

»Klar. Aber lassen Sie den man von der Leine, was glauben Sie, was der alles hier zu buddeln findet!«

»Das würde Bernie niemals tun, er war nie besonders scharf auf Knochen!«

Doch alle meine Beteuerungen nützten nichts, der Wärter blieb hart. Notgedrungen kehrte ich um. Die Beerdigung mußte ohne mich stattfinden. Bernie würde ein entsetzliches Heulkonzert anstimmen, wenn ich ihn allein im Wagen zurückließ; von Siegfried wußte ich, daß Bernie als Welpe einmal allein im Wagen geblieben und dem Ärmsten daraufhin furchtbar übel geworden war, seitdem litt er unter einem Gefängnistrauma.

Clarissa würde mein Fehlen nicht bemerken, tröstete ich mich, und für alle anderen hätte ich schlicht die Grippe. Sicher fiel es bei den Heerscharen von Trauergästen unter Hunderten von Regenschirmen sowieso niemandem auf, daß ich nicht dabeiwar.

Als ich mit Bernie zum Wagen zurücktrabte, wäre ich beinahe in einen Mann und seine Begleiterin hineingerannt. »'tschuldigung«, rief ich im Vorbeilaufen, dann blieb ich überrascht stehen, weil ich Attila Hennessy und seine orientalische Nichte Amber erkannt hatte.

»Donnerwetter«, rief er fröhlich aus. »So sieht man sich wieder!«

Er eilte auf mich zu und schüttelte mir die Hand, dabei hielt er sie eine Spur zu lange fest.

»Wie entzückend Sie heute wieder aussehen! Was für eine süße junge Frau Sie sind! Und erst das reizende Hundchen!«

Der Regen hatte unbestreitbar sein Gutes, stellte ich trübsinnig fest, es ließ sich unmöglich feststellen, ob die Sprühkaskade, die von ihm herübertrieb, aus seinem Mund oder vom Rand seines Schirms stammte.

Sein feister Glatzkopf glänzte unter dem dunklen Regenschirm genauso blaßgrau wie sein Mantel. Amber klebte wie eine hübsche Puppe an Attilas Seite, sie hatte sich bei ihm eingehängt und drückte sich mit entrücktem Lächeln an ihn. In ihrem konservativen dunkelgrauen Kostümchen sah sie ganz anders aus als neulich im *Chapeau Claque*; ihr blauschwarzes Haar war ordentlich gescheitelt, ihr kleines rundes Gesicht ungeschminkt. Sie wirkte blutjung wie ein Schulmädchen, aber dann, als sie die Hand hob, um sich das makellos frisierte Haar aus der Stirn zu streichen, sah ich den hyperbreiten Reif mit den taubeneiergroßen Straßklunkern an ihrem Handgelenk blinken, ein Anblick, der unvermittelt in mir die Ahnung wachrief, daß Attila unter dem Mantel ein leuchtendbuntes Hawaiihemd trug.

»Mein herzliches Beileid«, sagte ich trotzdem.

»Danke, danke.« Er schaute auf seine Uhr und schüttelte den Kopf. »Tja, wir sind später gekommen, aber sicher nicht zu spät. Das Wetter, ist es nicht gräßlich? Was man nicht alles tut um der Pflicht willen. Man muß ja dabeisein, nicht wahr, das wird erwartet. Aber nicht unbedingt in der ersten Reihe. Was ist mit Ihnen, junge Frau?«

Ich erklärte kurz, warum ich hier und nicht in der Kapelle stand, währenddessen trat ich von einem Fuß auf den anderen und spürte, wie meine Schuhsohlen vor Nässe quietschten. Regen lief aus meinen schlaff herabhängenden Haaren in den Kragen meiner Jacke, mir war eiskalt. Mein Atem kondensierte in der feuchten Luft zu gewaltigen Dampfwolken; noch zwei, drei Grad kälter, und der Winter wäre da. In den Wetternachrichten heute morgen war zum ersten Mal Schneefall vorausgesagt worden.

»Ja, nun ist eine ganze Ära zu Ende gegangen«, philosophierte Attila. »Kein Nachfolger wird es je schaffen, in die Fußstapfen dieser großen Herausgeberin zu treten. Nach dem Tod von Clarissa wird *Frauen von heute* nie wieder solches Format, solche Größe haben.«

»*Clarisse*«, verbesserte ich ihn automatisch, und dann beschloß ich, die Gelegenheit beim Schopf zu packen und mir Gewißheit über einen Punkt zu verschaffen, der mir auf der Seele brannte. Immerhin war es denkbar, daß Siegfried mir über Kurts angebliche Erbschaft nicht die volle Wahrheit gesagt hatte, ebensowenig, wie er es für nötig gehalten hatte, mich über die interessante Tatsache aufzuklären, daß die Kripo ihn längst zu den Hauptverdächtigen zählte.

»Wer ist überhaupt der Nachfolger?« fragte ich, mich nichtsahnend stellend. »Ich meine, wer hat eigentlich die Zeitung geerbt?«

Attila senkte pietätvoll den Kopf, aber mir entging nicht, wie sein Mund sich verkniff. »Nun, der Junge selbstverständlich.«

»Wer? Kurt?«

Attila hob überrascht die buschigen Brauen. »Sie kennen ihn?«

»Flüchtig«, wich ich aus.

»Ich nehme an, er kommt immer noch oft in die Redaktion, um dort nach dem Täter zu suchen?«

Ich nickte.

»Ja, der gute Kurt«, sagte Attila sinnend, »er tut sein Bestes, aber es ist schwierig, sagt er, sehr schwierig. Bei mir war er auch schon ein paarmal. Reine Routine. Richtig, Amber?«

»Lichtig«, lispelte Amber liebenswürdig.

»Ist sie nicht abgöttisch süß?« fragte Attila.

»Reizend«, versicherte ich höflich.

»Hund viel naß«, erklärte Amber mit mißbilligendem Blick auf Bernie.

Attila lachte prustend, als hätte sie einen besonders guten Witz gemacht. »Sie liebt Hunde!«

»Was ist so komisch daran?« wollte ich wissen.

Er lachte noch lauter. »Da, wo sie herkommt, braten sie die Hunde und essen sie auf!«

Ich schluckte, und Attila meinte leutselig: »Das ist der Orientale. Man weiß nie, was in ihren kleinen gelben Köpfen vorgeht. Schon im jugendlichen Alter sind sie ganz anders. Nehmen Sie Amber zum Beispiel. Vor ihren Augen könnte ein Mensch erschossen werden, sie zuckt nicht mit der Wimper, das passiert da unten bei ihren Leuten andauernd. Sie ist hart im Nehmen, wahrhaftig, das ist sie. Nicht kaputtzukriegen, das kleine Biest. Nur mit den Hunden, da hat sie's. Sie wird zur Furie, wenn einer seinen Hund schlecht behandelt.«

»Ich muß weiter«, sagte ich, schon im Weggehen begriffen. »Sicher sieht man sich mal wieder.«

Attila winkte mir mit breitem Grinsen nach, während ich zum Wagen rannte.

Während ich Bernie durch die hintere Beifahrertür auf den Rücksitz hüpfen ließ und dann um den Wagen herumrannte, um selbst einzusteigen, glitt der Hauch einer Erinnerung durch mein Bewußtsein, sie blieb diffus und ganz knapp jenseits der Faßbarkeit, sie war real und doch wieder nicht ... Es war wie eine unbestimmte Wahrnehmung, die ich nicht auf einen sichtbaren Gegenstand fixieren konnte, obwohl ich wußte, daß er da war. Ähnlich wie der Klang des Namens Swetlana rief dieses nicht klassifizierbare Etwas in mir den Eindruck einer unbewußten Aufforderung wach, nur gehörig mein Gedächtnis anzustrengen, bis endlich die Erinnerung klar umrissen aus den Tiefen des Unterbewußtseins aufstieg. Es hatte mit dem Mord zu tun ...

Dann stieg ich in den Wagen, und der Gestank eines hundert Kilo schweren, seit Wochen ungewaschenen, pitschnassen Bernhardiners traf mich mit der Wucht eines Vorschlaghammers. Danach verwandte ich meine geistigen Anstrengungen ausschließlich darauf, die Anzahl der Verkehrsübertretungen möglichst gering zu halten und dabei Bernie in Rekordzeit nach Hause und in die Wanne zu befördern.

Im Vorgarten der Villa stieß ich auf Frau Hubertus, die von einem Einkaufsbummel zurückkam. »Da ist ja Bernie!« sagte sie erfreut. Unter dem Vordach des Hauses klappte sie ihren Schirm zusammen und beugte sich vor, um Bernie das Fell zu zausen. »Ist er zu Besuch hier?«

»Nein, für immer. Ich darf ihn behalten.«

»Ach, Gott ja, da freu ich mich aber für Sie!« Dann legte sie nachdenklich den Kopf schräg. »Aber was wird dann mit der Wohnung?«

»Mit welcher Wohnung?«

»Der Wohnung, die Sie suchen. Sie haben doch inseriert, daß Sie kein Tier haben. Jetzt haben Sie eins. Ein sehr großes sogar.«

Bestürzt blickte ich auf den zottigen Hundekopf. Bernie war wirklich nicht gerade klein. Seine Größe entsprach eher der eines gutgenährten, halbwüchsigen Kalbes.

»Sie haben recht. Ich muß mir was überlegen.«

»Vielleicht kann Ihnen der nette junge Kommissar dabei helfen.«

Mir fehlten die Worte. Alte Damen vom Schlage Frau Hubertus' haben oft die Gabe, die Befindlichkeiten ihrer Mitmenschen zu durchschauen, bevor diese sie selbst erkennen.

*

Bernie und ich hatten es uns gerade frisch gebadet und geföhnt vor dem Kamin bequem gemacht, als es klingelte. Ich blickte auf die Uhr, halb drei. Die Beerdigung war längst vorbei, und als es wieder klingelte, mehrmals hintereinander, wußte ich sofort, daß es diesmal niemand anderer war als Kurt. Eilig rannte ich in die Diele und riß die Tür auf, er stand vor mir, Frau Hubertus mußte ihn wieder unten eingelassen haben. Seine dunkle Lederjacke glänzte vor Nässe, in seinem kurzgeschorenen Haar funkelten vereinzelt Regentropfen.

»Hallo«, sagte ich atemlos. Bernie stupste mit der Schnauze in meine Kniekehlen, ich geriet ins Stolpern und fiel gegen Kurt. Er fing mich mit beiden Armen auf und preßte mich an sich.

»Angela«, murmelte er, sonst nichts.

Und dann konnten wir beide eine ganze Weile nichts sagen, weil wir uns küßten, küßten, küßten. Entflammt und ohne Hemmungen wand ich mich an seinem Körper, sein Mund war feucht und heiß und unersättlich, seine Hände waren rastlos auf meinem Körper unterwegs, sie suchten und fanden mit traumwandlerischer Sicherheit. Wir hätten noch viel mehr getan als Küssen und Fummeln, wenn nicht irgendwann Bernie angefangen hätte, zu winseln und seinen dicken Kopf zwischen uns zu drängen.

Kurt lachte nachsichtig, als Bernie eifrig seine Hand ableckte. »Er mag mich«, sagte er, während er ins Wohnzimmer hinüberging.

Ich folgte ihm, etwas zittrig in den Knien. »Das liegt sicher daran, daß er dich recht gut kennt.« Ich konnte mir nicht verkneifen, es loszuwerden. »Inzwischen dürfte er dich ja schon ziemlich oft gesehen haben.«

Mit undeutbarer Miene ließ Kurt sich auf meinem Behelfstisch nieder. »Ich nehme an, Siegfried war hier und hat dir endlich davon erzählt. Hat er dich um deinen Beistand ersucht?«

Ich hockte mich auf den Schlafsack, Bernie legte sich vor meine überkreuzten Füße und wartete, daß ich ihn kraulte. Der wiederholte Frauchenwechsel schien in ihm einen erhöhten Schmusebedarf geweckt zu haben.

»Er war hier«, bestätigte ich. »Und es stimmt auch, daß ich bei dir ein gutes Wort für ihn einlegen soll. Seine ... ähm, Verlobte kriegt ein Kind und ist momentan sehr empfindlich. Allerdings hat er mir verschwiegen, daß du schon ein paarmal bei ihm warst. Außerdem hat er mir nicht erzählt, daß er zur Tatzeit beim Verlagsgebäude gesehen worden ist. Beides habe ich zufällig von seiner Mutter erfahren.«

»Du siehst mich an, als hätte ich irgendwas falsch gemacht.«

»Na ja, zum Beispiel hättest *du* es mir sagen können.«

»Du sagst mir auch nicht alles, Angela. Und um genau zu sein: *Ich* bin der Ermittler. Es gehört in der Regel nicht zu meinen Gewohnheiten, Erkenntnisse, die ich bei den Tatermittlungen gewonnen habe, vor Dritten auszubreiten, schon gar nicht, wenn besagte Dritte Informationen verheimlichen, die wesentlich zur Aufklärung der Tat beitragen könnten.«

Diese Spitze saß. Es ärgerte mich, auf so unpersönliche Art als »Dritte« bezeichnet zu werden, dennoch hatte er völlig recht. Ich war diejenige, die kriminelle Verdunkelung betrieb; er dagegen stand auf seiten des Gesetzes und handelte völlig korrekt.

»Ich wollte sowieso mit dir reden, Kurt. Wir sollten uns endlich aussprechen. Ich will dir auch gern alles sagen, was ich weiß.«

»Hat dieser Sinneswandel vielleicht mit einer bestimmten Erbschaft zu tun?«

Schmerzlich berührt sah ich ihn an. Sein Argwohn war berechtigt. Es war meine eigene Schuld. Natürlich mußte er jetzt denken, daß ich hinter seinem Geld her war, der Unterschied zwischen meiner bisherigen kratzbürstigen Geheimniskrämerei und meinem plötzlichen Mitteilungsbedürfnis war einfach zu auffällig.

»Es tut mir leid, wenn du das glaubst«, sagte ich steif. »Wir können die Unterhaltung auch beenden.« Ungeschickt fummelte ich eine Zigarette aus der Packung, zündete sie an und paffte Rauchwolken in die Gegend.

Kurt seufzte laut. »Ach, Angela, bald weiß ich wirklich nicht mehr, was ich mit dir machen soll!« Er kam zu mir, setzte sich neben mich auf den Schlafsack, nahm mir die Zigarette aus den Fingern und warf sie hinter uns in das Kaminfeuer. »Wir vergessen einfach die Erbschaft, einverstanden? Tut mir leid, das war wirklich eine blöde Bemerkung, du bist wahrhaftig nicht der Mensch, der seine Entscheidungen von irgendwelchen finanziellen Erwägungen abhängig macht.«

Unwillkürlich dachte ich an meine gestrige reflexartige Reaktion auf das ungeheuer aussagekräftige Wörtchen *fünfhunderttausend*. Ich schluckte, dann pflichtete ich Kurt rasch bei: »Deine Erbschaft ist mir völlig egal, meinethalben kannst du ruhig die vierzig oder fünfzig Millionen von Clarissa kriegen, es kratzt mich kein bißchen.«

»Alles in allem sollen es fast sechzig sein, doch was spielt das für eine Rolle.«

Ich schluckte abermals. Höchste Zeit für einen

Themawechsel. »Sag mal, glaubst du wirklich, daß Sigi irgendwas mit dem Mord zu tun hat?«

»Darf ich deiner Frage entnehmen, daß du es ihm nicht zutraust?«

Ich dachte sorgfältig nach, dann schüttelte ich entschieden den Kopf. »Dafür ist er nicht der Typ. Okay, er hat bei Clarissa eine Liposuktion gemacht, es ist was dabei schiefgelaufen. Aber deswegen einen Mord begehen? Nie und nimmer. Willst du ihn übrigens auf Schmerzensgeld verklagen?«

»Ich habe offengestanden keine Ahnung«, gab Kurt zu. »Clarissas Anwälte – jetzt sind sie wohl meine – sind ganz wild darauf, die Klage durchzuziehen, sie halten den Fall für eindeutig, zumal Siegfried inoffiziell quasi schon zugegeben hat, daß es ein Kunstfehler war. Am Ende zahlt die Versicherung, und damit ist der Fall erledigt.«

»Für Sigi nicht.«

»Du meinst seinen guten Ruf? Stimmt, er hat ziemlich oft davon angefangen, das scheint ein wunder Punkt bei ihm zu sein. Ein wirklich wunder Punkt.«

»Das klingt beinahe so, als ob ...« Ich suchte nach Worten. »Es hört sich so an, als wolltest du ihm mit der Aussicht, seinen Ruf zu ruinieren, irgendwas heimzahlen.«

Ich musterte ihn scharf; die einfallende Nachmittagssonne erzeugte im Zusammenspiel mit den Flammen im Kamin verwirrende Muster aus Licht und Schatten auf der Linie seines Profils; am liebsten hätte ich jeden einzelnen Lichtfleck geküßt, doch ich sah noch etwas anderes, eine Regung, die er nicht gut genug verbergen konnte: Schuldbewußtsein. Ich hatte recht, es ging ihm überhaupt nicht darum, Geld von Siegfrieds Berufshaftpflichtversicherung zu kassieren, nicht, nachdem er selbst ein solches Riesenvermögen geerbt hatte. Kurt wollte Siegfried eins auswischen, ihn nerven. Suchte er ihn aus diesem Grund neuerdings häufiger in seiner gerade bezogenen Villa am Alsterpark heim, ermittelte er deshalb ganz offen gegen ihn? Fühlte er sich derart betroffen von dem Pfusch, den seine Tante durch Siegfrieds Ungeschick erlitten hatte?

»Ich gebe zu, es hat mich schon enorm geärgert, wie er mit dir umgesprungen ist«, sagte Kurt.

Ich war der Grund! Nur meinetwegen setzte er Siegfried so zu! Ich war tief gerührt.

»Selbstverständlich setze ich ihm nicht nur deinetwegen so zu«, erläuterte Kurt, als hätte er meine Gedanken gelesen, »sondern in erster Linie deshalb, weil ich ihn aus der Reserve locken will. Immerhin wurde er zur Tatzeit am Tatort beobachtet.«

»Stimmt«, räumte ich ein. »Daran hab ich im Moment gar nicht mehr gedacht. Was wollte er denn da, und wie kam es, daß er gesehen wurde, und von wem?«

Kurt lächelte. »So viele Fragen auf einmal! Ich weiß gar nicht, wo ich anfangen soll.«

Ich knuffte ihn in die Seite, aber nicht ernsthaft. »Fang von vorn an, ja?«

»Na schön.« Er legte sanft seinen Arm um meine Schultern, und ich fühlte mich ihm in jeder Beziehung sehr nah. »Einer der sprichwörtlichen dummen Zufälle. In diesem Fall besonders dumm für Herrn Doktor Siegfried Schnellberger. Früh gegen halb fünf ging er direkt vor dem Verlagsgebäude über die Straße und stieg in seinen Wagen. Er war dabei nicht allzu gut zu Fuß, das fiel einer Polizeistreife auf, die gerade vorbeikam. Weil er einen ziemlich betrunkenen Eindruck machte, ließen sie ihn pusten, anschließend mußte er mit zur Wache, wo ihm eine Blutprobe entnommen wurde. Er hatte eins Komma acht Promille, sein Führerschein dürfte wohl für eine Weile weg sein.«

»Er ist doch gar nicht gefahren«, wandte ich ein, doch eher mechanisch, in Gedanken war ich fieberhaft damit beschäftigt, nach Gründen für Siegfrieds unvermutetes Auftauchen am Tatort zu suchen.

»Man muß nicht fahren, es reicht, wenn man betrunken ins Auto steigt, weil man vorhat, zu fahren. Oft geht die Polizei in solchen Fällen so vor, daß sie wartet, bis der Delinquent den Schlüssel ins Zündschloß gesteckt hat, damit er sich nicht damit rausreden kann, bloß seine Tasche aus dem Wagen holen zu wollen oder so.«

»Hat er der Polizei gesagt, was er bei *Clarisse* zu tun gehabt hatte?«

»Danach haben sie gar nicht gefragt, es wurde folgerichtig auch nicht darüber gesprochen. Kein Hahn hätte danach gekräht, was er um diese Tageszeit dort zu suchen hatte, wenn nicht ein paar Stunden später der Mord gemeldet worden wäre. Da kamen auf der Wache rasch ein paar Gehirnwindungen ins Rotieren, und noch am selben Mittag flatterte Siegfrieds Akte auf meinen Schreibtisch.«

»Seine Akte?«

»Über die Trunkenheitsfahrt wurde selbstverständlich eine Akte angelegt, das wird immer so gemacht.«

»Und dann?«

»Dann bin ich zu ihm gefahren, um ihn zu vernehmen.«

»Aber da wußtest du doch noch gar nicht, daß er möglicherweise ein Motiv hatte!«

»Stimmt, ich hatte bei diesem ersten Verhör keine Ahnung von der mißglückten Schönheitsoperation. Ich wußte zu dem Zeitpunkt noch nicht mal, daß meine Tante mich in ihrem Testament als Erben eingesetzt hatte. Mein Besuch bei deinem ehemaligen Verlobten war zunächst reine Routine.«

»Wir waren gar nicht verlobt«, warf ich ein, »jedenfalls nicht richtig.« Der Groll, anstelle eines Verlobungsringes damals eine Goldcard bekommen zu haben, saß immer noch tief. »Aber was sagte er denn nun, was er dort bei der Zeitung gewollt hatte?«

»Bei unserer ersten Unterhaltung behauptete er, eine kleine Sause durchs Viertel gemacht zu haben, er nannte auch die Namen der Lokale, in denen er gewesen war. Wir haben seine Angaben überprüft, wiederum Routine. In zwei von den drei Lokalen konnte man sich sogar noch an ihn erinnern. Wir hatten also zu dem Zeitpunkt keinen Grund, seine Aussage anzuzweifeln. Er hat behauptet, daß er auf der Heimfahrt zufällig dort bei dem Verlagshaus vorbeikam, wo ihm dann angeblich ganz plötzlich einfiel, daß du ja dort arbeitest, also hätte er spontan angehalten, einfach so, um sich das Haus anzugucken, und weil er schon mal hielt, mußte er dann auch zum Pinkeln aussteigen.«

»Das klingt nicht gerade nach Siegfried. Er pinkelt nicht auf die Straße, auch nicht, wenn er was getrunken hat.«

»Damals wußte ich das nicht. Ich sah keinen Anlaß, ihm nicht zu glauben.«

»Den sahst du aber dann, als du von der schiefgelaufenen Liposuktion erfuhrst.«

»Richtig. Ein paar Tage nach dem Mord bekam ich diese Schmerzensgeldunterlagen von den Anwälten. Es ist übrigens dieselbe Kanzlei, in der Clarissa auch ihr Testament aufgesetzt hat. Logischerweise habe ich Siegfried sofort noch mal vernommen. So, wie er dabei reagierte, mußte ich daraus schließen, daß er mich beim ersten Mal angelogen hatte.«

»Wie war seine Reaktion?«

»Sie schwankte zwischen Panik und Verschlossenheit.«

»Aber er mußte doch begreifen, daß ihm jetzt niemand mehr diese Pinkelstory abkaufen würde!«

»Das sah er ziemlich schnell ein. Ich ließ nämlich nicht locker. Bei meinem dritten Besuch wartete er dann auch mit einer anderen Geschichte auf. Er behauptete, er hätte in jener Nacht Clarissa gesehen. Gerade, als er dort vorbeifuhr, sah er, wie sie das Gebäude betrat. Als er sie so sah, dachte er an all die gemeinen, unangenehmen Schriftsätze, mit denen ihre Anwälte ihn bombardiert hatten. Und weiter dachte er sich, warum nicht mal darüber reden, so unter vier Augen, von Arzt zu Patientin. Mißverständnisse aus der Welt räumen, Verbesserungsvorschläge unterbreiten, um Verzeihung bitten. All das, was unter die *Reicht-euch-die-Hand-zum-Frieden-*Rubrik fällt.«

»Er ist ihr ins Gebäude gefolgt?« fragte ich atemlos.

»Nein, er behauptet, er hat es sich im letzten Moment wieder anders überlegt. Er war schon an der Eingangstür, doch dann beschloß er, daß es eigentlich nicht sein Ding war, auf Knien zu rutschen, schon gar nicht betrunken.«

»Aber warum hat er dir das denn nicht alles gleich beim ersten Mal erzählt?«

»Er sagt, weil er nicht unnötig Verdacht auf sich lenken wollte.«

»Das hört sich plausibel an.«

»Allerdings. Er glaubte wohl, daß er mit der unverfänglicheren Version davonkommen würde. Wahrscheinlich meinte er, daß sich mit ihrem Tod die Querelen wegen seines Pfuschs von allein erledigt hätten, vielleicht hielt er auch die Polizei für zu dämlich, um Zusammenhänge herzustellen. Also probierte er es auf die bewährte Tour. Phantastereien, Schwindeleien, Ablenkungsmanöver. Er konnte ja zu dem Zeitpunkt nicht wissen, daß ich nicht nur Kripobeamter, sondern außerdem Neffe und Erbe des Mordopfers bin und damit nicht nur ein berufliches Interesse an der Aufklärung des Falles habe. Dummerweise hatte er zwischen meinem ersten und meinem zweiten Besuch genug Zeit, um eventuelle belastende Indizien verschwinden zu lassen.«

»Belastende Indizien?«

»Blutbespritzte Kleidung oder Schuhe zum Beispiel.«

Schockiert starrte ich Kurt an. »Du meinst wirklich, daß ...« Ich verstummte, es war einfach zu ungeheuerlich, als daß ich es hätte aussprechen können.

»Wir haben selbstverständlich seine Sachen gründlich untersuchen lassen. Äußerst gründlich. Auch das Haus. Keller, Dachboden, alle Räume. Garten. Eine aufreibende Arbeit. Und wir sind noch lange nicht fertig damit.«

Das erklärte Siegfrieds Panik, er mußte wirklich restlos mit den Nerven am Ende sein. Nachdenklich blickte ich zu Kurt auf. »Nach allem, was du so sagst, habe ich das deutliche Gefühl, du hast Sigi auch diese zweite Version nicht abgekauft.«

»Das bringt mein Beruf so mit sich. Ich habe gute Gründe, an seiner Ehrlichkeit zu zweifeln. Du ahnst gar nicht, wie wahr das gute alte Sprichwort ist.«

»Welches denn?«

»Wer einmal lügt, dem glaubt man nicht, und wenn er auch die Wahrheit spricht.«

»Oh«, sagte ich und begann unruhig hin und her zu rutschen.

Kurt gab mir einen zarten Kuß auf die Schläfe. »Ich weiß überhaupt nicht, warum wir ständig über Siegfried reden. Du wolltest mir doch alles erzählen, was du weißt. Du kannst dir nicht vorstellen, wie gespannt ich bin. Fang an, ich bin ganz Ohr! Vielleicht lieferst du mir ja die fehlenden Puzzleteilchen.«

Ich duckte mich unter seinem Arm weg und sprang auf. »Ich bin eine schlechte Gastgeberin, ich hab dir gar nichts zu trinken angeboten!«

Während ich in die Küche rannte, wirbelte es in

meinem Kopf nur so von häßlichen Schlußfolgerungen. Kurt arbeitete an einem Puzzle, er hatte es selbst gesagt, und für ihn stand außer Frage, was das fertige Puzzle zeigen würde: einen Mörder namens Dr. Siegfried Schnellberger. Und die fehlenden Teile, die ich dazu beisteuern konnte, würden diesem Bild rasch zusätzliche Konturen verleihen. Von dem, was ich zu berichten hatte, würde Kurt instinktiv die entscheidenden Tatsachen zu extrahieren wissen: Ich hatte Siegfried am Telefon den heißen Tip gegeben, nämlich die Uhrzeit, zu der er Clarissa allein in ihrem Büro erwischen konnte. Dann hatte ich zuvorkommenderweise die Tatwaffe besorgt und war auch während des Mordes nicht von seiner Seite gewichen. Voilà, da haben wir es: ein Gangsterpärchen, wie es im Buche steht, brutal, verschlagen und skrupellos, schlimmer als Bonnie und Clyde!

Abgerundet wurde das Bild dadurch, daß ich an dem Tag, als Clarissa bis zu ihrem Tod verschwand, in ihrer unmittelbaren Nähe gewesen war. Wer also hatte sie entführt und Swetlana und den Russen ermordet? Na? Na? Richtig!

Alles paßte wunderbar zusammen, sogar Siegfrieds überstürzter Umzug: Was lag näher, als daß er in der Nähe seiner Gefangenen sein wollte, während ich hier in der Maisonette die Stellung hielt, um den Anschein des Normalen zu wahren? Sicher hatte Kurt Siegfrieds Keller bereits nach Wandketten, Handschellen und ähnlich verräterischen Spuren abgesucht.

Ich wußte nicht mehr aus noch ein. Fahrig drängte ich meinen Oberkörper in den Vorratsschrank und rückte die Dosen und Flaschen hin und her, als könnte ich zwischen ihnen die Lösung meines Dilemmas finden.

Denn trotz meiner besorgten Verwirrung übersah ich nicht die auffallenden Brüche in dieser erdachten Fallkonstellation. Warum zum Beispiel hätte Clarissa mich anrufen sollen, wenn ich selbst sie doch entführt hatte? Und wieso hätte ich Siegfried den heißen Tip geben sollen, wenn er selbst sie doch gefangenhielt?

Eigentlich war das alles purer Quatsch. Doch wie würde Kurt darüber denken? Würde er diese Ungereimtheiten auch bemerken? Oder würde er all die unpassenden Puzzleteile aussortieren, sie einfach eliminieren, als Phantastereien, Schwindeleien, Ablenkungsmanöver, weil er dem guten alten Sprichwort viel mehr vertraute als mir?

Ich rückte und schob und sortierte die Dosen von einer Ecke des Faches in die andere, doch alles, was dabei zum Vorschein kam, war eine Fönbürste, die ich schon lange vermißt hatte.

Bernie stupste gegen meinen Hintern. »Laß das«, sagte ich geistesabwesend, den Kopf immer noch im Schrank.

»Willst du das wirklich?« fragte Kurt. Er umfaßte mit beiden Händen meine Hüften und stupste erneut.

»Ach, du bist's.«

»Erwartest du hier noch andere Männer?« Sein Stupsen wurde eindeutiger. »Willst du nicht endlich aus diesem Schrank rauskommen? Ich möchte eigentlich gar nichts zu trinken.« Er zog mich aus dem

Schrank, dann aus der Küche, hinüber zum Wohnzimmer. »Wir könnten hinterher was trinken.«

»Hinterher? Du meinst ...?«

»Genau.«

»Ich dachte, wir wollten reden.«

»Das tun wir auch hinterher.« Er drückte mich mit sanfter Gewalt auf den Schlafsack, und ich sah, daß er frische Scheite aufgelegt und das Feuer geschürt hatte.

»Wo ist Bernie?«

»Ich hab ihn zu einem Nickerchen in einem der leeren Zimmer überredet. Was ist eigentlich in diesem Minifäßchen um seinen Hals? Eine Notreserve Schnaps, für den Fall, daß dir mal die Vorräte ausgehen?«

Ich starrte ihn an. Jetzt war der Moment der Wahrheit gekommen. Ich konnte mit ihm in den Schlafsack kriechen und in seinen Armen alles vergessen, aber für wie lange? Wie würde es danach weitergehen mit uns? Würde es überhaupt noch ein ›uns‹ geben, wenn er erst alles gehört hatte? Trotz meiner Zweifel wußte ich plötzlich, daß ich es darauf ankommen lassen mußte. Ich war in Kurt verliebt, daran gab es nicht mehr den geringsten Zweifel. Und Liebe braucht Vertrauen. Ich mußte es jetzt endlich aufbringen. Jetzt oder nie.

»Ich kann dir sagen, was da drin ist.«

»Mhmm?« Er suchte mit seinen Lippen eine empfindliche Stelle an meinem Hals.

»Das Fäßchen ist nämlich mein Geheimversteck.«

»Wie nett.« Er fand die Stelle an meinem Hals, und ich erschauerte.

»Genaugenommen verwahre ich da drin meine hochbrisanten Negative.«

»Sehr schön.« Plötzlich lagen wir nebeneinander auf dem Schlafsack, Kurts warme Zunge strich über meine Ohrmuschel, seine großen Hände glitten unter meinen Pulli und liebkosten meinen Rücken. Er drängte sich an mich, wir bekamen Körperkontakt, ich spürte seine Erektion an meinem Bauch. Ich holte tief Luft, das Gefühl war so unbeschreiblich, vielleicht sollten wir doch erst hinterher ... Nein!

Mit schwankender Stimme verriet ich: »Momentan sind auch Negative da drin, es sind wahrscheinlich die heißesten Fotos, die ich je geschossen habe.«

»Aaah, Angela!« stöhnte er, und ich stöhnte auch, denn auf einmal waren weder Pullis noch Jeans im Weg, wie hatte er es bloß so schnell geschafft, uns beide auszuziehen? Und er war blond, überall! Diese Entdeckung berauschte mich beinahe so sehr wie seine Berührungen.

»Ich bin verrückt nach dir«, flüsterte Kurt an meinen Lippen, und dann, nach einem endlosen Kuß: »Ich liebe dich.«

Die unverzichtbaren drei Worte, magisches Passepartout zum Herzen jeder Frau. Ich verwandelte mich sofort in eine kostbare Fee, in ein Wesen aus Feuer und Licht, kurz: die Heldin aus einem Liebesroman. Und was ich da gerade erlebte, war ohne Frage nichts anderes als das Happy-end.

Selig gestand sie dem Mann ihrer Träume, daß sie dasselbe für ihn fühlte wie er für sie, und sie spürte genau den Moment, als auch für ihn die Welt stillstand. Diese Augenblicke absoluter Erfüllung sind die einzigen, die wahrhaft zählen, ihretwegen leben und hoffen und bangen die Menschen. Einmal Mittelpunkt des Universums sein, inmitten von Myriaden neugeborener Sterne dahintreiben, in unendlicher Weite die Größe der Ewigkeit ahnen! Keine Frau konnte glücklicher sein als sie ...

An dieser Stelle hörte der Roman abrupt auf. War da nicht noch etwas Wichtiges, was ich ihm hatte erzählen wollen?

Los, Angie. Eben hast du es noch gewußt, oder? Denk nach, streng dein Gedächtnis an!

Dann küßte Kurt mich erneut, ein Kuß voll heftiger Leidenschaft, der mich sofort wieder zwischen die Sterne katapultierte, und irgendwo da draußen implodierte mein Gedächtnis zu einem gigantischen schwarzen Loch. Alles, woran ich jetzt noch denken konnte, hatte plötzlich damit zu tun, wie gut meine Hinterbacken in seine Hände paßten oder wie angenehm seine Bartstoppeln auf meinen Brüsten scheuerten, vor allem aber, wie schön sein Gesicht und sein Körper im Schein der Flammen waren. Irgendwann verflüchtigten sich auch diese Gedanken, sie lösten sich einfach auf im Rhythmus unserer Bewegungen.

*

Gott sei Dank hatte ich Kurt alles erzählt, keine Geheimnisse standen mehr zwischen uns, alle Unklarheiten waren beseitigt, wir saßen glückselig nebeneinander auf einer bequemen Eisscholle vor dem Kamin und betrachteten die Negative, dazu schlürften wir Veuve Cliquot aus Champagnerkelchen und rauchten Zigaretten in unmöglich langen Spitzen. Ich wunderte mich ein wenig, weil ich geglaubt hatte, daß Kurt Nichtraucher sei, doch nach einer Weile fand ich es ganz normal, genauso normal wie die Tatsache, daß er nackt war, während ich ein elegantes Kleid trug, hellgelb mit weißen Biesen, der Rock war knielang und ein wenig ausgestellt, passend für einen Termin im Mai. Wir hörten *Zwei kleine Italiener* aus Papas Weltempfänger und freuten uns riesig auf unsere Hochzeitsreise nach Capri.

»Weißt du, ich bin froh, daß du deinem Herzen einen Stoß gegeben und mir alles gestanden hast«, sinnierte Kurt voller Dankbarkeit. »Jetzt kann ich endlich den Mörder verhaften.«

»Hast du schon rausgefunden, wer es ist?« fragte ich, andächtig sein markantes Kinn bewundernd.

»Selbstverständlich. Schließlich bin ich ein Profi.«
»Und? Wer ist es?«
»Rat mal.«

Ich riet und riet, ich nannte alle Namen, die mir in den Sinn kamen, doch immer war es der falsche, niemand war der Täter, und Kurts Lächeln wurde immer überheblicher. »Du hast eben keine Ahnung, Angela.«

»Aber warum willst du es mir nicht sagen, Kurt?«
»Sei doch nicht so dumm! Weil *du* es bist, klar?«

Resolut nahm er mir das Champagnerglas weg, schnipste meine Zigarette in den Kamin und zog die Handschellen hervor, er hatte sie irgendwo an seinem nackten Körper versteckt gehalten.

»Ich bin unschuldig, ich war's nicht«, wimmerte ich, doch es half nichts. Ich war verhaftet.

»Angela, wach auf! Du lieber Gott, das ist doch nicht möglich! Wie kann ein Mensch nur so tief schlafen!«

Ich kam zu mir, weil mich ein Bulldozer überfuhr.

»Hilfe«, murmelte ich, als die stählernen Klauen sich in meine Arme und Schultern gruben. Kurt hielt mich gepackt und rüttelte mich unablässig.

»Angela, bist du wach?«

»Ich weiß nicht«, flüsterte ich heiser und öffnete ein Auge. »Kannst du bitte mal nachsehen?«

»Wo?«

»An meinen Handgelenken. Sind Handschellen dran? Trage ich ein gelbes Kleid?«

»Nein. Weder noch.«

»Dann bin ich wach.« Erleichtert öffnete ich auch das andere Auge.

»Du hattest einen Alptraum.« Kurt saß neben mir auf dem Schlafsack, splitterfasernackt wie in meinem Traum, ich schaute ihn von oben bis unten an, doch wenn er wirklich irgendwo Handschellen bei sich versteckt hatte, mußte er sie verschluckt haben.

Er zog mich bei den Schultern hoch und drückte mich an sich. »Angela, so kann es nicht weitergehen. Du quälst dich damit herum, glaubst du, ich merke es nicht? Hab doch Vertrauen zu mir!«

»Ich wollte es dir ja erzählen«, verteidigte ich mich. »Du hast mich genau in dem Moment unterbrochen, als ich anfangen wollte.«

Kurt nickte. »Ich wollte dir vorher bloß noch mal beweisen, daß du keine Angst vor mir haben mußt.«

»Komisch, ich hatte den Eindruck, daß du scharf auf mich warst.«

»Das auch«, gab Kurt lächelnd zu.

Mein Blick fiel aufs Fenster, draußen waren bereits die Laternen an. »Wie spät ist es überhaupt?«

»Sieben. Wir haben ein bißchen geschlafen. Du schläfst übrigens wie eine Tote.«

»Ich weiß«, sagte ich unbehaglich.

»Und?«

»Was und?«

»Willst du es mir jetzt erzählen? Was auch immer es ist: Ich verspreche dir feierlich, ich werde dich nicht für die Mörderin halten.« Er umfaßte mein Kinn und blickte mich an. »Das befürchtest du doch die ganze Zeit, stimmt's?«

Ich nickte zögernd.

»Das beste wäre, du gibst deinem Herzen endlich einen Stoß und gestehst mir alles.«

Ich starrte ihn an und schluckte. Dann holte ich tief Luft und sagte mit fester Stimme: »Ja, genau das werde ich jetzt tun.«

Und ich tat es. Ich erzählte ihm von jenem Morgen auf Sylt, wo ich Clarissa gesehen hatte. Ich erzählte von der unbekannten Swetlana, von dem betrunkenen Russen, von der Gräfin und von Antonio. Von meinem Plan, Clarissa mit meinen gelungenen Schüssen zu überraschen, und davon, daß nichts daraus wurde, weil sie plötzlich vermißt gemeldet war. Ich schilderte, wie ich immer tiefer in die Sache verstrickt wurde, nachdem ich einmal den folgenschweren Entschluß gefaßt hatte, nichts von meinen Fotos zu verraten, um nur ja nicht in Verdacht zu geraten.

Und ich erzählte von der Mordnacht, in allen Einzelheiten, von Clarissas Anruf und meinem darauf folgenden Telefongespräch mit Siegfried, von meinem Zusammentreffen mit Attila und Amber im *Chapeau Claque*, meiner Begegnung mit Melanie im *Miracle*, wobei ich auch nicht verschwieg, daß sie einen lachsrosa Pulli und rosa Lippenstift getragen hatte. Meinen mißglückten Ausflug in Toms Rennfahrerbett ließ ich komplett aus, schließlich hatte er mit der ganzen Sache nichts zu tun. Ich stellte es so dar, als wäre ich direkt vom *Miracle* zum Verlagsgebäude gegangen. Ich erzählte, wie ich die Fotos zusammen mit dem Champagner auf Clarissas Schreibtisch dekoriert hatte, wie ich danach auf dem Sofa eingedöst und erst von Agnes' Gekreische wieder aufgewacht war. An dieser Stelle machte ich eine erwartungsvolle Pause, doch Kurt schien nichts Besonderes daran zu finden, daß ich den Mord einfach verschlafen hatte. Ich erzählte von Irenes Verhältnis mit Clarissa, von meiner Unterhaltung mit Melanie und Jack (wieder sagte ich kein Wort über Tom), von dem Erpresseranruf und meinem Besuch im Museum. Ich schilderte, was ich von Hugo in Erfahrung gebracht hatte, ich berichtete von dem Artikel, den ich über die Morde an dem Russen und Swetlana gelesen hatte, ich erzählte von dem Treffen mit der Gräfin und von Antonios Rasierleidenschaft. Ich redete zehn Minuten ohne Unterlaß, beantwortete nur ab und zu eine sachliche Zwischenfrage von Kurt, der meine Beichte mit unergründlicher Miene aufnahm, bis schließlich alles ausgesprochen war.

»Glaubst du mir?« schloß ich ängstlich.

Kurt wiegte nachdenklich den Kopf.

»Kurt!« sagte ich schrill.

»Ich glaub dir ja. Jedenfalls die Dinge, die du erzählt hast.«

»Was willst du damit sagen?«

»Damit will ich sagen, daß ich jetzt auch gern das hören möchte, was du ausgelassen hast. Zum Beispiel interessiert mich brennend, wo du warst, nachdem du das *Miracle* verlassen hast. Könnte das mit der Ursache des Streits zusammenhängen, den du mit deiner Kollegin hattest, mit diesem vollbusigen Rauschgoldengel Melanie?«

»Du weißt es schon«, hielt ich ihm vor. »Hast du noch mehr von dem, was ich dir eben erzählt habe, schon vorher gewußt?«

»Sicher. Zum Beispiel die Sache mit den zwei Toten auf Sylt. An dem Abend, als Antonio dich das erste Mal rasierte, bin ich nicht nur deinetwegen auf der Insel gewesen, sondern vor allem, um am nächsten Tag dort Ermittlungen anzustellen. Irgendwie hatte ich es in der Nase, daß diese beiden Toten mit Clarissas Verschwinden zu tun hatten. Du hast dich mal verquatscht, erinnerst du dich?«

»Nein, keine Ahnung.«

»Als wir Sambuca tranken. Du hast da was von einer Möwe gesagt. Außerdem wußte ich Bescheid über die Sache mit dem Pianisten, diesem Tom Sheldon. Deine Kollegin hat nach wiederholtem Befragen zugegeben, sich seinetwegen mit dir geprügelt zu haben. Ich war bei ihm und hab's überprüft. Er hat mir erzählt, was in dieser Nacht los war. Oder vielmehr, was nicht los war. Daß ihr nicht viel getan habt, außer ungekühlten Champagner zu trinken.« Kurt sah mich scharf an. »Warum hast du diesen Tom weggelassen, Angela?«

Ich wich seinen Blicken aus. »Keine Ahnung.«

»Ich aber. Und es ist sehr lieb von dir.« Er zog mich in seine Arme und küßte mich flüchtig. »Durch ihn bekam ich auch heraus, daß die Tatwaffe von dir stammen mußte.«

Ich zwinkerte ungläubig. »Im Ernst? Warum hast du mir nichts davon gesagt?«

»Ich wollte, daß du es von allein erzählst. Eine Frage des Vertrauens.«

»Ich hab die Ermittlungen behindert, und du hast es zugelassen? Einfach so?«

»Ich wußte ja, daß du den Mord nicht begangen hast.«

Ich war restlos beschämt. Er hatte mir immer vertraut! Und ich? Wie hatte ich es ihm vergolten? Indem ich wochenlang die Aufklärung des Falles sabotiert hatte! Mein Magen reagierte sofort schmerzhaft auf die heftigen Vorwürfe meines Gewissens, und rasch zündete ich mir eine Zigarette an, ohne Filter, ohne Spitze.

»Was hast du jetzt vor? Willst du jemanden verhaften?«

»Das lasse ich mir noch durch den Kopf gehen.«

»Welche Zusammenhänge siehst du zu den Morden auf Sylt?«

»Dazu muß ich weitere Ermittlungen durchführen. Jetzt zeig mir die Fotos. Ich muß nämlich dringend zum Dienst.«

»Wieso mußt du abends zum Dienst?«

»Weil ich bei der Kripo bin. Es gibt Tage, da habe ich Bereitschaft, so wie heute. Vorhin, als du geschlafen hast, bin ich angepiept worden. Ich hab dein Telefon benutzt und im Präsidium angerufen. Tut mir leid, aber ich muß los. Es liegt was an.«

»Ein neuer Mord?«

Kurt nickte bekümmert. »Ich müßte schon längst weg sein.«

»Ich beeil mich!«

Nackt, wie ich war, sprang ich auf und rannte in die Diele, um meine Handtasche zu holen. Die Zigarette im Mundwinkel, klappte ich meine Kartenmappe auf, und sofort purzelten mir ein halbes Dutzend Kärtchen entgegen, alle fielen mir vor die Füße: Sparkassenkarte, Tankstellenkarte, Telefonkarte, Bahncard, Treuekarte vom Schuhsalon, Siegfrieds wunderbare Goldcard. Bloß die Fotos nicht. Die waren verschwunden.

Ich war wie vor den Kopf geschlagen, beim nächsten Einatmen verschluckte ich beinahe die Zigarette. Jemand hatte in meiner Handtasche herumgewühlt und die Abzüge gefunden! Mein nächster Gedanke galt meinem Geheimversteck. Schnell wie der Blitz war ich im Schlafzimmer, wo Bernie einsam beim Fenster lag und döste, den schweren Kopf auf den Pfoten. Ich scheuchte ihn auf und drehte den Schraubverschluß von dem Zierfäßchen. Die Negative waren noch da! Erleichtert stieß ich eine rauchige Atemwolke aus, dennoch raste mein Herz zum Zerspringen. Der Gedanke, daß der Mörder vielleicht hiergewesen war, bei mir in der Wohnung, brachte mich nachträglich zum Zittern. Doch dann machte ich mir klar, daß ich die Tasche des öfteren unbeaufsichtigt im Büro liegenließ. Oder im Wagen, den ich so gut wie nie abschloß. Damit stand zumindest eines fest: Der Mörder war nach wie vor mißtrauisch. Und er würde weiter versuchen, an die Negative zu kommen.

»Stimmt was nicht?« Kurt war mir gefolgt, er hatte seine Jeans übergezogen und sah fast so aus, wie ich ihn mir auf meiner Wunschfotografie vorgestellt hatte: barfuß, mit nacktem Oberkörper, die Silhouette romantisch umspielt vom dezenten Licht der Dielenbeleuchtung. Er stand dicht hinter mir, die Hände in die Hüften gestemmt. Seine Miene zeigte Besorgnis.

»Jemand hat mir die Abzüge aus der Handtasche geklaut«, sagte ich.

»Wann?« fragte er ruhig.

»Keine Ahnung. Es kann jederzeit passiert sein. Ich hab sie letzte Woche in die Handtasche gesteckt und seitdem nicht mehr nachgeschaut.«

»Hast du etwa die Tasche offen herumliegen lassen?«

»Mehrmals«, gab ich zu. »Im Wagen, im Büro, praktisch überall, wo ich gehe und stehe. Mein Fehler. Es war blöd von mir, nicht an die Fotos zu denken. Die Negative sind zum Glück noch da, es wird aber eine Weile dauern, bis ich neue Abzüge gemacht habe.«

»So lange kann ich nicht warten. Ich hab bestimmt die ganze Nacht zu tun, vor Morgen vormittag werde ich sicher nicht bei dir vorbeikommen können. Am besten gibst du mir die Negative mit. Ich kann sie von unserem Fotografen entwickeln lassen.«

»Auf keinen Fall.« Mörder hin oder her, keine Paparazza von Format würde sich soweit aus der Fassung bringen lassen, daß sie Negative von dieser Brisanz freiwillig aus der Hand gab. Mein Mißtrauen war tief verwurzelt. Irgendein Polizeifotograf würde sie in Ätzlauge fallen lassen oder sich eine Zigarette anstecken und die Negative dabei versehentlich als Fidibus verwenden. Oder sie für hunderttausend an *Bild* oder für fünfhunderttausend an die Gräfin verscherbeln.

So gut es ging, versuchte ich, Kurt meine Bedenken nahezubringen, und schließlich hob er ergeben die Hände. »Na schön. Mach meinethalben selbst neue Abzüge. Aber ich will nicht, daß du dich unnötig in Gefahr begibst. Also rede mit niemandem darüber, was du mir heute abend erzählt hast. Mit keinem Menschen. Versprichst du mir das?«

»Natürlich«, sagte ich bereitwillig.

Kurt nahm mir die Zigarette aus dem Mund, und wir küßten uns, kurz, aber sehr leidenschaftlich, dann zog er sich rasch fertig an und ließ mich mit Bernie allein.

*

Nachdem ich mir einen kleinen eisgekühlten Wodka gegönnt hatte, zog ich mich ebenfalls an, und als ich mich anschließend im Badezimmerspiegel betrachtete, war ich überrascht über mein ungewohnt hübsches Aussehen. Meine Augen leuchteten, meine Wangen waren gerötet, mein Mund war sinnlich und weich. Wenn ich je wie Audrey ausgesehen hatte, dann in diesem Augenblick, als die Liebe mich schön machte. *Moon River* summend, zog ich meinen Anorak über und pfiff Bernie zu einem Spaziergang. Draußen war es schneidend kalt, ich fröstelte trotz meiner warm gefütterten Jacke, doch Bernie zerrte wie immer begeistert an der Leine und machte mir Beine. Der Wind pfiff durch die kahlen Bäume und kräuselte das dunkle Wasser der Außenalster. Im Licht der Laternen begegnete ich den üblichen Abendspaziergängern, hauptsächlich Hundebesitzern, die sich und ihren Lieblingen noch eine Nase voll frischer Luft gönnten. Ab und zu sah ich auch ein bekanntes Gesicht aus einem der zahlreichen noblen Geschäfte in der Nachbarschaft. Von neidischen Bewohnern anderer Hamburger Stadtteile wird gern kolportiert, daß es hinter Harvestehudes gepflegten Fassaden fast ebenso viele Firmen wie Einwohner gibt. Selbstverständlich ist das Unsinn, aber die Anzahl der Geschäfte ist dennoch beeindruckend, all die feinen Werbe-, Foto-, Modelagenturen, Kanzleien, Makler, Läden, Büros.

Ich marschierte ein gutes Stück am Ufer entlang, in tiefen Zügen die kalte, klare Luft inhalierend. Die Welt hatte sich verändert, sie wirkte auf faszinierende Weise verjüngt, alles glänzte in dem reinen goldenen Schimmer, den nur frisch Verliebte sehen. Nicht einmal der Diebstahl der Abzüge vermochte meine gute Laune zu dämpfen. Es ging mir prächtig, ich war wieder auf dem Gipfel des Lebens, unbesiegbar, unverwundbar. Alle meine Sorgen war ich auf einen Schlag losgeworden, ich hatte sie einfach auf Kurts breite Schultern geladen, ohne den mindesten Zweifel daran, daß er alles in Ordnung bringen würde.

Nach Hause zurückgekehrt, machte ich einen kompletten Satz neuer Abzüge, die ich anschließend Stück für Stück in meinen PC einscannte. Es war ein wenig umständlich, weil ich dafür extra die große Computerkiste wieder auspacken mußte, doch diese zusätzliche Mühe nahm ich gern auf mich. Ich fragte mich ohnehin, wieso ich nicht längst auf diese absolut sichere Art der Aufbewahrung gekommen war. Ich zog vier Disketten und versteckte sie, eine zusammen mit den Abzügen unterm Teppich, die nächste im Gefrierfach, eine weitere ganz unten in meiner Kleiderkiste, die letzte legte ich in meine Handtasche. Für meine Negative suchte ich vorsorglich ein anderes Geheimversteck. Als ich mit allem fertig war, schlug es Mitternacht, Zeit, in meinen Schlafsack zu kriechen. Doch wie erwartet konnte ich nicht einschlafen.

Diese Schlaflosigkeit setzte eine Kette verhängnisvoller Ereignisse in Gang, die am Ende mein Leben und das von anderen ernsthaft in Gefahr bringen sollten. Im Rückblick denke ich daher oft, daß Kurt und ich an diesem Tag nicht miteinander hätten ins Bett gehen sollen, weil mir dann eine Menge Ärger erspart geblieben wäre. Hätte ich nämlich nicht wegen des kräftezehrenden Liebesakts den ganzen Nachmittag verpennt, wäre ich in dieser Nacht nicht so hellwach und tatendurstig gewesen. Und wäre ich nicht so hellwach und tatendurstig gewesen, hätte ich bestimmt auch niemals die hirnrissige Idee gehabt, mitten in der Nacht zur Arbeit zu gehen.

So aber stellte ich Bernie eine Schüssel Wasser hin, tätschelte seine Flanke und teilte ihm mit, daß Frauchen noch mal los mußte. Ich machte mich schick zurecht: Etwas Make-up, Samtleggins, meine roten Schnürstiefeletten, Seidenblouson (mit Innentaschen für Reservefilme und -batterien, eigens für solche Zwecke zwei Nummern zu groß gekauft). Dann packte ich meine Canon in eine unauffällige Umhängetasche und fuhr los. Gewohnheitsmäßig klapperte ich zuerst die üblichen Discos ab, ich warf einen Blick in die *Prinzenbar* und ins *Mitternacht*, aber mit wenigen geschulten Blicken in die Runde erkannte ich jedesmal gleich, daß dort mit Promis in dieser Nacht nichts zu reißen war. Ich schaute in die Bars von drei Nobelhotels, doch auch hier war die Prominenz auf ihren Zimmern geblieben. Kein einziger meiner Informanten hatte *shocking news* auf Lager, nirgendwo ein Stargast mit heimlichem Verhältnis im Hotelbett, wo sich eine kleine schauspielerische Einlage als Zimmermädchen oder Hausdame gelohnt hätte.

In der Bar des *Pacific* stieß ich schließlich auf Abdul, der scheinbar gelangweilt am Tresen hockte und sein Pils schlürfte. Sofort wußte ich, daß ich hier richtig war. Abdul, der sich früher mal als Schauspieler versucht hatte, arbeitete seit ein paar Jahren als freiberuflicher Fotograf; er sah genauso aus, wie sich jeder Klatschspaltenleser einen Paparazzo vorstellt, ein windhundschmaler, ziemlich dunkelhäutiger Typ mit Glubschaugen und ständig entzündeten Lippen, die er unablässig ableckte. Er trug meist Jeans, Poloshirts, Reeboks und Dreitagebart. Abduls Eltern waren Pakistanis, die Ende der Fünfziger nach Hamburg gekommen waren, und obwohl er hier geboren war und noch nie einen Fuß in das Land seiner Väter gesetzt hatte, war Abdul ganz groß darin, den armen, mißhandelten Ausländer zu spielen, wenn es darauf ankam. Er hatte im Handgemenge mit Bodyguards schon manche heiße Aufnahme gerettet, indem er unter großem Gewese die *Massaarm-Nigger-nich'-hauen*-Nummer abzog. Hinterher lachte er sich regelmäßig halbtot und erklärte, seine fünf Semester an der Schauspielschule hätten sich längst mehr als bezahlt gemacht.

Sein Seidenblouson, wie meiner zwei Nummern zu groß, beulte sich an der Brust dezent über seiner Nikon, und seine Blicke streiften hungrig umher. Ganz offensichtlich wartete er auf jemanden. Als er mich sah, zuckte er zusammen.

»Hallo, Abdul.«

»n'Abend, Angie.« Sein öliges Lächeln stand in krassem Gegensatz zu dem Zorn, der in seinen dunklen Augen aufglomm. Das hier ist mein Ding, sagte sein Blick, verzieh dich oder es gibt Ärger!

Ich bestellte bei dem befrackten Barkeeper einen alkoholfreien Cocktail, setzte mich auf den Hocker neben Abdul und bot ihm eine Zigarette an. Als er dankend ablehnte, zündete ich mir selbst eine an und pustete den Rauch über seine Schulter.

»Kleine Pause eingelegt, hm?« fragte ich leutselig.

Abdul nickte mißmutig und spielte das Spiel mit. »Nichts los heute«, meinte er, »hier nicht und auch nicht anderswo. Hab schon versucht, im *Atlantic* was zu reißen, dachte, Lindi läßt sich vielleicht mal mit einer WR-Maus blicken. War aber nicht.«

»We-Er?«

»Steht angeblich für White Rain. Sperma. Mit dem Kürzel soll er in seinem Organizer ungefähr tausend Ladys verzeichnet haben. Hast du nicht dieses Enthüllungsbuch von seiner Ex gelesen?«

Ich schüttelte den Kopf.

Abdul leckte seine Lippen. »Ich auch nicht. Wenn wir jedes Enthüllungsbuch von jeder Ex lesen müßten, kämen wir nicht mehr zum Knipsen, was?«

»Einen *Big Boss* für die Dame«, sagte der Barkeeper und servierte meinen Cocktail. Abdul bestellte noch ein Pils, ich sah, wie er anfing, zu schwitzen.

»Gibt's was Neues über den Mord?« fragte er, während seine Blicke immer wieder nervös zum Eingang der Bar glitten.

»Nein, nicht daß ich wüßte«, sagte ich wahrheitsgemäß und trank von meinem Cocktail, ein Gemisch aus Tonic, Ahornsirup, Zitrone und Lime.

»Ob sie den Kerl jemals schnappen?«

»Bestimmt. Die Kripo hat sich stark reingehängt.«

Abdul fing an, auf dem Hocker hin und her zu rutschen. »Zehn Prozent, Angie.«

Ich tat verständnislos. »Wie bitte?«

»Komm schon, Angie. Das hier wird mein Schuß, klar? Ich hab echt wirbeln müssen, um die Info zu kriegen!«

»Wer ist es?«

»Das sag ich nicht.«

»Und vom wem hast du den Tip?«

»Vom Pagen. Er hat im Aufzug gehört, daß sie später noch in die Bar kommen wollen.«

»Sie?«

»Ich sag nichts mehr. Nicht, bevor wir nicht im Geschäft sind.«

»Das ist nicht mein Stil, und du weißt es, Abdul.«

Jetzt wurde er richtig sauer. »Verpiß dich, okay?«

»Ich denk nicht dran.«

»Ich an deiner Stelle wäre sehr vorsichtig. Denk doch nur mal an deine arme Chefin.«

»Soll das eine Drohung sein?«

Wieder leckte er sich die Lippen. »Nur ein gutgemeinter Rat.«

Er schaute zum Eingang, seine Hand bewegte sich unauffällig zum Reißverschluß seines Blousons, und ich folgte seinen Blicken, darauf eingestellt, im Zweifel schneller zu sein als er. Doch als ich sah, wer gerade die Bar betreten hatte, ließ ich gelangweilt die Hand, die schon in meiner Tasche war, wieder sinken. »Das kann nicht dein Ernst sein! Das hat doch einen Bart bis zum Boden, Abdul! Vergiß es, die hab ich mir letzte Woche schon geholt!«

Er hörte mich nicht, sondern machte sich unauffällig schußbereit. Der lang ersehnte Promi war niemand anderer als Heinz Herzig mit seiner jüngsten Eroberung, dem wasserstoffblonden Transvestiten aus dem *Boys'n' Boys*. Heute nacht waren beide in Zivil, ohne Schminke, ohne High Heels, ohne Perücken, ohne falschen Schnurrbart, sie wirkten sehr glücklich, so als hätten sie sich die Zeit, in der Abdul auf sie warten mußte, auf die angenehmste Art vertrieben.

Abdul sprang vom Hocker und schoß sie aus nächster Nähe in einem wahren Blitzlichtgewitter ab.

Heinz Herzig riß die Arme hoch, um sein Gesicht zu verbergen, und der junge Typ an seiner Seite fing hysterisch an zu schreien. Die übrigen Gäste sprangen aus den tiefen Ledersesseln, Gläser fielen um, Erdnüsse rollten über die polierten Tische. Abdul hatte gut und gern schon den halben Film verknipst, als ich in der verspiegelten Fläche hinter der Bar jemanden sah, der Ärger verhieß. Mir schwante, daß Abdul heute nacht Pech haben würde. Heinz Herzig hatte allem Anschein nach einen Bodyguard dabei, einen muskelbepackten Profi im Abendanzug. Er hatte von uns unbemerkt die Bar hinter seinem Schutzbefohlenen betreten und war unauffällig zwischen den von oben angestrahlten Pflanzkübeln am Eingang stehengeblieben, um die Lage in der schummrig erleuchteten Bar zu peilen. Jetzt packte er Abdul am Kragen und riß an der Kamera, die ihm am Riemen vom Hals hing.

»Nich' mich hauen, ich viel Herz kaputt!« kreischte Abdul in schrillem Falsett.

»Scheiße!« schrie Heinz Herzig, der elegante, eloquente Talkshowmoderator. »Mach ihn alle! Nimm dem Dreckskerl die Kamera weg, Hermann, schlag sie kaputt!«

»Gib her, du Aas!« Hermanns gewaltige Muskeln spannten sich, als er an der Kamera zerrte.

»Nein, Hilfe!« Abdul würgte, seine Glubschaugen drohten aus den Höhlen zu treten, weil Hermann ihn mit dem Kameriemen strangulierte.

»Na warte, du gemeiner Kerl!« Der junge Transvestit trat näher, packte Abdul beim Blouson und riß aus Leibeskräften, und einen Augenblick später stürzte sich auch Heinz Herzig in die wüste Rangelei. Er griff sich eine Handvoll von Abduls störrischem schwarzem Haar und zog seinen Kopf nach hinten, damit Hermann eine bessere Hebelwirkung bekam, um Abdul die Kamera vom Hals zu reißen. Der Riemen würde besser halten als Abduls Hals, das Nikonzubehör war extrem robust.

»Ich viel arm Boy, mit Frau sechs Babys beide Knie kaputt, nix mich hauen bitte bitte!« winselte Abdul, während sie ihn zu dritt traktierten.

»Wahnsinn!« murmelte ich ehrfürchtig. Ich stand längst dort, wo ich freie Schußlinie hatte, auf dem ersten Barhocker, ein paar Schritte vom Eingang entfernt. Dort hatte ich sie optimal, von ganz oben. Was für ein Quartett! Wenn das so weiterging, konnte *Clarisse* eine ganze Serie über Heinz Herzig starten, diese Schlägerei würde sich sogar bestens als Titel eignen. Noch bevor ich den Finger am Auslöser hatte, manifestierte sich vor meinem geistigen Auge bereits die Bildunterschrift. *Neue Brutalität in den Medien. Fernsehmoderator Heinz Herzig und seine skrupellosen Freunde schlagen Starfotografen zum Krüppel.*

Klick, klick, klick, klick.

Die vier erstarrten im Blitzlicht meiner Canon, eine Momentaufnahme von verzerrten Gesichtern, Augen und Münder weit aufgerissen wie bei einer besonders verstörenden Geisterbahnfahrt.

»Da staunt ihr, was?« Ich zoomte sie näher und klickte ungerührt weiter, wie es schien, eine ganze Ewigkeit, in Wahrheit jedoch nur die wenigen Momente, bis wieder Leben in die Gruppe kam.

»Da ist noch so eine«, brüllte Heinz. »Schnapp sie dir, Hermann! Dreh ihr den Hals um, dieser Ziege!«

Sofort ließ Hermann Abdul los und hechtete in meine Richtung. Seine Bizepse mochten zwar sein Sakko zum Platzen bringen, aber als Läufer hatte er gegen mich keine Chance. Mein Satz vom Barhocker brachte mir einen Vorsprung von drei Metern, mit dem Sprint durch die Halle bis zur Drehtür des Hoteleingangs holte ich weitere fünf Meter heraus, und in derselben Sekunde, als Hermann den Griff packte und mit brutaler Kraft die elektronische Dauerrotation stoppte, quetschte ich mich durch die verbleibenden zwanzig Zentimeter Luft zwischen der Wand und dem Türflügel ins Freie. Mein Busen machte dabei schmerzhafte Bekanntschaft mit meiner Canon, doch das hinderte mich nicht daran, die Handkante in die Beuge meines angewinkelten Arms zu schlagen und Hermann schadenfroh anzulächeln. Er stand mit hängenden Armen in der Halle, flankiert von zwei erstaunten Pagen, die ihm gefolgt sein mußten, und starrte mich haßerfüllt an. Klugerweise versuchte er gar nicht erst, die Tür wieder in Bewegung zu setzen, er wußte genau, bis er draußen war, wäre ich über alle Berge.

Befriedigt schlenderte ich von dannen, ich genoß die frische Nachtluft und das gute Gefühl, perfekte Arbeit geleistet zu haben. Der ganze Vorfall wäre eigentlich gar nicht weiter erwähnenswert gewesen, bloß ein Einsatz wie viele andere, wenn mich nicht ein stark lädierter Abdul eine halbe Minute später eingeholt und ein ganz bestimmtes Wort ausgesprochen hätte, das der Kette besagter verhängnisvoller

Ereignisse das nächste Verbindungsstück hinzufügen sollte.

Er kam herangeschnauft, legte mir von hinten die Hand auf die Schulter, rang nach Luft und grinste mich breit an. Im allgemeinen Getümmel war es ihm geglückt, durch die Damentoilette abzuhauen, erzählte er, wobei er es geschafft hatte, die Kamera mitsamt Film zu retten und sogar beim Wegrennen über die Schulter noch ein paar gute Schüsse mitzunehmen. Er trug seine Blessuren mit dem Stolz eines siegreichen Kriegers, und nun waren wir nicht mehr die erbitterten Konkurrenten wie vor dem Shot, sondern fühlten vollkommene Eintracht, die spezielle Solidarität der Skandaljäger nach einem gelungenen gemeinsamen Abschuß.

»Das war geil!« strahlte Abdul, er trottete neben mir her und bemühte sich, Schritt zu halten, wobei er ein wenig hinkte.

»Für mich erst!« sagte ich vergnügt.

»Scheiße, du hast besser gestanden. Kamen wir gut aus der Perspektive?«

»Spitzenmäßig.«

Abdul feixte. »Wir haben einen interessanten Job, stimmt's?«

»Kann man wohl sagen.«

»Ich möchte mit niemand tauschen. Du?«

Ich dachte an Norwegen, dann an die traurigen Augen der Gräfin. Ich spürte ein nagendes Unbehagen, schüttelte aber den Kopf. »Mit niemandem, Abdul.«

»Dafür nehmen wir sogar ab und zu eine kleine Catcherei in Kauf, was?«

Ich starrte ihn an.

Er berührte sein Gesicht und erwiderte fragend meinen Blick. »Was ist, Lady Paparazza? Hab ich Nasenbluten?«

Ich ging langsamer, dann blieb ich stehen und hielt Abdul an der Schulter fest. »Sag das noch mal.«

»Was denn?«

Doch er mußte es gar nicht noch einmal sagen. Ich hatte es laut und deutlich gehört. Endlich hatte ich es gefunden. Ganz plötzlich war es mir eingefallen. Jetzt wußte ich endlich, warum mir der Name Swetlana so bekannt vorgekommen war.

*

Ein Jagdeifer besonderer Art hatte mich gepackt. Ich fühlte förmlich die brandheiße Story unter der Haut, es war wie ein Fieber. Mir war klar, daß ich eigentlich auf der Stelle Kurt hätte anrufen sollen, um ihm alles weitere zu überlassen, aber meine Sensationsleidenschaft ließ mich an nichts anderes denken, als daran, selbst das große Ding einzudocken.

Abduls Angebot, zusammen mit ihm noch irgendwo ein Glas zu trinken, lehnte ich dankend ab. Nachdem ich mich von ihm verabschiedet hatte, stieg ich in meinen Wagen, den ich ein paar Ecken weiter weg geparkt hatte, und fuhr zum *Miracle*.

Obwohl es beinahe drei Uhr früh war und bestimmt nicht wenige der anwesenden Gäste in ein paar Stunden wieder zur Arbeit mußten, bevölkerten noch etliche Nachtschwärmer das Lokal. Einige unterhielten sich, doch die meisten hörten Tom Sheldon zu. Er spielte ein langsames, melancholisches Jazzstück, das mir bekannt vorkam, ohne daß ich jedoch auf Anhieb hätte sagen können, von welchem Komponisten es stammte.

Er sah so umwerfend gut aus wie neulich, der sinnliche Mund war eine Spur geöffnet, die schweren Wimpern warfen dunkle Schatten auf die makellose Haut seiner Wangen. Doch trotz eingehender Betrachtung stellte sich kein Kribbeln in meinem Magen ein, allem Anschein nach hatte Kurt meiner Seele und meinem Körper seinen Stempel aufgedrückt. Ich blieb völlig gelassen.

Dafür war der Schreck, der mich eine Sekunde später durchfuhr, um so heftiger, denn als ich meine Blicke vom Klavier weiter durch das Lokal schweifen ließ, um nach einem freien Platz Ausschau zu halten, sah ich an einem der hohen Tische Melanie sitzen, im selben lachsrosa Pulli wie beim letzten Mal, mit zurückgeneigtem Kopf und geschlossenen Augen, beide Hände um ein hohes Glas mit dem gleichen blauen Drink gelegt wie neulich. Rauchschwaden trieben durch den Lichtschein über ihrem Kopf und ließen ihr Haar wie eine seltsame helle Nebelwolke leuchten.

Mit ihr hatte ich nicht gerechnet. Zwischen Bestürzung und Ärger schwankend, überlegte ich, wie ich jetzt weiter vorgehen sollte. In diesem Augenblick schaute sie hoch und bemerkte mich, und sofort verengten sich ihre Augen zu wütenden Schlitzen. Ich beschloß, den Stier bei den Hörnern zu packen, und ohne erst meine Jacke auszuziehen, ging ich direkt hinüber zu ihrem Tisch. Im Vorübergehen bestellte ich bei der Bedienung ein Mineralwasser. Melanie bedachte mich mit Blicken, die mit jedem Schritt, den ich näherkam, um ein Grad kälter wurden. Als ich ihr gegenüber die hohe Bank erklomm, erreichten sie den Gefrierpunkt.

»Was willst du hier?« fragte sie mit schwerer Zunge. Allem Anschein nach hatte sie mindestens einen *Unpaid Bill* zuviel getankt.

Ich zündete mir eine Gauloise an. »Was trinken«, entgegnete ich freundlich.

Mit unverhohlenem Argwohn musterte sie mich, während die Bedienung an unseren Tisch kam und mein Wasser brachte. Anstelle der Oversized-Studentin war es diesmal ein dürrer Jeanstyp mit strohigen Rastalocken, er stellte das überschwappende Glas kommentarlos vor mir ab und ging zum Kassieren an den Nebentisch.

»Was trinken, hm? Mach mir nichts vor. Du bist b-bloß wieder seinetwegen hier! Um dir Tom zu schnappen! Ein M-mann im Bett is' dir wohl nich' genug, was? Bringt's wohl nich', der Bulle, hm?«

Anscheinend sah sie mir an, was ich dachte, denn während ich mich noch fragte, woher sie über mich und Kurt Bescheid wußte, sagte sie auch schon gehässig: »D-dachtest du etwa, das wäre ein Geheimnis? Jeder weiß es, jeder! D-du has' dich ja wirklich schnell getröstet, nachdem Sigi dich sitzengelassen hat!« Sie schlürfte geräuschvoll von ihrem blauen Drink, anschließend rülpste sie mindestens ebenso laut

»Und w-weißt du was? Ich frag mich ernsthaft, wozu ich überhaupt Rücksicht nehm'. Ich weiß w-wirklich nich', wieso ich deinem Superbullen nich' alles sag!«

»Was denn?« fragte ich sofort.

»D-die Wahrheit! Alles, was ich über eine gewisse Paparazzatussi und noch ein paar andere Leute weiß.« Sie ließ den Kopf hängen, eine Strähne ihrer wallenden Locken fiel in ihr Glas und färbte sich von Silber zu Blau, begleitet von einer winzigen Dissonanz vom Klavier. Toms Spiel klang mit einem Mal eher mechanisch als gefühlvoll. Ich schloß daraus, daß er mich gesehen haben mußte und blickte zum Klavier hinüber. Und tatsächlich, Tom starrte mich an, überrascht, eine Spur besorgt.

»Welche Wahrheit meinst du damit? Etwa die, daß du in der Mordnacht an Clarissas Schreibtisch gesessen und von dem Champagner getrunken hast?«

»Du solltest lieber die Klappe halten!« stieß sie hervor.

»Ich hab Kurt inzwischen alles erzählt«, sagte ich und musterte sie abwägend. »Zwischen ihm und mir gibt es keine Geheimnisse mehr. Er weiß alles, Melanie.« Meine Taktik ging auf. Sie schloß die Augen und schwankte, und als sie mich wieder anblickte, war alle Feindseligkeit aus ihrem Blick gewichen, jetzt wirkte sie so hilflos und verängstigt wie ein Kind, dem jemand Angst einjagte.

»Es war nicht so, wie du glaubst.« Ihre Stimme klang plötzlich wesentlich nüchterner.

»Wie war es denn? Du warst doch in der Mordnacht in Clarissas Büro, mach mir da bloß nichts vor!«

»Ich ... ich war da, es stimmt«, stammelte sie. »Aber ich hab ... hab nichts damit zu tun!«

»Das behauptet doch auch keiner. Komm«, drängte ich sie. »Erzähl, Melanie!«

Sie nahm einen tiefen Schluck *Unpaid Bill*, verschluckte sich und hustete. Ich klopfte ihr auf den Rücken und wartete, bis sie wieder normal atmen konnte.

»Geht's?«

Sie nickte und räusperte sich. Tom fing ein neues Stück an, *Candle in the Wind* von Elton John, sein einschmeichelnder, ein wenig rauher Bariton füllte das Lokal, doch Melanie schien es gar nicht wahrzunehmen.

»In dieser Nacht, nachdem wir uns hier unterhalten hatten, bin ich rausgerannt. Einfach weg. Ich rannte und rannte und rannte und versuchte, die Bilder in meinem Kopf loszuwerden.« Ihre Stimme war leise, aber klar. »Ich sah immer dasselbe, wie schon seit Wochen. Immer wieder nur das eine. Sie und ich. In ihrem Büro. Auf ihrem Schreibtisch.« Melanie hielt inne und sah mich an. »Weißt du, hinterher hab ich mich immer wieder gefragt, warum es ausgerechnet auf dem Schreibtisch sein mußte. Warum nicht auf einem von diesen roten Sofas. Sie sind sehr bequem, obwohl sie so unmöglich hohe Lehnen haben.«

Ich nickte, atemlos vor Erwartung, was als nächstes kam.

»Vielleicht mußte es ihr Schreibtisch sein, weil er ihre Macht symbolisiert. Ich mußte immer wieder darüber nachdenken, und am Ende war ich davon überzeugt, daß es so war. Macht. Das war immer das wichtigste für Clarissa. Andere unter Kontrolle haben, das war für sie ausschlaggebend.« Melanies Blick irrte ab, fixierte einen imaginären Punkt auf dem polierten Holz des Tisches. »Ich hatte dir ja schon erzählt, wie es dazu kommen konnte. Wie fertig ich war, wie außer mir vor Kummer. Daß ich getrunken hatte ... Sie hatte ... Sie ...« Melanie holte tief Luft. »Zuerst war es ganz harmlos. Sie tröstete mich wie eine gute Freundin oder eine große Schwester. Sie strich mir über den Kopf, über die Schulter. ›Vergiß ihn doch‹, sagte sie. ›Vergiß die Kerle, sie taugen alle nichts!‹ Dann nahm sie mich in ihre Arme, zuerst ganz freundschaftlich. Aber dann, allmählich ... ihr Mund, ihre Hände ... Ich weiß auch nicht, wie es kam, es war, als hätte ich keinen Willen mehr, keinen Verstand, keine Kraft. Alles ging so schnell. Irgendwann war es vorbei. Sie saß da und schaute mich an, sah mir zu, wie ich mich anzog. Ihre Augen ... Sie glitzerten wie Eissplitter. Sie sagte nichts. Ich auch nicht. Ich zerriß meine Strümpfe beim Anziehen, ich brach mir einen Nagel ab, so eilig hatte ich es, wegzukommen. Ich rannte hinaus. In die Toilette. Ich übergab mich. Ich wusch mich. Dann fuhr ich nach Hause und duschte. Stundenlang. Doch das Bild in meinem Kopf ließ sich nicht wegwaschen, es war wie ein langsam wirkendes Gift, es fraß mich von innen her auf. Und Tom ... Ich hatte Schluß mit ihm gemacht, natürlich hatte ich das. Doch ich dachte ... ich dachte, vielleicht könnten wir es beide noch mal versuchen ... Herrgott, ich brauchte ihn so! Aber immer, wenn ich ihn anschaute, hakte etwas bei mir aus, und ich sah wieder den Schreibtisch vor mir. Genauso war es in dieser einen Nacht, als wir beide uns hier im *Miracle* trafen.«

»Du bist also in der Mordnacht von hier aus dem Lokal gerannt, dann bist du zum Verlagsgebäude gelaufen«, sagte ich.

Sie nickte geistesabwesend. »Es war wie ein Zwang, ich konnte nicht anders. Ich ging hinein, als wäre es das Normalste von der Welt, nachts dort aufzukreuzen. Die Treppe rauf, in den ersten Stock, den zweiten, den dritten. Ich ging zu Fuß, bis ganz nach oben. Die Tür von ihrem Büro stand offen, wie die von allen anderen auch. Ich ging vorbei, in mein eigenes Büro. Ich setzte mich an meinen Schreibtisch, machte meinen PC an und fing an, irgendeine Story zusammenzuschustern. Ich brachte nur wirres, verrücktes Zeug zustande. Ich dachte: Ich werde nie wieder schreiben können. Nie wieder. Nach einer Weile merkte ich, wie ich müde wurde, ich machte den Computer aus und lehnte den Kopf ein wenig zurück, dann muß ich wohl eingenickt sein. Irgendwann, vielleicht eine oder auch zwei Stunden später, wurde ich wach. Ich hatte Kopfschmerzen, mir war nicht gut. Ich ging zur Toilette, und dann, als ich wieder herauskam, fiel mir etwas Eigenartiges auf: Die Tür zu Clarissas Büro war jetzt geschlossen.«

Ich hatte sie zugemacht, jetzt fiel es mir wieder ein, doch bevor ich etwas sagen konnte, sprach Melanie weiter. »Ich überlegte gar nicht groß. Ich ging hin, öffnete die Tür, dann ging ich einfach hinein. In ihr Büro ... Und dann ... dann ... sah ich den Schreibtisch.«

Melanie blickte mich an, die Augen gläsern starr.

»Es war, als sei ich in Trance. Ohne zu denken, ging ich langsam hinüber, wie von einer unsichtbaren Kette gezogen. Ich setzte mich auf ihren Stuhl, und erst als ich dort saß, wurde mir bewußt, daß dort vor mir zwei Gläser mit Champagner standen. Es war wie ein Schlag ins Gesicht. Mir schoß durch den Kopf, daß sie das extra für mich hingestellt haben mußte, daß sie gewußt hatte, irgendwie, daß ich käme, und daß sie mich erwartete. Um es wieder und wieder und wieder zu tun. Ihre Hände, die ...« Melanie schluckte, sog heftig die Luft ein und preßte die geballten Fäuste vor die Augen. »Doch dann sah ich auf einmal die Fotos, und ich begriff, daß nur du das gewesen sein konntest. Du hattest die Abzüge und den Schampus dort arrangiert. Und sofort war mir klar, daß du es nur aus einem Grund gemacht haben konntest: Du wußtest definitiv, daß sie kommen würde. In diesem Augenblick fiel mir auch wieder ein, was du nur ein paar Stunden vorher zu mir gesagt hattest: ›Sie wird zurückkommen.‹ Als du das sagtest, glaubte ich erst, das wäre nur so ein Spruch, so nach dem Motto: Totgesagte leben noch. Aber als ich dann die Bilder sah, war mir klar, daß du es wirklich so gemeint hattest. Ganz einfach deswegen, weil du es wußtest. Du wußtest, daß sie zurückkam. Weil du es von ihr selbst gehört hattest. Stimmt's?«

Ich nickte wortlos.

»Ich dachte mir also, daß du irgendwann nach mir gekommen bist, dort in Clarissas Büro den Champagner und die Fotos dekoriert hast, um sie damit zu überraschen, so als eine Art Willkommensgruß, und daß du dann wieder abgezogen bist.«

In diesem Punkt irrte sie sich, doch ich hütete mich, sie jetzt darüber aufzuklären, stumm wartete ich darauf, daß sie weitersprach. Tom hatte zwischenzeitlich wieder ein neues Lied angestimmt, eine bewegende irische Ballade, die von der enttäuschten Liebe zwischen einem armen Fischer und der Tochter eines Königs handelte.

»Ich hatte plötzlich rasenden Durst, der Champagner prickelte noch ... Ich trank davon. Ich nahm mir eine von ihren Zigaretten, die auf der Fensterbank lagen. Ich rauchte, doch mir wurde übel davon, ich warf die Kippe in den Sekt. Dann starrte ich aus dem Fenster, ich weiß nicht, wie lange. Vielleicht nur Minuten, es kann aber auch eine Stunde gewesen sein. Keine Ahnung. Die Zeit verlor einfach jede Realität. Dann, ganz plötzlich, wurde mir abermals schlecht. Ich rannte hinaus, zur Toilette, und ich übergab mich, immer und immer wieder. Wie ein Häufchen Elend hockte ich vor der Schüssel und würgte, bis ich glaubte, sterben zu müssen. Irgendwie schoß mir dabei die verrückte Idee durch den Kopf, daß der Champagner vielleicht vergiftet war, und es erschien mir als eine Art absurder Gerechtigkeit, daß ich, also ausgerechnet die Person, die von allen Clarissas Tod am sehnlichsten herbeiwünschte, an einem Gift sterben sollte, das ihr zugedacht war. Verrückter Gedanke, nicht?« Melanie lächelte freudlos. »Irgendwann, als ich mich besserfühlte, stand ich auf und ging in mein Büro zurück. Ich holte meine Jacke und meine Tasche, ich wollte nach Hause. Doch dann, auf dem Rückweg, kam ich an ihrer offenen Bürotür vorbei.« Mit weit aufgerissenen Augen starrte Melanie mich an, und mir war klar, was geschehen war. Sie hatte Clarissa hinter ihrem Schreibtisch sitzen sehen. Tot.

»Sie saß dort und schaute mich direkt an, Angie«, flüsterte Melanie. »Es war ein entsetzlicher Augenblick. Es war absolut gespenstisch. Ich dachte zuerst, sie lebt, sie sitzt dort und glotzt mich an, reglos, wahnsinnig. Ja, so sah sie wirklich eine Sekunde lang aus, sie sah aus, als ob sie wahnsinnig ist. Aber dann ... dann sah ich all das Blut ... es tropfte noch, es lief noch, ganz frisch ... Und ihr Kopf, da an der Seite ...«

Sie schlug beide Hände vor den Mund, Grauen sprach aus ihrem Blicken, sämtliche Farbe war aus ihren Wangen gewichen, es schien, als erlebte sie den unfaßbaren Moment noch einmal. Sie tat mir leid. Im Grunde war sie wirklich nichts weiter als ein Kind. Ein mißbrauchtes Kind, seit damals, als Jack sie wie ein Stück Vieh zusammen mit Männern und Frauen fotografiert hatte, die sich an ihr vergingen.

»Melanie«, fragte ich unvermittelt, »wie stehst du zu Jack?«

Ihr Gesicht wurde weich. »Er ist ein Freund.«

»Ein Freund? Nachdem er dich damals ...«

»Er hat versucht, es wiedergutzumachen«, unterbrach sie mich. »Er hat das alles sehr bereut. Momentan ist er der einzige Mensch, dem ich vertraue.«

»Aha. Entschuldige, daß ich dich vorhin unterbrochen habe. Erzähl bitte weiter.«

Sie schloß die Augen, und als sie sie wieder öffnete, war ihr Blick in die Ferne gerichtet. »Sie sah mich an«, sagte sie tonlos, »mit diesen toten, toten Augen. Sie sah aus, als könnte sie in meine Seele schauen, als wollte sie sagen: Ich weiß, daß du es gern selbst getan hättest, Melanie. Irgendwo, dort in der anderen Welt, da, wo sie jetzt war, da dachte sie genau das. Und wie recht sie hatte!«

»Was passierte dann?«

»Ich weiß nicht, wie lange ich dort in der offenen Tür stand und ihre Leiche anstarrte. Aber irgendwann kapierte ich. Ich wußte plötzlich, daß ich dran sein würde. Meine Personalnummer im Erfassungscomputer. Meine Fingerabdrücke überall. Ich dachte gar nicht lange nach, ich handelte sofort. Ich wischte meine Fingerabdrücke von dem Glas, aus dem ich getrunken hatte. Dabei fiel mir das zweite runter und zerbrach.« Melanie lachte mißtönend, ihr Gesicht war immer noch bleich, und die Qual in ihren Augen verriet, daß sie jene furchtbaren Augenblicke seitdem immer und immer wieder durchlitten haben mußte.

»Ich hielt es für eine gute Idee, das andere auch noch runterzuwerfen. Ich wischte die Lehnen von dem Schreibtischsessel ab und die Stelle, wo ich den Schreibtisch berührt hatte. Und Clarissa ...« Melanie brach ab und würgte leicht. »Die ... die ganze Zeit schien sie mich anzusehen ... Und überall war das Blut ...«

»Und dann hast du den Computer manipuliert.«

»Das war meine einzige Möglichkeit, unentdeckt wieder aus dem Gebäude rauszukommen.«

»Hast du vorher gecheckt, welche Karte nach deiner benutzt wurde?«

»Nein, daran habe ich nicht gedacht.«

»Melanie, was ist mit den Fotos?«

»Die waren weg. Der Mörder muß sie mitgenommen haben.«

Alles klang völlig plausibel. Es war glatt und stimmig und paßte vollkommen nahtlos mit meinen eigenen Rekonstruktionen zusammen. Und trotzdem war da irgend etwas, was mir nicht behagte, ein Aspekt, den ich nicht richtig einordnen konnte, ohne daß ich jedoch hätte sagen können, ob es an der Art lag, wie sie mich ansah – ihr Blick hatte plötzlich einen lauernden Ausdruck angenommen, wie bei einer Katze auf der Pirsch – oder ob es mit ihrer Gestik zusammenhing, dem unruhigen Klicken ihrer Fingernägel auf dem hohen Glas mit der blauen Flüssigkeit ihres *Unpaid Bill* oder dem beinahe koketten Schwung, mit dem sie ihr Haar zurückwarf, kurz, es schien etwas zu geben, was sie bei ihrer Erzählung weggelassen hatte.

»Melanie«, sagte ich zögernd, »ich habe das Gefühl, da gibt es noch mehr, was du mir zu sagen hast.«

»Was meinst du?«

»Erpressung. Um genau zu sein, glaube ich, daß Clarissa dich irgendwie unter Druck gesetzt hat.«

»O ja, das hat sie! Bei Gott, und wie sie das getan hat!«

»Nein, ich denke dabei nicht an die Schreibtischsache, eher an diese alte Geschichte.«

»Welche alte Geschichte?« fragte sie mit gefurchter Stirn.

»Diese Pornofotos, die Jack damals vor zehn Jahren von dir aufgenommen hat.«

»Das ist so lange her, ich hab's längst vergessen. Das berührt mich heute überhaupt nicht mehr.«

Sie log, daran bestand nicht der geringste Zweifel, ich erkannte es nicht nur an der Art, wie ihre Blicke unvermittelt abirrten, als ich sie ansah, sondern auch am schwachen Zittern ihres Mundes, an der Sprunghaftigkeit, mit der sie das Thema wechselte und wieder auf den Mord zurückkam.

»Am Morgen nach dieser grauenhaften Nacht ging ich ins Büro, es war das Schwerste, was ich je tun mußte. Es war schrecklich! Abends ging ich dann zu Tom ins *Miracle*. Ich hatte auf einmal das Bedürfnis, bei ihm zu sein, ihn zu sehen, ich dachte, wenn mir jemand helfen kann, dieses entsetzliche Erlebnis zu vergessen, dann nur er.«

Mit schmerzlichem Augenaufschlag blickte Melanie zu ihm hinüber. Schmachtend erwiderte er ihren Blick, und wie auf Kommando schaute Melanie wieder zur Seite, sichtlich wütend. »Aber er half mir nicht. Statt dessen rieb er mir unter die Nase, daß er dich im Bett gehabt hat. Und daß du ... daß du ...«

Daß ich rasiert war. Dämlicher Typ. Zu dumm, daß es sich nicht vermeiden ließ, noch einmal mit ihm auf seine Bude zu gehen. »Hat er wenigstens inzwischen zugegeben, daß ich überhaupt nichts mit ihm hatte?«

»Hättest du aber, wenn Tom nicht im letzten Moment wieder zur Besinnung gekommen wäre!« trumpfte Melanie auf.

Auf diesen Schwindel ging ich nicht ein, denn es gab noch eine wichtige Frage, die ungeklärt war. »Und warum hast du der Polizei nichts von den Fotos auf Clarissas Schreibtisch erzählt?«

»Ich wollte dich nicht belasten.«

Das klang eine Nummer zu fromm. »Du meinst wohl, du wolltest *dich* nicht belasten.«

Sie zuckte die Achseln. »Welche Rolle spielt das schon.«

»Vielleicht eine große. Die Kripo weiß inzwischen sowieso von den Fotos.«

»Hast du sie ihnen gegeben?«

»Noch nicht. Aber morgen. Außerdem weiß sie jetzt, daß du in jener Nacht einen lachsrosa Pulli anhattest. Genau den, den du im Moment auch anhast.«

Ihre Finger zupften fahrig an der hellen Wolle ihres Ärmels. »Was willst du damit sagen?«

»Die Kripo hat Fasern auf dem Sessel sichergestellt. Rosa Fasern aus Wolle. Die Fasern von deinem Pulli, Melanie.«

Sie blickte mich nur stumm und ohne Gefühlsregung an.

»Du mußt dir also ernsthaft überlegen, ob du der Kripo nicht all das erzählen solltest, was du gerade auch mir erzählt hast.«

»Was ich wann wem erzähle, mußt du schon mir überlassen.«

»Nein, uns«, sagte eine männliche Stimme neben meinem Ohr, die ich nur allzu gut kannte. Noch vor ein paar Stunden hatte sie mir zärtliche Liebeserklärungen ins Ohr geflüstert. Ich fuhr herum. Hinter mir stand Kurt, zusammen mit seinem Kollegen, einem rothaarigen jungen Mann, den ich von den früheren Vernehmungen in der Redaktion her flüchtig kannte.

Kurt räusperte sich. »Tut mir leid, aber Sie sind verhaftet.«

Melanie starrte mich an. »Du«, flüsterte sie. Ihre Augen funkelten wie zersplitterte Diamanten. »Das hast du gewußt! Bist du darum hier? Hast du mit mir zusammen gewartet, bis sie kommen? Um ein Exklusivfoto von der Festnahme zu machen?«

Ich hob beide Hände. »Hör zu, damit habe ich nichts zu tun!« Zu Kurt gewandt, setzte ich hinzu: »Was soll das?«

»Das, liebe Angela, ist eine Sache, in die du dich bitte nicht einmischst.«

Melanie drehte sich nervös zu Tom um. Er sang gerade die letzten Takte des irischen Liedes, leise und mit schmelzender Inbrunst intonierte er den Text. Und die ganze Zeit hielt er dabei die Augen geschlossen. Ich fragte mich, was er wohl tun würde, wenn er sie wieder aufschlug und sah, daß Kurt seiner Liebsten Handschellen umlegte. Doch dazu kam es nicht.

»Bitte«, sagte Melanie. »Ich gehe sofort mit.« Mit einem weiteren schnellen Blick auf Tom nahm sie ihre Jacke und ihre Handtasche von der Bank neben sich, stand rasch auf und stellte sich an Kurts Seite. »Kommen Sie schon.« Niedergeschlagen fügte sie hinzu: »Ich will nicht, daß er was merkt. Bitte! Lassen Sie uns ganz schnell rausgehen!«

Kurt nickte. »Kein Problem.« Er nickte seinem Kollegen zu und faßte Melanie leicht beim Ellbogen. Mich würdigte er keines Blickes.

»Warte!« rief ich ihm mit gedämpfter Stimme nach, während er zusammen mit Melanie und seinem Kollegen zur Tür ging. »Ich hab das Gefühl, du liegst mit ihr falsch, Kurt!«

Schon fast am Ausgang, wandte er sich zu mir um. »Wir unterhalten uns später.« Sein Gesichtsausdruck verhieß mir eine geharnischte Gardinenpredigt. Ihm war deutlich anzumerken, daß er meine nächtliche Extratour schärfstens mißbilligte. Die Tür war noch nicht zugefallen, als sich der dürre Rastakellner von hinten an mich heranschleimte. »Ich hab's zufällig mitgekriegt«, teilte er mir mit. »Sie mußte ja wohl mit, was? Keine Chance. Können manchmal echt nerven, die Bullen. Aber du bist ja ihre Freundin, oder?« Er warf den Kopf nach hinten, strich sich mit affektierter Geste durch die strohigen Haare und reichte mir die Rechnung. »Sie gibt's dir sicher wieder.«

Ich wollte eine witzige Bemerkung machen, etwa, wieso dieses Gesöff *Unpaid Bill* hieß, wenn man es hinterher trotzdem bezahlen mußte, doch ich brachte den Scherz nicht über die Lippen, mir war nicht zum Lachen zumute. Ich zahlte Melanies vier Drinks und mein Mineralwasser. Die mürrische Miene des Kellners wegen des fehlenden Trinkgeldes ignorierte ich, statt dessen konzentrierte ich mich auf Tom, der gerade unter dem Beifall der Gäste den Klavierdeckel zuklappte. Er kam an meinen Tisch und küßte mich auf die Wange, als wären wir die besten Freunde.

*

»Hi, Angie!« Sein reklamereifes Lächeln brachte das Grübchen zum Vorschein und Zähne, die so weiß waren, daß keine Zahnarztfrau mithalten konnte. Jedes weibliche Wesen unter hundert mußte diesem Strahlen sofort wehrlos verfallen, doch ich war inzwischen gegen Toms betörenden Charme immun.

»Hallo, Tom. Wie geht's?«

»Sehr gut, jetzt, wo ich Feierabend habe und dich aus der Nähe sehe.« Suchend schaute er sich um. »Wo ist Melanie? Habt ihr beide schon wieder Zoff gehabt?«

»So ähnlich.« Ich blickte ihm in die Augen und ging zum Frontalangriff über. »Nimmst du mich mit zu dir?«

Er äugte mit leichtem Unbehagen hinüber zum Ausgang, dann zuckte er die Achseln. »Sicher. Warum eigentlich nicht.«

Wir zogen unsere Jacken an und gingen über die nachtkalte, neonhelle Straße zu meinem Wagen. Während der kurzen Fahrt zu seiner Wohnung sprachen wir beide nicht viel. Die Atmosphäre war nicht freundschaftlich-erotisch wie beim letzten Mal, sondern eher von einer merkwürdig sterilen Neugier. Als wir den Hausflur des leicht heruntergekommenen Backsteingebäudes betraten, öffnete sich die Tür zur Erdgeschoßwohnung, ein Typ mit fettig-verfilzten Haaren steckte in einer Wolke von Haschischdampf seinen Kopf heraus und blickte uns argwöhnisch entgegen.

»Was soll'n das?« nuschelte er.

»Was meinst du?« fragte Tom erstaunt.

»Schon wieder die Bullen, Mann.«

»Bitte?«

»Die Bullen war'n wieder hier, Mann!«

Eine nörglerische Frauenstimme kam aus der Wohnung. »Tür zu, es ist kalt!«

»Hab denen gesagt, daste nich' da bis', okay?«

Tom hob fragend die Schultern, doch sein verfilzter Hausgenosse zog grummelnd seinen Kopf zurück und knallte die Tür wieder zu.

»Keine Ahnung, was die schon wieder hier wollten«, meinte Tom. »Die Kripo war neulich schon mal da. Ein Typ mit kurzen Haaren. Er hat nach dir gefragt. Routine, hat er gesagt. Es ging um den Mord an dieser Verlegerin von eurer Zeitung. Ich hab erzählt, daß du hier warst und so. War doch okay, oder?«

»Ja«, sagte ich wortkarg. Mir war klar, daß Kurt diesmal nicht meinetwegen hergekommen war, sondern weil er Melanie gesucht hatte.

Wir stiegen die Treppe hoch und gingen in die Wohnung von Toms Freunden. Ohne weiteren Kommentar lotste Tom mich in das Kinderzimmer. Das Bett war frisch bezogen, diesmal war die Wäsche mit Dinosauriermotiven bedruckt.

»Möchtest du was trinken?« fragte Tom.

Ich nickte, doch als er das Zimmer verlassen wollte, hielt ich ihn zurück. »Wart mal kurz. Ich will dich was fragen.«

»Schieß los.«

»Seid ihr wieder zusammen, du und Melanie?«

»Komisch, daß du das fragst.« Er tippte gegen die Feuersteinlampe und brachte sie zum Pendeln, dann ließ er sich seufzend auf der Kante des Schreibtischs vor dem Fenster nieder. Sein Gesicht, abwechselnd im Dunkeln und vom Schein der hin- und herschwingenden Lampe getroffen, zeigte einen traurigen Ausdruck. »Wenn ich das selbst wüßte. Ich liebe sie nämlich.«

»Aber mit mir willst du ins Bett.«

»Will ich ja gar nicht.«

»Warum hast du mich dann mitgenommen?«

»Aus demselben Grund, aus dem du mitgegangen bist. Um zu reden.«

Ich hatte einen anderen Grund, doch allzu falsch lag er nicht, deshalb hielt ich es nicht für nötig, ihn zu korrigieren.

»Ich dachte, vielleicht kannst du mir sagen, was mit ihr los ist.« Er rieb sich mit einer müden Geste die Stirn. »Gott, wir haben uns so geliebt. So wahnsinnig und intensiv, daß ich dachte, das gibt es nur im Märchen! Und ich bin immer noch verrückt nach ihr.«

»Warum wolltest du dann neulich mit mir ins Bett?«

»Ich weiß nicht.« Verärgert spreizte er die Finger. »Doch. Ich wollte ihr was heimzahlen, glaube ich.«

»Moment mal. Du warst doch derjenige, der zuerst fremdgegangen ist!«

»Hat sie dir das erzählt?«

Ich nickte.

»Dann laß dir sagen, daß sie sich das eingebildet hat. Sie ist krankhaft eifersüchtig. Sie würde töten aus Eifersucht. So ein Typ ist sie.«

Da hatte er völlig recht, das ließ sich nicht leugnen. Wenn ich mich falsch bewegte, taten mir die Rippen immer noch weh.

»Willst du damit sagen, du hast ihr überhaupt keinen Grund zur Eifersucht gegeben?«

»Gut, ich hab geflirtet, ein-, zweimal, wer tut das nicht. Da war vielleicht auch mal ein Küßchen. Mehr aber nicht, auf keinen Fall.«

»Und Melanie hat's zufällig gesehen, stimmt's?«

Tom nickte resigniert. »Stimmt. Es war eines Abends vor ein paar Wochen, draußen vor dem *Miracle*. Ich wollte es gar nicht, aber diese Frau ... Sie hat mich einfach bei den Ohren gepackt und tat es. Irgendwas muß ich an mir haben, was die Frauen zu solchen Sachen herausfordert.«

Wieder hatte er recht, sein Problem war, daß er einfach zu gut aussah.

Tom gestikulierte hilflos. »Ich wußte überhaupt nicht, wie mir geschah, und ehe ich richtig mitkriegte, was da im Gange war, stand Melanie dort und sah mich an, als hätte ich sie zum Tode verurteilt. Sie drehte sich sofort um und rannte weg, und seitdem war es zwischen uns vorbei. Sie machte mir nicht auf, wenn ich vor ihrer Tür stand, sie ging auch nicht ans Telefon, und als ich sie ein paar Tage später endlich in ihrem Büro erwischte, erklärte sie mir eiskalt, daß Schluß ist, und wenn ich sie noch mal belästigte, würde sie die Polizei rufen. Als ich ihr alles erklären wollte, sie um eine Chance bitten wollte, griff sie zum Telefon. Ich zähl bis drei, sagte sie. Eins, zwei ... Ich ging, bevor sie bei drei war. Gut, dachte ich, das war's also. Das war die ganz große Liebe.«

»Und wie seid ihr wieder zusammengekommen?«

»Überhaupt nicht. Jedenfalls nicht richtig. Das ist ja das verrückte. Sie kam immer wieder ins *Miracle*, wenn ich meine Auftritte hatte. So wie heute. Sie saß da und starrte mich an, wenn sie glaubte, ich schaue nicht hin zu ihr. Doch immer, wenn ich einen Versuch machte, auf sie zuzugehen oder mit ihr ins Gespräch zu kommen, blockte sie oder ging ganz einfach. Dann, vorigen Monat, am selben Abend, als du auftauchtest, sagte sie plötzlich: Gib dir keine Mühe, es ist völlig sinnlos. Warum, fragte ich, warum ist es sinnlos? Himmel noch mal, ich liebe dich doch! Und da sagte sie: Ich will dir sagen, warum, Tom, weil ich's nämlich auf einem Schreibtisch gemacht habe, einen Tag, nachdem ich dich dort vor dem *Miracle* mit der Frau gesehn hab. Jawohl, Tom, auf einem Schreibtisch, ich hab's getan, und es hat mir ungeheuer viel Spaß gemacht, viel mehr als mit dir.«

Ich setzte mich aufs Bett und schüttelte den Kopf. »Sie hat gelogen.«

Tom musterte mich irritiert. »Aber nein, ich bin sicher, sie hat's getan!«

»Ja, schon. Aber es hat ihr keinen Spaß gemacht. Nicht so, wie du denkst.«

»Ich weiß nicht ...«

Einen Moment überlegte ich, ob ich ihm die volle Wahrheit sagen sollte, doch dann entschied ich, daß es allein Melanies Angelegenheit sei, diese Sache mit Tom zu erörtern. Ich hatte mich schon genug in ihr Privatleben eingemischt. »Du hast mich neulich also nur mitgenommen, um ihr diese Gemeinheit mit dem Schreibtisch heimzuzahlen? Eine schnelle Nummer gegen eine andere? Einfach so?«

Er fuhr sich verlegen durch die Haare. »Ähm ... Nicht, daß du denkst, ich finde dich nicht süß ...«

»Danke«, sagte ich trocken. Meine eigenen Motive waren keinen Deut edler gewesen, nur daß mein persönliches Problem zu jener Zeit nicht Melanie, sondern Siegfried geheißen hatte.

»Tut mir leid, daß ich Melanie gegen dich aufgebracht habe«, sagte Tom zerknirscht.

»Du hättest wirklich nicht bis in besagtes haariges Detail gehen müssen. Aber das gehörte anscheinend zu deiner kleinen Rache dazu.«

»Ich hab ihr neulich gesagt, daß nichts zwischen dir und mir gelaufen ist.«

»Weil du rechtzeitig wieder zur Besinnung gekommen bist.«

Tom wurde rot und sprang vom Schreibtisch. »Sie ist seitdem wieder etwas zugänglicher. Aber irgendwas steht immer noch zwischen uns. Sie weicht mir aus. Wenn ich sie berühre, bricht sie in Tränen aus. Ich wette, es ist dieser Kerl, auf dessen Schreibtisch sie gelegen hat. Er geht ihr nicht aus dem Sinn, stimmt's? Ist er wirklich so wunderbar?«

»Tom, also wirklich ...«

Abwehrend hob er die Hand. »Warte, Angie. Ich verlange ja gar nicht, daß du mir seinen Namen sagst, nein, das tu ich nicht. Ich will nur wissen, ob ich recht habe. Er ist es, nicht wahr? Sie ist von ihm besessen!«

»In gewisser Weise hast du damit recht«, gab ich zu.

Niedergeschmettert ließ er den Kopf sinken. »Ich wußte es.«

»Ihr ... ähm, Verhältnis ist übrigens inzwischen gestorben«, sagte ich vorsichtig.

Ungläubig blickte er mich an. »Tot?«

»Mausetot«, bestätigte ich.

»Du ... du meinst, sie trauert um ihre verlorene Liebe? Ist es das, was du mir sagen willst? Daß ich ihr Zeit geben muß, um über den Kerl wegzukommen?«

Ich hob die Schultern. »Vielleicht. Ja, sicher, warum nicht. Zeit kann nicht schaden, bestimmt nicht. Genau, gib ihr einfach Zeit. Sag ihr, sie wird darüber hinwegkommen, egal was war.«

»Hat sie ihn so sehr geliebt?«

»Nein, nicht die Spur«, erklärte ich wahrheitsgemäß. »Es war eher Haß. Sie tat es nur aus Rache, wegen dieser Frau, die du vor dem *Miracle* geküßt hast. Sie war außerdem betrunken, das hat sie mir selbst erzählt. Und hinterher war sie voller Abscheu gegen sich selbst. Und das macht ihr immer noch zu schaffen. Sie kommt nicht darüber hinweg. Glaub mir, sie liebt dich bis zum Wahnsinn.« Noch während ich das sagte, erkannte ich, daß es stimmen mußte. Das kurze Zwischenspiel mit Clarissa hatte bei Melanie alte Wunden aufgerissen und erneut das Gefühl hervorgerufen, mißbraucht worden zu sein. Sie hatte geglaubt, mit dem Mann ihrer Träume endlich im Paradies angekommen zu sein, doch unversehens hatte sie sich in der Hölle wiedergefunden, schwankend zwischen Selbsthaß und ihrem Bedürfnis nach einer stabilen, liebevollen Beziehung.

In Toms Miene offenbarten sich widerstreitende Regungen, Unglaube paarte sich mit Hoffnung. »Sie liebt mich noch? Glaubst du das wirklich?«

»Ich bin ganz sicher.«

»Erzählst du mir da nicht bloß irgendeine Story?«

»Du meinst, eine Story von der Sorte, wie Melanie sie schreibt?« Ich schüttelte lächelnd den Kopf und kam mir plötzlich sehr alt vor, sehr erfahren und über alle Maßen abgeklärt.

»Ich danke dir!« sagte er bewegt.

»Keine Ursache«, gab ich bescheiden zurück. Ich war weiblicher Salomon, Kummerkastentante und große Schwester in einem. Von urmütterlicher Weisheit durchdrungen, erwiderte ich seinen strahlenden Blick, und unvermittelt fragte er: »Bist du ganz sicher, daß du nicht diese hübschen roten Stiefel ausziehen und eine kleine Nummer mit mir schieben willst?«

Mein Mund klappte auf, sprachlos starrte ich ihn an, doch bevor ich mich aufplustern konnte, fing Tom an zu kichern. »War nur ein Witz. Ich hol uns was zu trinken. Wie wär's mit einem Glas Sekt? Diesmal hätte ich auch kalten da.«

Ich nickte. »Laß dir ruhig Zeit«, rief ich ihm nach, als er eilig zur Küche hinüberlief.

Rasch stand ich auf und ließ mich neben dem Nachttischchen auf ein Knie nieder.

Ihr Bild klebte als buntes Catcherkonterfei von der Größe einer Spielkarte unter einer Reihe ähnlicher Bildchen von männlichen und weiblichen Ringern ganz rechts unten. Ich erkannte sie sofort wieder, trotz der ungewöhnlichen Kostümierung und der bizarren Maske, zu der ihr Gesicht geschminkt war. Das krause rote Haar umgab ihren Kopf wie eine Gloriole. Der stämmige Körper steckte in einem hautengen, silberblau gestreiften Bodysuit, sie hatte die Hände in die Hüften gestemmt und die Beine leicht gespreizt, als wollte sie aller Welt demonstrieren, wie unbesiegbar sie war. *Swetlana die Schreckliche.* Ich las die Bildunterschrift und dachte daran, wie sie neben Clarissa auf der Bank gesessen und der Möwe nachgeschaut hatte. Jetzt waren beide tot.

Ich riß das Bildchen ab und drehte es um. *Die Moskowiterin Swetlana Iwanowa,* stand auf der Rückseite der kleinen Karte, *siegte in den Wettbewerben der Damenriege in zwei Endkämpfen der letzten fünf Jahre und ist zuversichtlich, auch bei der nächsten Weltmeisterschaft der Women Wrestling Corporation den Titel zu holen.* Darunter fanden sich nähere Angaben. Kampfgewicht, Größe, Alter, Nationalität. Am Schluß eine kurze Aufzählung ihrer bisher wichtigsten Gegnerinnen sowie eine knappe Beschreibung ihrer bevorzugten Kampftechniken.

Ich entfernte den kurzen Klebestreifen und schob das Bildchen in die Hosentasche, gerade als Tom mit zwei Gläsern Sekt aus der Küche zurückkam.

»Tut mir leid, aber ich muß gehen«, sagte ich, mich aufrichtend.

»Aber wieso denn?«

»Ich hab wahnsinniges Kopfweh«, log ich.

»Oh«, nickte er. Ihm war anzusehen, daß er meine Ausrede durchschaute, doch er stellte keine Fragen. Zum Abschied gab er mir die Hand und blickte mir ernst in die Augen. »Sagst du es ihr?«

Ich hatte keine Ahnung, was er meinte. »Bitte?«

»Wenn du sie morgen siehst.« Als er meine Begriffsstutzigkeit bemerkte, setzte er geduldig hinzu: »Melanie. Du sollst ihr sagen, daß ich sie liebe. Tust du das für mich?«

Sofort plagte mich mein schlechtes Gewissen. Sie

saß vermutlich gerade jetzt im Präsidium auf einem unbequemen Stuhl in einem ernüchternd ungemütlichen Büro und wurde durch die Mangel gedreht. Danach durfte sie höchstwahrscheinlich den Rest der Nacht in einer noch ungemütlicheren Zelle verbringen, wo sie bis auf weiteres bleiben würde: Es gab immerhin nichts daran zu rütteln, daß die Fasern auf Clarissas Stuhl mit der Wolle von Melanies Pulli übereinstimmten, ein ebenso eindeutiges Indiz wie die Lippenstiftspuren auf der Zigarettenkippe und den Glasscherben.

Ich erwog, Tom reinen Wein einzuschenken, doch rasch verwarf ich diesen Gedanken wieder. Melanie hatte den unmißverständlichen Wunsch geäußert, daß Tom nichts von ihrer Verhaftung mitbekommen sollte, wenigstens das mußte ich akzeptieren, nachdem ich ohnehin für ihre derzeitige mißliche Lage verantwortlich war.

»Wenn ich sie sehe, sag ich es ihr.«
»Versprochen?«
»Versprochen.«
»Danke!« sagte Tom.
Ich beeilte mich, wegzukommen.

*

Als ich draußen in der Dunkelheit wieder in meinen Wagen stieg, war es Viertel nach vier, viel zu früh, um schon ins Büro zu gehen, doch das, was ich als nächstes vorhatte, konnte ich nicht zu Hause erledigen, weil ich dort kein Modem hatte.

Alle Fenster des Verlagsgebäudes waren dunkel,

als ich auf den Parkstreifen fuhr. Der inzwischen reparierte Erfassungscomputer öffnete mir elektronisch die Tür, nachdem ich meine Karte in den Erkennungsschlitz geschoben hatte. Ich nahm die Treppen nach oben, immer zwei Stufen auf einmal, um meinen Kreislauf in Schwung zu bringen, denn trotz meines ungebremsten Forschungseifers spürte ich, wie aufkommende Müdigkeit meine Bewegungen matter werden ließ. In meinem Büro machte ich kein Licht, sondern knipste sofort meinen PC an und loggte mich ins Internet ein. Zuerst suchte ich in bekannteren internationalen Nachrichtenmagazinen unter dem Stichwort *Catchen*, doch die Fülle der Informationen war entmutigend. Ich hätte Jahre gebraucht, um die Angaben auch nur eines Anbieters aufzurufen. Nach drei hastig gepafften Zigaretten und einer Stunde ziellosen Surfens kam ich auf die glorreiche Idee, mich auf europäische Sportzeitschriften zu beschränken, doch erst nach einer vierten Gauloise, zwei abgebissenen Nägeln und einer weiteren halben Stunde fiel endlich der Groschen, daß ich ja nur Swetlanas Namen ins Suchprogramm einzugeben brauchte. Ich verfluchte mich stumm, weil ich den verständlich aufgemachten Artikel über die Netzbenutzung nicht gelesen hatte. Doch gleich darauf vergaß ich meinen Ärger, denn im nächsten Moment wurde ich fündig. Auf dem Bildschirm erschien ein längerer Catch-Artikel irgendeines exotischen englischen Ringermagazins über ein Moskauer Damenturnier, das Swetlana gewonnen hatte. Der Bericht strotzte nur so vor markigen und merkwürdig sportfremden Begriffen wie: Feinde, unerbittliche Härte, heimzahlen, zur Schnecke machen, erlegen, fertigmachen.

Ganze Spalten befaßten sich mit furchterregenden Würfen und Griffen. Ich las alles mögliche über knochenbrechende Taktiken mit so schlagkräftigen Namen wie Powerslam, Tombstone, Klothesline, Kick, Taggen und Shaker Heights Spike.

Ich überflog es ungeduldig und klickte auf die nächste Seite weiter, und plötzlich erschien eine großformatige Abbildung, bei deren Anblick ich scharf die Luft einsog. Bingo, dachte ich, voller Ehrfurcht vor dem *World Wide Web*, dieser gigantischen Spinne, die mit ihren dünnen und endlos langen Kabelbeinen den ganzen Globus umklammert hält. Das Bild zeigte Swetlana im Kampfdress, das lachende Gesicht mit Blitzen und schwarzen Streifen geschminkt. Der Schiedsrichter, in Streifenweste und mit Fliege, stand neben ihr und hielt ihre Hand umfaßt, reckte sie nach oben: das Zeichen für Sieg.

Rechts von ihnen versuchte ein Mädchen den Ring zu erklettern, strahlend, die Hand jubelnd erhoben.

Unter dem Foto las ich: *Swetlana im Augenblick ihres großen Triumphs. Rechts vom Ring ihre Tochter Ludmilla, die sich mit ihr freut.*

Sie hatte eine Tochter gehabt, Ludmilla. Was wohl aus ihr geworden war? Ich betrachtete das Mädchen. Sie war jung, höchstens vierzehn oder fünfzehn, und trotz des leicht körnigen Computerbildes war zu erkennen, daß sie ein madonnenhaft hübsches Gesicht hatte und, ganz anders als Swetlana, eine reizvolle, schlanke Figur.

Doch nicht das Mädchen war die Ursache für die elektrisierende Erregung, die mich erfaßt hatte, sondern der Mann, der schräg hinter ihr stand, in unmittelbarer Nähe des Mädchens, in der ersten Reihe der applaudierenden Zuschauer. Sein Glatzkopf glänzte wie eine polierte Billardkugel, und über seinem schweren Bauch spannte sich das übliche Hawaiihemd. Es war Attila Hennessy.

*

»Um Himmels willen, Angie, weißt du, wie spät es ist?« Irenes Stimme am Telefon klang ebenso verschlafen wie ungehalten.

»Es ist fast sechs, aber von mir aus könnte es auch Mitternacht sein, das spielt überhaupt keine Rolle. Und wenn du erst hörst, was ich dir zu sagen habe, ist dir die Uhrzeit genauso egal wie mir. Oder bist du etwa nicht an einer kurzfristigen Verdoppelung der Auflage interessiert?«

»Ich kann nur hoffen, daß du weißt, wovon du redest.«

»Ich denke doch. Ich hab nämlich den Mörder gefunden!«

Schweigen am anderen Ende der Leitung, dann entgeistert: »Was?«

»Du hast richtig gehört«, sagte ich triumphierend. »Es ist Attila Hennessy!«

»Wurde er verhaftet?«

»Spinnst du? Ich hab doch der Polizei noch gar nichts davon gesagt! Die erfahren es früh genug.«

»Nachdem wir es exklusiv gebracht haben, meinst

du!« Irenes Stimme klang plötzlich hellwach, sie vibrierte förmlich vor Erregung.

»Genau. Wenn wir uns sofort eine Strategie zurechtlegen und heute noch handeln, können wir es übermorgen reinnehmen. Kommst du?«

»Ich bin schon beinahe da. Mach Kaffee, ja?« Sie legte auf.

Ich streckte mich, dann rieb ich mir die Augen, um den Rest Müdigkeit zu vertreiben. Kaffee war wirklich eine ausgezeichnete Idee. Ich hatte schon zwei Tassen getrunken, als Irene zwanzig Minuten später in mein Büro platzte. Sie wirkte völlig aufgelöst, ihre Wangen glühten, ihr Haar hing unfrisiert auf die Schultern, ihre Jacke war falsch zugeknöpft. Sie öffnete sie mit fliegenden Fingern, riß sie sich von den Schultern und schleuderte sie auf einen der beiden Besucherstühle, dann streifte sie die Pumps ab, ließ sich auf den anderen Stuhl fallen und rieb sich die Füße. »Verflixt, tun sie weh, ich bin ja so gerannt! Angie, das ist doch nicht möglich! Mein Gott, wer hätte das gedacht! Attila!« Sie machte eine Pause und atmete durch, dann beugte sie sich vor, strich sich das elegante Kostüm über den Knien glatt und starrte mich mit funkelnden Augen an. »Ich sehe dir an, daß du wieder durchgemacht hast. Erzähl mir alles.«

Ich drehte den Bildschirm im Gelenk des Gestells und zeigte ihr die Computerabbildung. Dann erzählte ich ihr mit ruhiger Stimme alles, was ich über den Fall wußte.

»Ich stelle mir das Ganze so vor«, führte ich aus. »Diese Swetlana hat was über Attila rausgefunden, eine üble Sache, die ihm das Genick brechen würde. Kann sein, daß das in Moskau war, vielleicht sind sie da irgendwie zusammengekommen. Der tote Russe muß auch im Spiel gewesen sein, das liegt auf der Hand. Clarissa hat von besagter Angelegenheit erfahren, möglicherweise ist Swetlana von sich aus auf Clarissa zugekommen, vielleicht um weitere Erkenntnisse zu gewinnen oder um Erfahrungen über Attila mit ihr auszutauschen, jedenfalls hatten die beiden geheime Dinge miteinander zu besprechen, so geheim, daß sie sich nicht in der Redaktion treffen konnten, sondern lieber nach Sylt geflogen sind, um da unbeobachtet reden zu können. Trotzdem muß Attila irgendwie Wind von diesem Treffen bekommen haben, er ist ihnen gefolgt und hat Swetlana und den Russen erledigt. Er hat Clarissa entführt und sie gefangengehalten.«

Irene, die mir mit mühsam bezähmter Ungeduld zugehört hatte, wiegte zweifelnd den Kopf. »Warum hätte er das tun sollen? Er hätte sie doch auch ganz einfach ebenfalls an Ort und Stelle umbringen können.«

»Das hätte er tun können«, gab ich zu.

»Vielleicht tat er es deshalb nicht, weil er etwas von ihr wollte«, überlegte Irene, »möglicherweise brauchte er dringend Geld.«

»Oder Informationen«, spann ich die Idee fort. »Sie hätte zum Beispiel ihre Erkenntnisse bereits dokumentiert haben können. Attila mußte sicherstellen, daß nicht irgendwo schon Unterlagen existierten, die Verdacht auf ihn gelenkt hätten.«

»Das könnte passen. Was meinst du, worum ging

es überhaupt? Welchen Dreck hat Attila am Stecken?«

Ich drehte den Bildschirm wieder in seine Ausgangsposition und musterte die feinen Gesichtszüge des Mädchens Ludmilla. »Ich könnte mir denken, daß es mit seiner Neigung zu Minderjährigen zusammenhängt. Er hat Clarissa festgesetzt und mißhandelt, um herauszufinden, was genau sie wußte und ob sie womöglich Beweise versteckt hatte.«

»Das könnte sein«, pflichtete Irene mir bei. »Aber wie kam es, daß sie zwei Wochen später wieder auftauchte?«

»Das ist doch ganz einfach. Sie hat sich eben irgendwie befreit.«

»Und warum ist sie nicht sofort zur Polizei gegangen und hat Attila angezeigt? Immerhin hatte er zwei Menschen ermordet!«

»Vielleicht wußte sie das gar nicht«, gab ich zu bedenken. »Zum Beispiel könnte er sie vor der Entführung bewußtlos geschlagen haben und die beiden anderen erst hinterher getötet haben.«

»Vielleicht wollte sie auch einfach nicht, daß die Polizei davon Wind bekam, bevor sie nicht das Ganze als Exklusivstory herausgebracht hatte.«

»Genau«, stimmte ich zu. »Du hast völlig recht. Mit so einer Story wäre sie nicht unbedingt als erstes zur Polizei gegangen. Nicht, bevor nicht die Druckfahnen trocken gewesen wären.«

»Aber woher wußte Attila, daß sie in ihrem Büro sein würde?« fragte Irene.

Ich musterte verlegen meine abgekauten Fingernägel. »Von mir. Ich selbst hab ihm doch im *Cha-*

peau Claque gesagt, daß ich frühmorgens eine dringende Besprechung im Zeitungshaus hätte; da hat er einfach eins und eins zusammengezählt. Ich denke, es spielte sich folgendermaßen ab: Nachdem es Clarissa zu seinem großen Schrecken gelungen war, sich aus seiner Gewalt zu befreien, ging Attila einfach mit Amber in dieses Bumslokal, um seinen letzten Tag außerhalb des Knastes zu feiern. Schließlich mußte er jetzt jeden Augenblick damit rechnen, festgenommen zu werden. Doch plötzlich tauchte ich ganz zufällig dort auf. Mit meiner Information über die ungeheuer wichtige Frühbesprechung teilte ich ihm unbeabsichtigt sozusagen ein neues Blatt zu. Logischerweise nahm er sofort an, daß Clarissa mich in die Redaktion bestellt hatte, ohne mir jedoch schon Näheres gesagt zu haben. Klar, daß ich mich zwangsläufig ihm gegenüber ganz anders verhalten hätte, wenn Clarissa mir bereits Einzelheiten verraten hätte. Attila lag also mit seiner Vermutung genau richtig. Er spürte Clarissa in ihrem Büro auf und ermordete sie, damit sie ihr Wissen nicht mehr weitergeben konnte. Das Risiko, daß sie irgendwo noch Dokumente verwahrte, mußte er eben eingehen. Ach ja, noch etwas: als er die Flasche sah, die ich aus dem *Chapeau Claque* mitgebracht hatte, benutzte er sie als Mordwaffe, um den Verdacht auf mich zu lenken; ich vermute, er trug Handschuhe oder hat einfach ein Taschentuch um den Flaschenhals gewickelt.«

»Du hast eine beachtliche Phantasie, Angie.«
»Ich kombiniere bloß.«
»Und die Fotos? Wieso nahm er die mit?«

»Natürlich deshalb, weil Swetlana darauf zu sehen war. Jemand hätte über kurz oder lang vielleicht den Zusammenhang zu Attila hergestellt, so wie ich es auch geschafft habe. Das mußte er verhindern.«

»So gesehen stimmt alles«, gab Irene mir recht. Sie musterte mich prüfend. »Mir will einfach nicht in den Kopf, daß du bei alledem wie tot auf dem Sofa geschlafen hast!«

»Du wirst es wohl glauben müssen.« Sachlich fuhr ich fort: »Die Erpressung wegen der Negative paßt zu allem anderen. Er rief mich mit verstellter Stimme an und bestellte mich ins Museum zur Übergabe. Logischerweise war er nicht selbst da, er hat dafür irgendwen engagiert, vermutlich jemanden, der noch nicht mal wußte, was da abging. Einen verschlossenen Umschlag vor mir fallenlassen, einen anderen dafür aufheben und abliefern – keine große Sache. Schnell gemacht für ein paar Mark.«

Irene fuhr sich mit der Hand über die Augen.

»Ist was?« fragte ich sie.

Sie schluckte. »Nein, eigentlich nicht. Es ist ... Es ist nur ... Ich verstehe einfach nicht ...«

Mitfühlend blickte ich sie an. »Warum sie am Abend vor ihrem Tod nicht dich angerufen hat, sondern mich?«

Irene zuckte hilflos die Achseln, dann nickte sie.

»Ich bin ganz sicher, sie hat's versucht«, sagte ich. »Vielleicht warst du gerade an dem Abend nicht zu erreichen.«

Sie dachte nach, dann nickte sie langsam, und ihr Gesicht hellte sich auf. »Du hast recht. Ich war gar nicht zu Hause an dem Abend vor dem Mord!«

»Na siehst du.«

Irene verschränkte nachdenklich die Hände unter ihrem Kinn. »Fragt sich nur, was wir jetzt machen.«

»Was meinst du damit? Willst du etwa doch zur Polizei?«

»Ich weiß nicht, Angie. Das, was du mir da aufgetischt hast, ist ja alles gut und schön, aber leider viel zu dünn für eine Story. Bei aller Freundschaft – es reicht hinten und vorne nicht. Außer Mutmaßungen haben wir nichts. Nicht den Hauch eines Beweises.«

»Glaubst du, das weiß ich nicht? Selbstverständlich muß ich zuerst mehr rausfinden. Das mache ich heute noch. Schon wegen Melanie. Sie sitzt im Knast, das arme Ding.«

Irene fuhr bestürzt auf. »Was?«

Ich nickte. »Letzte Nacht verhaftet.«

»Um Gottes willen!«

»Im Grunde ist es meine Schuld, ich hab Kurt von ihrem rosa Pulli erzählt und von ihrer Angewohnheit, halb gerauchte Zigaretten in volle Gläser zu werfen. Hätte ich mich da ein bißchen zurückgehalten, müßte sie jetzt nicht schmoren. Sicher machen sie gerade ein Fasergutachten, um sie endgültig zu überführen. Grund genug für uns, sie da rauszupauken, indem wir der Kripo den wahren Täter präsentieren, findest du nicht?«

»Du hast völlig recht. Aber wie willst du das anstellen?«

Ich schüttelte eine Zigarette aus der Packung und zündete sie an. »Ich geh zu Attila. Direkt in die Höhle des Löwen.«

»Aber Angie ...«, hob Irene besorgt an, doch ich

unterbrach sie mit einer knappen Geste. »Keine Sorge, ich bin nicht so blöd, gleich mit der Tür bei ihm ins Haus zu fallen. Ich hab vor, es ganz schlau anzustellen. Doch dazu brauche ich deine Hilfe.«

»Und wie genau stellst du dir das vor?«

Ich blies eine Rauchwolke in Richtung Decke, dann beugte ich mich vor und erklärte es ihr.

Sie hörte aufmerksam zu und nickte schließlich. Seufzend meinte sie: »Ich hoffe, du nimmst dir da nicht zuviel vor, Angie.«

»Keine Spur. Du vergißt, wie schnell und raffiniert ich bin. Das bringt mein Job mit sich.«

»Dein Wort in Gottes Ohr. Also gut, ich ruf ihn an.« Sie blickte auf ihre Uhr. »Viertel nach sieben. Vor neun werde ich es nicht machen können, ohne Verdacht zu erregen.«

»Neun ist in Ordnung.«

Sie streifte ihre Pumps über, nahm ihre Jacke und ging zur Tür, wo sie stehenblieb. »Bis dahin will ich sehen, was ich für Melanie tun kann. Ich werde zumindest versuchen, ihr die Nachricht zu übermitteln, daß wir für ihre schnelle Freilassung sorgen.«

»Gute Idee.« Ich trank meine Kaffeetasse leer und deutete auf die halbvolle Kanne, die auf einem Beistelltisch an der Wand stand. »Du hast gar keinen Kaffee getrunken, Irene.«

»Das hol ich später nach.« Sie hängte ihre Jacke über einen Arm und ergriff die Klinke, ließ aber dann die Hand wieder sinken. »Eine Sache noch, Angie.«

Fragend blickte ich sie an, sie wirkte merkwürdig verkrampft, so als wäre ihr das, was sie mir sagen wollte, in hohem Maße peinlich. Sie holte Luft. »Dieser Kommissar Klett ... Du bist mit ihm zusammen, oder? Ich meine ... ich meine, weil du ihn Kurt nennst. Und er sah dich immer auf diese besondere Art an, wenn er zu seinen Verhören herkam.«

»Stimmt«, sagte ich ruhig. »Sonst hätte ich ihm sicher nicht all das erzählt, was ich vorhin dir erzählt habe, von meiner neuesten Entdeckung und unserer geplanten Exklusivstory mal abgesehen. Ich mag ihn sehr, und ich vertraue ihm.«

Sie preßte die Fingerspitzen gegeneinander. »Hast du dich nie gefragt, ob er dein Vertrauen mißbrauchen könnte, Angie?«

»Du meinst, weil er Melanie verhaftet hat? Nicht unbedingt. In seinen Augen ist sie diejenige, die am dringendsten der Tat verdächtig ist. Heutzutage sind Fasern am Tatort bessere Zeugen als Menschen. Außerdem hatte sie ein geradezu klassisches Motiv. Das, was Melanie da auf Clarissas Schreibtisch passiert ist, war in ihren Augen eindeutig eine Vergewaltigung.«

»Er hätte auch dich verhaften können, wenn man es genau betrachtet.« Sie zählte an den Fingern auf. »Du warst am Tag ihres Verschwindens auf Sylt. Du hast die Mordwaffe gekauft. Und du warst am Tatort, während der Mord geschah. Und all diese hochinteressanten Aspekte hast du der Polizei lange verschwiegen. Willst du behaupten, daß in den Augen eines unbeteiligten, objektiven Betrachters auf dich auch nur ein Zipfel weniger Verdacht fällt als auf Melanie? Du mußt zugeben, daß dieser Kommissar persönliche Motive ins Spiel bringt, was dich betrifft.«

Betreten erwiderte ich Irenes Blicke, doch sie winkte ab. »Lassen wir das alles einmal beiseite«, sagte sie. »Ich will auf etwas anderes hinaus. Wußtest du, daß Kurt Klett Clarissa beerbt?«

»Ja«, sagte ich langsam.

»Ich will damit nicht behaupten, daß er etwas mit der ganzen Sache zu tun hat, Angie. Aber ich möchte dir gern ein oder zwei Dinge sagen, die du wissen solltest.«

»Ich will's nicht hören.«

Sie ging nicht darauf ein, sondern redete rasch weiter. »Da ist zum einen das Testament. Clarissa hat es ganz kurzfristig geändert, nur eine Woche vor ihrem Verschwinden. Die ursprüngliche Fassung sah vor, daß ein beträchtlicher Teil ihres Vermögens, unter anderem auch die Zeitung, an Attila zurückfallen sollte. In dem Übergabevertrag, den die beiden vor ihrer Scheidung abgeschlossen hatten, war das als nicht bindende *Good-will*-Klausel eingefügt, Clarissa hat sich bei ihrem ersten Testament daran gehalten, sie hat es mir selbst irgendwann erzählt. Doch nach ihrem Tod präsentierten ihre Anwälte eine neue Fassung. Nach dieser Fassung fällt jetzt alles an ihren Neffen. Das ganze Vermögen.«

»Vergiß es, Irene.«

Sie hob beschwichtigend die Hand. »Hör mich erst zu Ende an, Angie. Stell dir einfach mal folgendes vor: Clarissa wurde von Attila entführt und festgesetzt, dann gelang es ihr zwei Wochen später, sich zu befreien. Stell dir weiter vor, sie suchte ihren Neffen auf, den sie, wie ich genau weiß, sehr liebte. Und der zufällig bei der Mordkommission ist. Sie erzählt ihm alles, was ihr widerfahren ist, geschunden und verletzt und gedemütigt, wie sie ist.«

Ärgerlich drückte ich meine Zigarette aus. »Aber sie hat doch mich angerufen!«

»Ja, das schon. Doch das schließt nicht aus, daß sie auch ihren Neffen anrief, um ihn davon zu unterrichten, was ihr angetan wurde. Sie hat ihm vielleicht auch gesagt, daß sie ihr Testament zu seinen Gunsten geändert hat, nachdem sie durch diese Russen von Attilas Machenschaften erfuhr. Und vielleicht hat sie ihm auch gesagt, daß sie sich frühmorgens mit einem Redaktionsmitglied in ihrem Büro treffen wollte, um eine Exklusivstory zu verfassen.«

Ich starrte sie an, kalte Wut schnürte mir die Kehle zu. »Ich will das nicht hören.«

»Bitte«, bat sie sanft. »Es ist doch nur eine Hypothese. Du bist Journalistin, Angie. Einseitigkeit ist der Tod jeder guten Story.«

In eisigem Schweigen wartete ich, daß sie weitersprach.

»Ich würde dir das alles gar nicht erzählen, wenn da nicht die Sache mit Clarissas Schwester wäre.«

»Kurts Mutter? Die ist doch schon lange tot!«

Sie nickte. »Sie starb vor fünfzehn Jahren, wahrscheinlich weißt du es schon. Aber weißt du auch, unter welchen Umständen sie ums Leben kam?«

Stumm schüttelte ich den Kopf.

»Sie hatte einen Unfall. Jedenfalls war das die offizielle Version.«

»Und die inoffizielle?«

»Nun, vielleicht bekommst du einen Eindruck, wenn ich dir erzähle, was die Leute damals sagten.«

»Was sagten sie denn?«

»Sie sagten, daß Clarissa sie umgebracht hat. Und ihren Schwager, Kurts Vater, dazu. Heute weiß kaum noch jemand etwas darüber, denn es ist das dunkelste Kapitel in ihrem Leben, und sie hat lange und schrecklich dafür gezahlt.«

»Willst du mir das so zwischen Tür und Angel erzählen?« fragte ich mit flacher Stimme.

Sie hob die Schultern, als ob sie fröre, dann kam sie zurück an meinen Schreibtisch und setzte sich leicht auf die Lehne des Besucherstuhls.

»Clarissas Schwester war fünfzehn Jahre älter als sie und seit mehr als fünfundzwanzig Jahren verheiratet. Die Ehe wurde allgemein als glücklich angesehen, doch es sollte sich herausstellen, daß dem offenbar nicht so war. Kurts Vater – Clarissas Schwager – hatte ein Verhältnis mit einer wesentlich jüngeren Frau. Er ließ, wie man so schön sagt, seine Frau sitzen.«

Mir kam in den Sinn, daß von den Familienaufnahmen, die ich in Kurts Wohnung gesehen hatte, keine einzige seinen Vater zeigte.

»Nach einer dramatischen Aussprache packte er einen Koffer und setzte sich ins Auto, er wollte zu seiner Geliebten fahren, um bei ihr ein neues Leben anzufangen. Unterwegs hatte er einen Autounfall, auf einer Brücke raste er in einen liegengebliebenen Lastwagen. Er starb sofort.«

»O Gott«, flüsterte ich.

Irene strich sich mit einer fahrigen Geste das Haar aus der Stirn. »Seine Frau war ihm gefolgt, sie wollte sich nicht abfinden mit dem Ende ihrer Ehe, also setzte sie sich in ihren eigenen Wagen und fuhr ihrem Mann nach. Sie erreichte die Brücke im selben Moment, als der Unfall geschah. Sie hielt an und fand ihren Mann. Ohne ein Wort stieg sie wieder in ihren Wagen. Mit Vollgas fuhr sie in das Autowrack ihres Mannes. Sie war auf der Stelle tot.«

Ich atmete keuchend und preßte die Hand vor den Mund.

Irene blickte mich traurig an, während sie aufstand und wieder zur Tür ging. »Das war schon die ganze Geschichte.«

»Aber ...«

»Bis auf den einen entscheidenden Punkt. Die jüngere Geliebte ... Es war Clarissa.«

*

Ich nahm nicht bewußt wahr, wie Irene hinausging, ich schaute einfach auf die geschlossene Tür, bis ich irgendwann bemerkte, daß Irene gar nicht mehr dort stand. Ein Blick auf meine Uhr sagte mir, daß ich über eine halbe Stunde reglos dagesessen und die Tür angestarrt haben mußte. Mir war sehr kalt, ich rieb hektisch beide Oberarme mit den flachen Händen, doch ich hörte nicht auf zu zittern. Alles in mir lehnte sich gegen die Schlußfolgerung auf, die Irene mir suggerieren wollte. Aber wollte sie das wirklich?

Sei fair, Angie. Sie hat dir nur das gesagt, was sie weiß. Sie vertraut dir, sie offenbart dir Dinge, die ihr sehr wehtun, wie alles, was mit Clarissa zu tun hat. Und sie will genau wie du Attila überführen, damit Melanie freikommt.

Dieser besondere Punkt hatte mich an unserer Unterhaltung nicht wenig überrascht. Ich hatte erwartet, daß Irene Haß oder zumindest Wut auf Melanie empfinden würde, als ich ihr von der Schreibtischaffäre erzählte (was ich nicht hatte umgehen können, ohne allzu auffällige Ungereimtheiten in meinem Bericht entstehen zu lassen). Doch Irene hatte dieses Detail der Geschichte gefaßt aufgenommen, was mich vemuten ließ, daß sie es entweder bereits geahnt haben mußte, oder daß Melanie ihr sogar davon erzählt hatte.

Doch am meisten machte mir die entsetzliche Tragödie zu schaffen, durch die Kurt beide Eltern verloren hatte. Er war zu diesem Zeitpunkt bereits erwachsen gewesen, doch das hatte sein Leid sicher nicht geschmälert. Wie sehr er Clarissa gehaßt haben mußte!

Ein leise platschendes Geräusch setzte ein, und erst nach einigen orientierungslosen Sekunden wurde ich gewahr, daß es angefangen hatte zu regnen. Das Geräusch wurde schärfer, und als ich aufblickte, erkannte ich, daß Hagelkörner gegen die Fensterscheibe prasselten. Erschöpft stand ich auf, goß meine Tasse randvoll mit Kaffee und trank sie in raschen Zügen leer, dann zündete ich mir eine frische Zigarette an, doch anstatt mich zu beruhigen, erreichte ich dadurch lediglich, daß ich dringend zur Toilette mußte. Das Porzellan klirrte, als ich die Tasse hart abstellte. Fluchtartig verließ ich mein Büro.

Als ich ein paar Minuten später zurückkam, stand Jack neben meinem Schreibtisch. Hastig rannte ich um ihn herum und starrte auf den Bildschirm. Das psychedelische Muster des vielfarbigen Bildschirmschoners füllte das Display aus. Der Schoner schaltete sich automatisch nach zwei Minuten ein. Wenn ich ein beliebiges Zeichen der Tastatur berührte, würde er verschwinden, und die Abbildung mit Swetlana und Attila käme wieder zum Vorschein. Ich war zwar nicht mehr online, doch ich hatte selbstverständlich den kompletten Artikel auf Festplatte geladen. Stumm fluchend versuchte ich abzuschätzen, wie lange Jack schon hier stand und auf mich wartete, vor allem aber, ob er etwas gesehen hatte. Sein Gesichtsausdruck gab mir darüber keinen Aufschluß, er wirkte weder überrascht noch betroffen, sondern blickte mich in einer Mischung aus Nervosität und Wut an. »Endlich, verdammt. Wo hast du gesteckt?«

»Ich mußte mal für kleine Mädchen«, gab ich lakonisch zurück. »Und guten Morgen auch.«

»Morgen. Die Bullen sind schon wieder im Haus.«

Ich registrierte diese Information stirnrunzelnd. Sollte Kurt mitgekommen sein, paßte mir das denkbar schlecht in den Kram. Automatisch schaute ich auf die Uhr. Inzwischen war es Viertel nach acht. Ab neun Uhr mußte ich absolut beweglich sein, ohne neugierige Beobachter, ohne Aufpasser.

Abgesehen davon schien es, als ob Jack die Anwesenheit der Kripo alles andere als gelassen aufnahm.

»Was ist los? Machen Sie dich auf einmal nervös? Sie waren schon oft genug hier, du müßtest dich doch langsam an sie und ihre Fragen gewöhnt haben.«

Er knetete seine Finger. »Du hast ihnen erzählt,

was ich dir unter dem Siegel der Verschwiegenheit neulich anvertraut habe.«

»Du meinst die Sache mit den Fotos? Stimmt. Aber das hatte weniger mit dir zu tun als mit Melanie.«

»Weil sie gestern nacht *sie* verhaftet haben?« Er lachte blechern. »Das hast du wirklich gut hingekriegt!«

»Woher weißt du von ihrer Festnahme?« fragte ich erstaunt.

»Sie hat mich angerufen. Einen Anruf hatte sie frei.«

»Ah ja. Und da rief sie ausgerechnet dich an.«

»In der Tat. Stell dir vor, sie vertraut mir zufällig.«

Ich dachte daran, wie die beiden sich in ihrem Büro umarmt hatten, an die sanfte, brüderliche Art, wie er sie gehalten und getröstet hatte. »Es scheint wirklich so zu sein, obwohl ich es in hundert Jahren nicht verstehen werde«, sagte ich in verächtlichem Tonfall.

Jack zuckte zusammen, doch dann richtete er sich zu voller Größe auf. »Ich schlage vor, wir lassen das. Sie hat mir eine Nachricht für dich aufgetragen.«

»Dann schlage ich im Gegenzug vor, du erledigst ihren Auftrag und verziehst dich wieder.«

»Ich weiß wirklich nicht, warum ich überhaupt herkomme, nachdem du dafür gesorgt hast, daß Melanie eingebuchtet wurde!«

»Die Botschaft, Jack.«

Er blickte mich stumm an, seine ganze Körperhaltung signalisierte verärgerte Reserviertheit.

Ich seufzte. »Tu es oder laß es, aber entscheide dich.«

Er verzog widerwillig den Mund. »Sie bat mich, dir zu sagen, daß du dich um den Wagen kümmern sollst.«

»Um den Wagen?« wiederholte ich verständnislos.

»Den Wagen«, bestätigte er.

»Welchen Wagen? Ihren?«

»Woher soll ich das wissen? Sie konnte nicht frei sprechen, das war mir sofort klar. Sie sagte das mit dem Wagen so beiläufig, daß ich dachte, es wäre nicht weiter wichtig, doch als ich später noch einmal das Gespräch Revue passieren ließ, ging mir auf, daß es eine verschlüsselte Botschaft für dich war. Warum sonst solltest ausgerechnet du dich um den Wagen kümmern, egal um welchen? Wenn es ihrer wäre, hätte ich mich drum kümmern können, oder nicht? Aber nein, sie sagte: Bitte richte Angie aus, sie soll sich um den Wagen kümmern.«

»Um den Wagen kümmern«, echote ich abermals. Gedankenverloren betrachtete ich die *Gesichter*-Schnappschüsse an den Wänden, als könnte ich in ihnen die Erklärung für Melanies rätselhafte Bemerkung entdecken.

»Logisch, daß jemand bei ihr war und sie bewachte«, sagte Jack, »jemand, der nicht mitkriegen sollte, worauf sie hinauswollte. Sonst hätte sie ja klipp und klar sagen können, welchen Wagen sie meinte.«

»Bist du sicher, daß sie nicht sagte: Um *meinen* Wagen?«

»Nein, sie sagte: Um *den* Wagen. Und ganz am Schluß sagte sie noch einen Satz, der ebenfalls ganz beiläufig klang, aber später wurde mir klar, daß auch dieser Satz zu der Botschaft an dich gehörte.

Sie sagte: Man muß aufpassen ...« Er brach ab, denn in diesem Moment ertönte ein kurzes, energisches Klopfen, die Tür wurde aufgerissen, und Kurt kam in mein Büro gestürmt. Seine Lederjacke war naß, er war unrasiert und wirkte müde und übernächtigt.

»Guten Morgen allerseits. Herr Sprinkelbeck, mit Ihnen wollte ich sprechen. Wenn Sie bitte so freundlich sein wollen, sich in Ihr Büro zu begeben, mein Kollege wartet dort bereits. Ich werde mich gleich zu Ihnen gesellen, sobald ich ein paar Takte mit Frau Lorenzi geredet habe. Gehen Sie nur schon vor.«

Jack ging zur Tür, schaute mich dabei jedoch unverwandt an, dann fixierten seine Augen Kurt, und als er wieder sprach, war mir klar, daß er genau dort ansetzte, wo er vorhin aufgehört hatte. »... wem man vertraut.«

Die Tür fiel hinter ihm ins Schloß, Kurt machte zwei ausgreifende Schritte auf mich zu, packte mich und zog mich ohne Federlesens in seine bärenhafte Umarmung. »Angela«, er vergrub sein Gesicht in meinem Haar, »du hast mir so gefehlt!«

Meine Knie zitterten und gaben nach, ich klammerte mich an ihm fest, um nicht zu fallen. Nein, ich wollte nichts von dem glauben, was andere mir unablässig einzuflüstern versuchten. Meine Gefühle kannten eine eigene Wahrheit.

»Es war doch nur eine Nacht dazwischen«, murmelte ich an seiner kratzigen Wange.

»Eine Nacht zuviel«, erwiderte er. Seine Hände lagen warm und zuverlässig fest auf meinem Rücken, ich spürte seinen Herzschlag an meiner Brust, während wir uns minutenlang küßten.

Nach einer wundervollen Ewigkeit löste er sich von mir, hielt mich an den Schultern ein Stück von sich weg und musterte mich von oben bis unten. »Du hast wieder die Nacht durchgemacht.«

»Wie kommst du darauf?«

»Erstens warst du um drei Uhr früh in dieser Pianobar. Zweitens hast du wieder die roten Stiefel an. Immer, wenn du die trägst, heckst du was aus. Sag mir, daß ich mich irre.«

»Du irrst dich.«

Er lächelte, setzte sich auf die Kante meines Schreibtischs, stützte sich mit einer Hand auf und kam dabei in bedrohliche Nähe der PC-Tastatur.

»Mal im Ernst, Angie. Warum hast du dich die Nacht über herumgetrieben?«

Seine Hand rutschte über die Schreibtischplatte und kam dabei der Tastatur noch näher. Ich schluckte und starrte besorgt seine Finger an. Liebe war eine Sache, eine im letzten Moment versaute Exklusivstory eine andere. Ein Maulkorb war das mindeste, was er mir verpassen würde, wenn er entdeckte, daß ich hinter Attila her war.

»Ich konnte nicht einschlafen, nachdem du fort warst, also bin ich zur Arbeit gegeangen.«

»Zur Arbeit?«

»Fotografieren. Ich war die ganze Nacht unterwegs und hab versucht, Promis abzuschießen. Das ist mein Job, weißt du.«

»Kein Grund, frech zu werden«, sagte er nachsichtig. »Wo bist du überall gewesen?«

Sollte das ein Verhör sein? Achselzuckend betete ich die Namen der Diskotheken und Hotels herunter.

»Erst im letzten Laden hatte ich Glück. Ich hab' ein paar heiße Schüsse gemacht.«

»Kann ich sie sehen?«

»Der Film ist noch nicht entwickelt.«

»Und was wolltest du im *Miracle*?«

An dem schwachen Unterton von Argwohn erkannte ich, daß er eifersüchtig war. Ich lächelte, trat an ihn heran und ergriff seine Hand, einen Sekundenbruchteil, bevor seine Finger die Tastatur berührten. »Nur ein bißchen abhängen. Ich geh seit Jahren regelmäßig dort hin, Kurt.«

»Bist du noch lange dageblieben?«

»Ach, ich weiß nicht«, meinte ich ausweichend. »Ich bin relativ bald nach euch gegangen und noch ein bißchen rumgefahren. Dann bin ich gleich hierher ins Büro.«

Er öffnete den Mund, um zu einer weiteren Frage anzusetzen, doch ich beeilte mich, ihm zuvorzukommen. »Was ist mit Melanie? Hat sie gestanden?«

»Kein Wort. Sie ist vollkommen verstockt.«

»Glaubst du wirklich, daß sie es war?«

»Ist der Pulli, den sie gestern nacht anhatte, derselbe, den sie in der Mordnacht getragen hatte?« stellte Kurt eine Gegenfrage.

Ich nickte. »Habt ihr schon ein Fasergutachten gemacht?«

»Du lieber Himmel, so schnell geht das nicht. Wir haben einen Fetzen von der Wolle ins Labor geschickt, aber vor heute abend können wir keine Ergebnisse erwarten.«

»Du glaubst aber nicht, daß sie die Mörderin ist«, stellte ich fest.

Er drückte meine Hand, hob sie hoch und legte sie an seine Wange. Ich spürte die knisternden Bartstoppeln unter meinen Fingerspitzen und genoß das Kribbeln, das sich in meinem Magen auszubreiten begann.

»Irgendwas weiß sie, Angela. Sie hat vom Präsidium aus mit Sprinkelbeck telefoniert.«

»Warst du dabei? Bist du deshalb hier? Um durch ihn mehr rauszufinden?«

Wieder stellte er eine Gegenfrage. »Um welchen Wagen sollst du dich kümmern, Angela?«

»Keine Ahnung«, sagte ich ratlos. »Wirklich, ich habe nicht mal den Hauch einer Ahnung.«

Er nickte, als habe er nichts anderes erwartet. »Okay, was anderes. Hast du noch mal Abzüge von den Negativen gemacht?«

»Na klar. Sofort, nachdem du gestern abend gegangen warst. Übrigens, dein neuer Mordfall – ist er schlimm?«

»Jeder Mord ist schlimm. Hast du die Abzüge dabei?«

Ich ließ seine Hand los und holte meine Handtasche, die an der Lehne meines Drehstuhls hing. Ich wühlte ein bißchen, bis ich die Diskette gefunden hatte, doch dann zog mein Verstand blitzschnelle Schlüsse. Beinahe hatte ich die verräterische Abbildung auf meinem PC vergessen! Sie schlummerte unter dem Bildschirmschoner und würde sofort zum Leben erwachen, sobald ich, was Kurt selbstverständlich erwartete, die Diskette einlegte, um ihm die Abzüge zu zeigen! Ich erstarrte, die Hand noch in der Tasche. »Oh, Mist, ich hab sie zu Hause gelassen!«

»Na schön. Ich würde sagen, du holst sie rasch und bringst sie mir ins Präsidium. Etwa ab halb zehn bin ich wieder dort in meinem Büro zu erreichen.« Er stieß sich vom Schreibtisch ab und brachte beruhigende zwei Meter zwischen sich und den PC. Ich atmete auf, hängte meine Tasche zurück an die Lehne und folgte ihm zur Tür. »Ich fahr gleich los«, versprach ich und griff zur Klinke, um ihm zu öffnen. Doch er hielt meine Hand fest, dann zog er mich ungestüm in seine Arme und preßte mich an sich.
»Hat deine Mutter wieder angerufen?«

»Wie kommst du jetzt darauf?«

»Du hast doch mal gesagt, sie ruft alle paar Tage wegen eines Hochzeitstermins an.«

Das verschlug mir die Sprache.

»Ich weiß, was ich will, Angela.«

»Was denn?« krächzte ich.

»Dich heiraten.«

Wenn Kurt mich nicht festgehalten hätte, wäre ich an seinem Körper wie Wachs an einer überhitzten Kerze zu Boden geglitten. Das Wort *Heirat* übertraf auf einer Romantik-Skala von eins bis zehn die Worte *ich liebe dich* um mindestens drei Punkte. Ein Heiratsantrag war der Gipfel der Romantik schlechthin. Noch nie hatte ein Mann mir diese Frage aller Fragen gestellt.

»Was ist los?« fragte Kurt neben meinem Ohr. »Brauchst du Bedenkzeit?«

Ich holte Luft und schüttelte den Kopf. »Ich bin bloß sprachlos. Das war mein allererster Heiratsantrag!«

»Und wie lautet die Antwort?«

»Ja! Ja! JA!!!«

»Dann such dir schon mal ein Hochzeitskleid aus.« Er küßte mich ein letztes Mal, dann ließ er mich los und ging davon.

Atemlos blickte ich ihm nach, während er mit federnden Schritten den Gang entlangeilte. Ich ließ ihn nicht aus den Augen, bis die blonde Haarbürste und die dunkle Jacke um die Ecke des Ganges verschwanden, hinter der die Aufzüge und die Treppe lagen. Erst als ich wieder an meinem Schreibtisch saß, wurde mir bewußt, daß ich mit keinem Wort die erschütternden Ereignisse angesprochen hatte, die zum Tod seiner Eltern geführt hatten. Ich hatte ihn weder gefragt, warum er seit dem Tod seiner Mutter keinen Kontakt mehr zu Clarissa gehabt hatte, noch hatte ich ihn wegen der plötzlichen Änderung des Testaments zur Rede gestellt. Es war, als befände sich zwischen all den ungestellten Fragen und meinem Wunsch nach restloser Aufklärung des Mordes eine Mauer, die ebenso unüberwindlich wie unerklärlich war.

Nein, Angie, nicht unerklärlich. Denk nur an das gute alte Sprichwort *Liebe macht blind.*

Melanie hatte dasselbe mit anderen Worten gesagt. *Man muß aufpassen, wem man vertraut.*

Das Telefon klingelte, und ich blickte automatisch auf die Uhr. Zwanzig Minuten vor neun. Ich lief rasch zum Schreibtisch, hob ab und meldete mich.

»Ich hab's einfach nicht länger ausgehalten.« Irenes Stimme. »Vor einer Minute hab ich ihn angerufen.«

»Hat's geklappt?« fragte ich aufgeregt.

»Es hat. Er erwartet dich um zehn.«

»Die Adresse?«

Sie nannte sie mir, und ich kritzelte sie rasch auf einen Notizzettel.

Schon beim Schreiben prägte ich sie mir ein und schob den Zettel nachlässig zur Seite.

»Ich bin um Punkt zehn dort«, sagte ich. »Ich fahr vorher noch mal rasch nach Hause und hole ein anderes Objektiv und eine Blitzanlage, er kennt sich aus, es muß echt wirken.«

»Wie lange soll ich dir geben, bevor ich anrufe?«

»Ich würde sagen, eine Viertelstunde. Das dürfte mit Sicherheit reichen.«

»In Ordnung. Sei vorsichtig. Sei um Himmels willen vorsichtig, Angie!«

»Keine Angst, ich bin ein großes Mädchen, ich paß schon auf mich auf.«

»Warte. Was ist, wenn es schiefgeht?«

»Es wird nicht schiefgehen. Wir machen es so: Zur Sicherheit rufe ich dich an. Sagen wir, um elf. Bis dahin dürfte ich was gefunden haben. Wenn ich nicht um Punkt elf anrufe, ist was schiefgegangen. Dann mußt du dich als fliegende Feuerwehr betätigen.«

Schweigen am anderen Ende der Leitung, dann: »Angie, er war eben bei dir, nicht?«

»Wer?« stellte ich mich dumm. »Jack?«

»Nein, Kurt Klett.«

»Keine Sorge, Irene, ich hab ihm kein Sterbenswörtchen gesagt. Von mir erfährt er nichts, ehe nicht die Story abgefahren ist. Diesen Knüller schnappen wir uns ganz allein. Ich finde bestimmt was, ganz sicher! Ich mache Fotos, von seiner Wohnung, seinen

Unterlagen, du fängst an zu schreiben. Überleg dir ruhig schon mal, welche Seiten du für diese Sache rausschmeißt.« In meiner Begeisterung überschritt ich meine Kompetenzen, ich vergaß völlig, daß Irene als Chefin in diesen Dingen ganz allein das Sagen hatte. Doch es schien ihr gar nichts auszumachen, im Gegenteil, sie ließ sich von meinem Feuereifer anstecken.

»Ich fang schon mal an zu surfen«, sagte sie aufgeregt, »ich suche ein paar allgemeine Daten über Kinderprostitution raus, damit wir einen seriösen Aufmacher haben, ich hab das untrügliche Gefühl, daß wir damit richtig liegen!«

»Prima. Sobald ich fündig geworden bin, komme ich sofort rüber zu dir in die Redaktion, wir machen es zusammen fertig und geben es heute noch in die Grafik.«

Sie seufzte. »Angie ...«

»Ich weiß, was du sagen willst!« unterbrach ich sie zornig. »Jack wollte auch was in der Richtung andeuten. Aber es ist Blödsinn. Absoluter Blödsinn! Kurt hat nichts mit alledem zu tun!« Ich knallte den Hörer auf die Gabel, sprang auf, nahm meine Jacke und meine Tasche und stürmte türenschlagend aus dem Büro.

*

Auf der Heimfahrt hielt ich kurz beim Verlagsgebäude des Anzeigenblattes, in dem ich inseriert hatte, und ließ mir einen ganzen Stoß Chiffrezuschriften aushändigen, ziemlich überrascht, daß sich so viele

Vermieter auf meine Annonce gemeldet hatten. Ohne näher hinzusehen, warf ich den Stapel Briefe auf den Beifahrersitz, eine neue Wohnung rangierte im Augenblick unter all meinen Problemen an letzter Stelle. Wenn Kurt und ich erst verheiratet waren, würden wir selbstverständlich in einer geeigneten Wohnung zusammenleben. Sofort stellte ich mir die Frage, welche Wohnung angesichts der Massen von Geld, über die er jetzt verfügte, wohl als geeignet anzusehen war. Hier wiederum endeten meine Gedankengänge abrupt vor besagter Mauer.

Wie Sieglinde biß ich mit hörbarem Klicken die Zähne zusammen und beschloß, mich später mit dieser unseligen Erbschaft zu befassen. Statt dessen grübelte ich über Melanies verschlüsselte Botschaft nach. *Sag Angie, sie soll sich um den Wagen kümmern.*

Der Wagen, der Wagen ...

Es ging mir wie an dem Abend im *Boys'n' Boys*, als ich von Hugo den Namen Swetlana gehört hatte, oder wie in jenen Sekunden, bevor ich beim Ohlsdorfer Friedhof in mein Auto gestiegen war. Die Erkenntnis war da, in Form einer Ahnung existierte sie, doch sie entzog sich beharrlich dem Zugriff meines Erinnerungsvermögens. So sehr ich auch nachdachte, ich kam nicht darauf.

Ich parkte vor unserer Villa und zog gegen den Graupelschauer den Kragen meiner Jacke hoch, während ich über den Kiesweg zum Eingang hastete. Im Hausflur traf ich auf Frau Hubertus, die, bewaffnet mit einem Stockschirm und einer Einkaufstasche auf Rädern, gerade ihre Wohnung verließ.

»Guten Tag, Frau Lorenzi«, sagte sie mit ihrem offenen, herzerwärmenden Lächeln. »Oh, das sind bestimmt die Antworten auf Ihre Annonce! Hab ich recht? Ach, Gott ja, ich bin so gespannt, was Sie sich davon aussuchen!«

Ich drückte ihr den ganzen Stapel in die Hände. »Lesen Sie ruhig alles durch, ich hab im Moment sowieso keine Zeit, mich darum zu kümmern.«

Eigentlich hätte ich ihr erklären sollen, daß die Ereignisse durch Kurts Heiratsantrag eine unvorhergesehene Wendung genommen hatten, doch der Gedanke, wie überraschend diese Hochzeitspläne auf einen Dritten wirken mußten, hinderte mich daran.

Wie lange kannten Kurt und ich uns eigentlich? Ein paar Wochen erst. Gut, wir hatten stundenlang geredet, wir hatten miteinander geschlafen, und es war jedesmal herrlich gewesen, doch reichte das eigentlich, um sicher zu sein? Was mich betraf, so zerbrach ich mir deswegen nicht den Kopf. *Ich* wollte Kurt, in vollem Bewußtsein der weitreichenden Konsequenzen. Aber woher nahm er nach so kurzer Bekanntschaft diese Gewißheit?

Klar, der Herr Senator hatte damals sofort gewußt, daß Frau Hubertus die Liebe seines Lebens war, er hatte sie vom Fleck weg geheiratet, nachdem er sie gerettet hatte. Sogar ohne Bettprobe. Doch das waren die alten Zeiten, man dachte in anderen Begriffen und hatte andere Wertvorstellungen.

Frau Hubertus fächerte eifrig die Kuverts auseinander und begann, sie zu zählen. »Darf ich wirklich ...?«

»Nur zu«, sagte ich, schon auf der Treppe. »Sie können ja vorsortieren, ob überhaupt etwas davon für mich in Frage kommt.«

Oben wurde ich in der Diele von Bernie begrüßt, der aufmunternd gegen meine Hüfte stupste. »Schon gut, ich lauf noch 'ne Runde mit dir. Aber nur eine kleine. Heute nachmittag marschieren wir dann richtig. Am Wasser entlang, mindestens eine Stunde. Abgemacht?«

Er schien zufrieden mit dem Handel. Ich füllte seine Trinkschale mit Wasser und seinen Napf mit einer extragroßen Portion Hundefutter, und während er fraß, packte ich eilig eine Grundausrüstung für Innenaufnahmen zusammen, wusch und schminkte flüchtig mein Gesicht und kämmte mich. Meine Füße brannten in den roten Stiefeletten, doch zum Umziehen war keine Zeit mehr, diese letzten verfügbaren zehn Minuten hatte ich Bernie versprochen. Nachdem ich meine Fototasche im Wagen abgelegt hatte, zerrte er mich einmal um den Block und verrichtete zwischendurch sein Geschäft in den Rinnstein. Mit unbekümmert wedelndem Schweif trabte er weiter, sein Fell triefte vor Nässe, dafür blieb ich trocken, weil ich diesmal an den Schirm gedacht hatte. Ich beeilte mich, Bernie zurückzubringen; es wurde Zeit, daß ich aufbrach. Doch als ich die Wohnungstür aufschloß, sagte mir mein sechster Sinn sofort, daß ich nicht allein war. In meinem Nacken stellten sich winzige Haare auf, während ich lauschte und von der Diele aus einen Blick in die Fluchten der leeren Räume zu erhaschen versuchte. Schließlich holte ich entschlossen

Luft und schrie: »Ich habe einen abgerichteten scharfen Hund! Er hat schon zwei Einbrechern die Gurgel zerbissen! Kommen Sie raus, oder ich hetze ihn auf Sie!«

Die Toilettenspülung rauschte, dann öffnete sich die Tür zum Gästeklo, und Siegfried erschien. Grinsend tätschelte er Bernies Kopf, als dieser freudig winselnd um ihn herumstrich. »Na, alter Junge, du großer, scharfer, gurgelzerbeißender Hund, wie geht's denn so?«

Ich atmete hörbar aus. »Sigi, so läuft das nicht. Du kannst nicht immer unangemeldet hier reinplatzen und mich jedesmal dabei zu Tode erschrecken! Du bist ausgezogen, und strenggenommen solltest du gar keinen Schlüssel mehr haben!«

»Ich zahl immer noch die Miete, weißt du.« Er kam auf mich zu und küßte mich auf die Wange. Ich empfing bereitwillig diesen freundschaftlichen Kuß und horchte dabei in mich hinein, doch da war nichts außer Ärger über sein unvermutetes Auftauchen, und auch der verflog bereits. Die zweite Liebeskummerphase mußte ich übersprungen haben. Ich hatte es endgültig überstanden.

»Ich bin geheilt«, sagte ich gedankenlos

»Warst du krank?« fragte Siegfried besorgt. »Was Ernstes?«

»Nein, nur ein vorübergehender Infekt. Was willst du hier? Ich hab's eilig.«

»Eigentlich wollte ich bloß Bernie mal wiedersehen. Er fehlt mir.«

Ich musterte ihn eingehend. Er wirkte müde und abgekämpft.

»Du siehst miserabel aus«, sagte ich unverblümt. »Hast du Ärger?«

Er hob in einer Geste der Erschöpfung die Hände. »Jede Menge.«

»Ich hab bei Kurt für dich getan, was ich konnte, Sigi. Allerdings hättest du ruhig die Kleinigkeit erwähnen können, daß du in der Mordnacht in der Nähe des Tatortes warst. Und daß Kurt dich schon ein paarmal deswegen verhört hatte. Wieso hast du mir das verschwiegen?«

Errötend nestelte er an seiner teuren anthrazitfarbenen Winterjacke herum. »Ich hatte so furchtbar viel um die Ohren, Angie.«

»Willst du damit zum Ausdruck bringen, daß du an streßbedingtem Gedächtnisverlust leidest?«

»Zumindest hatte ich vergessen, wie scharfzüngig du sein kannst.« Er zögerte, scharrte mit der Spitze seines eleganten Schuhs über das Parkett und strich sich gleichzeitig nervös durch das ungewohnt kurze Haar. »Ich hab mit dem Mord nichts zu tun, das mußt du mir glauben!«

»Ich hab doch gar nichts anderes behauptet.«

Stockend fuhr er fort: »Ich war dort, ja, das ist richtig. Zufällig kam ich da vorbei ...« Er unterbrach sich und schüttelte den Kopf. »Nein, nicht zufällig, ich wußte ja von dir, daß sie dort sein würde. Ich hab sie auch gar nicht draußen vor dem Gebäude gesehen, das war gelogen. Ich hatte mir Mut angetrunken, ich wollte mit ihr reden, ich wollte ... Ich weiß nicht, was ich sonst noch wollte. Aber ich habe nichts getan. Nichts!«

»Geschenkt, Sigi. Willst du Bernie mitnehmen?«

»Ich hätte ihn schon gern zurück, aber es geht nicht.«

»Manuela, hm?«

Er nickte. »Sie ist nicht besonders gut drauf. Ihr ist ständig schlecht. Morgens läuft sie mindestens ein dutzendmal zur Toilette, um sich zu übergeben, nachdem sie nachts ungefähr ein dutzendmal zur Toilette gelaufen ist, um Pipi zu machen. Tagsüber wieder ein dutzendmal, weil sie Klistiere gegen ihre Verstopfung nimmt. Manchmal denke ich, sie ist nur noch auf der Toilette. Ich frage mich, wieso sie trotzdem schon zwanzig Pfund zugenommen hat.«

»Ich bitte dich. Sie kriegt ein Kind, Sigi.«

»Himmel, glaubst du, das weiß ich nicht?« Seiner gereizten Stimme war deutlich anzuhören, daß er sich in einer Falle wähnte. »Sie hat aufgehört zu arbeiten. Ständig ist sie zu Hause. Wir haben eine Riesenvilla, doch sie ist andauernd um mich herum. Sie redet und ißt und redet und ißt. Immer und überall, auch beim Fernsehen. In der einen Hand hat sie eine Fünfpersonenpizza, in der anderen die Fernbedienung. Sie kann nicht länger als eine Minute ein Fernsehprogramm drinlassen, ohne weiterzuzappen. Und auch dabei redet sie. Im Bett läuft nichts mehr, angeblich hat der Arzt es ihr untersagt, weil Spermien wehenauslösende Substanzen enthalten. Mein Argument, daß ich selbst auch Arzt bin und als solcher die Harmlosigkeit meiner Spermien absolut kompetent und zuverlässig einschätzen kann, interessiert sie überhaupt nicht. Sie will mich in einen Atemkurs schleppen, damit wir gemeinsam und unter der Anleitung erfahrener Hebammen eine neue bahnbrechende Hecheltechnik für die Geburt einstudieren können. Ich schiebe in der Klinik Sonderschichten ein, weil es nicht auszuhalten ist.«

»Na, du hast dir doch ein Kind gewünscht, oder nicht? Jetzt wirst du Vater, was willst du mehr?«

»Ein bißchen Ruhe. Ab und zu mit meinem Hund spazierengehen. Skifahren. Fernsehen, ohne daß mir ständig jemand dazwischenquatscht oder umschaltet.«

»So wie früher, meinst du wohl?«

»So wie früher«, bestätigte er.

»Das hättest du dir eher überlegen können, meinst du nicht?«

Er seufzte abgrundtief. »Sicher. Es ist meine Schuld. Und das schlimmste daran ist, daß ich dir furchtbar wehgetan habe.«

Ich stellte mir seinen Gesichtsausdruck vor, wenn ich jetzt schnippisch sagte: Oh, das ist nicht der Rede wert, Kurt und ich heiraten bald, ich wollte eigentlich gerade los, um mir ein Hochzeitskleid auszusuchen.

Doch ich sagte nichts dergleichen, dafür war Siegfried viel zu ernst und niedergeschlagen. Statt dessen erinnerte ich mich daran, daß ich ihn einmal geliebt hatte. Ich nahm seine Hand und drückte sie.

»Sigi, du *hast* mir wehgetan, aber das ist jetzt vorbei. Glaub mir, ich habe es gut überstanden. Du mußt jetzt an Manuela denken. Sie braucht dich. Und nicht nur sie, auch das Baby. Laß sie essen und reden und zappen und zur Toilette gehen. Die Schwangerschaft ist doch schnell vorbei. Denk dir mit ihr Namen für das Baby aus. Geh mit ihr zusammen in den Kurs, such Umstandskleidung mit ihr aus. Sei für sie da, Sigi. Sie ist die Frau, die dein Kind erwartet. Das Kind, das du wolltest. Solche Entscheidungen trifft man nicht zu seiner eigenen Bequemlichkeit, sondern für immer.«

Seine Augen wurden schmal. »Bringt dir das was?«
»Bitte?«
»Diese Nummer abzuziehen. Angie, die verständnisvolle, opferbereite Ex. Findest du das toll? Törnt dich das an, oder was?«
»Ich schlage vor, wir beenden die Unterhaltung«, sagte ich knapp, viel zu wütend, um beleidigt zu sein.
»Tu doch nicht so, als hättest du das eben ernst gemeint!«
»Das habe ich aber zufällig, ob du es glaubst oder nicht!«

Ein verächtliches Kräuseln zog seine Mundwinkel herab. »Ich fang gleich an zu heulen vor Beschämung.«
»Von mir aus. Aber bitte nicht hier.«
»Verdammt«, explodierte er, »das hier ist immer noch meine Wohnung!«
»Wunderbar, mach's dir gemütlich. Ich wollte sowieso gerade gehen!«

Im Stechschritt stapfte ich an ihm vorbei zur Tür, doch er streckte den Arm aus und hielt mich an der Jacke fest. »Angie!«
»Pfoten weg!« Ich riß mich los und öffnete die Tür. Bernie duckte sich verständnislos, als Siegfried eilig über ihn hinwegstieg und erneut nach mir griff. »Angie, bitte!«

»Hast du noch mehr auf Lager? Zum Beispiel rückständige Mietanteile eintreiben oder so?«

»Himmel, Angie, es tut mir so leid!«

Bestürzt sah ich, daß er im Begriff war, genau das zu tun, was er vorhin in seinem Zorn angekündigt hatte. Seine Augen waren feucht, seine Unterlippe bebte.

»Sigi, was ist denn?«

Er faßte nach meiner Hand und preßte sie gegen seine Brust. »Ich hab dich vermißt, Angie.«

Stumm duldete ich, daß er mich in seine Arme zog und festhielt, den Kopf an meine Schulter gelehnt. Sacht strich ich mit der Hand über seinen Arm.

»Ich träume nachts von dir«, sagte er leise. »Das hab ich noch nie getan. Nicht mal, als wir noch zusammenwaren. Ich denke immer nur an dich, an deine kleinen Marotten, deine Angewohnheit, immer nackt durch die Wohnung zu marschieren, deine Art, alle möglichen Dinge zu verlegen und sie an den allerletzten Orten wiederzufinden. Daran, wie du die Stirn runzelst, wie du zur Decke schaust, wenn du dich ärgerst, wie deine Hände sich bewegen, wenn du eine Zigarette anzündest. All das geht mir nicht mehr aus dem Kopf. Ich weiß nicht, was mit mir los ist.«

»Ich aber. Du hast den Blues.«

»Das ist bloß ein anderes Wort für Depression, das hilft mir auch nicht weiter.«

»Es wird sich legen, Sigi. Die Trennung ging einfach zu schnell über die Bühne. Du hättest dir mehr Zeit geben sollen. Wir waren zwei Jahre zusammen, das kann man nicht in zwei Stunden abstreifen. Ich hab fast zwei Monate gebraucht, und ich konnte es auch nur deswegen in dieser kurzen Zeit schaffen, weil ich Kurt hatte. Du hast noch nichts verarbeitet. Du fängst jetzt erst damit an.«

»Ich weiß nicht, ob ich überhaupt was abstreifen will. Lieber will ich dich wiederhaben.«

»Das ist Verdrängung.«

»Verdrängung?«

»Die erste Phase nach der Trennung. So tun, als könnte es wieder in Ordnung kommen. Aber das geht nicht. Du kannst nicht alles haben, weißt du. Du mußt Manuela verdammt noch mal eine Chance geben.«

»Du hast natürlich vollkommen recht.« Er ließ mich los und blieb einen Moment mit hängenden Schultern stehen, dann wandte er sich zur Tür. »Ich geh wohl besser.«

Im Türrahmen blieb er stehen, nestelte einen Brief aus der Jackentasche und reichte ihn mir. »Hier, das hab ich ganz vergessen. Ich hab den Briefkasten geleert, Macht der Gewohnheit.«

»Danke.« Ich musterte den Brief. Er war an mich adressiert, die Anschrift war maschinegeschrieben, ein Absender fehlte, ebenso wie Briefmarke oder Poststempel. Jemand mußte ihn direkt unten eingeworfen haben.

»Wiedersehen, Angie.«

»Wiedersehen«, erwiderte ich leise.

Ohne sich noch einmal umzusehen, zog er die Tür hinter sich ins Schloß, eine Geste, die etwas Endgültiges hatte.

»Wiedersehen, Sigi«, sagte ich nochmals leise, obwohl er mich gar nicht mehr hören konnte. »Ich wünsch dir viel Glück.«

Gedankenverloren lauschte ich seinen Schritten im Treppenhaus, bis ich das Geräusch der zufallenden Haustür hörte. Immer noch geistesabwesend öffnete ich den Brief. Es war nur eine kurze, ebenfalls maschinegeschriebene Mitteilung, sie stammte von der Gräfin und war vermutlich von Antonio in meinen Briefkasten gesteckt worden.

Bitte nennen Sie mir Ihre Kontonummer. Schicken Sie die Negative nach Erhalt der vereinbarten Summe an diese Adresse. Dann folgte ihre Sylter Anschrift, und zum Schluß: *Die anzuweisende Summe habe ich bereitgestellt. Ich vertraue auf Ihr Wort. K.*

Mein Gewissen meldete sich. Die Gräfin hatte ich ganz vergessen. Nach allem, was ich inzwischen wußte, hatte ich sie völlig zu Unrecht verdächtigt. Ich überlegte, ob ich ihr sofort die Negative schicken sollte, zusammen mit der Erklärung, daß alles ein Mißverständnis gewesen sei, doch dann blickte ich auf die Uhr und schrie erschrocken auf. Ich würde mich verspäten! Zur Story meines Lebens würde ich zu spät kommen!

Ich schob den Brief in die Handtasche und klopfte Bernie kurz zum Abschied auf den Rücken, dann rannte ich die Treppen hinunter, immer drei Stufen auf einmal nehmend, in Gedanken noch mit der Gräfin beschäftigt.

Die Gräfin ... Auf der Treppe und dann draußen auf dem Kiesweg hatte ich eine eigentümliche Vision: Ich sah mich selbst zwischen den Dünen hervorstolpern, gehetzt von einem zornigen Bodyguard.

Vor mir mein Wagen, den ich erreichen mußte, bevor mein Verfolger mich schnappte und mir die Trophäe des Jahres abjagte. Aus den Augenwinkeln sah ich den feuerroten Lack des Ferrari blitzen, in beinahe schmerzhafter Farbintensität, die gegen das altbackene Dunkelrot meines Wagens und das biedere Schwarz des daneben geparkten Range-Rovers noch greller hervorstach. Ich umrundete den Range-Rover und riß die Tür meines Wagens auf (zufällig traf es sich, daß ich in diesem Augenblick meiner Vision tatsächlich die Tür meines Wagens aufriß), sprang hinein (ich sprang wirklich hinein) und stieß den Zündschlüssel ins Schloß (ich tat es auch in der Realität). Gleichzeitig hatte ich das drängende Gefühl, daß sich hinter (neben, über?) mir eine Sache von gravierender Bedeutung befand, doch in dem Moment, als ich losfuhr, verflüchtigte sich dieser Eindruck. Ich verdrängte meinen Ärger wegen meines löchrigen Erinnerungsvermögens und konzentrierte mich statt dessen aufs Fahren.

Wieder ein verhängnisvoller Fehler. Hätte ich nur ein bißchen intensiver nachgedacht, mich etwas länger auf die Lösung konzentriert, wäre mir das Licht, das mir später aufgehen sollte, bereits zu diesem Zeitpunkt aufgegangen, was mich wiederum davon abgehalten hätte, Hals über Kopf ins Verderben zu schlittern. So aber kreisten meine Gedanken einzig darum, wie spät ich dran war. Ich gab Gas, überfuhr eine rote Ampel, preschte mit unverantwortlich hohem Tempo durch eine verkehrsberuhigte Zone, entging um Haaresbreite einem Auffahrunfall mit einem Müllwagen (wobei ich mit dem Kotflügel einen

Mülleimer streifte und umwarf) und beging bei meiner halsbrecherischen Fahrt durch die Stadt mindestens ein halbes Dutzend weiterer Verkehrsübertretungen. Doch dafür kam ich pünktlich an. Exakt eine halbe Minute vor zehn erreichte ich mein Ziel.

*

Die Adresse, die Irene mir heute früh durchgegeben hatte, war nicht gerade die feinste. Attila wohnte in Billstedt, in der Nähe des Öjendorfer Sees, in einem unauffälligen Backsteinhaus mit verwitterten Läden und bemoosten Dachziegeln. Das Haus stand einsam am Ende einer verwahrlosten Stichstraße, in der es außer einem offenbar leerstehenden Lagerschuppen und einem eingestürzten Gewächshaus keine weiteren Gebäude gab.

Ungepflegte Heckenrosen rankten hinter dem hohen Gartenzaun, von dem großflächig die Farbe abblätterte. Der regennasse asphaltierte Zuweg war von Unkraut überwuchert, und in der Regentonne unter der Traufe schwamm eine dicke Schicht fauliger Blätter. Vor der angebauten Garage stand ein schmutziger alter Volvo mit abgefahrenen Reifen.

Die Klingel blieb auf Druck meines Daumens stekken, ich mußte sie mit dem Fingernagel herausziehen, um das mißtönende Schrillen zu beenden. Es fiel mir schwer, die Bewegungen für diesen einfachen Handgriff zu koordinieren. Ich hatte seit gestern nicht geschlafen, und mein Körper machte mir das unbarmherzig klar; er ließ meine Hände zittern, er signalisierte mir die Müdigkeit mit ziehenden

Schmerzen im Rücken und mit Schwere in Beinen und Füßen. Doch das war nur das kleinste meiner Probleme. Mir war übel vor Angst, so sehr, daß ich nicht mehr richtig atmen und nicht mehr klar sehen konnte. Das schmutzige Backsteinwerk des Hauseingangs löste sich vor meinen Augen zu hüpfenden roten Rechtecken auf. Meine Pulse flogen, das Blut rauschte in meinen Ohren. Aber bevor ich mich meiner Furcht vor Attila, dem Entführer, dem Killer, dem Folterknecht, hingeben konnte, wurde die Haustür aufgerissen. Meine Instinkte befahlen mir augenblicklich, mich auf dem Absatz umzudrehen und wegzulaufen, doch gleichzeitig lähmte mich Panik und verhinderte jede Bewegung. Dann war es zu spät für einen Rückzug, in jeder Hinsicht. Ein strahlender Attila packte mich bei den Schultern und begrüßte mich unter Fontänen von Spucke. »Wie schön, daß Sie gekommen sind! Ich kann gar nicht in Worte kleiden, wie begeistert ich von dieser Idee bin! Eine Homestory, Himmel, ich kann mich kaum erinnern, wann ich das letzte Mal eine hatte! Und Sie haben ja die entzückenden roten Stiefelchen wieder an! Nein, was für eine reizende junge Frau Sie sind! Kommen Sie doch herein, Angie! Ich darf doch Angie zu Ihnen sagen?«

Ohne meine Antwort abzuwarten, zerrte er mich durch das verstaubte winzige Vestibül in einen muffigen Flur, riß mir die Jacke von den Schultern und warf sie über einen Garderobenhaken, dann schubste er mich weiter in ein Wohnzimmer, das einigermaßen sauber und aufgeräumt war. Er selbst hatte sich allerdings mit seinem Äußeren keine besondere

Mühe gegeben. In seinem üblichen Hawaiihemd und mit den Bartstoppeln auf seinen feisten Wangen sah er nicht danach aus, als hätte er sich für eine Fotosession hergerichtet. Außerdem roch er, als hätte er seit mindestens einer Woche in den Klamotten geschlafen und während der ganzen Zeit nicht ein einziges Mal geduscht.

Ich fragte mich nicht zum ersten Mal, warum es mit Attila so steil bergab gegangen war. Die größte Rolle bei seinem Niedergang hatte vermutlich seine unheilvolle Neigung zu Kindern gespielt, doch das allein erklärte diese Veränderung zum Schlechten nicht. Aus dem anerkannten Medientycoon und Träger des Bundesverdienstkreuzes war eine mehr als traurige Figur geworden. Als er vor zehn Jahren auf dem Höhepunkt seiner Schaffenskraft und seines Reichtums Clarissa geheiratet hatte, war er ein anderer Mann gewesen. Ich hatte ihn damals noch nicht persönlich gekannt, doch aus Presse und Fernsehen wußte ich genug, um mir ein Bild zu machen. Auch aus der Zeit vor knapp sechs Jahren, als ich bei *Clarisse* (damals noch *Frauen von heute*) angefangen hatte und die letzten drei Monate unter ihm als Chef miterlebt hatte, hatte ich ihn ganz anders in Erinnerung: als kultiviert, gepflegt, angenehm. Und um dreißig Kilo leichter. Das Management unserer harmlosen Illustrierten war für ihn nur ein amüsanter Zeitvertreib gewesen, nicht mehr als ein Hobby, nur ein Bruchteil seiner vielen Engagements. Kaum jemand überschaute damals die Anzahl seiner Aufsichtsratsposten und Beteiligungen. Nichts war von alledem übrig geblieben. Kein einziges Trostpflaster, das gerechtfertigt hätte, tatsächlich die scheinheilig avisierte *Was-wurde-eigentlich-aus ...*-Reportage mit ihm zu machen.

»Nehmen Sie doch bitte Platz, ich hole Ihnen etwas zu trinken!« Er wies auf zwei grüne Samtsofas, die schon bessere Tage gesehen hatten, ebenso wie die ausgeleierten Gardinen, das durchgewetzte Perserimitat und die verschrammte Schrankwand.

»Sehr gern, danke.« Das Angebot kam mir gelegen, vielleicht konnte ich dadurch umgehen, überhaupt meine Ausrüstung auspacken zu müssen.

»Was darf's denn sein? Wasser, Saft, Likörchen?« Er zwinkerte albern. »Oder ein Gläschen Schampus?«

»Mir ist sehr kalt. Wenn Sie etwas Warmes hätten... Vielleicht Kaffee? Aber ich will Ihnen bestimmt keine Umstände machen!«

»Nicht doch, nicht doch! Ich mache sofort welchen! Bin gleich wieder da!«

Er verschwand mit flatterndem Hemd, und ich überlegte einen Augenblick lang, ob ich seine Abwesenheit bereits jetzt für meine Zwecke ausnutzen sollte, entschied mich aber dagegen. Falls er seinen Glatzkopf just dann durch die Tür streckte, während ich gerade seine Schränke nach belastenden Beweisen durchstöberte, wäre das ganze Unternehmen geplatzt, ganz zu schweigen von der Gefahr, in die ich mich dadurch brachte. Also setzte ich mich brav auf eines der durchgesessenen Sofas und wartete, bis er zurückkam. Es schien endlos lange zu dauern, ich wurde zusehends unruhiger und begann, auf dem Sofa hin- und herzurutschen; nervös starrte ich abwechselnd auf meine Armbanduhr und zur Tür. Gerade, als ich aufstehen wollte, um nach ihm zu suchen, kehrte er zurück. Er hatte genau acht Minuten und fünfundzwanzig Sekunden gebraucht. Freudestrahlend kam er hereingesegelt, eine dampfende Kanne mit Kaffee in der einen und ein kleines Tablett mit zwei Tassen, Zuckerdose und Milchkännchen in der anderen Hand. Ich sprang vom Sofa und nahm ihm eilfertig das Tablett ab. Mir blieb gerade noch genug Zeit, um das zu erledigen, was vor dem Anruf unbedingt noch getan werden mußte.

»Ach, Herr Hennessy, ich müßte mal ... Könnte ich bitte ...?«

»Sicher«, sagte er zuvorkommend. »In den Flur hinaus, dann die zweite Tür rechts. Ich gieße Ihnen schon Kaffee ein. Wie trinken Sie ihn?«

»Schwarz, bitte«, sagte ich über die Schulter, schon fast an der Tür.

»Kekse?« rief er mir nach.

»Nein, danke!« rief ich zurück, während ich durch den Flur eilte.

Die Toilette war dunkelblau gekachelt und ebenso eng wie schmutzig, Waschbecken und Kloschüssel waren gelblich gefleckt und ekelerregend schmierig, es gab weder Seife noch Handtuch. Die Papierrolle stand auf dem Fußboden. Das Fenster war winzig, eine etwas kräftigere Frau als ich hätte mit Sicherheit nicht hindurchgepaßt. Ich öffnete es, erleichtert, daß es weder klemmte noch quietschte, dann lehnte ich es wieder an und setzte mich auf den zugeklappten Toilettendeckel. Es war genau elf nach zehn. Noch vier Minuten.

Ich blieb sitzen und wartete. Eine Minute verging in quälender Langsamkeit, dann eine weitere. Ich kämpfte das Bedürfnis nieder, mir eine Zigarette anzuzünden und betrachtete statt dessen meine zitternden Finger. Zwischen Zeigefinger und Mittelfinger meiner rechten Hand begannen sich allmählich wieder die gelben Nikotinstellen zu bilden, die während der Zeit, als ich nicht geraucht hatte, fast schon verschwunden waren. Ich dachte daran, daß sie bald wieder weg sein würden. Ich wollte Kinder, mehr als jemals zuvor. Ich versuchte, mir vorzustellen, wie ein Baby von Kurt aussehen würde. Blond wie er oder dunkel wie ich?

Die dritte Minute war vorbei. Ich atmete durch, zog die Spülung, ließ kurz Wasser ins Waschbecken laufen, dann ging ich zurück ins Wohnzimmer, im selben Moment, als der Minutenzeiger meiner Armbanduhr die volle Viertelstunde anzeigte. Attila erwartete mich, grinsend wie ein Honigkuchenpferd, die Kaffeetasse in der ausgestreckten Hand. Ich nahm sie automatisch entgegen und starrte in die schwarze, dampfende Flüssigkeit. Das Porzellan war mattweiß, mit dünnem, blaßblauem Rand, abgestoßen und schäbig wie alles in diesem Haus.

»Wollen Sie nicht Platz nehmen und trinken?« fragte Attila. »Wir können doch dabei schon mit dem Interview anfangen.«

»Eigentlich sollte noch ein Reporter kommen«, log ich, »ich mache bloß die Fotos. Sicher ist er gleich da.«

»Dann warten wir noch ein bißchen«, meinte Attila launig.

Ich setzte mich wieder aufs Sofa. Meine Uhr zeigte sechzehn nach zehn. Irene, flehte ich innerlich. Ruf an! Laß mich nicht eine Minute länger mit diesem Monster hier sitzen!

Attila ließ sich mit der Grazie eines Elefanten auf das andere Sofa fallen und warf Zuckerstücke in seine Tasse, eins, zwei, drei, vier, fünf, sechs, zählte ich, wie hypnotisiert seine Wurstfinger beobachtend.

»Sie war eine wunderbare Frau«, sagte er. »Ich habe sie so geliebt!« Seine Stimme klang erstickt vor Rührung, und in seinem Augenwinkel zeigte sich Feuchtigkeit. Mit dem Handrücken tupfte er die Träne weg, schaute mich an und lächelte wehmütig. »Wollen Sie nicht Ihren Kaffee trinken?«

»Oh, natürlich.« Ich nahm einen Schluck. »Schmeckt ausgezeichnet.«

Das war gelogen, er war viel zu stark und schmeckte widerlich bitter. Trotzdem trank ich ihn, alles war besser, als mit Attila zu reden. Ich nahm winzige Schlückchen, um Zeit zu schinden, während meine Gedanken immer um dasselbe kreisten: Er hatte kaltblütig drei Menschen getötet. Er mißbrauchte Kinder. Er hatte die Frau, mit der er vier Jahre lang verheiratet gewesen war, gefoltert und mißhandelt und erschlagen.

Im Moment betrachtete er mich mit der gerissenen Freundlichkeit einer Witzfigur aus einem Gangsterkrimi, Typ böser dicker alter Dämlack. Seine Hand ließ den Löffel in der Tasse kreisen, im selben Rhythmus begannen seine speckigen Hängebacken zu wabbeln.

Sicher genoß er es, zu töten. Und vorher seine Opfer zu belauern, sie in Sicherheit zu wiegen, ihnen den Arglosen vorzuspielen. Ein Spezifikum von Serienkillern. Sie liebten Rituale. Ritualmörder waren sowieso die schlimmsten. Sie vereinten alle möglichen Persönlichkeitsdefekte in sich. Sie waren psychopathisch, soziopathisch, neurotisch, paranoid, schizophren ...

Das Telefon klingelte, bevor mir weitere Killereigenschaften einfielen. Ich zuckte zusammen, schwach vor Erleichterung. So schwach, daß ich fast die Tasse fallengelassen hätte. Rasch trank ich sie leer und stellte sie auf den verkratzten Tisch. Irene rief eineinhalb Minuten zu spät an, doch ich hätte sie in diesem Augenblick vor Dankbarkeit am liebsten umarmt. Dann erstarrte ich vor Entsetzen. Was, wenn sie es gar nicht war? Wenn es statt dessen irgend jemand war, der jetzt die Leitung blockierte?

Attila hörte auf zu rühren und ging zum Telefon, das auf einem Tischchen neben dem zerfledderten Gummibaum vor dem Fenster stand.

»Ja, Hennessy«, meldete er sich.

Herr im Himmel, laß es Irene sein! flehte ich stumm.

Attila kicherte vergnügt. »Frau Meerbrück, was verschafft mir denn heute zum zweiten Mal die Ehre?«

Ich stieß erleichtert die Luft aus.

Attila lauschte, er drehte sich weg von mir, zur Wand. »Verstehe.« Pause. »Ja, verstehe. Hm. Üble Sache.« Kurze Pause. »Nein, nein, ich komme sofort. Wir reden drüber.« Pause. »Ja sicher. Daran habe ich auch kein Interesse, genausowenig wie Sie.«

Attila drehte sich wieder zu mir um. »Es tut mir sehr leid, Angie. Aus unserem Interview wird leider nichts.«

»Oh, wie schade.« Ich heuchelte Bedauern.

»Ja, es ist etwas Dringendes dazwischengekommen, ich muß sofort weg, zu einer Unterredung, die keinen Aufschub duldet.«

Daran gab es nichts zu deuten. Irene hatte ihm soeben unsere verabredete Räuberpistole aufgetischt. Daß sie gestern in ihrer Wohnung zufällig einen Schlüssel gefunden hatte, den Clarissa irgendwann heimlich dort deponiert haben mußte. Daß dieser Schlüssel zu einem Schließfach am Flughafen paßte, und daß Irene in diesem Schließfach gerade vor zehn Minuten einen Umschlag gefunden hatte, mit Dutzenden schmutziger Bilder, die Attila bei eindeutigen Aktivitäten mit Minderjährigen zeigten. Darüber wollte Irene jetzt unbedingt mit Attila reden. Als umsichtige Zeitungschefin hatte sie verständlicherweise kein Interesse daran, daß *Clarisse* durch ein Publikwerden dieser Scheußlichkeiten in Verruf geriet, noch wollte sie, daß Clarissas Andenken befleckt werde, indem ruchbar wurde, was für ein mieser Zeitgenosse Attila war. Daher der Vorschlag zu einem sofortigen klärenden Gespräch an unauffälligem Ort, um die Sache ein für allemal aus der Welt zu schaffen. Der unauffällige (und auf vorteilhafte Weise abgelegene Ort) war jene Brücke am Ortsrand von Billwerder, die ich für konspirative Unterredungen als bestens geeignet in Erinnerung hatte.

Der ganze geniale Plan stammte von mir, Melanie

als Kurzkrimiautorin hätte es nicht besser austüfteln können. Der Clou war natürlich, daß Attila dort bei der Brücke vergeblich auf Irene warten würde, während sie in der Redaktion in ständiger Reichweite des Telefons saß und ich selbst in aller Ruhe Attilas Haus nach Beweisstücken durchsuchte, bis ich gefunden hatte, worauf ich aus war. Unterlagen, die sein Päderastentum dokumentierten, vor allem aber Gegenstände, die ihn mit den Morden oder mit dem Tag der Entführung auf Sylt in Verbindung brachten. Fotos, vielleicht sogar meine eigenen Negative aus dem Museum, eventuell eine Schreibmaschine, mit der er die Erpresserbotschaft an mich getippt hatte, möglicherweise eine Restaurant- oder Hotelrechnung, vielleicht sogar eine alte Fahrkarte oder ein gebrauchtes Flugticket. Irgendwie mußte er ja schließlich nach Sylt gekommen sein.

Ich unterdrückte ein Gähnen, meine Müdigkeit wurde immer schlimmer.

»Ich weiß nicht, ob es Sinn macht, wenn Sie hier auf mich warten, Angie.«

»Nein, bestimmt nicht. Ich gehe mit Ihnen raus.«

Um durchs Toilettenfenster wieder einzusteigen, sobald er weg war.

»Sie können ja morgen wiederkommen«, empfahl Attila. »Das heißt natürlich nur, wenn es Ihnen paßt.«

»Morgen paßt gut.« Unvermittelt öffnete ich den Mund zu einem Gähnen, ich war wirklich vollkommen erschöpft. Meine Arme sanken schlaff herab. Wenn ich jetzt nicht sofort aufstand, würde ich noch hier auf dem Sofa einschlafen. Warum hatte ich mich nicht noch ein paar Stunden aufs Ohr gelegt, nachdem ich von Tom gekommen war? Attila wäre mir schon nicht weggelaufen.

Wieder mußte ich den Mund zu einem gewaltigen Gähnen aufreißen, es war mir sehr peinlich, weil ich es trotz aller Anstrengungen nicht fertigbrachte, die Hand vor den Mund zu heben. Ich überlegte, ob es Attila störte, doch er war momentan gar nicht zu sehen. Vielleicht lag das daran, daß ich überhaupt nicht viel sehen konnte außer meiner Kaffeetasse. Mein Gesichtsfeld schien stark eingeschränkt zu sein, und als mir nach einer Weile aufging, daß mein schwer herabhängender Kopf daran schuld war, merkte ich, daß meine Stirn bereits auf meinen Knien lag. Hätte ich nur nicht durchgemacht! Es lag an den roten Stiefeletten. Die waren schuld. Immer, wenn ich sie anhatte, kam ich nicht ins Bett. Man kriegte sie so schlecht von den Füßen. Stundenlang schnürte und fädelte und schnürte und fädelte man daran herum, bloß weil sie vom Trödel waren. Zwanziger-Jahre-Stil, genau wie der Herr Senator. Vom guten alten Schlag. Vielleicht hatte Frau Hubertus als junges Mädchen auch solche Stiefeletten getragen. Zu einem jungen Mädchen paßten sie sowieso viel besser. Eigentlich war ich für solche Extravaganzen zu alt. Ja, für solche Schuhe mußte man jung sein.

Wie Amber zum Beispiel. Ich blinzelte überrascht. Amber kniete vor mir und schnürte mir die Stiefeletten auf, mit sphinxhaftem Lächeln.

»Lote Stiefel viel gut«, erklärte sie.

»Sie passen dir doch überhaupt nicht, du kleines

Biest«, sagte Attila von irgendwoher. Amber zog ungerührt die Senkel aus den Löchern. Sie trug wieder an beiden Handgelenken diese unmöglich breiten Straßarmbänder. Was diese Kinder heutzutage alles toll fanden!

Amber zerrte heftig an den Schuhriemen, und dabei verrutschte eines der Armbänder. Ihre Handgelenke verschwammen einen Augenblick vor meinen Blicken, und dann verwandelten sie sich plötzlich in die Handgelenke von Hugo. Nein, das war ja Quatsch, Hugo war gar nicht hier, er hatte um diese Zeit jede Menge Arbeit im *Étienne*. Doch Hugo hatte die gleichen breiten Fesselmale an seinen Handgelenken gehabt, als ich ihn das letzte Mal getroffen hatte, im *Boys'n' Boys*, zusammen mit Alfred Harkmüller, Produktmanager. Alfie, der sein Schamhaar rasierte und auf Fesselspiele stand. Ob Alfie seine Handschellen im selben Laden kaufte wie Attila? Vielleicht, überlegte ich weiter, hatten sie die Dinger ja auch vom Trödel, so wie ich die Stiefeletten. Vom Polizeitrödel. Ob es so etwas gab? Ich öffnete den Mund, um Attila danach zu fragen, doch es kam nur ein unartikuliertes Röcheln heraus, und sofort mußte ich wieder gähnen, ich riß den Mund auf wie ein Drache, der Luft zum Feuerschlucken holen muß.

»... gleich soweit, schon beinahe eingeschlafen«, sagte Attila aus weiter Ferne.

Amber hatte mir die Stiefeletten weggenommen. »... walum walten?« hörte ich sie zwitschern. Ich öffnete mühsam ein Auge. Sie hockte neben mir auf dem Perserimitat und verschnürte die Stiefel, die sie inzwischen selbst trug. Es sah blöd aus, sie waren ihr tatsächlich viel zu groß, außerdem paßten sie nicht zu ihrer Kleidung. Ja, wenn sie das weit ausgeschnittene Fähnchen angehabt hätte, das sie in der Mordnacht im *Chapeau Claque* getragen hatte. Doch heute war sie wieder in der Schulmädchenkluft wie am Tage der Beerdigung. Genaugenommen war sie exakt so gekleidet wie die Teenager aus der lärmenden orientalischen Touristentruppe im Altonaer Museum.

»Ich kann das nicht selbst tun«, protestierte Attila. Was er wohl meinte?

»Außerdem brauchen wir noch die Negative«, ergänzte er.

Die Augen fielen mir wieder zu.

»... beinahe weggetreten«, sagte Attila.

Ich versuchte, ein Auge aufzumachen, doch es klappte nicht. Denk an Kurt, befahl ich mir, und dann klappte ich das Auge ruckartig auf. Ich konnte meine baumelnde Hand sehen, sie hing über die Sofakante herab. Einen Augenblick lang glaubte ich, jemand hätte sie mir abgeschnitten, doch dann erkannte ich, daß meine Phantasie mir einen Streich gespielt hatte, die Hand war an meinem Arm, und der war an meiner Schulter festgewachsen. Das Zifferblatt meiner Armbanduhr war ebenfalls zu sehen, es hing verkehrt herum, deshalb dauerte es lange, bis ich ergründet hatte, wie spät es war. Fünf vor elf. Um elf Uhr war ein wichtiger Zeitpunkt. Das wußte ich genau, doch so sehr ich mich auch anstrengte, ich vermochte mich nicht zu erinnern, was um elf Uhr passieren würde.

»... mit alme Hund?« fragte Amber. Ihre Stimme klang gereizt.

Attila sagte etwas, das wie blöder Köter klang.

Amber antwortete, schrill vor Wut, ich konnte kaum etwas verstehen, doch ich glaubte, die Worte *Boß flagen* herausgehört zu haben.

Dann wieder Attila, sein Tonfall war beschwichtigend, doch auch ihn konnte ich nicht mehr richtig verstehen, es hörte sich an wie: »... wird darüber entscheiden, wenn sie tot ist.«

Wenn sie tot ist.

Sie war ich, soviel stand fest. Aber ich wollte nicht sterben. Ich wollte leben. Ich wollte Kurt heiraten. Ich wollte mindestens zwei Kinder, ganz schnell hintereinander. Ich zwang meine Blicke erneut zur Armbanduhr, es fiel mir entsetzlich schwer, sie war so weit weg. Doch ich war mir ziemlich sicher, daß es elf Uhr war. Und jetzt fiel mir auch wieder ein, was um elf Uhr passierte. Wenn ich um elf Uhr nicht in der Redaktion anrief, würde Irene mir zu Hilfe kommen. Wie gut, daß wir diesen Notfallplan in petto hatten!

Amber zwickte mich brutal in die Hand, dann bog sie mir mit Brachialgewalt einen Finger nach hinten, bis ich den Knochen knacken hörte. Der grauenhafte Schmerz ließ mich nach Luft schnappen, doch ich konnte nicht atmen, meine Lungen waren gelähmt. Von irgendwoher hörte ich ein Klingeln, laut und mißtönend, es hörte gar nicht auf. Es schrillte und schrillte, immer weiter, ohne Unterbrechung.

Mama, es hat an der Tür geläutet, ich muß jetzt Schluß machen.

Immer, wenn ich dich anrufe, läutet es an der Tür, Angela.

Diesmal hat es aber wirklich geläutet, Mama. Wiedersehen.

Ich trennte die Verbindung. Schwärze brandete hoch, schwappte gegen mich, schlug über meinem Kopf zusammen.

*

»... Gottes willen, komm zu dir!« Die Stimme gehörte zu Irene, sie klang hysterisch und war unterbrochen von erstickten Schluchzern. »Angie, bitte, mach die Augen auf!«

Ich hörte klatschende Geräusche, zuerst waren sie weit weg, dann kamen sie immer näher, und zum Schluß taten sie weh, so nah waren sie. Ich merkte, daß ich geohrfeigt wurde. Eine schallende Ohrfeige nach der anderen. Irene schlug mich mit der flachen Hand auf beide Wangen, immer abwechselnd.

»Aua«, murmelte ich.

Sie schluchzte erleichtert und hörte auf, mich zu schlagen. Weinend zog sie mich hoch und schloß mich in die Arme. »Angie, mein Gott, ich dachte, du bist tot!«

»Schlafmittel«, flüsterte ich.

»Im Kaffee?«

Ich nickte mühsam. »Attila ... wo ist er?«

»Die beiden sind abgehauen. Ich hab geklingelt, und als er mir aufmachte, sagte ich ganz einfach frech, ich hätte den Besprechungsort geändert, und die Polizei käme auch gleich. Da verpaßte er mir einen Kinnhaken, sprang zusammen mit dieser kleinen Asiatin ins Auto und türmte mit qualmenden Reifen.« Sie lächelte unter Tränen. »Es war wie in einem schlechten Krimi. Oh, Angie, ich hab noch nie in meinem Leben solche Angst gehabt!« Besorgnis malte sich in ihren Zügen. »Du mußt dich übergeben, Angie, bevor zuviel von dem Zeug in deinen Blutkreislauf kommt. Los, los!«

Irgendwie schaffte sie es, mich vom Sofa zu hieven, mich zur Toilettenschüssel zu schleifen und meinen Kopf über den Rand zu drücken. Beim Anblick des fleckigen, stinkenden Beckens kam mir alles von ganz allein hoch. Der scharfe Uringestank, der aus der Emailleschüssel aufstieg, war so widerwärtig, daß ich den Kopf wegdrehte, mit dem Erfolg, daß die Hälfte meines Mageninhaltes auf meinen bestrumpften Füßen landete. Wie gut, dachte ich, daß Amber mir die Stiefeletten geklaut hatte, sonst wären sie jetzt hin, so wie Kurts erst- bis drittbeste Schuhe.

Ich würgte noch ungefähr ein Dutzend Mal, aber es kam nichts mehr.

Irene stand über mich gebeugt und hielt meinen Kopf, bis es vorbei war, anschließend wischte sie mir mit dem Ärmel ihres Mantels den Mund ab und schleifte mich zurück in den Flur. Ich versuchte, mitzuarbeiten, doch es klappte nicht. Meine Glieder waren nichts weiter als gefühllose Anhängsel, zu nichts zu gebrauchen. Neben einem unförmigen Gegenstand, den ich als Irenes Handtasche identifizierte, sackte ich endgültig zusammen, die Wange auf dem staubigen Teppich. Ich merkte kaum noch, wie mir wieder die Augen zufielen.

»Nicht einschlafen, Angie!« Dann, verzweifelt: »Liebe Güte, was mach ich bloß?« Pause, dann entschlossen: »Okay, warte.«

Ich spürte, wie mein Arm entblößt wurde, wie etwas Kühles in meiner Ellbogenbeuge verrieben wurde, gefolgt vom Einstich einer Nadel.

»Gut, daß ich mal Krankenschwester war«, hörte ich Irene sagen. »Das rettet dich auf jeden Fall, bis du wieder richtig wach wirst.«

»Hast du so was immer bei dir?« murmelte ich schläfrig.

»Es ist bloß ein Aufputschmittel«, verteidigte sie sich. »Kennst du jemanden bei *Clarisse*, der das nicht ab und zu braucht? Andere schlucken es, ich spritze es, schließlich hab ich's mal gelernt, und es hat den Vorteil, daß es sofort hilft.«

»Hoffentlich auch bei mir. Gott, ist mir elend!«

»Bleib noch eine Weile so liegen, es fängt gleich an zu wirken.«

Ich gehorchte und wartete, tief durchatmend, zwischendurch geschüttelt von krampfartigen Schluchzern und vereinzelten Würgeanfällen.

»Irene«, stieß ich endlich hervor, »du bist ein Engel, weißt du das? Du hast mir das Leben gerettet.«

Ich stemmte mich hoch, mein Herz raste, doch dafür wurde mein Kopf zusehends leichter, und ich hatte wieder alle Sinne beisammen. Ich konnte sprechen, sehen, hören und denken.

Irene kniete neben mir auf dem Fußboden, ihr heller Mantel über dem feinen Kostüm wies Schmutzflecke auf, ihr dunkles, sonst immer makellos glattgeföntes Haar war rettungslos zerzaust.

»Geht es wieder?«

Ich bewegte meine Hände und Beine. »Sieht so aus. Wenn du nicht so schnell gekommen wärst ... Nur eine halbe Stunde später, und ich wäre jetzt tot.«

Sie nickte ernst. »Du hast Glück, daß ich so ein Hasenfuß bin. Ich hatte nicht die Nerven, in meinem Büro sitzen zu bleiben. Ich hab eine Rufumschaltung auf mein Handy gelegt, bin hergefahren und hab ganz in der Nähe gewartet. Eine Minute nach elf hab ich an der Tür geklingelt. Und wie! Der Knopf klemmte, es hat gar nicht mehr aufgehört.«

»Ich glaube, das war das letzte, was ich noch mitbekommen habe.« Gegen heftige Schwindelgefühle ankämpfend, richtete ich mich auf. »Ich fühl mich schrecklich, Irene.«

»Das ist das Mittel. Es wird aber gleich besser.«

»Mir kommt es so vor, als würde es noch eine Weile dauern. Fang du doch schon mal an, nach dem Material zu suchen. Besser können wir es wohl nicht mehr antreffen.«

»Nein, wir müssen sofort hier weg«, sagte sie entschieden.

»Glaubst du, sie kommen zurück?«

»Darum geht es nicht.«

Sie half mir hoch, doch die Schwindelgefühle wurden immer stärker, dabei war mein Kopf eigenartig leicht und frei, es war beinahe so, als könnte ich schweben.

»Komm, ich bring dich zum Wagen.«

Sie stützte mich, indem sie meinen rechten Arm

über ihre Schulter hängte und mich gleichzeitig um die Taille faßte.

»Worum geht es denn?« fragte ich sie. Meine Zunge fühlte sich ganz pelzig und geschwollen an, als hätte ich stundenlang auf Sägespänen herumgekaut und sie anschließend mit Rostschutzmittel heruntergespült. Unter meinen Füßen war es kalt und naß, es war kein Wetter, um in Strümpfen herumzulaufen.

»Bitte?« Irene öffnete die Tür ihres Wagens und hievte mich auf den Beifahrersitz.

»Du hast gesagt *darum*«, nuschelte ich.

»Was gesagt?« Sie öffnete die Tür auf der Fahrerseite und setzte sich hinters Steuer. Mit einem rasanten Kavalierstart fuhr sie los.

»Geht es nicht«, brachte ich mühsam hervor, dann kicherte ich albern, es hatte sich zu komisch angefühlt. Angefühlt, Angie? Nein, angehört. Aber es war einerlei, komisch war es auf alle Fälle.

»Das ist das Mittel«, erklärte Irene, »in Verbindung mit Barbituraten entfalten Analeptika manchmal die komischsten Nebenwirkungen. Laß es einfach zu, das geht vorbei.« Sie betätigte den Blinker und bog ab. »Hast du Kurt eigentlich gesagt, daß du herfahren wolltest?«

»'türlich nicht«, sagte ich ärgerlich.

Sie runzelte nachdenklich die Stirn. »Ich dachte, ich hätte vorhin ... Ich glaube, ich habe ihn vorhin gesehen. Blonde Bürste, dunkle Jacke.«

»Wen?« fragte ich schwerfällig. »Kurt?«

»Ja, Kurt. An der Ecke am Ende der Straße, wo Attila wohnt.«

»Du hast dich bestimmt verguckt.«

»Angie, ich muß dir noch was sagen. Ich habe mit Melanie telefoniert. Weißt du, warum sie in den Verhören nicht zugab, in Clarissas Büro gewesen zu sein?«

Ich schüttelte stumm den Kopf, fasziniert von den bunten Mustern, in die sich durch diese Bewegung Irenes Gesicht verwandelte.

»Natürlich in erster Linie, um nicht selbst fälschlicherweise in Verdacht zu geraten. Aber außerdem auch deswegen, weil sie ihn in dieser Nacht dort auf dem Gang gesehen hat. Sie sagte, es war kaum mehr als ein Schatten, sie sah ihn nur für einen Sekundenbruchteil, bevor er um die Ecke verschwand, aber sie erkannte die blonde Bürste, sie war ganz sicher. Ihr war klar, daß sie dran war, wenn sie redete. Er brauchte einen Mörder, irgendeinen, um den Fall schnell abzuschließen. Mitwisser konnte er nicht dulden. Würde er vielleicht sogar ganz ausschalten. Also hielt sie den Mund.«

Obwohl sich alles in meinem Inneren dagegen sträubte, wußte ich instinktiv, daß sie die Wahrheit sagte, ebenso wie Melanie. Merkwürdig, daß es mich kaum berührte, ich war meilenweit weg, irgendwo über den Wolken. Der Schmerz würde kommen, wenn die Wirkung des Mittels nachließ.

»Wohin fahren wir?« fragte ich friedfertig.

»Zu dir.«

Ich nickte. Logisch. Zur Polizei konnten wir ja nicht, wir waren ja jetzt auch Mitwisser. Mitwisser wurden ausgeschaltet.

Mit schwebender Leichtigkeit glitt ich in Irenes

Arme, verwundert, daß die Fahrt schon vorüber war. Ich nahm kaum wahr, wie sie mich zur Haustür bugsierte, halb trug, halb zog sie mich, während ich über die Schulter zurückblickte.

»Was ist denn?« fragte sie ungeduldig.

»Dein Auto.«

»Was ist damit?« Sie zog einen Schlüssel hervor und öffnete die Tür. Wie geistesgegenwärtig sie war. Sie mußte daran gedacht haben, ihn aus meiner Handtasche zu holen, bevor wir losgefahren waren.

»Das ist ja ein Range-Rover.«

»Ja, allerdings.«

Sag Angie, sie soll sich um den Wagen kümmern.

Melanie war darauf gekommen, sie war eben doch die bessere Kriminalistin. Allerdings hatte sie auch im Gefängnis eine Menge Zeit zum Nachdenken gehabt. Sie hatte es mir durch Jack ausrichten lassen, Kurt konnte sie es ja schlecht sagen, bestimmt glaubte sie, es sei sein Wagen.

Sie hatte es nur Jack gesagt, weil er der einzige war, dem sie restlos vertraute.

Man muß aufpassen, wem man vertraut.

Der Range-Rover, er war das fehlende Glied in der Kette. Um ein Haar wäre es mir heute früh selbst eingefallen, als ich in mein Auto gestiegen war, um zu Attila zu fahren. Doch anstatt nachzudenken, war ich im Kamikazestil losgebraust, es hatte mir gar nicht schnell genug gehen können auf meinem Weg ins Verderben.

Und Kurt? Steckte er mit Irene unter einer Decke, oder war es umgekehrt? Verwirrung bemächtigte sich meiner, und nur undeutlich wurde ich gewahr, daß Irene mich die Treppe hinaufstemmte und, oben angekommen, die Wohnungstür aufschloß, während ich an der Wand entlang zu Boden rutschte.

*

»Angie, wo hast du die Abzüge?«

»Alles auf Diskette«, sagte ich bereitwillig.

»Wo ist sie?«

»In meiner Handtasche.«

»Brav. Diese Diskette hab ich schon. Hast du noch andere?«

Ich nannte ihr die restlichen Verstecke, während sie mich in die Wohnung zerrte. Bernie kam herangetrottet und leckte winselnd meine Hand. »Lieber Bernie«, murmelte ich.

»Hast du es auch noch auf der Festplatte?« fragte sie.

Ich nickte, zusammengesunken an der Wand hokkend, ein willenloses Bündel aus Fleisch und Knochen. Bernie legte sich wie ein Bettvorleger zu meinen Füßen nieder, er winselte lauter, er schien zu glauben, daß irgend etwas nicht stimmte.

Doch im Grunde war alles bestens in Ordnung. Ich lebte, ich war gesund. Ich konnte mich bewegen, es klappte sogar ganz gut, doch ich wollte es gar nicht. Ich fühlte mich gut. Einfach dasitzen und nichts denken. Es war so bequem. Ich beantwortete auch gern die Fragen, die Irene mir stellte. Sie war wirklich ungewöhnlich umsichtig, so kompetent bei allem, was sie anpackte. Ich hatte sie gern, sie war eine fabelhafte Chefin, eine vorbildliche Kollegin und eine so hilfsbereite Freundin. Doch eine Kleinigkeit störte mich an ihr, was war es bloß? Ich dachte lange nach, dann fiel es mir wieder ein. Richtig, sie fuhr einen Range-Rover. Allerdings leuchtete mir nicht recht ein, was daran schlimm sein sollte.

Sie verschwand im Wohnzimmer, und ich hörte das Summen, als sie meinen PC anschaltete und das Programm lud. Kurz darauf tauchte sie wieder in der Diele auf und blieb vor mir stehen. »Das Paßwort, bitte.«

Ich sagte es ihr, X-Y-K-U-R-T, und sie verschwand erneut im Wohnzimmer.

»Kurt war's«, teilte ich Bernie mit. »Das hätte ich nicht von ihm gedacht.«

Ein Klicken von der Wohnungstür ließ mich aufhorchen. Die Tür schwang sacht nach innen auf, und Kurt steckte seinen Kopf hinein. Als er mich sah, legte er seinen Finger auf die Lippen.

»Weißt du«, hörte ich Irene aus dem Wohnzimmer heraus sagen, »wenn ich das hier erledigt habe, wird es ein kleines Feuerchen geben. Ich denke, ich lasse es in der Küche anfangen, beim Herd. Das macht es glaubhafter. Natürlich muß ich mir wegen Attila auch noch was einfallen lassen, der Typ wird immer wahnsinniger und degenerierter, er ist schon fast so übergeschnappt wie seine Kleine. Diese Schnapsidee mit der Erpressung der Gräfin stammte von ihr, aber er hat mitgemacht, das sagt wohl alles. Er leidet unter Schizophrenie, wußtest du das?«

»Na klar«, rief ich zurück. »Er ist ja ein Ritualmörder.«

»Der?« rief Irene. »Wenn der schon mal was Größeres als eine Fliege umgebracht hat, würde mich das sehr wundern. Nein, nein, er ist nichts weiter als ein geistesgestörter, sexbesessener Trottel.«

Kurt kam auf Zehenspitzen in die Diele geschlichen, ließ sich neben mir auf ein Knie nieder, ergriff mein Handgelenk und fühlte meinen Puls.

»Alles klar?« flüsterte er.

Ich nickte.

»Gott sei Dank«, murmelte er.

Ich wunderte mich ein wenig, warum er so leise sprach, dennoch freute ich mich über alle Maßen, daß er mich besuchen kam. »Schön, daß du da bist«, strahlte ich.

Er streichelte meine Hand und zeigte auf die offene Wohnzimmertür. »Ist sie da drin?« formten seine Lippen.

Abermals nickte ich. »Irene«, rief ich munter, »Wir haben Besuch! Kurt ist hier!«

Kurt schrak zusammen und blickte mich entsetzt an. Dann fuhr er zur Wohnzimmertür herum. Ich schaute ebenfalls dorthin und sah Irene im Türrahmen stehen. Sie hatte eine gefährlich aussehende Waffe in der Hand, mit langem Lauf, der sich bei näherem Hinsehen als Schalldämpfer entpuppte.

»Werfen Sie das Ding weg«, befahl Kurt.

»Nicht doch«, spottete sie. »Wie soll ich Sie sonst in Schach halten?«

Sie legte den Kopf zur Seite. »Angie, tut mir leid, aber ich brauche jetzt noch die Negative. Wo sind sie?«

»Ich hab ein Geheimversteck dafür«, teilte ich ihr wichtigtuerisch mit.

»Wo ist das?«

»In Bernies Fäßchen.«

»Muß ich ihn erschießen oder läßt er mich nachsehen?«

»Er ist ganz lieb. Du kannst ruhig nachsehen.«

Sie tat es und fand das Fäßchen leer. Ärgerlich blickte sie auf. »Angie, da ist nichts drin.«

»Ich hab sie schon vorher rausgeholt und mit ins Präsidium genommen«, behauptete Kurt.

»Aber Kurt, das stimmt doch gar nicht!« wies ich ihn entrüstet zurecht. »Ich hab sie woanders versteckt, deshalb sind sie weg!«

Kurts Brauen trafen sich über der Nasenwurzel. »Angela, bist du sicher, daß es dir gutgeht?«

»Das ist das Mittel«, erklärte ich. »Aber es geht gleich vorbei.«

Irene kam näher und stupste mich mit der Pistole an. »Wo ist das neue Versteck?«

»Du wirst es nie erraten«, sagte ich kichernd.

»Erzählen Sie mir vorher, wie Sie es gemacht haben«, verlangte Kurt.

»Die Negative, Angie.«

»Nein, erst sollst du Kurt erzählen, wie du es gemacht hast«, verlangte ich eigensinnig, obwohl ich keine rechte Vorstellung hatte, wovon überhaupt die Rede war.

Irene seufzte nachgiebig. »Es war ganz leicht.« Sie griff in ihre Handtasche und zog einen kleinen Gegenstand heraus, den ich beim zweiten Hinschauen als ihr Diktiergerät erkannte. Sie drückte auf einen Knopf, und wie durch einen Zauber ertönte plötzlich unverkennbar Clarissas Stimme. »Hallo!«

Ich zuckte verstört zusammen, doch als nächstes war Irenes Stimme zu hören, und ich begriff, daß dies die Aufnahme eines Telefongesprächs zwischen den beiden sein mußte.

»Clarissa? Wie geht's dir? Wo bist du?«

»Am Flughafen. Die Verbindung ist nicht besonders, andauernd kommt irgendein Funkloch.«

»Im Moment versteh ich dich ganz gut. Liegt irgendwas an, oder meldest du dich bloß mal so?«

»Ob was anliegt? Das kann man wohl sagen. Ich werde mich morgen früh noch mal mit dieser Russin treffen. Swetlana ist jetzt definitiv sicher, daß Attila sich ihre Kleine geschnappt hat.«

»Wie kommt sie zu dieser Annahme?«

»Attila ist ihr aufgefallen, wie er beim letzten Wettkampf ihre Tochter begaffte. Später lungerte er ein paarmal vor ihrem Moskauer Haus herum. Als dann die Kleine verschwunden war, hatte sie sofort ihn in Verdacht, doch da war er schon weg. Aber in Moskau sind die Leute findig, Irene, und vor allem sind sie auf sich allein gestellt, wenn sie Gerechtigkeit wollen. Und die will Swetlana. Vor allem will sie ihre Tochter wiederhaben. Also hat sie über die Pressefotos, die bei dem Kampf gemacht worden sind, herausfinden lassen, wer er ist. Sie kam nach Hamburg, zusammen mit einem Bekannten, und der hat sich dann an Attila herangemacht. Er ist Maler, und du weißt ja, wie verrückt Attila auf Kunst ist. Nachdem er Attilas Vertrauen gewonnen hatte, machte er ein paar Andeutungen, gab sich als Päderast aus, und auf einmal sprudelte Attila nur so über von Informationen. Du ahnst es nicht: Er betreibt es professionell. In ganz großem Stil. Dabei ist er nur ein kleines Rädchen im Getriebe, Irene, nicht mehr als ein Helfershelfer. Sie holen die Mädchen aus allen Slums der Welt. Fernost und aus Rußland und Afrika. Sie werden betäubt und entführt oder ihren Eltern abgekauft und dann mit enormem Gewinn weiterverkauft. In Billstedt gibt es ein leerstehendes Haus als Zwischenstation, und in dem Haus ist ein Keller ... Du wirst es ja selbst sehen. In einem Anfall von Größenwahn hat Attila dem Russen alles gezeigt. Der Russe hat Fotos machen können, die kriege ich noch, und auch seine eidesstattliche Zeugenaussage. Und last, but not least, eine Liste mit Dutzenden von Namen. Schlepper, Kidnapper, Folterknechte. Käufer und Verkäufer von Kindern, in aller Welt.«

»Du willst eine Story daraus machen, habe ich recht?«

»Eine Story? Einen Knüller! Die Titelserie des Jahres! Wir werden dafür mindestens den Kisch-Preis kriegen! Irene, jedes Jahr werden überall auf der Welt Millionen von Kindern verschleppt und zur Prostitution gezwungen, das ist eines der heißesten Eisen nach dem Uranschmuggel und dem Rinderwahnsinn!«

»Brauchst du meine Hilfe?«

»Sicher. Aber kein Wort davon zu den anderen.«

»Warum nicht?«

»Du bist in der Redaktion von allen die einzige, der ich vertrauen kann. Laß vor allen Dingen Jack und Melanie da raus. Sie haben beide mal für diesen Mistkerl gearbeitet. Und zwar nicht bei der Zeitung, wenn du verstehst, was ich meine. Ich hab endlich alle Infos über seine schmutzigen Fotos rausgekriegt, außerdem über eine Menge widerlicher Videos. Wenn Attila das erfährt, wird er mir natürlich den Hals umdrehen wollen, deshalb ist es wichtig, erst mal alles zu verstecken.«

»Reicht es schon für eine Story?«

»Es ist mehr als genug. Wirklich, es ist höchste Zeit, alles zu veröffentlichen, jede verdammte Einzelheit. Ich krieg sie am Arsch, die Drecksäcke.«

»Und du meinst wirklich, Melanie und Jack ...«

»Vielleicht stecken sie mit Attila unter einer Decke. Diese Sache, die sie damals angestellt haben, ist zwar schon ziemlich lange her, schon über zehn Jahre. Melanie gibt sich seit ewigen Zeiten als treues Blümchen und sauberes Weibchen, Jack gebärdet sich als der Künstler schlechthin. Allerdings kann man nie ganz sicher sein, deshalb ist mir lieber, du läßt sie raus und sagst kein Wort zu irgend jemand. Ich habe eine Handvoll Fotos, von der ganz gemeinen Sorte, damit habe ich Jack und Melanie in der Hand, nur für den Fall, daß sie doch mit Attilas Geschäften zu tun haben. Ich habe die beiden wissen lassen, daß ich diese Fotos habe. Sie werden Attila gegenüber die Klappe halten, das ist die Hauptsache, mehr wollte ich gar nicht damit bezwecken. Es wird die Story des Jahres, logisch, daß ich da übervorsichtig bin.«

»Und wie läuft dieses geplante Treffen ab?«

»Ich treffe sie morgen um halb sieben in der Nähe des Roten Kliffs, sie macht gerade mit ihrem Bekannten ein paar Tage Urlaub in Kampen. Dort lasse ich mir von ihr die Beweisstücke geben. Danach rufe ich dich sofort an, halte dich auf jeden Fall schon mal bereit, am besten gleich morgen früh, ja?«

»Kein Problem, Clarissa.«

»Und nachmittags treffen wir uns in meinem Büro. Sagen wir, um sechs Uhr ... nein, das ist vielleicht zu früh, ich weiß nicht, möglicherweise klappt es gar nicht, daß ich so schnell zurück bin, ich will für alle Fälle vorher die Unterlagen zum Notar bringen. Wir haben Dutzende von Namen, Irene. Dutzende.«

»Das sagtest du schon.«

»Ich bitte dich dringend, von alledem nichts zu verraten, Irene.« Ein perlendes Lachen, dann: »Aber ich weiß ja, du kannst schweigen wie ein Grab.«

Irene schaltete das Gerät aus und warf es nachlässig zu Boden. »Das war die ungeschnittene Version«, sagte sie. »Ich habe Attila die Aufnahme vorgespielt und ihm vorgeschlagen, Clarissa umzubringen und hinterher ihr Vermögen mit mir zu teilen.«

»War es doch Attila?« staunte ich. »Ich dachte, Kurt war es! Du warst es doch, oder, Kurt?«

Er blickte mich an, in einer seltsamen Mischung aus Resignation und Zärtlichkeit. »Liebst du mich, Angela?«

»Ja!« sagte ich mit fester Stimme.

»Wenn das keine Story für Melanie ist«, spottete Irene. »Warte mal ... Wie wäre es mit: *Sie liebte einen Mörder?*«

»Das ist mir egal«, erklärte ich tapfer. »Ich heirate ihn trotzdem. Er hat es nur wegen seiner armen Mutter getan.«

»Was hat sie dir denn da bloß erzählt?« Kurt streckte die Hand aus und streichelte meine Wange.

Ohne nachzudenken gab ich es zum besten, Wort für Wort, so wie Irene es mir berichtet hatte. Kurt schüttelte den Kopf. »Sie hat dir einen Haufen Lügen aufgetischt, Angela. Es hat einen Unfall gegeben, ja, aber es war meine Mutter, die mit ihrem Wagen gegen den liegengebliebenen Laster prallte und dabei starb. Mein Vater hatte damit nicht das geringste zu tun. Er hat meine Mutter verlassen, Angela. Er verließ sie, und zwar schon sechs Monate, bevor ich geboren war. Ich habe ihn nie kennengelernt.«

Vorwurfsvoll blickte ich zu Irene hoch. »Du hast gelogen, Irene! Das war gemein von dir!«

Sie zog spöttisch eine Braue hoch. »Na so was!«

»Wie ging es weiter?« mischte Kurt sich ein. »Was hat Attila zu Ihrem Vorschlag gesagt?«

»Attila bekam schlimmes Fracksausen, als ich ihm das Band vorspielte. Meine Idee kam ihm wie gerufen. Wie ich es erwartet hatte, war er sofort bereit, mitzumachen. Es trifft nämlich alles zu, was man sich seit Jahren zuflüsterte. Clarissa hatte ihn erbarmungslos erpreßt und seine Existenz vernichtet. Oh, nicht, daß sie keine guten Gründe dafür gehabt hätte! Attila veränderte sich, seine ganze Persönlichkeit degenerierte. Er trank, er dachte nur noch an Sex mit kleinen Mädchen, und vor allem fing er an, sein Lebenswerk Stück für Stück zu demontieren. Clarissa konnte nicht mit ansehen, wie alles den Bach runterging, in gewisser Weise handelte sie also auch zu seinem Besten. Seit dieser Zeit ist es noch viel schlimmer mit ihm geworden. In den letzten Jahren hat er sich in einen blöden, spuckenden Tattergreis verwandelt. Sein ganzer Grips ist in seinen Pimmel gerutscht.«

»Irene«, rügte ich.

Sie grinste. »Aber Angie, du mußt doch ganz andere Dinge gewohnt sein!«

»Weiter«, sagte Kurt.

Sie hob nachlässig die Pistole. »Attila und ich fuhren zum Treffpunkt nach Kampen, und gleich der erste, dem wir am Rand der Dünen begegneten, war dieser blöde Russe. Ich schoß ihm von hinten mit diesem netten kleinen Ding hier ein Loch in den Kopf«, sie wedelte mit der Pistole, »doch anscheinend hab ich es nicht ganz professionell gemacht. Nach allem, was hinterher zu hören und zu lesen war, hat er noch eine ganze Weile gelebt.«

Er hatte sogar noch mit mir geredet. »Was heißt *Pomogite*?« flüsterte ich entsetzt.

»Das ist Russisch und heißt ›Hilfe‹«, sagte Kurt traurig.

»Ich hätte ihm helfen können«, sagte ich leise.

Kurt schüttelte den Kopf. »Seine Verletzung war tödlich, Angela.« Zu Irene sagte er: »Entschuldigen Sie die Unterbrechung. Bitte fahren Sie fort.«

Irene nickte gnädig. »Er war kaum umgefallen, als der rote Ferrari auf den Parkplatz einbog, wir schafften es gerade noch, den Russen hinter die nächste Düne zu schleppen. Dort warteten wir, bis die Gräfin und ihr Lover mit ihrem Drachen hinunter zum Strand marschiert waren. Dann machten wir uns auf den Weg zu Clarissa und Swetlana, die keine hundert Meter von uns entfernt auf dieser Bank saßen.

Aber plötzlich erschienst du auf der Bildfläche, Angie. Du kannst dir gar nicht vorstellen, wie überrascht wir waren, als du dort auf dem Parkplatz auf einmal so mir nichts dir nichts den Schlüssel aus dem Ferrari klautest. Aber richtig erschrocken waren wir erst, als du mit dem Knipsen anfingst. Immerhin war es mein Wagen, der dort stand. Ich benutze ihn nur ganz selten, praktisch so gut wie nie, und ich wußte genau, daß du ihn nicht kanntest, aber über das Kennzeichen läßt sich leicht der Besitzer ermitteln. Ich beschloß, mich später um dich und dieses Foto zu kümmern. Na ja, der Russe war schon tot, oder doch so gut wie, also mußte der Rest auch noch irgendwie über die Bühne gehen. Du bist in der anderen Richtung in den Dünen verschwunden, der Gräfin und ihrem Jungen hinterher, damit hatten wir freie Bahn. Aber wir hatten schon wieder Pech, die beiden kamen plötzlich den Strand entlang zurückspaziert, also war es nur eine Frage der Zeit, bis du ebenfalls wieder auftauchtest. Ich schüttete die Wodkaflasche über dem Russen aus, damit du ihn für einen betrunkenen Penner hieltest, falls du zufällig über ihn stolpern solltest. Dann versteckten wir uns hinter einer Nachbardüne und warteten, daß du wieder verschwinden würdest. Dazu kam es dann ja auch ziemlich schnell, der junge Bursche hatte wirklich einen ganz schönen Zahn drauf. Um ein Haar hätte er dich geschnappt, bevor du wegfahren konntest. Wir beobachteten die Gräfin; sie stand am Strand und zog ein Handy heraus, vermutlich war am anderen Ende ihr junger Freund, der sie vom Ferrari aus anrief und ihr Bescheid sagte, daß er dir folgte. Daraufhin klemmte sie ihren Drachen unter den Arm und wanderte in entgegengesetzter Richtung über den Strand davon.«

»Du hast eine unglaubliche Kombinationsgabe«, sagte ich bewundernd.

Das schien Irene zu schmeicheln, sie wippte auf den Zehenspitzen, als sie weitersprach. »Jedenfalls waren endlich alle weg, außer Clarissa und Swetlana, die beiden hatten von eurer kleinen Verfolgungsjagd gar nichts mitbekommen. Wir kletterten über die Düne und gingen zu der Bank, dort richtete ich die Waffe auf Clarissa und wollte ihr in den Kopf schießen. Aber irgend etwas klemmte, es löste sich kein Schuß.«

»Das nennt man Ladehemmung«, sagte Kurt fachmännisch.

»Ah ja. Danke. Die beiden sahen nicht tatenlos zu, bis ich diese Ladehemmung beseitigt hatte, sie sprangen auf und wollten wegrennen. Attila packte Clarissa und hielt sie fest, ich schlug Swetlana von hinten den Kolben über den Schädel. Es gab ein häßliches Geräusch, und sie fiel hin. Stell dir vor, Angie, diese große, starke Frau, sie brach einfach zusammen, ohne einen Laut. Ich fühlte ihren Puls, doch er wurde schon schwächer. Innerhalb von ein paar Sekunden war sie tot. Clarissa hörte auf, sich gegen Attila zu wehren, sie starrte mich an, als hätte sie mich noch nie vorher gesehen. Dann sagte sie ganz ruhig: ›Wenn ihr auf mein Geld scharf seid, habt ihr Pech. Ich war vor ein paar Tagen beim Notar und habe mein Testament geändert. Du bist enterbt, Attila. Ich habe dafür gesorgt, daß du nichts bekommst, keinen Pfennig. Kurt kriegt alles.‹ Attila sagte: ›Sie lügt.‹ Doch ich sah sofort, daß sie nicht log. Ich kannte sie ja viel besser als er. Schließlich liebe ich sie.«

Kurt und ich tauschten Blicke. Irene hatte in der Gegenwartsform gesprochen, und allem Anschein nach war es ihr nicht aufgefallen.

Irene blickte ins Leere, ihre Stimme klang mit einem Mal monoton. »›Sie lügt nicht, Attila‹, sagte ich ganz ruhig. ›Sie hat es getan.‹ Er fing sofort schrecklich an zu jammern. ›Was machen wir jetzt? Wie können wir halbe halbe machen, wenn sie mich enterbt hat?‹ ›Sie muß eben ihr Testament noch einmal ändern‹, sagte ich. ›Ein neues, handschriftliches Testament, das setzt das andere wieder außer Kraft. Schlag sie bewußtlos, Attila.‹ Er meckerte, doch als sie anfing, sich zu wehren, tat er es. Wir schaufelten Sand über die beiden Toten, Clarissa nahmen wir im Kofferraum mit nach Hamburg und sperrten sie in das Haus in Billstedt.«

»Attila wohnt überhaupt nicht dort, oder?« fragte ich unvermittelt.

Irene musterte mich scharf. »Das Mittel läßt nach.« Sie trat einen Schritt zurück. »Komm ja nicht auf die Idee, Blödsinn zu machen!«

»Nein, ich will's bloß wissen. Was ist das für ein Haus?«

»Er brachte dort die Mädchen hin. Es war bloß ein Gefängnis, nichts weiter. Einsam gelegen, ohne Nachbarn, ideal für seine Zwecke. Wir sperrten Clarissa in den Keller und fesselten sie an die Wand. Sie bekam nichts zu trinken und nichts zu essen, aber es war sinnlos, sie wollte es nicht tun. Ihr ahnt nicht, was Amber alles mit ihr angestellt hat – sie ist sehr gut in solchen Sachen – aber Clarissa gab nicht nach. Keine Folter, kein Medikament brachte sie dazu, uns zu gehorchen. Ich hätte es gleich wissen müssen. Noch nie hat sie sich von anderen unter Druck setzen lassen. Immer war sie diejenige, die Druck ausübte. Schließlich begriff ich, daß sie in hundert Jahren ihr Testament nicht ändern würde. Dabei ging es ihr gar nicht darum, was nach ihrem Tod mit ihrem Vermögen geschehen würde, das war ihr vollkommen egal. Wäre es anders gewesen, hätte sie sich nicht so bereitwillig auf diese Rückfallklausel in der ursprünglichen Fassung ihres Testaments eingelassen. Nein, sie wollte einfach nicht nachgeben. Sie gab niemals nach. Eine Weile überlegte ich, es selbst zu tun. Eine Fälschung. Ich informierte mich über die heute gebräuchlichen kriminaltechnischen Untersuchungsmethoden und wußte sehr schnell genug darüber, um mir die Idee gleich wieder aus dem Kopf zu schlagen. Wir wären nie damit durchgekommen. Es war vorbei, ganz einfach vorbei. Und du, Angie, warst eine wandelnde Zeitbombe mit den belastenden Negativen, wir verstanden sowieso nicht, warum du mit keiner Silbe erwähntest, daß du Clarissa am Tage ihres Verschwindens auf Sylt gesehen hattest. Ich packte den Stier bei den Hörnern und gab dir diesen Rechercheauftrag, um deine Reaktion zu testen. Doch du hast dir nichts anmerken lassen. Du bist sogar nach Sylt gefahren. Es war zum Verrücktwerden. Wußtest du etwas, wußtest du nichts? Welche Gründe hattest du, zu schweigen, und, vor allem, würdest du weiter schweigen? Zwei Wochen hielt ich diese Nervenprobe aus, länger nicht. Ich war einfach am Ende, Clarissa war sowieso schon fast tot, es hatte keinen Sinn mehr.«

»Und da habt ihr beschlossen, Nägeln mit Köpfen zu machen«, fuhr ich fort. Mein Verstand war zurückgekehrt, nicht von einer Sekunde auf die nächste, aber es war innerhalb von weniger als einer Minute geschehen. Ich begriff, daß sie mir zusammen mit dem Kreislaufmittel noch ein anderes Medikament gespritzt haben mußte, etwas, was mich willenlos, gefügig und sehr mitteilungsbedürftig gemacht hatte. Alles war ein abgekartetes Spiel gewesen, eine Scharade, die ich durch meine eigene Dummheit erst möglich gemacht hatte. Ich war einem ausgeklügelten Bluff aufgesessen, bestimmt hatten Attila und Irene sich königlich amüsiert über die Paraderolle, die ich in meinem selbstinszenierten kleinen Spionagethriller gespielt hatte. Vermutlich hatten Attila und dieses kleine schlitzäugige Biest die ganze Zeit über im Wohnzimmer gesessen und sich vor Lachen die Bäuche gehalten, während Irene mich auf ihre spezielle Art verarztete, um mir anschließend völlig problemlos meine Negative abluchsen zu können.

In Wahrheit war ich nicht Jägerin und Beobachterin gewesen, sondern das ausgespähte Wild. Während ich allen Ernstes glaubte, einen Hinterhalt zu legen, hatten die wahren Jäger meine Naivität für ihre Zwecke ausgenutzt und damit die Kunst der Heimtücke vollendet. Lady Paparazza, Profi im Auflauern und Austricksen – Opfer der eigenen Sensationslust.

»Du hast mir am Telefon dieses frisierte Band vorgespielt und mich glauben lassen, daß Clarissa mich in ihrem Büro sprechen wollte, so wie sie es immer hielt, wenn etwas sehr Wichtiges anlag.«

Irene lächelte zustimmend. »Ich dachte, wenn du wirklich Beweise hast, Fotos, irgend etwas von Bedeutung, dann kommst du und bringst es mit, ohne vorher zu irgend jemandem auch nur ein Sterbenswörtchen zu sagen.«

Und genau das hatte ich getan. Sensationsjournalismus in Reinkultur.

»Dort an ihrem Schreibtisch sollte sie sterben, es war der Ort, den sie für ihren Tod verdient hatte. Der Ort, an dem sie jahrelang die Größte war. Der Ort, von dem aus sie alle lenkte, beherrschte, unterdrückte. Der Ort, an dem sie ihre größten Schandtaten verrichtet hat.«

Ich wußte plötzlich, daß Irene bereits damals von dem unseligen Zwischenfall mit Melanie gewußt haben mußte. Und außerdem wußte ich jetzt ohne jeden Zweifel, daß ich nach Clarissas Tod ebenfalls hatte sterben sollen. Irene hatte mich mit dem manipulierten Band nicht nur in Clarissas Büro gelockt, damit ich belastendes Bildmaterial mitbrachte, sondern vor allem, um mich als unerwünschte Zeugin aus dem Weg zu räumen.

Irenes Stimme war nicht die geringste Regung anzuhören, als sie fortfuhr. »Sie bekam eine Spritze, etwas Ähnliches wie du vorhin, dann hat Amber sie angezogen und frisiert. Damit hatte sie viel Spaß, doch das überraschte mich offen gestanden überhaupt nicht, sie ist ja nicht ganz dicht. Anschließend ging sie mit Attila groß aus. Die Drecksarbeit überließen die beiden mir, sie sahen nicht ein, warum es unbedingt im Verlagsgebäude an ihrem Schreibtisch passieren mußte. Gott, wie dumm die beiden sind, wie primitiv, wie vollkommen naiv! Sie haben nicht die geringste Vorstellung davon, wie man Dinge richtig macht. Sie wissen nichts von Konsequenz, sie haben nicht den Hauch einer Ahnung von der Dramaturgie einer wirklich guten Story.« Irene schüttelte den Kopf. »Sie wollten lieber schon mal feiern, erklärten sie. Wenn ich gewußt hätte, daß sie zu diesem Zweck einen Scheck von Clarissa fälschten und einlösten, hätte ich ... Na ja, aufgeschoben ist nicht aufgehoben.«

»Weiter«, drängte Kurt.

»Ich brachte Clarissa in meinen Wagen und fuhr zum Verlagsgebäude. Unten am Eingang nahm ich ihre Karte, es war genau vier Uhr. Ich schleppte sie in den Aufzug, dann in ihr Büro. Es war nicht einfach, ich mußte sie mehr tragen, als daß sie selbst ging, aber ich bin ziemlich kräftig im Umgang mit geschwächten Personen.«

»Sie ist gelernte Krankenschwester«, erklärte ich Kurt.

»Ich weiß.« Er seufzte.

»Ich setzte sie in ihren Sessel und verpaßte ihr noch eine Spritze, diesmal zur Betäubung.«

»Warum hast du mir nichts davon erzählt, daß sie betäubt war?« Ich wandte mich vorwurfsvoll an Kurt.

Er zuckte bloß die Achseln und bedeutete mir zu schweigen.

Irene ließ die Waffe leicht sinken und bewegte sich sachte vor und zurück, wie zu einer unhörbaren Musik. Sie bot einen unheimlichen Anblick, und unvermittelt begriff ich, daß sie krank war. Sehr krank.

»Als nächstes stellte ich fest, daß du schon dort gewesen warst und die Flasche mit den Gläsern und den Fotos zu diesem netten kleinen Stilleben arrangiert hattest. Ich konnte ja nicht ahnen, daß du immer noch da warst, nie wäre ich auf die Idee gekommen, daß du dort hinten in der Ecke auf dem Sofa lagst und schliefst, immerhin machte ich ziemlichen Krach. Ich sah die Fotos und wußte sofort, daß es schrecklichen Ärger für mich geben würde, wenn ich nicht an die Negative herankam. Doch dann überlegte ich, daß ich dir fürs erste genausogut den Mord in die Schuhe schieben könnte. Zwei Fliegen mit einer Klappe. Damit wärst du aus dem Verkehr gezogen, und ich wäre aus dem Schneider. Also legte ich ein Taschentuch um die Flasche und schlug Clarissa den Schädel ein.«

Eisige Finger schienen über mein Rückgrat zu streichen, während Irene in diesem emotionslosen Tonfall schilderte, wie sie einen Menschen getötet hatte, gerade so, als hätte sie ein Glas Wein getrunken oder eine Bluse gebügelt.

»Dann steckte ich die Fotos ein. Alle natürlich, hätte ich nur die von den Autos genommen, wäre selbst der Dümmste darauf gekommen, wo der Mörder zu suchen war. Ich wollte gerade wieder gehen, als ich Schritte hörte. Ich duckte mich hinter den Schreibtisch, ganz instinktiv, dann hörte ich, wie jemand in der offenen Tür stehenblieb und keuchte und dann leise ›Oh, mein Gott!‹ sagte.«

»Das muß Melanie gewesen sein«, stellte ich fest.

»Nein, es war eine Männerstimme.«

Kurt und ich musterten sie, ich voller Überraschung, Kurt eher so, als hörte er etwas, was er sowieso schon gewußt hatte.

»Weiter«, sagte er.

»Wieder hörte ich Schritte, doch diesmal entfernten sie sich. Wer auch immer es war, er rannte weg. Sehr schnell. Zeit für mich, ebenfalls schnellstens zu verschwinden. Ich ging aus dem Büro, und wen sehe ich dort ein paar Schritte von mir entfernt im Gang stehen?«

»Melanie«, sagte Kurt.

»Richtig. Sie stand mit dem Rücken zu mir im Korridor und starrte in die Richtung, in welcher der Mann verschwunden war.« Wieder wiegte Irene sich in monotoner Bewegung, ihr Gesicht hatte einen konzentrierten Ausdruck angenommen, es schien beinahe, als sei sie in jene Zeit zurückversetzt worden, als müsse sie die damaligen Ereignisse noch einmal erleben. »Melanie stand da, vollkommen reglos. Was sollte ich tun? Ich dachte gar nicht lange nach. Die Tür zu den Damentoiletten stand offen, es war die nächste. Ich huschte hinein und wartete auf schrille Schreie. Als die nicht kamen, ging ich vorsichtig nachschauen. Melanie beugte sich über Clarissas Schreibtisch und wischte mit einem Taschentuch daran herum. Ich konnte mir keinen Reim darauf machen, aber mir blieb keine Zeit, weiter nachzudenken, ich war sicher, daß dieser Typ, der weggerannt war, schon längst die Polizei angerufen hatte.«

»Das muß Siegfried gewesen sein«, sagte ich leise. »Er hatte bestimmt vor, in ihrem Büro auf sie zu warten, um wegen des Kunstfehlers mit ihr zu sprechen. Melanie hat ihn wegrennen sehen und glaubte, du seist es, jedenfalls dachte sie es, als sie kurz danach erfuhr, daß du der Erbe sein solltest. Und genau dieses Detail hat sie gestern abend weggelassen, als wir uns unterhielten, aus Sorge, ich könnte es dir weitersagen. Sie hatte Angst vor dir, Kurt. Deswegen war sie auch dir gegenüber so verstockt.«

»Psst«, machte Kurt.

»Nun, wie auch immer«, sagte Irene, »ich sah zu, daß ich verschwand. Unten in der Halle gab es noch ein kleines Problem, denn als ich vom Lift zur Eingangstür kam, sah ich einen Streifenwagen draußen stehen. Ich dachte schon, alles ist aus, aber im selben Moment fuhr er auch schon weg. Danach gab es für mich nur noch eine Sache von Bedeutung.«

»Die Negative«, sagte ich.

»Richtig«, stimmte Irene zu. »Ich knobelte den Plan mit dem Museum aus und beauftragte Attila, dich anzurufen. Wir glaubten nach dieser Übergabe wirklich, du hättest keine Negative mehr. Aber du hast neue gemacht, nicht wahr? Ich habe diese kleinen Porträtabzüge in deiner Handtasche gefunden.« In einer schroffen Bewegung hob sie die Pistole. »Niemand kann mir heutzutage nachsagen, daß ich nicht durchziehe, was ich mir vornehme. Ich mache keine halben Sachen. Was ich anfange, beende ich auch. Wo hast du die Negative versteckt, Angie?« Sie richtete die Waffe auf meinen Kopf.

»Schau, Irene, du kommst doch niemals damit durch ...«

»Sag es ihr«, befahl Kurt mit scharfer Stimme.

Bernie hob den Kopf von seinen Pfoten und winselte.

Ich verlagerte unruhig mein Gewicht von einer Hinterbacke auf die andere. »Aber ...«

»Tu es.«

»Ja, tu es besser!« Irenes Hand schwang zur Seite, und plötzlich hielt sie Kurt die Pistole an die Schläfe.

»Ich sage es. Aber nur, wenn du die Pistole nicht auf seinen Kopf richtest.«

»Wohin soll ich denn deiner Meinung nach zielen?«

»Auf sein Herz. Ich will nicht, daß er entstellt wird, wenn du ihn erschießt. Ich habe überhaupt kein Foto von ihm, verstehst du? Er ist der Mann, den ich liebe, und ich will ein Foto von ihm. Das mußt du doch verstehen, Irene. Wie kann ich ihn fotografieren, wenn sein Kopf ein Riesenloch hat? Ziel auf sein Herz, und ich sag es dir.«

Sie lächelte höhnisch, doch sie tat, was ich verlangte, ein unstetes Flackern in den Augen. Bernie winselte lauter und scharrte mit den Pfoten, als merkte er, daß etwas Entsetzliches im Gange war.

»Ich hoffe, du weißt, was du da tust«, preßte Kurt zwischen den Zähnen hervor. Schweiß perlte auf seiner Stirn, und seine Hände zitterten.

»Natürlich«, sagte ich freundlich. »Irene, die Negative sind oben.«

»Wo oben?«

»Im Gästebad. Im Wasserspülkasten der Toilette.« Mühsam stemmte ich mich an der Wand hoch. »Ich hol sie.«

»Nein.« Rasch trat sie an meine Seite und preßte die Mündung der Waffe an meine Schläfe. »Wir beide gehen in die Küche.« An Kurt gewandt, befahl sie barsch: »Du. Geh nach oben und hol sie.«

Ich sog hastig die Luft ein. Mit dieser Wendung der Dinge hatte ich nicht gerechnet. Flehend blickte ich Kurt an, doch er war schon aufgesprungen. »Wenn Sie ihr was tun, werfe ich die Negative aus dem Fenster«, drohte er.

Irene hob nur gleichmütig die Schultern. »Keine Sorge. Ihr dürft gemeinsam sterben.«

»Ich bin gleich wieder da, Angela! Spiel ja nicht die Heldin«, rief er über die Schulter zurück, bevor er mit Riesenschritten die Wendeltreppe hinaufrannte, gefolgt von Bernie, der ihm mit begeistertem Hecheln nachsetzte. Irene packte mich am Arm und zerrte mich vollends auf die Füße, die Pistole immer noch an meine Schläfe gedrückt. Die Waffe war recht klein, wie ich aus den Augenwinkeln erkannte, es lag hauptsächlich am Schalldämpfer, daß die Pistole so bedrohlich wirkte. Doch zweifellos war auf diese Entfernung auch das kleinste Kaliber tödlich. Meine Füße waren zwei Klötze aus Blei, meine Beine weichgekochte Spaghetti. »Ich bin noch zu schwach, ich kann nicht laufen«, behauptete ich mit dünner Stimme.

»Du kannst.« Unsanft stieß Irene mich vor sich her, zur Küche. Sie nahm mit der freien Hand eine grüne Plastikflasche aus ihrer Manteltasche und hielt sie mir hin. »Mach sie auf.«

Ich starrte die Spiritusflasche in meinen Händen an, und dann stockte mir vor Panik der Atem, denn Irene griff abermals in die Tasche und holte ein Feuerzeug hervor.

»Los, Angie, mach die Flasche auf!«

Kalt stieß die Mündung des Schalldämpfers gegen meinen Schläfenknochen, während ich ungeschickt am Schraubverschluß der Flasche herumfummelte. Meine Finger waren eiskalt und völlig gefühllos. Die Flasche entglitt mir und fiel zu Boden; Brennspiritus floß heraus, bildete eine Pfütze auf den Fliesen unter meinen Füßen, durchfeuchtete den Baumwollstoff meiner Strümpfe.

Irene und ich bückten uns gleichzeitig, und als ich das merkte, handelte ich planlos, rein instinktiv. Ich schlug mit dem Unterarm die Pistole zur Seite und trat Irene gleichzeitig in die Kniekehlen. Sie schrie auf und fiel zur Seite, ohne jedoch die Pistole loszulassen.

»Fallenlassen!« rief Kurt. Er stand in der Küchentür, den tropfnassen Plastikbeutel mit den Negativen in der einen, eine großkalibrige Pistole in der anderen Hand. Ein leises *Plop* erklang, und Kurt wurde gegen den Türrahmen geschleudert. Irene hatte geschossen. Vorn auf Kurts Brust, in Höhe des Herzens, befand sich ein schwarzumrandetes kleines Loch.

»Kurt!« schrie ich.

»Geh zur Seite«, ächzte er.

Ich gehorchte sofort und beobachtete ihn besorgt.

Er lehnte sich gegen die Wand und sackte langsam zusammen, die linke Hand gegen das Loch in seiner Brust gepreßt. Er stöhnte qualvoll, und seine Hand mit der Pistole sank kraftlos herab, doch als Irene mit triumphierendem Grinsen die Pistole auf meinen Kopf richtete, ruckte seine Rechte hoch, und ein gewaltiger Knall ertönte, so laut, daß ich überzeugt war, meine Trommelfelle seien geplatzt. An Irenes rechter Schulter bildete sich rund um eine fransige schwarze Öffnung in dem hellen Mantelstoff ein rasch größer werdender blutiger Fleck. Die Pistole glitt aus ihren schlaffen Fingern, ich bückte mich flink und hob sie auf.

»Nicht daran herumspielen«, keuchte Kurt. Ich legte die Pistole auf die Anrichte, eilte zu ihm und nahm sein Gesicht in beide Hände. »Kurt! Du hast mich gerettet! Du bist so mutig, so tapfer! Oh, ich liebe dich ja so sehr!«

Er stieß einen unterdrückten Schmerzenslaut aus, und ich betrachtete ihn erschrocken. »Brauchst du einen Arzt?«

Stöhnend schüttelte er den Kopf. »Nein, das wäre Zeitverschwendung. Aber deine Chefin braucht einen.«

Irene umkrampfte mit kreidebleichem Gesicht ihre verletzte Schulter, Blut quoll stoßweise zwischen ihren Fingern hervor. »Wie rührend selbstlos«, stieß sie hervor. »Na gut, dann sehen wir uns eben im Jenseits wieder.«

Bevor ich erkannte, was sie vorhatte, griff sie neben sich, hob das Feuerzeug auf und schnipste es mit dem Daumen an, und im nächsten Augenblick loderte mitten in meiner Küche eine Feuerwand empor. Binnen Sekunden leckten die Flammen an meinen Füßen, ich sprang mit einem schrillen Aufschrei zur Seite, wo ich eine Art verrückten Steptanz aufführte, bis meine Strümpfe aufhörten zu brennen.

Irene versuchte zur Tür zu kriechen, doch schon nach einem halben Meter blieb sie kraftlos liegen. Ihre Augen waren geschlossen, offenbar hatte sie das Bewußtsein verloren. Blut sickerte aus ihrer Wunde, floß über den hellen Mantel und durchnäßte das Designerkostüm, das sie darunter trug.

»Kurt, was ist los mit dir?« schrie ich. »Wieso liegst du hier rum, wenn du eine kugelsichere Weste anhast?«

»Woher hast du das eigentlich gewußt?« fragte er durch schmerzvoll zusammengebissene Zähne.

»Na, du hast dieselbe Jacke an wie heute morgen. Da hat sie dir noch prima gepaßt. Jetzt sieht sie aus, als wäre sie mindestens vier Nummern zu klein. Für Jackengrößen habe ich ein Auge, weißt du.«

»Dafür hast du keine Ahnung, wie es ist, wenn man in so einem Ding angeschossen wird! Aus nächster Nähe kann es tödlich sein, aber auch so ist es schlimm genug. Ich wette, bei mir sind mindestens zwei Rippen gebrochen!«

Voller Entsetzen bemerkte ich, wie Flammen über den Ärmel von Irenes Mantel züngelten und das helle Synthetikmaterial sich schwarz verfärbte. Die brennende Spirituspfütze befand sich in ihrer unmittelbaren Nähe, und sie entfaltete eine ungeheure Hitze.

»Um Himmels willen!« schrie ich. »Du mußt mir

helfen, ich kann nicht gleichzeitig Irene retten und das Feuer hier drin löschen!«

»Ich hab schon jemanden angerufen, als ich oben war. Schließlich war ich nicht so blöd, ohne meine Leute herzukommen. Bloß du bist so verrückt, ständig irgendwelche Alleingänge zu machen!« Kurt bewegte sich vorsichtig, zuckte jedoch sofort heftig zusammen. »Autsch, tut das weh!« Ein Fluchen unterdrückend, stemmte er sich schließlich doch hoch. »Angela, bring sie hier weg, in die Diele. Sie braucht sofort einen Druckverband. Hast du einen Feuerlöscher?«

»Nein, den hat Siegfried beim Auszug mitgenommen.« Ich hustete und wandte das Gesicht zur Seite, weg von der stechenden Hitze. Außerdem taten meine Fußsohlen erbärmlich weh, ich glaubte zu spüren, wie sich bereits Brandblasen bildeten.

»Hol ein paar nasse Badetücher!« brüllte er. »Aber bring sie zuerst hier raus!«

Während ich Irene bei den Füßen packte – näher traute ich mich nicht an sie heran, das Feuer war mörderisch heiß – schleppte Kurt sich mit schmerzverzerrtem Gesicht in die Diele. Ich zerrte Irene aus der Küche, mit gemischten Gefühlen die breite Blutspur betrachtend, die sie mit ihrer Schulter auf den Fliesen des Küchenfußbodens und dann auf dem Parkett der Diele hinterließ. Die Spitzen ihrer Haare waren bereits versengt, ihr Ärmel an mehreren Stellen angekohlt.

Und dann ging alles sehr schnell. Die Wohnungstür krachte auf, und im nächsten Moment sprangen zwei martialisch dreinblickende Männer in die Diele, der eine trug eine Art Kampfuniform, der andere war Kurts junger rothaariger Kollege. Beide hatten Waffen im Anschlag, die sie sinken ließen, als sie die Lage überschaut hatten. Der Mann im Kampfanzug zog ein Funkgerät hervor und befahl irgendwem, sofort mit einem Feuerlöscher hochzukommen, der Rothaarige bückte sich und zog Irene behutsam den blutdurchtränkten Mantel von den Schultern.

Ich stand mitten in der Diele und schwankte hin und her wie ein Grashalm im Sturm, vergeblich irgendwo nach einem Halt suchend.

»Bernie?« rief ich mit erstickter Stimme. »Kurt, wo ist Bernie?«

»Ich hab ihn eingesperrt. Laß ihn oben, er würde bloß durchdrehen, wenn er das Feuer sieht.«

Aus der Küche waberte heiße Luft, ich konnte sehen, daß sich die Flammen inzwischen ausgebreitet hatten, sie züngelten über die Anrichte hinauf zu den Schränken und leckten bereits an der Decke.

»Angela, geh von der Tür weg«, rief Kurt mir zu. Bleich vor Schmerzen kniete er sich neben seinen Kollegen und half ihm, aus einem Ärmel von Irenes Mantel an ihrer Schulter einen provisorischen Druckverband anzulegen. Die Umrisse der Gruppe waren merkwürdig undeutlich, sie schienen immer weiter zurückzuweichen und sich dabei in Schwärze aufzulösen. Ich taumelte einen Schritt rückwärts und stolperte über einen kantigen Gegenstand, der dort auf dem Fußboden lag. Als ich plötzlich Irenes Stimme dicht hinter mir hörte, fuhr ich orientierungslos herum, dann bemerkte ich das Diktiergerät.

Es spielte den Rest der Unterhaltung ab, die wir vorhin gehört hatten.

Irenes Stimme klang flehend: »Clarissa, warte, leg nicht auf!«

Clarissa: »Was gibt es denn noch?«

Irene: »Clarissa ... Wir beide ... Wie kannst du behaupten, daß es zu Ende ist?«

Clarissa: »Ich tue es einfach. Es ist nun mal so. Wir sind ein Team, das ist okay, aber mehr läuft nicht. Akzeptiere endlich, daß es aus ist, in Ordnung? Und ich bitte dich, diese Betteltour zu unterlassen. Dieses ganze Gewäsch, uns eine Chance zu geben ... Ich hasse es, Irene. Ich hab dir beim letzten Mal schon gesagt, daß es sinnlos ist, ganz egal, wieviel du heulst. Du setzt dich damit in meinen Augen nur herab. Genaugenommen erinnerst du mich dadurch auf fatale Weise an Attila, der kommt auch alle paar Tage angewinselt und faselt von den guten alten Zeiten. Verdammt, beweise doch einmal in deinem Leben, daß du stark bist!«

»Hab's ... ihr bewiesen!« hörte ich Irenes leise Stimme, doch diesmal nicht vom Band. Sie stöhnte, ihre Lider flatterten, und die Haut ihres Gesichts war grau und feucht. »So geliebt«, murmelte sie. »Oh, warum ... wollte mich nicht mehr ... Bitte, Clarissa, geh nicht ... Will dir nicht mehr wehtun ... nicht mehr weinen ... mach alles wieder gut ... bleiben für immer zusammen ...«

Liebe und Haß, dachte ich, wie kann das so nah beieinander liegen? Nur ein schmaler, unzuverlässiger Grat trennt beides, vielleicht derselbe, der zwischen Normalität und Wahnsinn liegt.

Das Feuer in der Küche war zu einer einzigen lodernden Fackel geworden, der Lack der Türfüllung schlug Blasen, die mit vernehmlichem Knacken aufplatzten. Farbperlen rannen wie Tränen am Holz herab und bildeten Nasen auf dem Metallbeschlag um die Klinke. Jemand trat neben mich, und auf einmal verschwand das grelle orangerote Flackern in der Küche hinter wolkigem weißen Nebel. Er stieg in Schwaden auf und ließ meine Sicht weiter verschwimmen. Dann wurde der Nebel seltsamerweise dunkel, er wallte auf mich zu und begann, mich einzuhüllen. Abermals trat ich einen Schritt zurück, dann noch einen, und dann merkte ich, daß ich gar nicht ging, sondern fiel. Ich knallte hart auf meine vier Buchstaben und kämpfte gegen die herannahende Ohnmacht.

»Angela?« hörte ich von weit her Kurts besorgte Stimme.

Mit hängendem Kopf atmete ich durch und zwang meinen Verstand, sich an die kümmerlichen Reste der Realität zu klammern, die mir noch zugänglich waren; ein beschwerliches Unterfangen, denn ich konnte nichts sehen, nichts fühlen, nur verstümmelte Sätze drangen an mein Ohr, und auch die waren wegen des hartnäckigen Klingelns in meinem Kopf kaum zu verstehen.

»Mir geht's gut«, nuschelte ich.

Kurts Kollege sagte etwas. »Schock ... Die verblutet uns noch ... besser ... sie hier rausbringen ...«

»Notarztteam ... sowieso in zwei Minuten hier ...«

Es klingelte und klingelte.

»Herrgott, das hört ja gar nicht mehr auf zu bluten ... Besser hier ... Fingerpresse ...«

»... 'dammter Qualm ... stinkt ja bestialisch ... mal die Küchentür zumachen! Da hinten ... die Fenster auf ...«

Wieder das Klingeln.

»Das war's ... wird wohl halten, bis ... kommt ...«

Ich atmete noch tiefer, nach einer Weile bekam ich leichter Luft, und auf einmal konnte ich auch wieder besser hören.

»Verdammtes Telefon, geh doch mal einer dran!«

»Mist. Es ist ihre Mutter, will wissen, wer ich bin, was sag ich ihr?«

»Sag ihr, du bist der Hausmeister.«

»Gnädige Frau, ich bin nur der Hausmeister.«

»Das machst du prima, hättest Schauspieler werden sollen.«

»Darüber kann ich nicht lachen.«

»Aber ich, hahaha.«

»Ich will sie sprechen!« krächzte ich benommen.

Der Hörer wurde mir in die Hand gedrückt. Ich hustete zweimal, um den Kloß in meinem Hals loszuwerden.

»Mama?«

»Angela! Alles in Ordnung bei dir?«

»Oh, sicher, Mama, mir geht's gut.«

»Wieso ist der Hausmeister bei dir?«

»Er hat bloß in der Küche was in Ordnung gebracht.«

»Bist du erkältet? Deine Stimme klingt ganz rauh.«

»Ich hab einen Frosch im Hals.«

»Ah ja. Es hat wohl nicht zufällig gerade bei dir an der Tür geklingelt, Angela?«

»Ähm ... nein, Mama.«

»Nun gut. Dann hast du sicher eine Sekunde für mich Zeit.« Die Stimme meiner Mutter bekam einen schwärmerisch-sehnsüchtigen Tonfall. »Weshalb ich anrufe: Ich habe ein herrliches Kleid gesehen! Es ist das Kleid aller Kleider, ganz hell, es ist so ein wunderbares Perlmuttrosa, wie für mich gemacht! Ich hab's anprobiert, und, Angela, es ist ein Traum. Ich weiß ganz genau, daß ich nie wieder ein schöneres finde. Ich hätte es zu gern!«

»Für wann wäre es denn passend?«

»Na ja«, kam es vorsichtig, »fürs frühe Frühjahr, würde ich sagen.«

»Warte mal einen Moment, Mama.«

Ich hielt die Sprechmuschel zu und drehte mich um. Zwei orangerot gekleidete Notärzte beugten sich über Irene, einer war damit beschäftigt, an ihrem Arm eine Kanüle anzubringen, der andere hantierte hektisch mit Aderklemmen und Gazebäuschen.

Kurt hatte sich auf die Fersen zurückgesetzt und betrachtete müde seine blutbefleckten Hände. Plötzlich schaute er auf, und unsere Blicke trafen sich. Mühsam stemmte er sich hoch und kam zu mir. Er ging vor mir in die Hocke, und als er mit unendlich sanften Bewegungen begann, mir die versengten Socken von den schmerzenden Füßen zu streifen, wurde mein Herz weit vor Liebe.

»Kurt, möchtest du mich im frühen Frühjahr heiraten?«

Anstelle einer Antwort beugte er sich vor und küßte mich zärtlich.

»Mama, Kurt hat mir gerade gesagt, daß es klargeht.«

»Angela, irgend etwas stimmt mit der Leitung nicht, ich glaube, ich verstehe dich nicht richtig. Oder hast du gerade Kurt gesagt?« Dann, mißtrauisch: »Wer ist Kurt, Angela?«

»Mama, die Sache ist die: Was die Hochzeit betrifft ... Da hat sich eine kleine Änderung ergeben.«

»Änderung? Welche Änderung denn?«

»Nichts Wichtiges. Ich erklär's dir später. Kauf dir nur ruhig das Kleid, Mama. Du wirst es auf jeden Fall bald brauchen.«

*

Irene kam durch, drei Wochen im Krankenhaus brachten sie wieder auf die Beine. Allerdings ist das eher allegorisch zu verstehen. Viel herumlaufen kann sie nämlich nicht, was hauptsächlich an den Medikamenten liegt, die sie einnehmen muß. Und natürlich daran, daß sie eingesperrt ist, in einem vergitterten Zimmer in einer geschlossenen psychiatrischen Abteilung, wo sie die nächste Zeit zubringen wird, jedenfalls so lange, bis sie mit den Selbstmordversuchen aufhört. In der Untersuchungshaft unternahm sie in dieser Richtung die abenteuerlichsten Anstrengungen, am Ende probierte sie sogar, sich in der Toilette zu ertränken. Schließlich sah man keine andere Möglichkeit, als sie einzuweisen. Die Ärzte meinen, es besteht durchaus Aussicht auf Besserung ihres Zustandes, wenngleich Irene das anders beurteilen dürfte, schließlich ist alles, worauf sie nach ihrer Genesung hoffen darf, der Umzug von einer vergitterten Bleibe in eine andere.

Attila wurde in einer ähnlichen Anstalt wie Irene untergebracht, nachdem bei ihm zweifelsfrei fortschreitende Schizophrenie diagnostiziert worden war. Immerhin war sein Gedächtnis noch soweit intakt, daß er der Kripo eine lange Liste von Namen diktieren konnte, was eine Reihe von Festnahmen im In- und Ausland zur Folge hatte.

Amber landete zuerst in einem Jugendknast, dann auf einem Flughafen, von wo aus sie nach Taiwan abgeschoben wurde. Die roten Stiefeletten nahm sie mit. Ich hörte nie wieder von ihr.

Attila und Amber waren übrigens schon festgenommen worden, als Irene und ich noch in ihrem Range-Rover zu meiner Wohnung unterwegs waren. Kurt war nämlich nach seiner Unterredung mit Jack und einer anschließenden Verhörrunde bei weiteren Mitarbeitern von *Clarisse* noch einmal in mein Büro gegangen, wo er zwar nicht mich, dafür aber die Adresse auf meinem Schreibtisch vorgefunden hatte, und da er dabei zufällig die Tastatur meines PC berührt hatte (zum Glück hatte ich bei meinem übereilten Aufbruch vergessen, ihn abzuschalten), war ihm auf der Stelle klargeworden, was ich vorhatte.

Als wir durch Billstedt fuhren, hatte Irene Kurt tatsächlich gesehen; er befand sich gerade auf dem Weg zu dem häßlichen Haus, wo er Attila und Amber im letzten Moment daran hindern konnte, auf Nimmerwiedersehen zu verschwinden. Und als er bemerkte, welche Schuhe Amber anhatte, drohte er, Attila auf der Stelle zu erschießen, falls er nicht augenblicklich damit herausrückte, wo ich war. Attila glaubte ihm aufs Wort und beeilte sich, ihm die gewünschte Information zuteilwerden zu lassen. Kurt sprang zusammen mit zweien seiner Leute in den Wagen, um zu mir zu fahren, und er nahm dabei keine Rücksicht auf rote Ampeln und Geschwindigkeitsbegrenzungen, Gott sei Dank, sonst wäre alles wohl nicht so glimpflich ausgegangen.

Melanie brach nur wenige Tage nach diesen turbulenten Ereignissen ihre Zelte in Hamburg ab; sie kündigte fristlos und zog mit Tom Sheldon nach Illinois. Ich war froh, daß sie sich mit ihm ausgesöhnt hatte, und als ich ein paar Monate später ihre Hochzeitsanzeige bekam, war ich sicher, daß es ihr so gut ging, wie es in Anbetracht dessen, was sie mitgemacht hatte, irgend möglich war.

Jack hielt bei *Clarisse* die Stellung; nach allem, was man sich so erzählt, soll er auf sehr gutem Fuße mit dem neuen Chefredakteur stehen, der ein ausgesprochener Liebhaber ästhetischer Fotokunst ist.

Von der Gräfin hörte ich nichts mehr, und darüber war ich froh, nicht nur, weil ich von Antonios Rasiermesser die Nase voll hatte, sondern weil ich ihr von Herzen ein ungestörtes Glück gönnte. Die Negative schickte ich am Tag nach dem Brand an ihre Sylter Adresse, mit meinen besten Wünschen und selbstverständlich ohne Angabe einer Kontonummer.

Geld war sowieso ein heikles Thema für mich, nie hätte ich geglaubt, daß man zuviel davon haben könnte, aber Clarissas Millionen irritierten mich anfangs mehr, als ich mir eingestehen wollte. Kurt meinte, ihm ginge es ebenso, und er fragte mich sehr vernünftig, warum wir uns nicht einfach gemeinsam an das viele Geld gewöhnen wollten, ein Vorschlag, mit dem ich mich rasch anfreundete. Doch es sollte sich bald herausstellen, daß das meiste davon Schwarzgeld war. Jedenfalls vertrat das Finanzamt diese Meinung – ganz abgesehen von dem ungeheuren Batzen Erbschaftssteuer, den sich die öffentliche Hand ohne großes Federlesen einverleibte. Dadurch reduzierte sich das Multimillionenvermögen in Windeseile auf einen netten, überschaubaren Betrag etwa in Höhe eines Lottohauptgewinns, mit dem es sich aber zugegebenermaßen immer noch bestens leben läßt.

Kurt und ich heirateten in kleinem Kreis an einem warmen Frühlingstag Anfang April. Ich trug Weiß, meine Mutter Perlmuttrosa, und während der ganzen Zeremonie knipste und weinte sie ununterbrochen.

Unsere Hochzeitsreise ging zuerst nach Capri, dann nach Nordnorwegen, wo mir eine Reihe bemerkenswerter Gletscherbilder gelangen, die dann auch tatsächlich als Fotoserie in einem Reisemagazin veröffentlicht wurden. Ich freute mich daran, doch das war auch schon alles. Es ist viel zu kalt da oben, um es auf Dauer dort auszuhalten, und nach dem zehnten Film scheinen plötzlich alle Fotos gleich auszusehen. Was ich mir als Erfüllung eines Wunschtraums ausgemalt hatte, war im Grunde nichts weiter gewesen als ein nettes Zwischenspiel.

Beruflich mußte ich ohnehin schon kurze Zeit nach meiner Hochzeit kürzertreten. Komischerweise machte es mir nichts aus, im Gegenteil, denn in der letzten

Zeit waren mir immer mehr Zweifel am Wert meiner Arbeit gekommen. In gewisser Weise hatte mir die Gräfin die Augen geöffnet, ich hatte begriffen, daß Privatsphäre nicht nur irgendein Wort auf dem Papier ist. Zudem hatte ich auf schmerzhafte Weise selbst erfahren müssen, was es heißt, gejagt zu werden, hilf- und ahnungslos in eine Falle zu tappen, und ich hatte vor allem gelernt, daß der Zweck die Mittel keineswegs heiligt, jedenfalls dann nicht, wenn es ums Fotografieren geht.

Nicht, daß ich untätig blieb: Die Wände unserer Wohnung sind inzwischen mit Hunderten von Babyfotos tapeziert. Wir hatten mit der Verwirklichung unserer Familienplanung keine Zeit verloren, schließlich wurde ich nicht jünger. Unsere beiden Töchter (die eine blond wie Kurt, die andere dunkel wie ich) kamen tatsächlich sehr schnell hintereinander auf die Welt, im Abstand von knapp fünf Minuten.

Wenn wir sonntags mit den Zwillingen und Bernie spazierengehen, begegnen wir manchmal Siegfried und Manuela mit ihrem kleinen Sohn. Manuela sieht genauso aus, wie ich sie mir vorgestellt hatte. Sie trägt Twinset, Faltenrock und Perlen und hat dem Baby ihre perfekten blonden Löckchen vererbt. Siegfried scheint als frischgebackener Vater recht glücklich zu sein, ein Umstand, der mich mit Erleichterung erfüllt. Die drei sind wirklich eine ganz reizende Familie, die man gern in der Nachbarschaft sieht.

Ja, ich wohne noch in derselben Gegend, sogar in derselben Wohnung, und damit komme ich jetzt wirklich zum Schluß. Frau Hubertus hatte unter den ganzen Chiffrezuschriften, die ich ihr zum Vorsortieren in die Hand gedrückt hatte, ein unwiderstehliches Angebot herausgesucht. Sie hatte es eigenhändig verfaßt. Wie sich nämlich zu meiner grenzenlosen Überraschung herausstellte, gehörte die Villa ihr. Sie hatte alle Nachmieter abgelehnt, weil sie sich so an mich gewöhnt hatte, und dank der Erträge aus Kurts Erbschaft konnten wir es uns leisten, ihr Angebot anzunehmen.

So fügte es sich, daß Kurt und ich auch heute noch ab und zu meinen alten Schlafsack vor dem Kamin ausrollen, uns wie Löffel in der Schublade aneinanderschmiegen und in die Flammen schauen. Manchmal hören wir dabei auch Musik, natürlich nichts anderes als *Moon River*. Die Jahreszeiten wechseln wie Sonne und Mond, doch unser Lied ändert sich nie.

FRAUEN

Eva Völler

Vollweib sucht Halbtagsmann

ROMAN

Der Teufel ist männlich – meint Anna, die mit Kleinkind, Hund und Haus genug um die Ohren hat. Deshalb organisiert die temperamentvolle Rothaarige ihr Leben bewußt männerlos und ignoriert auch hartnäckig die These ihrer Freundin Barbara, daß Anna dringend Sex brauche. Aber dann wird's chaotisch: Der stocktaube Großvater ihres verstorbenen Mannes quartiert sich bei Anna ein, ihr Auto gibt den Geist auf, ihr Sohn entwickelt eine Kindergartenphobie – und das alles just dann, als Anna endlich den dringend benötigten Teilzeitjob ergattert! – Da tritt mitten im schlimmsten Streß ein Mann auf den Plan, der Anna nicht nur für ein Vollweib hält, sondern auch zufällig halbtags Zeit hat. Doch damit fangen Annas Probleme erst richtig an, denn dieser rettende Engel ist auch ein verführerisch attraktiver Teufel ...

ISBN 3-404-16211-0

Männer und andere Stolpersteine – das hatte Carola sich nicht gerade für ihren wohlverdienten Kreta-Urlaub vorgestellt. Eigentlich wollte die glücklich geschiedene Mutter von zwei heftig pubertierenden Töchtern endlich einmal ausgiebig Sonne und Kultur tanken – und sich männerlos so richtig wohl fühlen. Doch da hat sie die Rechnung ohne ihre beiden Töchter und vor allem ohne ihre Zwillingsschwester gemacht. Die sind nämlich alle drei vom Kuppelwahn befallen ud wollen Carola den ultimativen Urlaubslover verschaffen. Er taucht dann auch prompt auf, in der Gestalt eines gewissen Justus, der außer Urlaub auf Kreta noch einiges mehr vorzuhaben scheint ...

ISBN 3-404-16224-2

Alle Männer gehen fremd! Das ist Basiswissen für Alexandra, die im Auftrag eifersüchtiger Frauen mit ihrem Treue-Test-Service Männer zum Seitensprung verlockt. Und tatsächlich: Keiner kann der langbeinigen Versuchung widerstehen! Doch eines Tages passiert es: Alexandra verliebt sich in einen Auftragsmann – und löst Turbulenzen aus!
Temporeich und ungemein witzig!

ISBN 3-404-16226-9

Das Buch für die beste Freundin!

Ein Leben zwischen Pumps und Pampers: Lulu Knospe ist alleinerziehende Mutter und schreibt Filmkritiken über Gruselschocker. Unterstützt wird sie von ihrem Ex-Lover und von einem verwirrend attraktiven Babysitter. Mitten in das turbulente Alltagschaos kommt eines Tages noch Robert, der weltgewandte Fernsehmanager.
Lulu wird auf der Stelle zum Star. Mit Tochter Lilli auf dem Arm und frechen Sprüchen auf den Lippen muss sie sich entscheiden: Kind oder Karriere. Lulu geht – wie nicht anders zu erwarten – einen unkonventionellen Weg.

ISBN 3-404-16220-X

Einst zählten Theo und Len zu den besten Fußballern der Nationalelf, jetzt träumen sie nur noch vom Ruhm vergangener Tage und müssen sich die großmäuligen Sprüche ihres jüngeren Kollegen Denzil anhören, der sich für den Fußballexperten schlechthin hält. Als Len in einem unbedachten Moment damit prahlt, seine damalige Mannschaft könne Denzils Fußballteam jederzeit schlagen, nimmt Denzil die Herausforderung an …

ISBN 3-404-14644-1